COLLECTION

DES

LOIS CIVILES ET CRIMINELLES

DES ÉTATS MODERNES,

PUBLIÉE SOUS LA DIRECTION

DE M. VICTOR FOUCHER,

PREMIER AVOCAT GÉNÉRAL DU ROI
A LA COUR ROYALE DE RENNES.

NEUVIÈME LIVRAISON.

OUVRAGES
DE M. VICTOR FOUCHER.

1° De la Législation militaire en France et en Angleterre In-8°.

2° Acte du Parlement d'Angleterre, modifiant et reunissant en une seule loi tous les statuts relatifs au jury; traduit sur le texte officiel et suivi d'observations analytiques sur l'organisa tion et la compétence des diverses juridictions et autorités ad ministratives de l'Angleterre. In-8°.

3° Du pouvoir accordé aux cours et aux tribunaux de con naître du compte rendu de leurs séances. In-8°.

4° De la Législation en matière d'interprétation des lois en France. In-8°, 2° édit.

5° Traité des lois de l'organisation et de la competence des juridictions civiles en France, par M. Carré, ancien doyen de la Faculté de Rennes, revu, annoté et mis en harmonie pour nos nouvelles institutions, par M. V. Foucher. 8 vol. in-8°.

(Les annotations de M. Foucher forment plus de trois vol

6° Cours élémentaire d'organisation et de compétence judi ciaires, de procédure civile, de notariat et de législation cri minelle; œuvre posthume de M. Carré, annoté par M. Victor Foucher. In-8°.

(Les annotations de M. Foucher forment plus de la moitié du volume).

7° Commentaire des lois des 25 mai et 11 avril 1838 sur le justices de paix et les tribunaux de première instance. In-8°

(La deuxième édition est sous presse).

8° Assises du royaume de Jérusalem (textes français et ita lien) conférées entre elles ainsi qu'avec le droit romain, le lois des Francs et autres lois barbares, les capitulaires et le etablissements de Saint-Louis, accompagnées d'un précis his torique et d'un glossaire. In-8°.

Cinq livraisons comprenant l'Assise des Bourgeois, le Plé déant et le Plaidoyer ont déjà paru.

9° Sur la réforme des prisons. In-8°.

10° Visite d'un magistrat au pénitencier des jeunes détenus Brochure in-8°.

11° Collection des lois civiles et criminelles des Etats mo dernes.

Rennes, Imprimerie de J.-M. VATAR.

CODE CIVIL

DU

ROYAUME DE SARDAIGNE,

PRÉCÉDÉ

D'UN TRAVAIL COMPARATIF AVEC LA LÉGISLATION FRANÇAISE,

PAR M. LE COMTE PORTALIS,

VICE-PRÉSIDENT DE LA CHAMBRE DES PAIRS, PREMIER PRESIDENT DE LA COUR DE CASSATION, MEMBRE DE L'INSTITUT, ETC.

———•◦◦◦•———

A PARIS,

CHEZ JOUBERT, LIBRAIRE, RUE DES GRÈS, 14.

—

M DCCC XLIV.

AVIS AU RELIEUR.

Les titres et faux titres de la deuxième partie devront être
supprimés par les personnes qui feront relier les deux parties en un seul volume.

INTRODUCTION. (1)

Par un édit du 20 juin 1837, le roi de Sardaigne a ordonné la publication d'un nouveau code des lois civiles pour ses Etats : ce code sera exécutoire à dater du 1er janvier 1838 (2).

Un événement si important pour la législation d'un peuple voisin mérite notre attention. Il devrait l'exciter encore quand il s'agirait de la législation d'un peuple éloigné ; car les lois d'une nation témoignent, à la fois, du degré de civilisation auquel elle est parvenue, et des efforts, plus ou moins éclairés, de ceux qui la gouver-

(1) Ce savant travail a été lu par M. le comte Portalis à l'académie des sciences morales et politiques. M. le premier président a bien voulu m'autoriser à le reproduire en tête de ce volume. Je le prie de recevoir ici l'expression de ma respectueuse gratitude.

Victor FOUCHER.

(2) Le code des lois civiles, sanctionné par nous, signé de notre main sur deux exemplaires imprimés, et contresigné par notre garde des sceaux, aura force de loi dans nos Etats, à dater du 1er janvier 1838. *Edit du roi Charles-Albert, donné le 20 juin 1837, art.* 1

nent, pour l'amélioration de ses mœurs et les
progrès de sa prospérité. Or, l'utile et le vrai,
surtout en matière de législation, sont au nombre de ces biens que tous les hommes peuvent
et doivent revendiquer, et dont l'usage inépuisable leur appartient en commun.

Mais ce n'est pas seulement à tenir la place
des lois qui régissaient anciennement le duché
de Savoie, la principauté du Piémont, le comté
de Nice, l'Etat de Gênes, l'île de Sardaigne, en
un mot, les diverses contrées réunies sous le
sceptre de la maison de Savoie, que le code du
roi Charles-Albert est destiné : c'est surtout à
effacer les traces du Code Napoléon, qui gou-
vernait la plupart de ces provinces lorsqu'elles
faisaient partie du grand empire.

Sous ce dernier point de vue, la publication
de ce nouveau code intéresse plus particulièrement la France. Compilé pour soustraire un
royaume étranger à l'empire de notre législation
nationale, c'est en ne la perdant jamais de vue
qu'il a été rédigé. On s'aperçoit, en le parcou-
rant, qu'elle était plus présente à l'esprit des
nouveaux législateurs, lorsqu'ils voulaient s'en
éloigner davantage ; peut-être en étaient-ils
moins préoccupés quand ils développaient diser-
tement un grand nombre de dispositions portées
à sa ressemblance, ou lorsqu'ils se contentaient

d'en transcrire les propres termes dans une foule d'autres articles.

L'étude des différences et des conformités des deux codes français et sarde doit donc nous procurer une double instruction.

Leurs différences démontrent la disparité qui existe entre le système actuel d'organisation politique des deux Etats : elles révèlent une opposition de tendances qui est la conséquence nécessaire de la divergence des points de départ.

Les différentes situations des peuples naissent les unes des autres. Les faits sont nos maîtres ; ils disposent de nous, malgré nous. On tenterait infructueusement de séparer l'existence d'un peuple, des conditions mêmes de cette existence. Si une juste appréciation de l'esprit général du siècle dans lequel ils vivent, si une connaissance approfondie des habitudes et des opinions de la nation à la tête de laquelle ils se trouvent placés, n'éclairent les hommes d'Etat qui aspirent à lui donner des lois ; leurs efforts seront frappés d'impuissance et ils auront bâti sur le sable.

Nous ne sommes plus aux temps, où les bases des sociétés politiques pouvaient être posées à main d'homme, si des temps pareils ont jamais existé. Nos sociétés modernes sont anciennes. En traversant les siècles, les événements et les lois, elles ont grandi, se sont developpées et modifiées, selon les lois providentielles qui président aux progrès et à la décadence des Etats. Quelque drapeau que l'on arbore, c'est donc obéir à un véritable esprit de subversion que de prétendre détruire ce qui est l'œuvre du temps, plus encore que celui des hommes, et reconstituer l'édifice social et politique, sur des ruines, avec des décombres.

Venus, les uns et les autres, après la grande révolution politique qui a signalé la fin du dixhuitième siècle, et commencé une ère nouvelle, les rédacteurs des deux codes, français et sarde, ont nécessairement agi sous son influence.

Mais il est indispensable de reprendre les choses de plus haut, pour bien apprécier de quelle manière et en quel sens cette influence s'est exercée sur eux.

Et d'abord est-il vrai de dire, comme quelques-uns l'ont avancé, dans ces derniers temps, que la rédaction, en un code unique, de toutes les lois civiles d'un pays, soit un de ces rêves métaphysiques inspirés, par l'amour d'une perfection imaginaire, à des hommes de bien, étrangers à la pratique des affaires, ou à des philosophes plus familiarisés avec les avantages de la méthode qu'avec la connaissance des hommes ?

La réponse est facile. L'idée de ne former qu'un seul corps de toutes les lois civiles d'une nation, et de le rendre obligatoire dans toutes les parties de l'empire, est une idée de tous les temps. Sans parler de la compilation de tant de codes, dont l'antiquité romaine nous offre l'exemple, depuis la loi des Douze Tables jusqu'aux Basiliques; sans nous arrêter à ces nombreux corps de droit, que le docte P. Canciani a recueillis, et qui formaient la législation nationale de ces peuples intermédiaires, jetés par la Providence, entre la civilisation ancienne et la civilisation moderne, comme pour retremper le genre humain et rajeunir des populations, usées et civilisées jusqu'au dégoût, pour emprunter les énergiques expressions de Kant ; nous trouvons que dès le neuvième siècle, au sein de la société et du monde renouvelés, le besoin d'une législation, une et uniforme, se faisait déjà sentir. Le petit nombre d'hommes, qui dominaient alors l'Europe par leurs lumières et leur caractère, l'appelaient de tous leurs vœux. « Plût au ciel, s'écriait AGOBARD(1), »

(1) *S. Agobardi, episcopi Eccl. Lugdun. Opera a Papirii Massoni bibliotheca, in-8, Parisiis, Dyon. Duval, 1605, ad imperatorem de Duello (aut lege Gundebadii), p. 116,*

cet illustre évêque de Lyon qui osa s'élever avec force contre l'iniquité des combats judiciaires, autorisés par les habitudes et les préjugés guerriers du temps, et par les dispositions de la loi *Gombette*, et qui combattit, avec le même zèle, et les injustes et inhumaines épreuves du feu et de l'eau, et l'absurde et superstitieuse opinion qui attribuait aux sorciers les ravages causés par les tempêtes et les orages; « plût au » ciel que le Dieu tout-puissant daignât réunir » tous les hommes sous le sceptre unique d'un » roi très-pieux, et sous l'autorité d'une même » loi! La concorde des citoyens et le règne de » l'équité parmi les peuples en seraient mieux » assurés. Mais c'est une grande entreprise, et » peut-être supérieure aux forces humaines (1). »

Trois siècles plus tard, GODEFROY DE BOUILLON, conquérant et législateur, donna à ses nouveaux sujets dans les *Assises de Jérusalem,* un code complet, extrait des lois et des coutumes de l'Europe, et mis à l'usage des Français de l'Orient.

(1) *Atque utinam placeret omnipotenti Deo, sub uno piissimo rege, una omnes regerentur lege, ea ipsa ad quam ipse vivit et proximi ejus respondeat. Valeret profecto multum ad concordiam civium Dei et æquitatem populorum. Sed quia hoc grande est, et forsitan homini impossibile.*

En France, sous le règne de PHILIPPE LE
LONG, on eut quelque velléité d'accomplir un
pareil œuvre. Si l'on en croit quelques jurisconsultes (1), ce monarque généreux et bien inten-
tionné, qui voulait, comme il le disait dans ses
lettres de 1317, que puisque *son royaume es-*
toit dit le royaume des Francs, la chose en vé-
rité fust accordante au nom (2), avait conçu le
projet de ramener nos coutumes à l'unanimité.
Au moins est-il certain qu'il eût le dessein d'établir l'unité dans les *monnaies*, dans les *poids* et
les *mesures*, qui sont aussi des lois. Mais le
règne de *Philippe* aurait été trop court pour
l'exécution de ses plans, lors même, ce qui
n'était pas, qu'au quatorzième siècle, le pouvoir royal eût été assez fort, et les sujets assez
éclairés, pour l'accomplissement de si salutaires
entreprises.

Dans le siècle suivant, LOUIS XI (3), dont

(1) Louis BOULLENOIS, *Dissertations sur des questions qui*
naissent de la contrariété des lois et des coutumes. Disc.
prél., p. xxj, in-4°. Paris, 1732.

(2) Lettres portant que les serfs des domaines du roi
seront affranchis moyennant finance. PHILIPPE V dit le
Long. *Ordonnances des roys de France de la troisième race,*
recueillies par M. DE LAURIÈRE. In-folio; Paris, imprim.
royale, t. I, p. 651.

(3) *Méthode générale pour l'intelligence des coutumes de*

l'esprit, essentiellement organisateur, démêlait avec sagacité tous les éléments de force et de puissance du corps politique, voulut aussi, selon *Philippe de Comines* (1), que toutes les coutumes de France fussent réduites à une seule coutume générale et commune à tous les Français, et qu'il n'y eût dans tout son royaume qu'un *poids* et qu'une *mesure*. Mais le moment n'était pas encore venu; il fallait que les légistes et les magistrats concourussent, avec le prince, à cette grande réforme législative.

Au seizieme siècle, le célèbre CHARLES DU MOULIN (2), dont le génie pénétrant éclaira toutes les parties du droit, et excella surtout dans la connaissance et l'interprétation de notre droit national, vivement frappé des pernicieux

France, par Paul DE CHALLINES. In-8°; Paris, M. Bobin, N. Legros, 1666, préf.

(1) « Aussi désiroit fort (le roy Louis XI) qu'en ce » royaume on usast d'une coustume, d'un poids, d'une » mesure, et que toutes ces coustumes fussent mises en » françois en un *beau livre*, pour éviter la cautèle et la » pillerie des advocats. » *Mém. de* Phil. DE COMINES, liv. 6, chap. 5. *Collect. univ. des Mém. part. relatifs à l'hist. de France.* In-8°; Paris, 1785, t. XII, p. 50 et 51.

(2) *Oratio de concordia et unione consuetudinum Franciæ ad omnes veritatis et reipublicæ studiosos præsentes et futuros.* Caroli MOLINÆI omnia quæ extant Opera. Edit., Morin. In-folio; Parisiis, 1681, t. 2, p. 690.

résultats de la diversité et de la multiplicité des coutumes, composa un discours véhément sur l'utilité et les avantages qui résulteraient pour la France de la réunion et de la fusion de toutes les coutumes, ramenées au même principe, en un seul corps de droit. Il proposa quelques moyens pour en faciliter l'exécution.

Sa voix fut entendue; et environ un demi-siècle plus tard, lorsqu'on avait fait quelques pas vers cette unité et cette uniformité désirées, un autre jurisconsulte, le docte et vertueux ANTOINE LOYSEL, l'ami et l'exécuteur testamentaire de l'infortuné Ramus, rassembla avec exactitude et distribua avec méthode dans ses *Institutes* (1), les règles générales du droit français, éparses dans les coutumes, dans les ordonnances, dans les arrêts, dans les anciens livres de pratique, et même dans nos historiens. Ce livre, qui semble exécuté sur le plan qu'en avait tracé du Moulin, fut comme un premier essai de législation commune, pour toute la France coutumière. Aussi *Loysel* disait-il, en tête de son ouvrage (2), que le plus grand avan-

(1) *Institutes coutumières, recueillies par* Me Antoine LOYSEL. In-12; Paris, 1679.

(2) *Dédicace.* Le chanoine Claude JOLY, petit-fils de Loysel, le même qui a publié plusieurs ouvrages, et notamment des *Mémoires concernant le cardinal de Retz,*

tage qu'il osait espérer de sa publication, serait de faciliter la tâche de ceux qui pourraient être un jour chargés de *réduire enfin les provinces, duchés et seigneuries du royaume, régies et gouvernées sous diverses coutumes, à la conformité, raison et équité d'une seule* LOI, *coutume*, POIDS *et* MESURE; *comme elles se sont avec le temps rangées sous l'autorité d'un seul roy, et usent quasi de sa seule et unique* MONNOYE.

Quelque temps auparavant, un savant magistrat, dont la réputation méritée de profonde érudition, a pâli devant l'éclat de sa fin tragique et glorieuse (1), BARNABÉ BRISSON avait entrepris de recueillir et de disposer systématiquement toutes les dispositions des diverses ordonnances du royaume. Il les répartit en dix-huit livres, divisés chacun en un assez grand nombre de titres. Il y inséra, en quelques en-

éditeur de ses Institutes, considérait lui-même, comme son docte grand-père, la *réduction de toutes les coutumes du royaume dans l'uniformité d'une seule ordonnance générale, comme une très-utile et très-importante réformation. Avis de* C. JOLY, *éditeur.*

(1) BRISSON, Larcher, Tardif, honorables victimes,
Vous n'êtes point flétris par ce honteux trépas.
Mânes trop généreux, vous n'en rougissez pas.
Vos noms toujours fameux vivront dans la mémoire,
Et qui meurt pour son roi, meurt toujours avec gloire.
VOLTAIRE, *Henriade*, chant IV, *v.* 464 et suiv.

droits, dit un de ses commentateurs (1), des
clauses et des périodes entières, pour compléter
ou développer le sens des dispositions obscures
ou imparfaites, et il espérait faire autoriser par
le roi, *son maître*, ce qu'il avait ajouté du sien.
Ce roi était *Henri III*, et Brisson donna à son
recueil le titre de *Code Henri*. Mais les ordonnances qu'il avait extraites, réglaient, pour la
plupart, le droit public du royaume, et ne
touchaient qu'en passant au droit civil, exclusivement gouverné par les coutumes et les lois
romaines. Aussi le *Code Henri* ne contient-il
qu'un seul livre, le *sixième*, qui soit entièrement consacré au droit civil. Ce livre renferme
vingt-quatre titres et traite de matières fort importantes. Le recueil de Brisson, digne d'estime
par l'intention qui le dicta, et par la méthode
qui présida à son exécution, fut successivement
commenté par trois habiles jurisconsultes, *Charondas*, *Tournet* et *Roche-Maillet*; mais il n'obtint aucune sanction, et il demeura, dans les

---

(1) *Code du roi Henri III, roi de France et de Pologne*,
redigé en ordre par messire Barnabé Brisson; *depuis augmenté et illustré de très-notables observations et annotations,
par* L. Charondas le Caron... *et du depuis revu, augmenté
et enrichi de nouvelles et singulières annotations et notables
recherches, par* Gabriel-Michel de la Roche-Maillet. In-
folio; Paris, 1622, t. 1. *Ép. dedic. de la Roche-Maillet*

bibliothèques des juristes, comme un instrument commode pour les recherches, et un monument remarquable du besoin qui se faisait, de plus en plus, sentir en France, de n'avoir enfin qu'un code de lois, comme on n'avait qu'une patrie.

Il était digne des grands hommes qui illustrèrent le dix-septième siècle de chercher à le satisfaire. « Cette entreprise *héroïque*, écrivait un » jurisconsulte de cette époque (1), est digne » de la générosité de notre roi, *Louis XIV*, » présentement régnant, comme la plus illustre » des actions convenables à sa majesté, et je » crois que le ciel lui a réservé ce sujet de » gloire, afin qu'il ne triomphe pas moins dans » son royaume durant la paix, qu'il a fait parmi » les nations étrangères durant la guerre. » Aussi le premier président de LAMOIGNON s'y dévoua-t-il avec l'autorité de sa science et de sa vertu. Il s'associa quelques magistrats d'élite, et leurs conférences produisirent un recueil d'*arrêtés*(2) auxquels il ne manqua, que d'obtenir force de loi, pour ramener à des principes uniformes la solution d'un grand nombre de questions controversées. Il était temps que la puissance pu-

(1) Paul DE CHALLINES, *loc. cit.*
(2) Paris, 1702, in-4°, 1 vol

blique qui, jusque-là avait fait défaut, maintenant qu'elle était avertie et sollicitée par les
jurisconsultes et les magistrats, intervint comme
il lui appartenait. Les belles ordonnances de
Louis XIV furent publiées : elles embrassèrent la
procédure civile et la procédure criminelle, le
commerce, la marine et les eaux et forêts;
c'était un large commencement d'exécution.

Toutefois la législation civile proprement dite
demeurait intacte : la réformation s'arrêtait précisément où elle était le plus nécessaire. La
puissance absolue elle-même n'osait porter la
main sur ces coutumes si nombreuses, si diverses, si populaires, dans leurs ressorts respectifs. Elle était d'ailleurs subjuguée par l'imposante antiquité des lois romaines, et l'espèce de
vénération religieuse qu'elles inspiraient aux provinces enorgueillies d'être soumises au droit
écrit. Elle reculait devant la crainte des résis-
tances, suscitées par cet esprit provincial, sorte
d'égoïsme collectif qui tend à isoler et à diviser
les diverses parties d'un même État, comme
l'égoïsme personnel isole et sépare les individus.

On devint plus hardi au dix-huitième siècle.
Nourri de la doctrine des plus savants jurisconsultes, et guidé, dans l'étude de la jurisprudence, par les principes d'une haute philosophie,
le chancelier d'Aguesseau entreprit enfin la

réforme du droit civil. Mais la sagesse, la cir-
conspection, et, s'il faut le dire, peut-être
aussi la timidité de son caractère lui firent préférer, comme l'observe le savant *Boullenois* (1),
un progrès présent et certain quoique partiel,
à la gloire qu'il aurait pu se promettre de la
publication d'un corps complet de législation
civile. Il se contenta de continuer les grandes
ordonnances du royaume, et prépara, sur les
donations, les substitutions et les testaments,
des lois nouvelles, qui furent successivement
promulguées, sous sa direction. Tandis qu'il
élevait ces monuments législatifs, la plus solide,
et, peut-être, l'unique gloire du règne de *Louis
XV*; au fond de l'Auvergne, un religieux et
profond jurisconsulte, voué aux fonctions mo-
destes d'une magistrature secondaire et joignant,
au véritable esprit philosophique, la méthode
des géomètres, réalisait, dans son ensemble,
et, sous l'unique sanction de sa doctrine, le plan
du chancelier de France. DOMAT, dans ses *Lois
civiles disposées dans leur ordre naturel*, démon-
trait, à la fois, la possibilité et l'utilité d'un code
civil complet et uniforme.

Il était naturel qu'à cette époque les avantages
de cette uniformité vinssent frapper les esprits.

(1) L. BOULLENOIS, *loc. cit.*

C'est lorsqu'une nation a, depuis long-temps, l'usage des lettres, c'est lorsqu'elle a le sentiment de ses forces et de ses progrès, c'est lorsque des circonstances heureuses ont développé en elle tout ce qui conduit à la gloire et la prospérité; c'est, en un mot, lorsqu'en se comparant à sa législation, elle ne la trouve plus au niveau de ses besoins et de ses mœurs, que l'idée de la réunion, de la révision et du perfectionnement de ses lois, s'accrédite et vient se mêler à toutes les autres idées de réforme, de grandeur et de bien public qui prévalent dans tous les esprits. Un peuple qui se reconnaît digne d'être gouverné par les lois et selon les lois, éprouve bientôt le besoin d'avoir des lois dignes de lui.

D'ailleurs les progrès de l'esprit philosophique, son application à l'étude de la morale et de l'histoire, avaient conduit à l'examen du droit public des Etats. Les lois et les coutumes étaient interrogées à leur tour. Inspirées par l'esprit d'un autre âge, ces dernières n'offraient dans un grand nombre de leurs dispositions désavouées par les mœurs actuelles, qu'une lettre morte, source féconde de controverses et de litiges. On apercevait dans l'immense collection du droit romain, l'incohérence des systèmes de religion, de philosophie et de jurisprudence, qui y sont confondus. *Pothier*, en

la soumettant à l'ordre logique, avait fait plus
vivement sentir le besoin de dégager les préceptes immuables du droit naturel et de la raison universelle que les lois romaines promul-
guent, avec tant d'énergie et de précision, des
dispositions subtiles, et inconciliables avec nos
mœurs, qu'y avaient introduites, la nécessité
de plier les actions aux formules, et l'exercice
de certaines actions, étroitement liées à des
usages et à des croyances qui ne sont point les
nôtres.

Le conflit perpétuel des deux juridictions,
ordinaire et ecclésiastique, appelait journellement l'attention publique sur cette étrange interversion d'idées et de principes, qui avait
soustrait, à l'empire de la loi civile, l'état civil
des hommes, pour le soumettre aux décisions
du droit canonique, et qui laissait l'Eglise unique
arbitre des questions relatives à la constitution
des familles.

Aussi, en 1789, dès qu'il fut permis à l'opinion publique de se faire entendre; dès qu'elle
eut des organes publics et officiels, les cahiers
de plusieurs bailliages réclamèrent-ils « un code
» unique, clair et précis (1), qui embrassât les
» différentes parties de la législation; qui sup-

(1) Paris, *extra muros*.

» primàt, autant qu'il était possible, toute
» occasion de décisions arbitraires, et qui sub-
» stituàt une législation, digne d'une grande
» nation, éclairée de toutes les lumières que
» le génie, la raison et l'expérience ont ré-
» pandues sur tous les objets, à un assem-
» blage informe de lois romaines et de coutumes
» barbares, de règlements et d'ordonnances,
» sans unité de principes comme sans rapport
» avec les mœurs, conçus pour des circonstances
» et un ordre de choses qui n'existait plus(1). »
Ce sont les propres termes des mandats des
députés de la ville de *Paris* et de *Paris extra
muros* aux états généraux.

Mais la France s'était agrandie, ou plutôt
s'était formée, par l'agglomération d'une multitude de petits Etats, dont les uns, acquis par
la conquête, avaient obtenu des capitulations
sages et modérées, et dont les autres, en se
donnant *d'un cœur généreux et franc*, pour
emprunter leur propre langage, ne l'avaient fait
que sous la condition expresse d'être gouvernés
comme des Etats distincts et *non subalternés*,
et d'être maintenus dans leurs *droits, us et coutumes*. Cette formation du royaume était peu
favorable à la refonte des lois anciennes en un

1) Paris, Clermont-Ferrand, Anjou.

seul corps, et à la promulgation d'un code
uniforme de lois nouvelles. La diversité des
mœurs, des habitudes, des climats, de la nature
du terrain, entraînait nécessairement quelque
diversité dans les lois, surtout lorsque ces lois
étaient des coutumes. Chaque cité, chaque province considérait ces coutumes comme la plus
sûre garantie de la nationalité de ses habitants.
Elles y tenaient par point d'honneur, et avec
cette sorte d'orgueil jaloux qu'inspire toujours
la possession d'un privilége; d'ailleurs la foi des
traités et la religion du serment répondaient du
maintien des statuts locaux.

D'un autre côté, les querelles récentes et en-
venimées du parlement et du clergé rendaient
fort difficile tout arrangement amiable entre
l'ordre civil et l'ordre ecclésiastique, malgré les
dispositions favorables d'une partie notable de
l'épiscopat.

A la vérité, la direction nouvelle des idées,
l'influence toujours croissante d'une philosophie
élevée, un patriotisme plus large et mieux entendu, les notions d'économie politique qui
commençaient à se répandre, l'abus qu'on faisait journellement de cette critique railleuse qui,
après avoir fait justice de l'ignorance et de la
superstition, s'attaquait à la religion même,
avaient préparé les voies : mais il ne fallut rien

moins que la fameuse nuit du 4 août 1789 pour les aplanir.

Le but fut bientôt dépassé. La nation avait demandé que les lois et la société, telle que l'avaient faite les progrès des lumières et de la civilisation, fussent mises en harmonie. Le mouvement révolutionnaire emporta tout. Pour mieux fonder un nouvel ordre de choses politique, on s'efforça d'imposer à la France un nouvel ordre de choses social. On se servit principalement des lois civiles pour amener le triomphe de cet esprit d'égalité extrême, qui rend tout gouvernement impossible, et la démocratie elle-même.

La puissance paternelle fut abolie; le concubinage encouragé; le mariage avili par la faveur accordée aux enfants adultérins; le divorce rendu plus facile que le mariage même; les enfants naturels introduits dans la famille; le pouvoir de tester détruit; la représentation, et avec elle, la division des patrimoines, à l'infini, établie; les substitutions soudainement annulées, sans égard pour les droits actuellement ouverts ou acquis; les emphytéotes et les censitaires rendus propriétaires incommutables, avec dispense de payer le prix d'achat de leurs acquisitions; les dettes abolies par le cours forcé d'un papier-monnaie discrédité, la réduction au tiers des créances sur l'Etat, et l'abolition de la contrainte par corps; non-seulement la loi civile et politique affranchie de toute dépendance d'aucune loi religieuse, mais toutes les opinions religieuses mises hors la loi.

On n'attend pas de moi que je tente de retracer ici par quels efforts, tour à tour impuissants et victorieux, la nation française sortit, par degrés, de cette douloureuse épreuve. Pendant sa durée, on avait essayé de faire un code civil : ce code, rédigé avec précision et méthode, érigeait, en axiomes de droit, la plupart des maximes antisociales proclamées par les lois révolutionnaires. Un homme distingué par la modération de son caractère et la haute portée de son esprit (1), l'écrivit sous la dictée des passions politiques de l'époque; son ouvrage fut considéré comme non avenu, ainsi que la constitution dont il était l'appendice.

Les lois civiles sont, à proprement parler, les lois fondamentales de la société, puisqu'elles régularisent la famille naturelle, fondent la famille civile et consolident ou garantissent le droit de propriété. Aussi, dans le moment même

_____

(1) CAMBACÉRÈS. Il prouva plus tard, lors des discussions préparatoires du Code civil, quels étaient ses véritables principes.

où il saisissait, d'une main hardie et ferme, les rênes du gouvernement, le premier consul voulut-il qu'une commission, nommée parmi les membres des deux conseils législatifs, *coordonnât, revisât* et *choisît les lois civiles* (1) qui devaient, à l'avenir, régir les Français. Il comprit que la révolution ne serait consommée qu'au jour où la France, désormais une et indivisible, et soumise à l'action unique d'une autorité centrale, aurait le livre de ses lois, et cesserait d'être législativement et judiciairement morcelée par ses coutumes. Il comprit que la révolution ne serait terminée qu'après que ses légitimes conquêtes auraient été définitivement sanctionnées par la promulgation d'un code nouveau, et quand les efforts réunis de l'esprit rétrograde et de l'esprit novateur, pour soulever, en sens contraire, les passions politiques et les flots révolutionnaires, viendraient échouer contre l'autorité prépondérante des lois civiles.

(1) La commission législative intermédiaire du conseil des anciens nomma, dans sa séance du 22 brumaire an VIII, une commission *du code civil* composée de cinq membres. Le lendemain, la commission intermédiaire du conseil des cinq cents nomma une commission chargée de concourir à ce travail. La commission fit son rapport le 29 frimaire suivant, par l'organe de M. JACQUEMINOT, depuis membre du sénat conservateur

En appelant l'attention de l'autorité législative sur la nécessité de réunir et de réformer nos lois civiles, le premier consul indiqua plutôt ses intentions qu'il ne tentât sérieusement de les réaliser. Cette première commission n'eut qu'une existence éphémère, et cependant elle publia une ébauche à peu près complète. Au reste, en l'instituant, comme en chargeant, quelque temps après, une commission moins nombreuse d'une tâche si importante, le premier consul ne prétendit point résoudre la question de la *codification*, si vivement débattue depuis. Il en délaissait, sans doute, la solution théorique, aux esprits élevés et méditatifs qui appliquent l'histoire à la science des lois, et les éclairent l'une par l'autre. Pourvoyant à l'un des besoins les plus pressants de la nation et de son siècle, il allait en avant, selon sa coutume, obéissait à son instinct politique, et raffermissait l'ordre social sur ses bases.

Il est des époques, dans la vie des Etats, où, ce qu'on a appelé de nos jours, la codification, devient une nécessité. Ce n'est alors, ni par choix, ni par système qu'on se livre à un tel travail. C'est précisément parce qu'à proprement parler *on ne fait pas les codes* des peuples, et *qu'ils se font avec le temps*, qu'il devient indispensable d'en rassembler les mem-

bres épars et de les promulguer lorsque le temps
y a mis la dernière main. Ainsi le moment est
venu, et leur promulgation est forcée, lorsque
les révolutions, graduellement opérées dans les
opinions et les mœurs, par le développement
ou la décadence des institutions, le progrès,
la diffusion ou l'obscurcissement des lumières,
éclatent ou se réalisent, en changeant, avec
plus ou moins de violence, la face de la société.

Dans de telles circonstances, il ne s'agit point
de fonder. un état, de façonner un peuple à
l'image et à la ressemblance de son législateur,
ni de lui donner des mœurs, un esprit national
et une croyance politique; ce sont choses faites.
Il ne saurait non plus être question de résister,
avec obstination, à l'esprit général qui prévaut,
de rendre la société stationnaire, ou de réagir
contre le mouvement qui l'emporte, et de dis-
puter aux événements leur irrésistible influence.
Codifier alors, c'est résumer la situation du pays;
c'est rajeunir l'autorité de cette portion des lois
anciennes, restée, intacte et ferme, comme
l'ancre de la société; c'est leur associer des
principes et des règles, conformes à la direction
nouvelle, imprimée aux mœurs, par les doctrines et les opinions actuellement régnantes;
c'est sanctionner, par le droit, des faits accom-

plis ; en un mot , c'est *orienter* la société , en déterminant le point d'où elle est partie, celui où elle est arrivée, et la ligne qu'elle est désormais appelée à suivre. Le temps et l'expérience continuent l'œuvre, et successivement comblent les lacunes et réforment les anomalies.

Les rédacteurs du Code civil des Français comprirent ainsi la nature et l'étendue de leur mission. Chargés officiellement *de comparer l'ordre suivi dans la rédaction des projets du Code civil publiés jusqu'alors, de déterminer le plan qu'il leur paraîtrait convenable d'adopter, et de discuter ensuite les principales bases de la législation en matière civile* (1), ils comprirent que jamais une plus favorable occasion ne s'était offerte pour faire jouir le pays de cette unité, de cette uniformité de législation qu'avant 1789 les DUMOULIN, les BRISSON, les LOYSEL, les CHALLINES, les LAMOIGNON, les D'AGUESSEAU, les DOMAT, regardaient comme si désirable, que la révolution venait de rendre possible, et que cependant toutes nos assemblées nationales et législatives avaient en vain tenté d'établir. Mais ils ne se bornèrent pas à compiler, à choisir et à reviser. Leur tâche était plus difficile et plus étendue. Ils étaient appe-

(1) *Arrête des consuls du 24 thermidor an VIII.*

lés à lier, par une transition, sans secousses,
le présent et le passé, à concilier tous les intérêts, sans faire fléchir aucun droit, et par
une amiable composition, à fondre ensemble
des opinions et des usages opposés.

Justes appréciateurs du passé, soigneux de
conserver au pays son caractère, ses traditions,
ses origines, ils se firent un devoir de recueillir, dans les lois anciennes, tout ce qui pouvait s'adapter à l'ordre actuel : non moins jaloux d'assurer aux générations futures les avantages sociaux, de longue main préparés, par
les efforts des générations précédentes, et si
chèrement acquis par la génération dont ils
faisaient partie, ils adoptèrent de la législation
nouvelle toutes les dispositions qui avaient enfin effectué les réformes, appelées autrefois, par
le vœu des hommes éclairés, en avant de leur
siècle, et plus tard, par le vœu national. Leur
travail reposa sur ces trois grandes bases : la
complète sécularisation de l'ordre politique et
civil; l'égalité des citoyens devant la loi, et des
enfants dans la famille; l'affranchissement entier de la propriété et le droit d'en user et
d'en disposer, sans autres limites que celles
qu'impose la loi, dans l'intérêt de l'utilité publique.

Les rédacteurs du code sarde sont arrivés

trente ans plus tard. Des événements graves et multipliés séparent la publication de ce code de celle du code français. La direction des esprits a changé avec les événements et la fortune des armes. Des vicissitudes de toute nature et des revirements complets de doctrine ont, tour à tour, éprouvé les peuples et ébranlé les convictions. Les rédacteurs du code sarde n'ont pas travaillé pour des Français : sans doute, leur pays n'avait point échappé à l'influence des doctrines philosophiques du dix-huitième siècle, et de la révolution qu'elles avaient opérée ailleurs, dans les esprits et dans les mœurs, mais il n'en était pas le siége. L'État, pour lequel ils rédigeaient des lois, venait d'être reconstruit à main armée, sous la protection et la garantie de puissances étrangères, conservatrices intéressées des anciennes mœurs et des anciennes institutions. Les peuples qui le composent, destinés désormais à ne former qu'une nation, ont été placés sous l'autorité absolue d'un monarque appelé au trône par le droit de sa naissance. Ceux d'entre eux qui avaient été incorporés à la révolution française avant de l'être à l'empire français, l'avaient subie, plutôt qu'ils n'y avaient concouru : implantée chez eux par la conquête, elle n'y avait point été amenée et mûrie, comme en France, par tout ce qui l'avait précédée. Toutefois, ce qu'elle avait développé et propagé de vrai, de juste, de généreux, de conforme à l'esprit du temps et aux nécessités de l'époque, s'était naturalisé parmi eux, quoique les sévérités de l'Empire et les exigences d'un pouvoir sans bornes et d'une guerre sans fin en eussent tempéré les avantages et diminué le bienfait. Ils avaient hérité de la révolution française avec le code civil, de la sécularisation complète de l'ordre social, de la liberté de conscience et des cultes, de l'égalité civile, d'un ordre de succession dicté par l'équité, *l'équité dans la famille*, comme le disait naguère avec tant d'énergie et de précision, dans cette enceinte, un de nos plus honorables et plus savants confrères (1), de l'affranchissement de la propriété, et d'une heureuse conciliation de ses droits avec le salutaire principe de l'utilité publique.

Mais les rédacteurs du code sarde, moins frappés du développement légitime de tous les droits, que des résultats politiques d'une révolution qui avait déplacé le pouvoir, l'in-

(1) M. Rossi. *Quelques observations sur le droit civil français, considéré dans ses rapports avec l'état économique de la société. Séance publique de l'Académie des sciences morales et politiques, du 27 déc.* 1837. In-4°; Paris, Firmin Didot, 1837.

fluence, la propriété, se sont placés au point de vue d'où l'avaient envisagée ceux qui, à l'époque de la publication du projet de code civil, se prévalaient, avec tant d'aigreur et d'amertume contre celui-ci, de tous les griefs qu'ils faisaient valoir contre celle-là. *Si la France était encore une société*, disaient-ils, *elle n'aurait pas besoin de votre code ; mais vous avez méconnu les éléments de l'empire, en méconnaissant la constitution naturelle de la famille, et en ne commençant pas la reconstruction de la cité par la reconstruction de la maison, et celle-ci par le rétablissement du respect pour les ancêtres et de l'honneur des races* (1). Effrayés, comme les critiques de cette époque, de l'abus qui avait été fait des principes nouveaux et des excès qui avaient accompagné leur triomphe, les rédacteurs du code sarde ont tourné leurs regards vers le passé, et ils ont tenté de le donner, encore une fois, pour règle à l'avenir. On dirait qu'ils n'ont pas aperçu que, si le passé influe sans cesse sur le présent, et par le présent sur l'avenir, il ne saurait se reproduire. Au reste, les rédacteurs du code sarde

(1) *Courrier de Londres, mardi, 2 juin 1801. — Observations sur le Code civil, par* M. DE MONTLOSIER In-12; Paris, Gignet, 1801

sont eux-mêmes une preuve que l'esprit nouveau s'est fait jour partout et que la révolution a tout pénétré.

Il faut leur rendre justice : ils ont su résister à cet esprit de dénigrement et de réaction qui s'était produit avec tant d'emportement, il y a une vingtaine d'années, contre le code français, et leur travail est un éclatant hommage qui lui a été rendu. Quand on se souvient qu'en 1816 on a imprimé à Paris (1) que *notre code civil est la risée du pays où la science du droit est encore cultivée avec quelque soin, qu'il est inférieur à l'abregé des lois romaines qu'Alaric, roi des Visigoths, fit composer pour ses sujets romains, et moins sage et moins réfléchi que les Assises de Jérusalem, enfin, que les applaudissements accordés à ce code par certaines classes, prouvent la dégradation que la révolution a opérée dans les espritt, et l'ignorance où elle nous a plongés des vrais besoins de l'ordre social;* quand on se souvient de ces choses, on sait quelque gré aux rédacteurs du code sarde de s'être rapprochés sur tant de points du code français, malgré leur position, et d'en avoir adopté la

(1) *De l'origine et des progrès de la législation française, par* M. BERNARDI, *de l'Académie des inscriptions et belles-lettres.* In-8°; Paris, Béchet, 1816, p. 563.

méthode, la forme et souvent les propres termes. Qu'aurait dit le savant auteur dont je viens de rapporter les paroles, s'il avait connu leur ouvrage! s'il avait entendu, dans différentes séances de cette académie, deux de nos honorables confrères annoncer, l'un (1), que le code civil français avait été donné aux habitants de l'île de Ceylan par un jurisconsulte anglais, choisi pour rédiger des lois à leur usage, comme le plus utile présent qu'il pût leur faire, et l'autre (2), que l'autorité de ce code est journellement invoquée dans les cours de justice de la Louisiane, comme autrefois les lois romaines en France? Qu'aurait-il dit si, témoin des triomphes de ce code, il l'eût vu conserver force de loi en Italie, en Suisse, en Allemagne, en Pologne, sous l'autorité des gouvernements même, élevés ou restaurés sur les ruines de l'empire français?

C'est que malheureusement, après une grande révolution, l'esprit de parti aveugle les écrivains qu'il passionne. Ils se méprennent aisément sur leurs propres motifs, et cèdent aux inspirations malveillantes du ressentiment et de la haine, lorsqu'ils se flattent de n'être animés que par

(1) M. Rossi.
(2) M. Lakanal.

une juste aversion pour de déplorables abus. Leurs préventions et leurs préjugés corrompent leurs jugements : ils anathématisent au lieu d'examiner. Mais, loin de persuader, la violence révolte, et ses déclamations, dénuées de preuves, compromettent et discréditent l'opinion qu'elles voudraient faire prévaloir. Aussi, frappées de stérilité, ne mettent-elles sur la voie d'aucun amendement utile; et l'avantage de rendre une vérité populaire, ou de faire goûter une amélioration désirable, est-il, d'ordinaire, la récompense des caractères modérés et des esprits impartiaux.

Le code sarde est tracé sur le même plan que le code français : comme celui-ci, il est divisé en trois livres, précédés d'un titre préliminaire. Chacun des trois livres est sous la même rubrique, et traite des mêmes matières que le livre correspondant du code français.

Nous suivrons cet ordre dans nos observations, et nous passerons du titre préliminaire à l'examen successif et rapide des trois livres suivants. Le rapprochement de leurs principales dispositions et des dispositions corrélatives du code français nous parait fécond en applications utiles.

La législation comparée est, en effet, une branche importante de la science du droit et de la jurisprudence : en même temps qu'elle fonde la philosophie du droit sur l'observation et l'expérience, elle aide à remonter vers ces notions primitives du juste et de l'injuste, source commune de toutes les lois, même de celles qui paraissent s'en éloigner davantage.

L'histoire successive de l'ordre social, chez les différents peuples, et son histoire simultanée se révèlent à l'observateur attentif, qui compare les lois aux lois. Le législateur y lit son devoir. A l'aide de cette étude, il voit les lois naître et se déduire les unes des autres, s'améliorer ou s'empirer par leur action réciproque, et selon leur nature, bonne ou mauvaise, causer des biens et des maux qui ne finissent pas même avec elles. Il discerne l'influence qu'exercent sur les lois, les temps et les lieux, le climat et les mœurs, la religion et le gouvernement, l'agriculture et l'industrie, la navigation, le commerce, le progrès de la richesse, et la réaction des lois sur toutes ces choses. Il apprend quels écueils il doit éviter, et, ce qu'est en droit d'attendre de lui, la nation dont les destinées lui sont remises, sa situation politique, religieuse, morale, économique, étant connue.

Les informations que la législation comparée fournit aux magistrats et aux jurisconsultes ne sont pas moins précieuses pour eux. La filiation des lois nationales leur enseigne le véritable esprit de ces lois; elle leur indique comment et pourquoi, dès leur origine, elles ont subi les modifications que leur imposaient nécessairement les mœurs et les institutions contemporaines, et leur révèle, avec la raison de ces changements, la complète intelligence de leurs dispositions actuelles. En les initiant à la connaissance des lois qui gouvernent parallèlement d'autres peuples, elle facilite souvent l'interprétation de celles que les magistrats et les jurisconsultes nationaux sont chaque jour chargés d'appliquer ou d'expliquer. Comme l'œil saisit mieux tous les éléments du rayon de lumière qui traverse un cristal taillé à facettes, la raison pénètre plus facilement l'esprit d'un même précepte exprimé de plusieurs façons diverses. Ces textes différents deviennent commentaires l'un de l'autre et s'éclaircissent mutuellement. Souvent une allusion aux circonstances qui ont motivé une disposition, peut suffire à dissiper soudainement l'obscurité dont paraît enveloppée la disposition analogue que l'on s'efforce d'interpréter.

Nous voudrions que nos observations pussent servir à démontrer la justesse de ces considérations.

Les commissaires chargés, par le premier

3

consul, de la rédaction d'un *projet de code civil*, avaient jugé convenable de le décorer d'un frontispice. C'était dans ce but qu'ils avaient rédigé un livre préliminaire intitulé : *Du droit et des lois en général*. Ce livre, divisé en plusieurs titres, commençait par une définition philosophique et doctrinale du *droit;* cette définition était suivie par la distinction des *divers genres de droit* et par la définition de la *loi* et de la *coutume*. Suivait ensuite la classification des lois selon leurs espèces.

Remarquons, en passant, l'heureuse influence que cette méthode des temps modernes a exercée sur la civilisation et la prospérité publique. Grâce à la division des lois en divers ordres, la conquête et les changements de domination n'ont plus entraîné le renversement des lois civiles : l'état des personnes et le droit de propriété, la famille et le patrimoine, en devenant immuables comme elles, ont laissé moins d'influence et de prise à la mobilité des événements politiques sur la confiance et le crédit. Faut-il s'étonner qu'un si salutaire accroissement de sécurité ait amené au point où nous le voyons l'immense développement de ces relations commerciales, qui mettent en communication tous les peuples et enveloppent le monde entier comme un réseau !

Lorsque le Code civil sortit du creuset de la discussion approfondie, dramatique et lumineuse qu'il subit au conseil d'Etat et dans les commissions du tribunat et du corps législatif, discussions préparées par les judicieuses observations du tribunal de cassation et des tribunaux d'appel, le livre préliminaire se trouva réduit à un seul titre. Les définitions générales, les dispositions relatives à l'interprétation et à l'abrogation des lois étaient écartées, et celles qui concernent la publication, les effets et l'application des lois, considérablement abrégées.

Ainsi disparut cette définition du droit destinée à faire connaître les principes qui avaient présidé à la rédaction de la loi. Heureusement de nombreuses dispositions du Code témoignent de la doctrine dont cette définition était la déclaration solennelle. Elles démontrent évidemment la tendance du législateur à s'élever sans cesse au-dessus des règles du droit arbitraire et positif, et à assurer, en toute occasion, une juste prépondérance à l'ordre moral. C'est ainsi qu'il proclame que dans le mariage le consentement des parties constitue seul l'engagement, et que, dans la vente, la foi librement promise et la parole donnée sont les véritables instruments du contrat. On y voit partout le lien de droit résulter de l'intention et de la volonté libre des contractants, plutôt que du minutieux accomplissement des formalités légales (1).

Il faut croire qu'on redouta le péril des définitions, considérées, par les jurisconsultes romains, comme une espèce d'arme à deux tranchants, que peuvent emprunter avec un égal avantage toutes les parties litigantes. Peut-être aussi se défiait-on de la puissance de la loi, et craignait-on d'en compromettre l'autorité en y insérant une définition purement philosophique, ou redouta-t-on pour elle la révolte si souvent éprouvée du raisonnement contre la raison. Ce qui est certain, c'est qu'on ne composa le Code civil que d'une série de règles pratiques.

Toutefois il est permis de penser que si ces règles avaient été proposées comme les conséquences nécessaires d'une de ces lois universelles qui gouvernent et conservent le monde moral, comme la loi de la gravitation conserve et gouverne le monde physique, elles eussent inspiré plus de respect et mieux commandé l'obéissance. On peut croire avec Platon et avec Cicéron qu'il est bon et utile, et pour ceux qui les portent et pour ceux qui les supportent, de rattacher les lois des hommes aux lois de l'humanité, à ces principes éternels du

_____

(1) C civ., 1156

vrai, du bon et du juste, qui planent au-dessus d'eux.

A une époque et dans un pays, où la constitution ne déclarait aucune religion dominante, et n'accordait de prééminence légale à aucune croyance religieuse ; à une époque où par conséquent il n'existait point de *corps de morale publique et religieuse* officiellement avoué, il était, peut-être, plus particulièrement convenable, que quelques dogmes de morale civile fussent inscrits, dans le Code, pour rappeler aux citoyens l'origine de leurs devoirs. et le principe de leurs obligations. N'était-il pas aussi naturel qu'utile d'indiquer ainsi l'étroite alliance de l'ordre moral et de l'ordre civil, lorsque le Code allait prescrire aux époux, la fidélité (1) ; aux enfants, la piété filiale (2) ; aux donataires, aux héritiers et légataires, la reconnaissance (3) ; aux usufruitiers, le bon et équitable usage de la chose d'autrui (4) ; aux man-

---

(1) C. civ., art. 212. Les époux se doivent mutuellement fidélité.

(2) C. civ., art. 371. L'enfant, à tout âge, doit honneur et respect à ses père et mère.

(3) C. civ., art. 953 et 1046. La donation entre-vifs ne pourra être révoquée que pour cause d'ingratitude.

(4) C. civ., art. 601. L'usufruitier donne caution de jouir en bon père de famille.

dataires, la vigilance et l'exactitude (1); à tous,
dans leurs conventions, l'honnêteté (2), la sin-
cérité (3), la bonne foi (4), l'équité (5), le respect pour l'ordre public et pour les bonnes
mœurs (6)? Dans ce Code, qui abandonne, aux
lumières et à la conscience du magistrat, l'appréciation des présomptions qui ne sont point
établies par la loi (7), et la décision des faits
litigieux, à l'affirmation des parties, sous la religion du serment (8), il nous semble que le
rappel à l'ordre moral et même à l'ordre reli-

(1) C. civ., art. 1992. Le mandataire répond non-seulement du dol, mais encore des fautes qu'il commet pendant sa gestion.

(2) C. civ., art. 1108. Quatre conditions sont essentielles pour la validité d'une convention.... une cause licite dans l'obligation.

(3) C. civ., art. 1109. Il n'y a point de convention
valable si le consentement n'a été donné que par erreur,
ou s'il a été extorqué par violence ou surpris par dol.

(4) C. civ., art. 1134. Les conventions doivent être
exécutées de bonne foi.

(5) C. civ., art. 1135. Les conventions obligent à
toutes les suites que l'équité donne à l'obligation, d'après
sa nature.

(6) C. civ., art. 1131, 1133. Toute convention contraire aux bonnes mœurs et à l'ordre public est illicite.

(7) C. civ., art. 1353.

(8) C. civ., art. 1387 et suivants.

gieux n'eût pas été déplacé. Il nous semble qu'il est bon de parler au cœur de l'homme quand on lui prescrit des devoirs, d'intéresser sa raison à l'accomplissement de ses engagements, et qu'il y a tout à gagner pour la société à fortifier l'obligation légale de toute la puissance de l'obligation morale. Un devoir rigoureux devient moins pénible lorsqu'on a la conviction qu'il n'est point arbitrairement imposé par les hommes, mais qu'il n'est que la conséquence légitime et nécessaire des lois de notre nature.

Mais quand le Code civil fut promulgué, on touchait encore à une époque où l'on avait fait un intolérable abus des *déclarations des droits et des devoirs*. Le déplorable souvenir de la morale naturelle, audacieusement violée, par ce qu'on appelait la morale politique, inspirait, contre les plus saines théories, une sorte de dégoût, de défiance, ou même de terreur. Cette impression prévalut, et le Code fut publié sans préambule. Il ne commença ni par une définition solennelle du droit et de ses préceptes, de la justice et de la jurisprudence, comme les recueils de Justinien (1), ni par une religieuse

____

(1) *Jus est ars æqui et boni. Dig.*, *lib.* 1, *tit.* 1, *l.* 1. A justitia appellatum. *Ibid.* Juris præcepta sunt hæc . honeste vivere, alterum non lædere, suum cuique tribuere.

dicter, sur chaque sujet, les préceptes les plus conformes à la nature des choses et les plus favorables au bien commun. Il semble que l'ordre synthétique soit pour eux une condition nécessaire; ils s'adressent à tous ceux qui habitent le territoire, aussi cette pensee que *les lois sont faites pour des gens de médiocre entendement,* comme dit MONTESQUIEU, doit-elle toujours leur être présente. La même raison qui veut que le style des lois soit clair, usuel, populaire, exige que pour la forme et la distribution des matières, elles s'éloignent le moins possible des traditions anciennes et des méthodes consacrées. Si les législateurs veulent que leurs lois deviennent familières au peuple pour qui elles sont faites, l'expérience leur commande de préférer les notions vulgaires aux classifications rigoureuses, et de ne jamais s'écarter sans nécessité des idées et même des locutions reçues : car, ce ne sont pas des problèmes scientifiques qu'ils ont à résoudre, ce sont des règles pratiques qu'ils ont à poser, et qu'ils doivent inscrire à la fois dans leur code et dans la mémoire des citoyens. Il est probable que si l'on avait procédé pour nos lois civiles comme pour les poids et mesures, elles ne se seraient point identifiées depuis trente ans avec nos mœurs et nos usages.

nouveau projet n'était qu'une œuvre de doctrines systématiques, bonnes tout au plus pour l'école, et non pour les tribunaux et pour le peuple. »

Une admiration passionnée n'est ni de notre temps, ni dans notre caractère. Sans doute, l'enchaînement de toutes les parties du Code civil n'est pas tellement parfait qu'il exclue la possibilité d'un ordre meilleur. Aussi, n'entendons-nous point imiter Cujas dans ses superstitions, ni comparer nos lois, encore si récentes, aux antiques monuments de la sagesse romaine. Mais, à notre avis, ce serait une erreur de croire que l'on doit procéder à la composition d'un code comme on procède à l'exposition systématique d'une science.

Pourquoi ceux qui font les lois et ceux qui les enseignent seraient-ils soumis aux mêmes méthodes, lorsque leurs devoirs sont différents? Sans doute, pour donner l'intelligence des lois, il importe que les maîtres de la science initient d'abord leurs disciples à la connaissance des objets sur lesquels les lois disposent. Il est naturel qu'ils procèdent par voie d'analyse. Les législateurs ont une autre tâche. Le caractère d'une nation, la constitution politique de l'État, et certaines circonstances de temps et de lieu étant donnés, ils sont appelés à avoir fait usage, ils ne peuvent en modifier ni en détourner le cours, au préjudice du fonds inférieur. Toutefois, ceux qui sont admis à profiter des eaux conduites ou recueillies et conservées à main d'homme, sont tenus de payer le prix de l'avantage qu'ils en reçoivent.

Les particuliers qui n'ont pas à leur disposition les eaux nécessaires pour l'arrosement de leurs terres ou le service de leurs usines, peuvent en obtenir par concession. L'État seul peut concéder le droit de dériver les eaux qui sont du domaine public. Il n'appartient qu'aux propriétaires de disposer de celles qui gisent, jaillissent ou coulent dans leur héritage. Mais pour maintenir l'indépendance du sol, et afin que ceux qui en ont le domaine supportent les charges, comme ils ont le profit du droit qui leur est accordé, ils sont tenus de faire et entretenir les ouvrages que nécessitent la dérivation, la conduite et la conservation des eaux concédées, jusqu'au lieu où le concessionnaire a droit de les prendre.

Ces concessions ne confèrent qu'un droit d'usage. Aucune concession nouvelle ne peut être accordée au préjudice des droits antérieurement acquis.

Elles sont privilégiées à cause du grand intérêt qui s'attache à l'irrigation des terres et à l'exploitation des mines, et elles confèrent à ceux qui les obtiennent un droit de passage ou d'aqueduc à travers les fonds de toute nature qui séparent le point de réception des eaux concédées du lieu de leur destination. Il n'y a d'exception que pour les maisons d'habitation, cours, aires et jardins qui en dépendent.

Les obligations que ce droit impose, et les conditions auxquelles il s'exerce, sont déterminées par la loi : elle décide que le droit d'aqueduc n'attribue à celui qui en est investi, ni la propriété du dessous, ni celle des bords du conduit.

Rien n'est laissé à l'esprit litigieux, de ce que la prévoyance de la loi peut lui ôter. Elle décide comment la mesure du module d'eau, la forme de l'orifice et de l'édifice de dérivation doivent être réglées si elles n'ont été convenues entre les parties. Elle indique suivant quelles proportions les eaux provenant d'une même rive ou d'un même barrage doivent être distribuées entre les co-usagers. Elle prend en considération les diverses circonstances naturelles ou civiles de saison, de jour, de nuit, de jours ouvrables, de fêtes chômées; les cas où les eaux concédées viennent à diminuer ou à tarir, soit par un accident fortuit et naturel, soit par le fait de l'homme.

tants : et tel serait le sens incontestable de l'art. 25, si l'art. 227 ne venait assimiler, plus tard, les effets de la mort civile à ceux de la mort naturelle, et déclarer cette fois d'une manière absolue que le mariage est dissous par la condamnation définitive de l'un des époux à une peine emportant mort civile.

Les rédacteurs du code sarde ont échappé à cette contradiction. Ils ont maintenu l'inviolabilité du lien conjugal : ils n'ont pas permis que la fiction l'emportât sur la vérité, ni la loi sur la nature. Mais ne sont-ils pas allés trop loin, lorsque, après avoir réduit la mort civile à ses justes et légitimes effets, ils l'ont abolie elle-même ?

Puisque certaines peines, et personne ne le conteste, doivent emporter la perte de tous les droits civils, pourquoi ne pas conserver, à cette déchéance complète des droits de cité, une qualification qui maintienne à la peine ce caractère de gravité dont il importe qu'elle soit empreinte? Dans l'état de nos mœurs, et lorsque leur adoucissement journalier fait disparaître de nos codes jusqu'aux dernières traces de ces supplices barbares qui endurcissaient les âmes, et de ces châtiments corporels qui ne dégradaient pas seulement ceux qui les subissaient, est-il prudent, est-il convenable de

n'avaient entrepris, et n'ont pas été conséquents
avec eux-mêmes. Frappés surtout de la nécessité d'établir avec netteté que le mariage est un
contrat civil, ils ont eu le tort de ne pas rappeler assez expressément qu'il était, avant tout,
un contrat naturel. Ils auraient probablement
évité cet inconvénient s'ils avaient défini le mariage : tant il est vrai que pour éviter un danger qu'on a trop exagéré, les législateurs ne
doivent pas s'abstenir des définitions d'une manière trop absolue. Aussi, quand on lit dans
l'art. 25 du Code que, par la mort civile, le
condamné devient incapable de contracter un
mariage qui produise *aucun effet civil*, et que le
mariage qu'il avait précédemment contracté est
dissous, *quant à tous ses effets civils*, on entrevoit
qu'il y a dans le mariage, aux yeux du législateur,
quelque autre chose que le lien civil et les effets que ce lien produit. En effet, la loi ne
déclare pas le condamné incapable de contracter mariage, mais de contracter un mariage qui
produise *aucun effet civil*; elle ne prononce
point en termes absolus la dissolution du mariage antérieurement contracté, elle le déclare
dissous *quant à ses effets civils* seulement. A ce
moment, elle semble reconnaître que le mariage n'admet d'autre condition résolutoire, de
plein droit, que la mort d'un des contrac-

» plus accrédités, les effets civils du mariage
» cessent, la femme reprend sa dot, mais le
» nœud du mariage subsiste et les conjoints
» conservent toujours les droits naturels, que
» toute la puissance des hommes ne peut dé-
» truire (1). »

Napoléon pensait comme Justinien. Il ne concevait pas qu'une femme convaincue de l'innocence de son mari ne pût le suivre sans crime, qu'elle ne pût vivre avec lui sans violer la pudeur; que les enfants qui naîtraient de leur union fussent déclarés bâtards, et qu'on ne mit aucune différence entre cette femme et l'être vil qui se prostitue. Selon lui, bien loin de la flétrir, on devait estimer sa vertu, et il ne convenait pas d'ôter à ces infortunés la consolation de vivre ensemble comme époux légitimes.

Cependant la logique l'emporta, et cette considération qu'un homme mort civilement ne pouvait transmettre à ses enfants un état qu'il n'avait pas lui-même, triompha de toutes les oppositions, même de celle de Napoléon.

Les rédacteurs du code français, en plaçant la mort civile au nombre des causes de la dissolution du mariage, ont plus exécuté qu'ils

_____

(1) JULIEN, *Éléments de Jurisprudence*, liv. 1, tit. 2, n° 3.

Dans le système du code sarde, la perte de
la totalité des droits civils n'entraîne point la
mort civile. Mais de la vie civile, il ne reste
au condamné que les effets civils du mariage

N'est-ce point en réalité à cette dissolution
du mariage par la mort civile, à cet empêchement dirimant qu'elle crée, que se réduit,
en dernière analyse, tout ce qu'il y a de solide
et de fondé dans les objections dirigées contre
elle? Nous sommes portés à le croire, et n'est-
il pas remarquable qu'on veuille refuser à la
société un droit que quelques-uns voudraient
accorder à la volonté ou au caprice des époux?
Au surplus, il y a long-temps que ces objections ont été produites pour la première fois.
C'est à Justinien, ou plutôt c'est à l'esprit du
christianisme qui l'inspirait, qu'il convient d'en
rapporter l'honneur. Il abolit la servitude de la
peine : il voulut que celui qui était né *ingénu*
ne pût devenir esclave par l'effet d'une condamnation pour crime, et il ordonna que les
liens du mariage, tels qu'ils existaient entre personnes libres, continuassent à subsister pour
les condamnés à des peines capitales, laissant
ainsi la liberté naturelle survivre à la mort civile. C'est ainsi qu'on l'entendait en France,
sous l'empire de notre ancienne législation.
« Par la mort civile, disent nos auteurs les

de retrancher de la société le membre coupable
ou corrompu qui la troublait par ses méfaits,
et de le punir par la perte absolue des avantages sociaux dont il avait abusé, s'est présentée
à plusieurs peuples.

La mort civile tenait une grande place dans
notre ancienne législation. Elle ne provenait
pas seulement des condamnations pour crimes :
elle était encore la conséquence de l'abdication
volontaire des droits de cité, par la profession
religieuse. Dans ce dernier cas, loin d'être réputée infâme, elle était réputée glorieuse. Cependant c'était surtout dans l'intérêt des familles et de l'ordre public qu'elle était établie.
Il y a peu d'années, lorsque des lois étaient
portées pour régulariser l'établissement des associations religieuses de femmes en France,
nous avons entendu de bons esprits développer, en opposition à de certaines tendances
qui commençaient à prévaloir, avec la puissance du talent, les motifs qui conseillaient
l'introduction d'une disposition analogue. On
conçoit, quand la mort civile atteignait ceux
qui se retiraient du monde pour se consacrer
sans réserve à la pratique des conseils évangé-
liques, qu'il ne parût pas trop rigoureux d'en
faire l'application à ceux qui avaient encouru,
par leurs crimes, la déchéance de leurs droits
civils.

de tous les avantages garantis par le droit des
gens et par le droit civil? qu'il fût réduit aux
seuls droits inséparables de la nature humaine
vivante, aux droits dont tout ce qui respire
est capable, pour emprunter les expressions
d'un jurisconsulte moderne, à ceux dont on
ne pourrait lui dénier l'usage sans compromettre son existence et outrager l'humanité?

Ce système est celui du code français. Il n'est
point d'invention moderne. La mort civile était
connue des Romains; ils l'appelaient *maxima
capitis diminutio*. Elle résultait chez eux de la
condamnation aux peines qu'ils désignaient, à
cause d'elles, sous le nom de peines capitales.
Ces peines n'étaient pas seulement la peine de
mort, mais la condamnation aux métaux, la
condamnation aux bêtes ou aux jeux du cirque,
et l'interdiction du feu et de l'eau ou la dé-
portation.

Peut-être la mort civile est-elle d'origine romaine. Peut-être aussi nous est-elle venue des
Gaulois, nos devanciers, qui retranchaient solennellement certains criminels de la société,
les rejetant hors la protection des lois, et les
excluaient du commerce des hommes, même
pour l'usage ordinaire de la vie. Elle a une
grande analogie avec l'excommunication chrétienne. Dans tous les cas, on voit que l'idée

régir, selon le droit et ses convenances particulières, les personnes et les biens. De ces lois
nationales naissent, outre la garantie des droits
et des facultés qui dérivent du droit des gens,
des droits et des facultés qui n'appartiennent
qu'aux membres de la cité pour laquelle ces
lois ont été portées : ce sont les droits civils.
Il suit de là qu'on peut, rigoureusement parlant, jouir de cette vie civile, commune aux
étrangers et aux nationaux, sans avoir la jouissance des droits civils, mais qu'au fond la privation des droits civils emporte véritablement
la privation de la vie civile proprement dite.

Nous naissons dans des sociétés formées, et
nous contractons, en naissant, des obligations
envers la société qui protège notre berceau. Il
est conforme à la nature des choses que celui
qui manque à ses devoirs envers la société soit
privé des droits qui lui avaient été garantis par
elle, à condition qu'il remplirait fidèlement ces
devoirs. La privation des droits civils est donc
une peine équitable et naturelle. Serait-il moins
conforme à la nature des choses que celui qui
rompt le pacte social, et qui, par l'excès même
de son crime, mérite d'être exclu de la société,
perdît non-seulement les droits civils, mais la
vie civile? qu'après avoir violé la loi des nations et les lois de son pays, il fût dépouillé

des facultés que la nature lui conserve, et qui dénie les droits et la qualité d'époux et de père à celui qui a une femme et des enfants. Il semble qu'une fiction légale, qui rend irrévocables les plus rigoureux effets de la peine, lorsque la voie est encore ouverte au repentir, et qui intercepte une partie des effets miséricordieux du droit de grâce, lorsqu'il peut encore s'exercer utilement, ait quelque chose de violent et d'inconciliable avec les droits de l'humanité.

Nous louons les rédacteurs du code sarde d'avoir cédé à de telles considérations ; mais il convient d'examiner en quoi consiste la différence des deux systèmes, et quelle est la juste valeur des objections proposées.

Sans doute, il faut distinguer entre les droits civils et la vie civile. La société générale du genre humain est placée sous l'empire d'un droit commun à toutes les nations. Participer aux avantages que garantit cette loi universelle et à la protection qu'elle assure, c'est avoir la vie civile. Il suffit, pour en jouir chez toutes les nations civilisées, d'appartenir à la grande famille humaine. Mais chaque peuple, après avoir approprié à son usage particulier les règles et les lois que la raison et la conscience universelles enseignent à tous, y joint les dispositions spéciales qu'il juge nécessaires pour de là que, malgré le principe posé par le législateur, dans le silence de la loi pénale, un condamné qui serait privé de toute participation aux droits civils ne subirait point la mort civile.

Les rédacteurs du code sarde ont transformé cette exception en règle. Dans le chapitre *de la Privation des droits civils*, ils n'ont pas reproduit les dispositions du code français sur la mort civile; ils l'ont abolie par leur silence. Cette innovation est importante; elle mérite d'autant plus d'être relevée, que, dans ces derniers temps, de vives réclamations se sont fait entendre contre la mort civile, et surtout contre les effets qui y sont attachés par la loi. C'est évidemment une concession faite à un esprit différent de celui qui semble avoir animé jusque-là les nouveaux législateurs.

A une époque où l'on révoque en doute la nécessité et même l'utilité des peines perpétuelles, lorsque l'on conteste la légitimité de toutes les condamnations irréparables, il est naturel que l'on attaque la mort civile. Il y a en effet, au premier abord, quelque chose qui révolte la nature dans cette fiction de la loi, qui met au rang des morts une créature vivante; qui non-seulement retranche l'homme de la société, mais brise les liens civils qui l'attachent à la famille; qui lui refuse l'usage

Nous venons de parler de mort civile en ci-
tant un acte qui a parmi nous l'autorité d'une
loi, et il nous est impossible de ne pas remarquer en passant qu'il contient les seules dispositions qui, à notre connaissance, dans la législation française, ordonnent la condamnation à
la mort civile comme peine principale.

En effet, dans le système de pénalité complexe
consacré par nos lois, et suivant lequel certaines
peines principales étaient, ou pouvaient être
accompagnées de circonstances pénales aggra-
vantes, la mort civile a toujours été rangée au
nombre de ces peines accessoires ou complé-
mentaires. Aussi notre Code (1) la considère-t-il
comme la conséquence nécessaire de toute condamnation à des peines qui privent le condamné
de toute participation aux droits civils. Cependant il restreint immédiatement l'application de
cette définition, en ajoutant que la condamnation à la peine de mort emporte seule, de plein
droit, la mort civile (2), et en disposant que la
mort civile n'est la suite des autres peines afflic-
tives perpétuelles, qu'autant qu'une disposition
expresse de la loi l'a ainsi ordonné (3). Il suit

(1) C. civ., art. 22.
(2) C. civ., art. 23.
(3) C. civ., art. 24.

Au même lieu se trouve une autre disposition d'un intérêt non moins grand, car il en résulte incidemment l'incapacité de certaines personnes à contracter mariage. Le § 3 de l'art. 172 porte que les enfants dont le père et la mère, ou l'un d'eux étaient, à l'époque de la conception, *engagés dans les ordres sacrés* ou *liés par des vœux solennels de profession religieuse*, sont exclus de tout bénéfice de légitimation.

Après avoir déclaré que les lois de l'Église sont lois de l'État, le code sarde devait considérer comme autant d'empêchements dirimants l'engagement dans les ordres sacrés et les vœux solennels de religion : la logique le prescrivait. Par une conséquence inévitable, ce principe une fois posé, il n'était pas possible que les enfants, nés de personnes frappées par ces empêchements, pussent être légitimés. Mais ce qui est grave et contraire à la fois aux règles qui président à la bonne composition des lois, et aux droits imprescriptibles de la puissance souveraine, c'est que de semblables empêchements ne soient écrits nulle part dans la loi civile, qu'elle se contente de tirer les conséquences de principes qu'elle n'a point posés ou qu'elle n'a point promulgués, et qu'elle attache des clauses pénales à l'infraction des prohibitions tacites qui en résultent.

Si notre code a gardé le silence sur ces matières, c'est qu'à l'époque où il fut promulgué,
l'engagement dans les ordres sacrés n'était plus
reconnu par la loi. Après le concordat de 1802
et la loi organique de ce concordat, il en alla
autrement. L'art. 26 de cette loi et les art. 1,
3 et 4 du décret du 28 février 1810 commen-
cèrent à régler les conditions civiles de l'engagement dans les ordres sacrés. L'ordinand âgé
de plus de vingt-deux ans et de moins de vingt-
cinq fut obligé de justifier du consentement de
ses parents, en la forme requise pour l'enfant
âgé de moins de vingt-cinq ans accomplis qui
veut contracter mariage. Ainsi fut reconnue et
déclarée authentiquement, cette puissante analogie, qui assimile au mariage, l'engagement
dans les ordres sacrés. Il devenait dès-lors indispensable que cet engagement fût constaté
par un officier public, et que comme cela se
pratiquait, sous notre ancienne monarchie (1),

(1) Les *tonsures* et les *ordres mineurs et sacrés* doivent
être consignés dans un registre coté et paraphé sur chaque
feuillet par l'archevêque ou l'évêque, qui est tenu de les
représenter pour en prendre *extrait*, à peine de *saisie de
temporel. Ordonn. d'avril* 1736, *art.* 32 et 33. — Mêmes
dispositions ou dispositions analogues, avec règles pour
la forme et la tenue des registres des actes de *vêture*,
noviciat et profession religieuse, et des actes de *profession*

ainsi que l'ont hautement proclamé, à la fin du dernier siècle, ces peuples de l'Amérique du Nord, dont l'exemple a été si souvent invoqué parmi nous, et qui ont fondé tout leur établissement politique sur la tolérance et la liberté (1).

Dans la suite, cette omission eut des inconvénients pratiques fort graves. Lorsqu'il devint nécessaire de protéger la société contre les outrages à la morale publique et religieuse, la poursuite se trouva sans base certaine, et non seulement l'appréciation de l'outrage fut laissée à la conscience des juges et des jurés, mais l'appréciation des principes qui constituent la morale publique, c'est à dire, de ce qui sert de base à la loi, et de loi au législateur même. Ainsi, pour échapper à l'influence de ce qu'on appelait alors l'*Idéologie*, on livra, en proie à l'esprit de controverse et de scepticisme, les maximes fondamentales de l'ordre social, et il fut permis, chaque jour, dans l'arène judiciaire, à tous les sophistes, de nier ou de tenter d'obscurcir, par leurs arguments, l'éclat de cette

(1) Toutes personnes et toutes sociétés religieuses qui reconnaissent l'existence d'un Dieu, un état futur de récompenses et de punitions, et la nécessité d'un culte public, seront tolérées. *Acte pour établir la constitution de l'état de la Caroline méridionale, passé le* 19 *mars* 1778, *art.* 38.

invocation de la Providence divine, comme les lois de Cicéron (1).

Plus tard ce silence a été mal interprété. D'une part, il est devenu un sujet de reproche pour les auteurs du Code : on les a accusés d'irréligion. D'un autre côté, il a servi de base à un système d'indifférence religieuse absolue, dont on leur a fait honneur fort mal à propos : car on a faussement supposé que, par respect pour la liberté de conscience, ils avaient pensé que le législateur devait se dégager de toute préférence pour une croyance religieuse quelconque, jusqu'au point de faire abstraction de ces dogmes de la religion naturelle qui ne sont pas seulement le lien de toute société humaine, mais un élément essentiel de la sociabilité même,

---

Ibid., *l.* 10, § 1. Justitia est constans et perpetua voluntas suum cuique tribuendi. *Ibid.*, *l.* 1. Jurisprudentia est divinarum atque humanarum rerum notitia, justi atque injusti scientia. *Instit.*, *tit.* 1, § 1.

(1) Sit igitur hoc a principio persuasum civibus, dominos esse omnium rerum ac moderatores deos, eaque quæ gerantur, eorum geri ditione ac numine, eosdem optime de genere hominum mereri, et qualis quisque sit, quid agat, quid in se admittat, qua mente, qua pietate colat religiones, intueri, piorumque et impiorum habere rationem. Habes legis procemium : sic enim hoc appellat Plato. M. T. Ciceronis, *de Legibus*, *lib.* 2, *n.* 7.

tion de cette loi. Il n'y a rien de si convenable
que la distinction des différents ordres de lois ;
mais de ce qu'il ne faut pas confondre les choses
sur lesquelles ces diverses lois statuent , il ne
s'ensuit point qu'on doive les isoler absolument
les unes des autres, puisque le bien de l'État
demande qu'elles s'entr'aident et se coordon-
nent.

Au reste, le code sarde diffère de nos lois
civiles en ce qui concerne les étrangers. D'après
ses dispositions , l'étranger non naturalisé ne
cesse pas d'être aubain. Il ne peut exercer dans
le royaume que les droits civils dont jouissent
les sujets sardes dans sa patrie, sauf les exceptions stipulées dans les traités. Mais cette réciprocité, qui semble d'abord être la loi ou le
privilége de l'étranger, est loin d'être entière,
car le roi conserve toujours le droit d'y déroger par des lois particulières, dont le code prévoit la survenance sans en déterminer la nature.
Quelle que soit d'ailleurs l'étendue des droits accordés aux sujets sardes dans un pays étranger,
l'étranger originaire de ce pa s ne peut jamais
jouir dans le royaume de Sardaigne de plus de
droits que les nationaux. Sa qualité exception-
nelle ne l'abandonne jamais. Sujet temporaire
du souverain dont il habite les États, non seulement il demeure soumis aux lois spéciales de

hommes qui vivent sous sa tutelle, citoyens ou sujets, ont toujours un état politique comme ils ont un état civil. Il y en a même qui ont un état politique sans avoir d'état civil, et qui n'ont point d'état civil précisément à cause de leur état politique. Ainsi l'esclavage est un état politique, et quelquefois cet état, qui ne place pas seulement l'esclave sous la juridiction de son maître, mais le range au nombre des choses qui entrent dans son domaine, entraîne la privation totale des droits civils : il efface alors dans l'homme asservi jusqu'à la qualité de personne civile.

On s'expliquerait aisément cette lacune, si les rédacteurs du code sarde s'étaient abstenus de tout ce qui peut avoir trait à la constitution politique de l'État. Mais nous venons de voir qu'ils ont, dès leur début, réglé l'exercice du pouvoir législatif, et plus loin, ils exigent de l'étranger, qui obtient le privilége de la naturalisation, un serment de fidélité au roi (1), ce qui constitue une obligation politique. Il aurait été, ce nous semble, préférable de déclarer que les objets du droit politique, étrangers à la loi civile, sont exclusivement réglés par la loi politique, et d'y renvoyer au lieu de faire complètement abstrac-

(1) Code sarde, art. 26.

Mais cette restriction apportée à l'abolition de l'antique et sauvage droit d'aubaine, est bien plus rigoureuse que celle qu'avait établie le législateur français, car en soumettant les droits des étrangers en France à la règle de la réciprocité, notre code voulait que cette réciprocité fût complète, et non-seulement de nation à nation, mais de particulier à particulier (1), et qu'elle résultât non des droits intérieurs de chaque État, mais des traités respectivement conclus entre les États (2).

D'ailleurs, lors même qu'ils sont en possession de la jouissance de certains droits civils, ou de la plénitude de ces droits dans les États du roi de Sardaigne, les étrangers sont toujours en état de suspicion légale. Il leur est défendu, à peine de nullité du contrat, soit d'acquérir, soit de prendre en antichrèse ou à bail, en qualité de fermiers ou de colons partiaires, des biens immeubles à une distance moindre de cinq kilomètres des frontières (3).

les lois politiques qui les concernent. *Projet de Code civil, liv. 1, tit. 1, chap. 2, sect. 1, art. 5.*

(1) Arrêts de la cour de cassation, chambre civile, du 8 août 1808 et 1er fevrier 1813.

(2) Arrêt de la cour de cassation, chambre civile, du 6 avril 1819.

3) Code sarde, art. 28

police et de sûreté qui le concernent , mais à
une législation d'exception , même en matière
civile.

Toutefois ces dispositions sont un retour im-
parfait aux dispositions primitives du code français (1), comme la loi du 14 juillet 1819 qui
les a révoquées (2), est elle-même un retour aux
principes proclamés par l'assemblée constituante (3), et adoptés par les rédacteurs du
projet de code civil (4).

(1) L'étranger jouira en France des mêmes droits civils
que ceux qui sont ou seront accordés aux Français par
les traités de la nation à laquelle cet étranger appartiendra. — Un étranger n'est admis à succéder aux biens
que son parent étranger ou Français possède dans le territoire français, que dans les cas et de la manière dont
un Français succéde à son parent possédant des biens dans
le pays de cet étranger. *C. civ.*, *art.* 11, 725 et 912.

(2) Les art. 726 et 912 du Code civil sont abrogés .
en conséquence, les étrangers auront le droit de succéder, de disposer et de recevoir de la même manière que
les Français, dans toute l'étendue du royaume. *Art.* 1.

(3) Le droit d'aubaine et celui de détraction sont abolis
pour toujours. — L'étranger est admis à succéder aux
biens que son parent étranger ou Français possède dans
le royaume. *Lois des 6 août* 1791; 8 *avril* 1791 *et Constitution de* 1791.

(4) Les étrangers jouissent en France de tous les avantages du droit naturel, du droit des gens et du droit
civil proprement dit, sauf les modifications établies par

contient une grave innovation. Il déroge à cet axiome de droit si connu : *l'enfant conçu pendant le mariage a pour père le mari*. Il autorise le mari, légalement séparé de sa femme à l'époque de la conception, à désavouer l'enfant dont elle est devenue mère, et l'admet à proposer tous les faits propres à justifier qu'il n'en est pas le père. Cependant, pour préserver la faiblesse des attentats de la violence, le législateur ajoute que la seule déclaration de la mère ne suffira jamais pour établir cette preuve.

Cette disposition, étrangère à notre code, est pourtant d'origine française. Six mois après la promulgation de la loi portant abolition du divorce, au mois de décembre 1816, le gouvernement présenta, à la chambre des pairs, deux projets de lois. Le premier, en neuf articles, était relatif *aux effets du divorce* : le second, en trente-neuf articles, était relatif *aux séparations de corps*. Le germe de ce dernier projet se trouvait dans la résolution prise le 2 mars précédent par la chambre des députés, et qui portait que *le roi serait supplié de proposer une loi pour abolir le divorce et régler la séparation de corps*.

En effet, depuis l'abolition du divorce, notre code est incomplet en ce qui concerne la séparation de corps. Elle demeure régie par des dispositions plutôt adaptées à l'action en divorce

nisation publique de leur culte, il eut soin
d'exiger qu'une déclaration doctrinale de leur
grand sanhédrin constatât qu'ils renonçaient à
se prevaloir des préceptes de la loi mosaïque,
ou des usages traditionnels, concernant le mariage, qu'ils avaient suivi jusqu'alors, et qui
n'étaient point en harmonie avec nos lois civiles.
En devenant citoyens français, ils durent renoncer à la polygamie, à la répudiation et au
lévirat.

Au nombre des obligations qui naissent du
mariage, se trouve en première ligne le devoir
naturel qu'ont les enfants de fournir des ali-
ments à leurs père, mère et autres ascendants,
ou alliés au même degré, lorsque ceux-ci sont
dans l'indigence. Le code sarde autorise les tribunaux à étendre cette obligation aux frères et
aux sœurs. Il corrobore et resserre ainsi les
liens de famille. En donnant ainsi un effet civil à la première et la plus naturelle des amitiés,
à l'affection fraternelle, il ajoute aux motifs déjà
si puissants qu'ont les frères de s'entr'aider. Ce
sont des dispositions semblables qui font passer
la morale dans les lois et des lois dans les mœurs.

Après le mariage, l'ordre naturel des idées
appelle la *paternité* et la *filiation*.

L'art. 152, placé au chapitre *de la filiation
des enfants légitimes ou nés dans le mariage*,

Mais l'autorité de cette règle doit-elle naturellement décliner, comme le suppose ce magistrat, à cause des changements politiques qui
sont survenus dans la constitution de l'État?
Tirait-elle donc sa principale force du secours
que prêtait sa constante application aux familles
privilégiées, dont elle assurait et légitimait la
filiation? Nous ne le pensons pas : et nous
sommes loin d'admettre que la présomption de
paternité, qui résulte du mariage, emprunte sa
puissance à l'inégalité politique des rangs et
des conditions. Sauvegarde de l'état des enfants,
de l'honneur des mères et de la paix des familles, elle a été établie dans l'intérêt de la pudeur publique, de la foi due à l'innocence des
mœurs, pour le maintien du bon ordre. N'est-
ce pas sous un régime d'égalité surtout que les
familles doivent se montrer jalouses de conserver intacte la propriété du nom héréditaire et
commun qui leur sert de lien, puisque désormais ce nom est le seul signe transmissible des
vertus pratiquées, des services rendus, des ta-
lents éminents et des grandes actions par lesquelles peuvent s'illustrer les citoyens? Lorsque
toute classification politique a disparu, la patrie
n'est-elle pas puissamment intéressée à maintenir l'esprit de famille, à resserrer les liens de
l'association domestique, et à prêter aide et

qui n'existe plus, qu'à la nature exception-
nelle de l'action en séparation de corps qui subsiste toujours.

L'art. 37 du second projet de loi dont nous
venons de parler s'exprimait ainsi : « La sépara-
» tion de corps fait cesser, pendant sa durée,
» la présomption de paternité qui résulte du
» mariage. » L'article suivant ajoutait : « Les
» enfants conçus depuis la séparation appar-
» tiennent néanmoins au mari, s'il les a re-
» connus, soit dans l'acte de leur naissance,
» soit par tout autre acte authentique, ou s'ils
» ont pour eux la possession d'état. » Ces projets de lois, adoptés par la chambre des pairs,
furent portés à la chambre des députés. Mais
les circonstances politiques du temps ne permirent pas qu'il y fût donné suite. Ils n'ont pas
été repris depuis.

A dater de cette époque, on a réclamé plusieurs fois l'adoption de dispositions semblables.
Dans une solennité judiciaire récente, un magistrat distingué, organe du ministère public,
a signalé un fait digne de remarque et qui mérite toute l'attention du législateur. Il a montré
la jurisprudence, dépouillant par degrés son
antique rigueur, et faisant journellement fléchir, devant l'appréciation des faits, une règle
jadis inflexible.

et la cohabitation qui en est la suite, étant les seuls fondements de la présomption de paternité, l'habitation commune venant à cesser, et la publicité de la séparation succédant à la publicité de l'union, la présomption qui en résulte devait être suspendue.

Nous croyons que c'est un véritable progrès du droit, et nous ne pouvons qu'applaudir à cette sage disposition.

Il resterait à examiner si le projet de loi porté en 1816 à la chambre des pairs, si surtout l'amendement qu'on avait proposé d'y substituer, ne seraient pas préférables à la disposition du code sarde. Cet amendement était conçu en ces termes : « La séparation de corps » affaiblit, pendant sa durée, la présomption » de paternité résultant du mariage; et la légi- » timité de l'enfant né postérieurement ne » pourra être établie qu'en prouvant la récon- » ciliation des époux au moment de la con- » ception. »

Le code sarde, qui n'ose porter atteinte à la présomption de paternité, en cas de séparation légalement prononcée, admet, ou plutôt force le père qui désavoue à prouver l'adultère de la femme. C'est un moyen bien violent. En pareille matière, ne convient-il pas d'éviter le scandale public, et surtout le déshonneur de assistance à ces agrégations naturelles qui se forment autour du même foyer? Car il n'est pas bon que l'homme soit seul, et l'isolement des individus, qui rend l'action du gouvernement et de l'administration si difficile, énerve les forces de l'État, et menace sans cesse la société d'une dissolution prochaine.

Au reste, ce n'est pas dans ce sens que les rédacteurs du code sarde ont opéré. Ils n'ont point prétendu ébranler, dans les cas ordinaires, l'infaillibilité de la présomption de paternité. Ils ont voulu seulement remédier aux abus qu'entraîne après soi l'usage, devenu plus fréquent, de la séparation de corps. Ils ont obéi à la même inspiration qui avait dicté le projet de loi de 1816. Ils n'ont pas cru que la conséquence légale d'un fait pût survivre à ce fait, et que la présomption tirée du mariage subsistât dans toute sa force, lorsque les liens du mariage avaient été publiquement et judiciairement relâchés. Ils ont pensé que si la légitimité de l'enfant ne peut être ébranlée, même par l'adultère de la mère, tant que le mari conserve l'entière possession de ses droits, il en doit être autrement après qu'une sentence du juge a suspendu solennellement l'exercice des droits du mari. Il leur a semblé que l'union des époux, la communauté de domicile

leurs parents, s'ils sont tous deux décédés, et
s'ils ont vécu publiquement comme mari et
femme. Il ajoute que la légitimité des enfants
est certaine, lors même qu'ils sont nés d'un
mariage nul, si ce mariage avait été contracté
de bonne foi par les deux époux, ou seulement par l'un d'eux. Ces règles ont pour objet
d'empêcher que la preuve littérale de l'état
des hommes, aujourd'hui si parfaitement établie, ne réagisse d'une manière trop absolue
contre la possession publique, qui était avant
elle le seul moyen légal de constater l'état des
personnes, et qui ne pourrait être méconnue
sans ébranler les fondements de la tranquillité
générale. Il est bon et utile de faire tourner
au profit de la législation les travaux conscien-
cieux des magistrats, et de donner ainsi force
de loi aux maximes consacrées, pendant de
longues années, par la sagesse et l'autorité des
tribunaux.

Le code sarde contient, sur les *enfants naturels,* un chapitre divisé en deux sections. On
y retrouve les principales dispositions du code
français sur cette matière. Il y a loin de là
aux anciens principes sur la bâtardise.

Toutefois, en France, cette partie de notre
nouvelle législation fut d'abord une innovation
politique violemment imposée par la révolution.

la mère, qui est toujours un si pesant fardeau pour les enfants et une si grande tache pour la famille? Il semble qu'il y aurait de forts arguments à faire valoir en faveur d'une disposition qui se bornerait à affaiblir ou à suspendre l'effet de la présomption de paternité durant la séparation légale, en laissant au père un moyen facile de conserver à cette présomption son efficacité, et à l'enfant une voie légitime pour en recouvrer le bénéfice, soit par la possession d'état, soit par la preuve de la réconciliation des époux en temps opportun. Nous nous contentons d'indiquer ces graves questions, dignes des profondes méditations des jurisconsultes et des hommes d'État.

Notre sujet s'étend devant nous : nous ne voudrions présenter que quelques rapides observations; cependant, nous désirons de ne rien omettre de ce qui mérite attention dans ce livre si important des *personnes*.

Des dispositions qui ne sont pas écrites dans notre code, mais qui sont empruntées à notre jurisprudence, ont trouvé place dans le code sarde. Il déclare que la possession d'état, quand elle n'est pas contredite par les actes de naissance, suffit pour établir la légitimité des enfants, sans qu'on puisse leur opposer le défaut de preuve de la célébration du mariage de

Les véritables motifs d'une loi si humaine et
si sage n'en furent alors que le prétexte. En
assimilant complétement les enfants naturels
aux enfants légitimes, et sans distinction des
déplorables fruits de l'inceste et de l'adultère,
on assurait le triomphe brutal du fait sur le
droit, on plaçait les conjonctions illicites sur la
même ligne que le mariage, on abolissait tous
les droits de famille, on substituait à la paternité le fait matériel de la génération. C'était une
révolution sociale tout entière. On revint bientôt de ces excès; les lois furent appropriées aux
besoins, la raison civile l'emporta sur l'esprit
révolutionnaire, et une équitable transaction
concilia encore cette fois ce que les intérêts des
enfants naturels ont de sacré avec les droits des
enfants légitimes : leur état respectif fut réglé,
et les enfans naturels renfermés dans de justes
limites. Le concubinage proprement dit, le
commerce irrégulier de deux personnes libres
de tout lien, ou le *mariage libre*, comme on
a essayé de le nommer de nos jours, n'obtint
pas des effets civils, comme autrefois à Rome;
mais la loi, prenant en considération les enfants reconnus, nés d'un semblable commerce,
leur accorda une réserve sur les biens de leurs
parents; ils devinrent les créanciers privilégiés
de ceux qui avaient contracté envers eux une

si grande dette, en les jetant dans la société, hors de toute famille.

Mais, dans le code sarde, ce chapitre est l'indice d'une révolution d'une tout autre nature. Introduit au sein d'un État où les anciennes institutions monarchiques, féodales, religieuses, ont été soigneusement restaurées, il accuse un grand changement accompli dans les idées morales et les doctrines sociales. Il atteste l'ascendant qu'acquièrent journellement l'esprit d'équité et les sentiments naturels, sur les préjugés, les mœurs et les traditions d'un autre âge. Il est un des signes irrécusables de cet équilibre moral et politique vers lequel tendent définitivement, en ce siècle, tous les peuples civilisés.

La légitimation des enfants naturels n'a lieu, selon nos lois, que par le mariage subséquent de leurs père et mère. Le code sarde fait revivre la légitimation par rescrit du prince. Cette légitimation a sa source dans le droit politique. Elle fut établie à une époque où le vice de leur naissance privait non-seulement les enfants naturels de tous droits civils et de famille, mais les rendait incapables d'*offices* et de *bénéfices*.

Comme il importe à l'État que la condition des personnes ne soit pas changée, et que les droits de cité ne soient point conférés sans l'intervention du magistrat politique, c'était autrefois une maxime de notre droit public, qu'*au roi seul appartenait le droit de légitimer les bâtards* : et il était d'autant plus nécessaire de la maintenir, que le pape, de son côté, s'arrogeait le pouvoir de légitimer, et le transmettait à des princes et à des comtes *palatins* de sa création, qui se croyaient, à leur tour, autorisés à le déléguer, ou même à le vendre. Le code sarde ne parle pas de la légitimation par bulles du pape, mais les expressions qu'il emploie ne l'excluent point. Il est probable, cependant, que, dans les États du roi de Sardaigne, des bulles de cette nature devraient être accompagnées de lettres du prince, et ne vaudraient, comme autrefois en France, que pour habiliter le légitimé à tenir des bénéfices. Toutefois, cela aurait valu la peine d'être dit.

La section qui traite de la *Reconnaissance des enfants naturels* admet une exception nouvelle à la règle qui prohibe la recherche de la paternité. Cette recherche est autorisée lorsqu'on représente un écrit émané de l'individu désigné comme le père de l'enfant, et par lequel cet individu déclare la paternité, ou duquel on peut conclure que l'auteur de cet écrit a donné à l'enfant des soins paternels et continus.

On voit que le code sarde se relâche de la sévérité des anciens principes à mesure que la

société dévie de l'austérité des anciennes mœurs.
Le progrès est sensible : il est immense. Serait-
ce que le droit d'aînesse, les substitutions, les
priviléges de tout genre, en éloignant du mariage les fils puînés, dans les classes élevées,
multiplient les naissances illégitimes et rendent
nécessaire d'ouvrir à ces pères célibataires une
voie légale de réparation envers leurs enfants
naturels? Quoi qu'il en puisse être cette fois,
le code sarde est en avant du code français.

Cependant, *les enfants issus de personnes qui,
à l'époque de la conception, étaient parentes au
troisième degré, ou alliées au deuxième degré,
les enfants nés du commerce entre l'adoptant et
l'adopté, ou les descendants de ce dernier, ou
entre l'adoptant et le conjoint de l'adopté, et
réciproquement entre l'adopté et le conjoint de
l'adoptant,* sont exclus du bénéfice de la légitimation par mariage subséquent, et ne peuvent être légitimés que par rescrit du prince.
Au sein d'une civilisation avancée et de la cor-
ruption qu'elle entraîne, on reconnaît facilement la nécessité de semblables dispositions.
Elles veillent au maintien de la pureté naturelle
et sainte des liens de famille; elles préviennent
l'abus odieux et malheureusement possible d'une
institution que la voix puissante de la nature,
dont elle n'est que l'image, ne protège pas contre
la violence des passions.

torité qui impose l'obéissance , et l'esprit qui la vivifie , demeurent.

Le premier livre du code sarde , comme le premier livre du code français , traite *des personnes.* Il ne renferme que dix titres , et le code français en contient nominalement onze ; mais cette différence est plus apparente que réelle , puisque le seul de ces titres qui soit entièrement supprimé dans le code sarde est celui *du divorce* , et la loi du 8 mai 1816 a réduit celui-ci dans notre code au seul chapitre *de la séparation de corps.*

Ces dix titres concernent précisément les mêmes matières qui font le sujet des dix titres correspondants du code français. Ils sont souvent calqués les uns sur les autres au moins pour la forme : cependant ils diffèrent en plusieurs points essentiels. Nous relèverons ces différences. Elles touchent à de très-grandes questions. Nous ne pouvons qu'effleurer celles qui mériteraient le plus d'être approfondies.

A la lecture du chapitre de la *jouissance des droits civils* du code sarde , on dirait que les sujets du roi de Sardaigne n'ont aucune espèce de droits politiques , car il garde un silence absolu à cet égard , et ne se réfère à aucune autre loi qui y aurait statué. Cependant , quel que soit le principe d'un gouvernement , les

tiques et novateurs de solliciter la révision de
toute une législation précédente , ou la réunion
en un seul corps plus complet de toutes les
dispositions législatives qui statuent sur un même
sujet. Or, ces sortes d'opérations doivent être
rares et commandées par une impérieuse nécessité , si l'on ne veut courir le risque de tout
brouiller à force d'ordre et de méthode. D'un
autre côté , les lois menacées de révision perdent crédit et puissance ; l'autorité des jugements qui les appliquent en est moins respectée;
il n'y a pas jusqu'aux contrats qu'elles protégent dont les liens ne soient relâchés. Ils n'est
donc pas bon de remettre les lois sur le métier
toutes les fois qu'il s'agit de les expliquer. Il ne
faut pas qu'on s'habitue trop facilement à croire
à leur imperfection et à les voir repolir. Aussi,
y a-t-il tout à gagner , le cas échéant , à procéder par voie interprétative; on rattache par
ce moyen les temps aux temps , les lois aux lois:
on n'affaiblit ni n'interrompt la chaîne puissante dont elles sont les anneaux. Alors le progrès du droit n'expose point la législation modifiée selon les besoins, rajeunie avec les générations qui se renouvellent , à perdre son caractère d'unité ; ses dispositions successives se dé-
duisent les unes des autres par une sorte de filiation : les formes peuvent changer, mais l'au

il en fût tenu note dans les registres de l'état
civil. Une si grande modification dans l'état et
les droits civils devait en effet être constatée
dans l'intérêt de toutes les familles. Aussi, plus
tard, en 1813, un projet de loi, ayant pour
but de faire constater l'engagement dans les
ordres sacrés par les officiers de l'état civil,
fut-il préparé par l'ordre de l'empereur, et soumis à la discussion du conseil d'État. Les événements politiques ne permirent pas que cette
loi fût portée.

On peut facilement pressentir quelles furent,
sous la restauration, les causes qui s'opposèrent
à la présentation de ces dispositions législatives,
et avec quelle chaleur elles auraient été combat-
tues, en sens inverse, par deux partis opposés,
si elles avaient été présentées. Cependant elles
sont indispensables partout où la religion catholique est légalement établie dans l'État. Elles
font alors partie nécessaire du droit public chez
toute nation soigneuse de son indépendance, et
qui, tout en faisant la part de ce qui ne peut

___

des chevaliers de Malte. *Ibid.*, *art.* 25 et 26, 9 et 33 et
de l'ordonn. de 1667, *art.* 16, 17 et 20. Un double de
ces registres était déposé aux greffes des tribunaux tous
les cinq ans. — *Mêmes ordonn.*, *art.* 28 et 29 *de celle*
de 1736, 20 et 16 *de celle de* 1667

tomber sous l'autorité des lois , veut échapper
à l'empire d'une sorte de manichéisme politique, source intarissable de maux et d'abus.

Au reste, en ce qui concerne la légitimation
des enfants, nés de parents engagés dans les ordres sacrés ou liés par des vœux solennels de
religion, le code sarde demeure en deçà de
notre ancien droit qui autorisait la légitimation,
non-seulement des enfants nés hors le mariage,
mais des enfants issus d'un commerce adultérin
ou incestueux , lors même qu'ils étaient nés d'un
prêtre, d'un diacre ou d'un sous-diacre (1). Les
nouveaux législateurs ont fait droit sur ce point
aux justes réclamations de nos jurisconsultes et
de nos magistrats , qui pensaient que l'on avait
étendu trop avant cette puissance de légitimer,
et que l'usage qui en était fait par les autorités chargées de faire respecter les bonnes mœurs
et l'ordre public, était d'autant plus déplorable,
que, s'il y avait parmi nous une loi qui donnât
cette faculté aux particuliers, elle serait blâmée

(1) « Il n'appartient qu'au roy et au prince souverain
» de légitimer les bastards, soit qu'ils descendent : *ex*
» *soluto et soluta; sive sint spurii, sive alduterini, vel nati*
» *ex presbytero, diacono vel subdiacono, sive ex coitu in-*
» *cestuoso.* » *Les OEuvres de messire* C. LE BRET, *in-folio,*
Paris, 1642. *De la souveraineté du roy, liv.* 2, *chap.* 12,
p 132

de tout le monde. C'est le langage de *le Bret*, successivement avocat général à la cour des aides de Paris et conseiller d'État, qui dédiait ses OEuvres au chancelier *Séguier* (1).

Nous venons de parler de l'adoption : malgré les efforts qu'on a faits pour la rattacher aux affiliations et aux échanges par mariage, usités sous l'empire de certaines coutumes, et même aux institutions contractuelles, il est évident qu'elle a été parmi nous une véritable innovation.

Un décret du 18 janvier 1792 ordonna que le comité de législation de l'assemblée nationale comprendrait *les lois relatives à l'adoption dans son plan général des lois civiles.* L'assemblée législative cédait, en ce moment, à l'influence de cette philanthropie, à la fois raisonneuse et sentimentale, l'un des caractères distinctifs des temps qui précédèrent immédiatement la révolution. Substituer, par une fiction légale, un choix plus ou moins éclairé à un aveugle hasard, l'élection à la naissance, c'était satisfaire, en même temps, cet esprit de bienfaisance et ce goût de raison dont le siècle faisait tant de bruit. Toutefois, si l'adoption était conforme aux idées régnantes, elle s'alliait mal avec les

(1) *Ibid.*

habitudes et les mœurs , et cette espèce d'éloignement pour les devoirs et les charges de la
paternité que décelaient chaque jour les progrès
du célibat philosophique. Aussi , dans l'espace
de trois ans , on n'en cita qu'un seul exemple.

Plus tard , l'esprit révolutionnaire s'empara
de l'adoption , qui tenait des souvenirs classi-
ques de l'antiquité un certain parfum républi-
cain. Un même décret de la convention nationale abolit , le 7 mars 1793, *la faculté de disposer de ses biens , soit à cause de mort , soit
entre vifs* , ordonna le *partage égal des biens
des ascendants* , et prescrivit la présentation d'un
projet de loi sur les *enfants* APPELÉS *naturels* ,
et sur l'*adoption*. Un autre décret , du 4 juin
suivant , ordonna de nouveau qu'il serait fait
une loi sur l'*adoption* , en même temps qu'il
déclarait *les enfants nés hors le mariage* , habiles
à succéder à leurs père et mère. Toutes ces
dispositions étaient évidemment dirigées contre
les droits de famille que , sous l'influence déplorable d'un esprit d'égalité extrême , on assimi-
lait à des priviléges.

Au reste , deux causes différentes contribuè-
rent alors à procurer à l'adoption une faveur
passagère. D'une part , elle donnait le moyen
d'éluder la prohibition de disposer, qui venait de
dépouiller l'homme du droit le plus cher à son

cœur qu'il pût tenir de la société ; de l'autre, elle procurait la facilité de jouir des douceurs de la paternité légitime, sans accepter le joug du mariage, ou de faire participer, aux avantages de la légitimité, les enfants issus d'un commerce libre.

Les rédacteurs du projet de code civil, peu touchés des avantages de l'adoption considérée comme institution du droit civil, et la jugeant absolument étrangère à nos mœurs, n'avaient pas trouvé à propos de l'introduire dans le code qu'ils préparaient. La section de législation du conseil d'État pensa comme eux. Néanmoins, l'adoption devait l'emporter, à la faveur d'une grande pensée politique. Naturalisée dans nos lois par les plus ardents promoteurs de l'égalité, on proposa de l'y maintenir comme un privilége, en la réservant à des citoyens distingués par leurs services éminents, que des circonstances particulières auraient éloignés du mariage, ou dont le mariage aurait été stérile. On avança que, dans les États où l'exercice du pouvoir exécutif est confié à un chef unique qui n'est point héréditaire, il était utile de ménager à ce chef un moyen de pourvoir à sa succession qui participât des avantages de l'élection et de ceux de l'hérédité, sans avoir les dangers de l'une et les inconvénients de l'autre.

On faisait remarquer, avec intention, que l'empire romain, déjà sur son déclin, fut redevable, à l'adoption, d'un siècle entier de bonheur et / de prospérité.

Il est évident qu'à cette époque l'adoption entrait dans les vues de Napoléon : elle trouva place dans le code civil comme une des bases de son futur statut de famille ; mais elle fut entourée de tant de restrictions et soumise à des conditions si difficiles à remplir, qu'il devint facile de prévoir qu'accueillie avec défiance, elle ne se naturaliserait qu'avec peine. L'expérience a justifié les prévisions des auteurs du projet de code : et rien n'est si rare qu'une adoption. *En fait,* et c'est *Maleville* qui l'a judicieusement observé, *elle n'est point réelle parmi nous, comme chez les anciens Romains : ce n'est qu'une pure transmission de nom et de biens, puisque l'adopté reste dans sa famille naturelle et y conserve tous ses droits* (1).

Mais c'est probablement parce qu'ils l'ont ainsi considérée, que les rédacteurs du code sarde ont jugé convenable de transporter chez eux une institution qui, réduite de la sorte, est

(1) *Analyse raisonnée de la discussion du Code civil au conseil d'État, par* Jacques DE MALEVILLE, *in-8°, Paris,* 1805, *tom.* 1, *liv.* 1, *tit.* 8, *chap.* 1, *art.* 350, *p.* 353.

merveilleusement appropriée aux habitudes et aux besoins d'un corps de noblesse. Aussi ont-ils admis l'adoption ainsi comprise d'une manière franche et large. Le droit d'adopter n'est refusé qu'aux personnes engagées dans les ordres sacrés, ou liées par des vœux solennels de profession religieuse, ou encore aux personnes qui ont des descendants légitimes ou légitimés. On n'en a point dénié l'usage aux célibataires, comme le tribunat l'avait demandé en France, dans l'intérêt du mariage. Tous ont le droit d'être adoptés. L'enfant naturel seul ne peut l'être par le père ou la mère qui l'ont reconnu. Toutefois, la permission du roi est nécessaire pour que les titres de noblesse et les armes de famille de l'adoptant passent à l'adopté. On peut induire de l'ensemble de ces dispositions que l'adoption a été introduite dans le code sarde comme un moyen de recruter les anciennes familles, de combler les lacunes qu'y laisse le célibat, et de perpétuer les races privilégiées. C'est cet avantage politique qui l'a fait absoudre du vice de son origine.

La tutelle officieuse ne se retrouve point dans le code sarde. On ne saurait guère s'en étonner, puisqu'elle n'a parmi nous qu'une existence purement nominale. C'est une de ces innovations qui n'ont point jeté de racines.

Images plus ou moins ressemblantes de la paternité, la tutelle officieuse, comme l'adoption, ne peuvent fleurir que là où la puissance paternelle est fortement constituée. En général, on ne s'impose des devoirs que pour exercer des droits. La charité, qui n'attend point pour agir les inspirations de la loi, veut être libre dans ses actes : les formes légales ont un caractère de publicité, je dirai presque d'ostentation, qui sont contraires à sa nature. Les contrats que la loi nomme *de bienfaisance* n'en ont d'ordinaire que le nom, et la véritable bienfaisance ne se lie pas par des contrats : c'est dans le for intérieur qu'elle s'oblige, et sa fidélité à remplir de tels engagements est d'autant plus inviolable, que la conscience seule en est le témoin et le garant.

Il est peut-être à regretter qu'au lieu de la tutelle officieuse, on n'ait pas inséré dans notre code civil quelques dispositions sur la *tutelle* et la *curatelle publiques*. La société a ses pupilles et ses mineurs comme la famille. Elle est tenue de pourvoir à la conservation de leur personne et de leurs biens. Elle doit éclairer leur intelligence et veiller sur leurs mœurs. Ne serait-il pas convenable que les condamnés qui peuplent nos prisons, les aliénés, les mineurs et les vieillards ou les incurables qui trouvent,

dans nos hospices, un asile et des secours indispensables à leurs infirmités, peut-être même
que ces indigents que la misère conduit à la
mendicité, dont la loi leur fait un crime, fussent placés sous l'égide d'une institution ou
d'une magistrature tutélaire, véritable ministère
public, qui assurerait d'une manière désinté-
ressée le maintien de leurs droits civils et pour-
voirait à leurs besoins intellectuels et moraux?

L'influence et l'autorité des vieillards sont
importunes à ceux qui veulent changer l'ordre
établi; car les deux grands intérêts de la vieil-
lesse sont la conservation et le repos. Aussi,
un décret du 28 mars 1792 avait-il aboli la
puissance paternelle en France. Notre code l'a
rétablie, non pas, à la vérité, comme un droit
de souveraineté naturelle appartenant au *monarque de la famille* ou *de la maison*, comme
le prétendaient quelques publicistes (1), mais
telle que la comportait, pour le maintien de
l'ordre dans la famille, un état de civilisation,
où l'existence de la maison est presque entièrement absorbée dans l'existence de la cité.

Quoi qu'on en ait pu dire, le législateur a
le droit incontestable de régler les droits et de

(1) *Observations sur le Projet du Code civil*, par. M. DE
MONTLOSIER, *in-12*, *Paris*, 1801, *sect.* 2, p. 50

déterminer l'étendue de la puissance paternelle :
car tout pouvoir dans l'État est institué par la
loi ou légitimé par elle. L'exercice de toute
autorité qu'elle n'aurait ni reconnue ni établie,
serait abusif, et dégénérerait en oppression et
en violence.

Si le pouvoir du père de famille est le plus
ancien de tous les pouvoirs, il y a loin de la
société domestique et patriarcale, telle qu'elle
pouvait exister dans l'enfance du monde, à la
société politique et presque cosmopolite au sein
de laquelle nous vivons. Pendant un certain
nombre d'années, il a été de mode en France
de faire retentir les tribunes des deux chambres
de réclamations passionnées en faveur de la
puissance paternelle. On en demandait le rétablissement comme s'il n'en fût plus resté de
traces parmi nous. On accusait le code civil
de prétérition à son égard, quoiqu'un titre entier de ce code soit consacré aux droits des
pères, et leur confère une autorité et des
moyens de correction ignorés dans les temps
qui ont précédé la révolution, et lorsqu'au
frontispice de ce titre se trouve inscrite cette
belle maxime gravée dans tous les cœurs de la
main de Dieu même : *L'enfant, à tout âge,
doit honneur et respect à ses père et mère* (1).

_____

(1) Art. 371, C. civ.

On oubliait que les habitudes guerrières du moyen-âge avaient effacé dans une grande partie de la France les principes du droit romain. On attribuait à la révolution ce qui avait été l'ouvrage des coutumes, comme le prouvent les énergiques paroles de *Bacquet* (1), qui disait dès le XVIe siècle : « En la coustume de » Paris, ny au pays coustumier de France, les » pères n'ont point leurs enfants en leur puis- » sance, comme avoient les citoyens romains : » *quorum jus proprium et peculiare erat habere* » *liberos ex justis nuptiis procreatos in potestate.* » *Jus autem patriæ potestatis ad cæteras natio-* » *nes vel provincias non pertinebat, nisi jura* » *civitatis romanæ haberent.* Partant, on ne doit » trouver estrange si la puissance paternelle » n'est reçue en France, attendu que le royaume » de France n'est point sujet à l'empire romain, » et ne dépend aucunement d'iceluy. Tellement » que l'émancipation de laquelle aucuns usent » en la coustume de Paris, n'est qu'une ombre, » vestige et figure de l'antiquité, faite pour » plus grande asseurance et seureté; parce que

(1) *Traité des droits de justice, chap.* 21, *n.* 57 *et* 58. *Les œuvres de* M. Jean BACQUET, *augmentées par* M. Claude DE FERRIÈRE *et* M. Claude-Joseph DE FERRIÈRE, *in-folio,* Lyon, 1744, *t.* 1, *p.* 206.

» la *puissance paternelle* n'y est reçue, mais
» seulement la *révérence paternelle.* »

Les lois anglaises ne donnent pas plus d'étendue que notre code au pouvoir du père, et
négligent complétement celui de la mère : nos
législateurs, plus justes et plus fidèles aux lois
de la nature, ont constitué la puissance maternelle.

A la vérité, malgré la réclamation des tribunaux et des jurisconsultes de la France méridionale, le droit coutumier l'a emporté sur le
droit écrit, dans cette partie du code qui traite
des rapports des pères aux enfants. La même
cause qui avait émancipé jadis la France coutumière, émancipa plus tard la France tout entière. On ne pouvait se promettre que cette
jeunesse nombreuse, récemment arrachée aux
pacifiques devoirs de la vie civile et transplan-
tée dans les camps, après avoir abdiqué la famille pour l'armée, se laissât facilement replac-
cer sous l'autorité domestique, et consentît à
subir, à la fois, un double joug. D'ailleurs il ne
s'agissait pas seulement de revenir à ce qui
avait existé, et de tenir pour non avenue, l'œuvre de la révolution, mais de soumettre à la loi
romaine des provinces qui l'avaient répudiée
dès le Xᵉ siècle : en un mot, de transporter
dans des pays, différents d'usages et de mœurs,

des lois de familles qui supposaient d'autres mœurs et d'autres coutumes. Ainsi, pour ne citer qu'un exemple, qui peut douter que l'exercice de la puissance des pères n'ait les rapports les plus intimes et les plus essentiels avec l'habitation commune de la maison paternelle, cette patrie domestique ; et qui ne sait l'impossibilité de concilier une certaine constitution de la famille avec les conditions matérielles de son existence, dans nos grandes villes ? Là, sans cesse entraînés, presque au sortir de l'adolescence, par les devoirs, les affaires et les plaisirs, loin du foyer paternel, les enfants appartiennent bien moins à la maison ou à la famille qu'à la cité tout entière. Comment d'ailleurs ces demeures à temps et à loyer, qui ne font point partie du patrimoine, que les souvenirs si touchants de la naissance et de la mort des parents n'ont point consacrées, exerceraient-elles cette puissante influence acquise au toit domestique ? Il ne faut pas demander, à de certains temps, ni à de certains lieux, ce que ne comportent ni la nature de ceux-ci, ni l'esprit général de ceux-là.

Les rédacteurs du code sarde étaient dans une situation différente. Les peuples auxquels ils destinaient leurs lois ont vécu de tout temps, et sans exception, sous l'autorité du droit ro-

main. Ils n'ont été placés que momentanément
sous l'empire d'une autre loi, et cette loi, imposée par des étrangers, durant une courte
domination, n'a pu profondément altérer leurs
mœurs. L'usage héréditaire de l'habitation commune du père et des enfants, dans une même
maison, s'est aisément maintenu dans des villes
de moyenne grandeur et d'une population peu
nombreuse : et cependant nous sommes autosés à croire, après d'exactes observations, que
les cinquante dernières années, ces années qui
ont eu le poids des siècles, ont profondément
modifié ces coutumes domestiques. Ce que nous
venons de dire a pour but d'expliquer comment
il se fait que la partie du livre *des Personnes*,
qui traite dans le code sarde *de la Puissance
paternelle et de l'Emancipation*, est précisément
celle qui diffère le plus des dispositions de notre
code.

La majorité n'a point été reculée. Elle est acquise à vingt et un ans, comme l'a réglé, pour
la France, la loi du 20 septembre 1792. Mais
l'enfant devenu majeur, demeure sous la puissance paternelle, jusqu'à vingt-cinq ans, et
n'entre en jouissance de ses biens qu'à trente.
Jusqu'à cette époque, l'usufruit en est dévolu
au père.

Au-dessus de la puissance du père s'élève

des lois de familles qui supposaient d'autres mœurs et d'autres coutumes. Ainsi, pour ne citer qu'un exemple, qui peut douter que l'exercice de la puissance des pères n'ait les rapports les plus intimes et les plus essentiels avec l'habitation commune de la maison paternelle, cette patrie domestique; et qui ne sait l'impossibilité de concilier une certaine constitution de la famille avec les conditions matérielles de son existence, dans nos grandes villes? Là, sans cesse entraînés, presque au sortir de l'adolescence, par les devoirs, les affaires et les plaisirs, loin du foyer paternel, les enfants appartiennent bien moins à la maison ou à la famille qu'à la cité tout entière. Comment d'ailleurs ces demeures à temps et à loyer, qui ne font point partie du patrimoine, que les souvenirs si touchants de la naissance et de la mort des parents n'ont point consacrées, exerceraient-elles cette puissante influence acquise au toit domestique? Il ne faut pas demander, à de certains temps, ni à de certains lieux, ce que ne comportent ni la nature de ceux-ci, ni l'esprit général de ceux-là.

Les rédacteurs du code sarde étaient dans une situation différente. Les peuples auxquels ils destinaient leurs lois ont vécu de tout temps, et sans exception, sous l'autorité du droit romain. Ils n'ont été placés que momentanément sous l'empire d'une autre loi, et cette loi, imposée par des étrangers, durant une courte domination, n'a pu profondément altérer leurs mœurs. L'usage héréditaire de l'habitation commune du père et des enfants, dans une même maison, s'est aisément maintenu dans des villes de moyenne grandeur et d'une population peu nombreuse : et cependant nous sommes autosés à croire, après d'exactes observations, que les cinquante dernières années, ces années qui ont eu le poids des siècles, ont profondément modifié ces coutumes domestiques. Ce que nous venons de dire a pour but d'expliquer comment il se fait que la partie du livre *des Personnes*, qui traite dans le code sarde *de la Puissance paternelle et de l'Emancipation*, est précisément celle qui diffère le plus des dispositions de notre code.

La majorité n'a point été reculée. Elle est acquise à vingt et un ans, comme l'a réglé, pour la France, la loi du 20 septembre 1792. Mais l'enfant devenu majeur, demeure sous la puissance paternelle, jusqu'à vingt-cinq ans, et n'entre en jouissance de ses biens qu'à trente. Jusqu'à cette époque, l'usufruit en est dévolu au père.

Au-dessus de la puissance du père s'élève

celle de l'aieul paternel : cette dernière s'exerce sur les enfants non émancipés et sur leurs enfants. Ce droit de l'aïeul est à la fois réel et personnel, il dérive de l'habitation commune. Comme il ne peut y avoir qu'un seul maître dans la maison, il est naturel et juste que ce soit l'ancien et le chef de la maison, l'auteur de tous ceux qui la composent. Le fils, jusqu'à l'âge de vingt-cinq ans, ne peut quitter la maison paternelle sans la permission de son père.

Ce serait, en effet, s'émanciper de fait, s'ériger de son autorité privée en chef de maison ou de famille. Aussi, sous l'empire de plusieurs de nos anciennes coutumes, les enfants qui *tenaient maison* ou qui avaient *feu et lieu* (1), étaient censés émancipés et hors de la puissance paternelle ; et dans quelques parties de la Belgique (2) où jadis le mariage émancipait, cette émancipation ne se réalisait cependant qu'autant que le fils nouvellement marié sortait de la maison paternelle.

Le père peut même, pour de justes causes (3), retenir son fils âgé de plus de vingt-cinq ans

(1) *Institutes coutumières de* M. LOYSEL, 2ᵉ *édit., augmentée par* M. Eusèbe LAURIER, *in-12, Paris,* 1783, *t.* 1, *liv.* 1, *tit.* 1, *art.* 38, *p.* 61 *et* 62.

(2) MERLIN, *Répert. de jurispr.*

(3) Code sarde, art. 212

sous le toit domestique , et recourir à l'autorité
des tribunaux pour le contraindre à y demeurer. Par voie de correction paternelle , le père
peut encore requérir en justice la détention de
ses enfants âgés de plus de seize ans et de moins
de vingt-cinq : toutefois , la durée de cette détention ne peut excéder six mois. Suivent sur
les nombreuses incapacités des fils de famille ,
de longues et minutieuses dispositions qu'il est
inutile d'analyser ; il suffit , pour nos vues,
d'indiquer la tendance de cette partie de la législation sarde , désormais si différente de nos
mœurs et de nos idées.

Chacun sait que les États du roi de Sardaigne
sont la partie de l'Europe où l'autorité des pères
s'exerçait avec le plus d'empire. Le nouveau
code la maintient et la fortifie. On n'aurait pas
dû s'attendre peut-être à tant de persévérance
dans un tel système , après une expérience récente , et lorsque les événements , dont ce pays
a été le théâtre , semblent avoir démenti les espérances que fondaient certains publicistes sur
ce moyen de gouvernement. Après avoir contracté , soit dans les camps et sur les champs
de bataille , soit dans les différents degrés de la
carrière civile , l'habitude de l'indépendance et
même du commandement , une jeunesse active,
émancipée de droit et de fait , sous la domina-

tion française, venait d'être replacée, avec plus de zèle pour les souvenirs du passé que d'intelligence des intérêts de l'avenir, sous une austère et jalouse tutelle. Elle frémissait sous le joug ; aussi vit-on bientôt les descendants des plus illustres familles, l'espérance de l'aristocratie, se rallier avec ardeur autour d'une constitution étrangère, lorsqu'au nom de la liberté politique et civile une révolution militaire fut si imprudemment tentée en Piémont. Ce n'est jamais sans péril que l'on essaie de faire passer les hommes de l'état de liberté à l'état de sujétion ; dans un temps où l'émancipation des intelligences est si précoce, il y a quelque inconvénient à proroger légalement la puissance paternelle. En s'efforçant d'étendre ses limites plus que ne le comporte l'état des mœurs et de la civilisation, on met en question jusqu'à cette *révérence paternelle*, pour parler comme le vieux juriste *Bacquet*, sans laquelle il ne peut y avoir de famille, ni même de société : car que deviendrait l'obéissance aux magistrats si celle qui est due aux pères venait à se perdre, et quelle subordination politique et civile espérer, là où serait méconnue la subordination naturelle et filiale ?

Nous n'avons rien à ajouter à ces observations sur le livre *des Personnes*, si ce n'est qu'on y rétablit l'interdiction des prodigues et que le conseil judiciaire y est aboli. Pour relever toutes les différences qui existent entre le code sarde et le code français, au titre *de la Tutelle et de l'Emancipation*, il faudrait entrer dans des détails et des discussions de droit que ne comporte point notre plan, et qui changeraient la nature de notre travail. Elles n'ont rien d'ailleurs qui se rattache au point de vue de l'observation philosophique.

La double tendance de cette partie du code civil des États du roi de Sardaigne peut se résumer en peu de mots.

Les précautions prises contre les étrangers, et le système de défiance adopté pour la protection des frontières, indiquent la situation difficile d'une puissance du second ordre, placée entre deux grands États qui la menacent tour à tour de leur alliance et de leur inimitié, et sa sollicitude jalouse pour le maintien d'une indépendance mal assurée et récemment recouvrée.

Les dispositions sévères portées contre les nationaux qui prennent du service à l'étranger, ou désertent le sol de la patrie, sont évidemment dictées par le souvenir des derniers troubles politiques qui ont agité le pays, et de l'invasion d'une révolution étrangère.

La tolérance accordée aux non-catholiques, et la prépondérance assurée aux lois de l'Église dans l'ordre civil, sont des mesures défensives contre le progrès des idées nouvelles, qui témoignent, en même temps, de la terreur qu'elles inspirent et de l'ascendant qu'elles exercent.

Le soin minutieux qu'on apporte à reconstruire à nouveaux frais la puissance paternelle, prouve avec quelle ardeur jalouse on aspire à conserver ou à restaurer, par l'empire des anciennes mœurs, l'ancienne forme du gouvernement et les institutions aristocratiques, détruites ou ébranlées par la conquête. On veut que le père soit dans la famille ce qu'est le monarque dans l'État, et que la sévérité de la discipline domestique réponde du maintien de l'ordre public.

D'un autre côté, en dépit des tendances contraires, l'esprit du siècle prévaut.

On abolit la mort civile.

On permet le divorce à ceux qui n'admettent pas l'indissolubilité du mariage comme un dogme religieux.

On abandonne, en faveur des enfants naturels, la rigueur des anciens principes.

On accueille et on consacre l'adoption.

Ce livre contient en outre plusieurs dispositions louables et bonnes à emprunter; il comble une lacune du code français en énumérant les établissements publics, les individus collectifs, les êtres moraux que la loi considère comme des personnes civiles, et auxquels elle accorde un état et des droits.

Il rend obligatoire entre les frères et les sœurs le devoir naturel de s'entraider en cas de nécessité, qui dérive pour eux du lien qui les unit et de leur commune origine.

Enfin, on y a recueilli et formulé en loi, sur la possession d'état, des principes de justice et des règles d'équité qui ne sont placés parmi nous que sous la sanction de la jurisprudence.

Le Livre second du code sarde comme le Livre second de notre code civil, porte pour titre : *Des biens et des différentes modifications de la propriété*. Les matières et les rubriques de l'un et de l'autre se rapportent exactement; il en est de même pour le troisième Livre. Nous avons déjà signalé une identité si notable dans la manière de procéder des deux législations. Cette adhésion donnée après un si long temps, par les législateurs d'un autre pays, au système de classification de nos lois nationales, est un préjugé bien favorable à ce système.

De doctes jurisconsultes de l'école allemande l'avaient attaqué, il y a environ vingt ans,

La tolérance accordée aux non-catholiques, et la prépondérance assurée aux lois de l'Église dans l'ordre civil, sont des mesures défensives contre le progrès des idées nouvelles, qui témoignent, en même temps, de la terreur qu'elles inspirent et de l'ascendant qu'elles exercent.

Le soin minutieux qu'on apporte à reconstruire à nouveaux frais la puissance paternelle, prouve avec quelle ardeur jalouse on aspire à conserver ou à restaurer, par l'empire des anciennes mœurs, l'ancienne forme du gouvernement et les institutions aristocratiques, détruites ou ébranlées par la conquête. On veut que le père soit dans la famille ce qu'est le monarque dans l'État, et que la sévérité de la discipline domestique réponde du maintien de l'ordre public.

D'un autre côté, en dépit des tendances contraires, l'esprit du siècle prévaut.

On abolit la mort civile.

On permet le divorce à ceux qui n'admettent pas l'indissolubilité du mariage comme un dogme religieux.

On abandonne, en faveur des enfants naturels, la rigueur des anciens principes.

On accueille et on consacre l'adoption.

Ce livre contient en outre plusieurs dispositions louables et bonnes à emprunter; il comble une lacune du code français en énumérant les établissements publics, les individus collectifs, les êtres moraux que la loi considère comme des personnes civiles, et auxquels elle accorde un état et des droits.

Il rend obligatoire entre les frères et les sœurs le devoir naturel de s'entraider en cas de nécessité, qui dérive pour eux du lien qui les unit et de leur commune origine.

Enfin, on y a recueilli et formulé en loi, sur la possession d'état, des principes de justice et des règles d'équité qui ne sont placés parmi nous que sous la sanction de la jurisprudence.

Le Livre second du code sarde comme le Livre second de notre code civil, porte pour titre : *Des biens et des différentes modifications de la propriété*. Les matières et les rubriques de l'un et de l'autre se rapportent exactement ; il en est de même pour le troisième Livre. Nous avons déjà signalé une identité si notable dans la manière de procéder des deux législations. Cette adhésion donnée après un si long temps, par les législateurs d'un autre pays, au système de classification de nos lois nationales, est un préjugé bien favorable à ce système.

De doctes jurisconsultes de l'école allemande l'avaient attaqué, il y a environ vingt ans,

non sans quelque amertume et avec un assez
haut dédain. Ils ont été réfutés plus tard, avec
une grande supériorité de raison, par un savant hollandais (1), que son bel ouvrage sur
l'Esprit des institutions judiciaires a honorable-
ment classé parmi les publicistes de notre âge.
Nous croyons que des écrivains estimables ces-
seraient de reproduire des attaques semblables,
s'ils voulaient bien envisager la question sous
son véritable point de vue.

Pour la poser convenablement, il faut tenir
compte d'abord des circonstances qui dominaient les rédacteurs du code civil. Il faut apprécier ensuite la nature de la tâche qui leur
était imposée.

Ainsi que nous l'avons établi, les jurisconsultes, capables de s'élever à des vues générales
et de joindre à l'étude laborieuse des textes et
des traditions, la véritable intelligence du droit
et de la science sociale, reconnaissaient depuis
long-temps, en France, les avantages incontes-
tables de l'unité de législation. Mais ce n'est
que depuis environ un siècle que les gouvernements se sont occupés, en Europe, d'en
faire jouir les peuples. Si nous arrêtons un

_____

(1) De la Codification, par J. D. MEYER; in-8°, Ams-
terdam, 1830.

instant, l'attention de l'Académie sur les tenta-
tives de ce genre qui eurent lieu durant le
18ᵉ siècle; les faits nous aideront à comprendre
pourquoi le sentiment pratique a prévalu sur
les théories, dans le choix des méthodes que
les législateurs de cette époque ont suivies
plutôt qu'adoptées.

Le Nord donna l'exemple : sans doute, parce
que les lois romaines, que la conquête n'y
avait point implantées, s'y trouvaient sans autorité officielle. Le premier code national fut
promulgué en Suède, mais s'il porte une date
récente, il faut remonter au 15ᵉ siècle et même
au-delà, pour en trouver les commencements.
C'est, en effet, lors de la réunion des différentes provinces suédoises sous le sceptre d'un
même roi, que la réduction, en un seul corps,
de toutes les lois du pays, fut arrêtée. Il ne
s'agissait de rien moins que de concilier et de
fondre ensemble dix codes provinciaux, d'origine diverse et barbare, écrits dans une langue
vieillie et familière à peu de personnes. Il
fallut du temps pour y parvenir. La publication de la loi des campagnes (*Lands lagh*),
sous le règne du roi CHRISTOPHE, en 1442, et
son impression en 1608, sous le règne du roi
CHARLES IX, furent un premier commencement
d'exécution. Dix ans après, l'impression de la

loi des villes (*Stadt lagh*), ordonnée par Gus-
tave-Adolphe , en fut un second. Le roi Charles
XI , dont le génie actif cherchait à reconstituer
fortement l'ordre politique, reprit cette entreprise avec ardeur ; mais elle ne fut mise à fin
que sous Frédéric Ier. Ce prince, qui tenait
sa couronne de la tendresse d'une épouse et
du consentement de la nation, voulut sans
doute s'acquitter envers elles par un grand
bienfait. Une commission, par lui instituée, en
1731, recueillit en un code général les antiques lois suédoises, et les dispositions des ordonnances royales et des arrêts des tribunaux
qui en étaient le complément. La diète de
1734 sanctionna ce code et en ordonna la
promulgation (1). Il est remarquable que les
divisions et la méthode des anciens corps de
droit suédois, et notamment du code de la
province de Westrogothie, s'y trouvent repro-
duites à peu de chose près.

Malgré la juste confiance que l'intégrité des
juges de Berlin inspirait au *meunier de Sans-
Souci* (2), il faut bien attribuer aux abus qui

_____

(1) *Notices préliminaires sur le Droit en Suède, dans la
concordance entre les codes civils étrangers et le code Napoléon;* par M. Antoine de Saint-Joseph ; in-4°, Paris,
1840.

(2) Andrieux.

viciaient en Prusse l'administration de la justice, la rédaction du *code Frédéric*, dont la
première ébauche fut publiée en 1749 (1). Le
chancelier Cocceji, en préparant ce code,
tendit surtout à simplifier la procédure et à
faciliter l'expédition des causes. Mais un tel
essai, malgré les éloges magnifiques qui lui
furent prodigués (2), n'était point de nature à
satisfaire un prince qui savait s'associer en roi
aux vues des philosophes, ses contemporains,
et qui ne cédait qu'en maître à l'irrésistible
impulsion de l'esprit général de son siècle.
Aussi Frédéric II prescrivit-il, le 14 avril 1780,
que ce travail serait remanié dans le but de
refondre, sous l'influence d'une vue d'ensemble,

(1) *Corpus juris fridericianum.* Frédéric II avait ordonné
la confection de ce Code qui n'eut point force de loi,
par un ordre du cabinet, en date du 31 décembre 1746.

2) Voici comme on en parlait dans les ouvrages du
temps : « *Samuel de* Cocceius, par sa profonde connais-
» sance du droit public, fut élevé aux places de ministre
» d'État et de grand chancelier du roi de Prusse régnant.
» Ce roi philosophe (Frédéric II) confia au baron Coc-
» ceius la réformation de la justice dans ses États. Le
» code Frédéric, que ce ministre forma en 1747, prouva
» qu'il était digne du choix de son prince, et aussi phi-
» losophe que lui. » *Nouveau Dictionnaire historique, par
une société de gens de lettres.* 5e édit. in-8°, Caen, 1783,
t. II, p. 698.

toute la législation civile en vigueur dans ses
Etats. Mais si la gloire d'un si noble ouvrage
revient au grand roi qui l'a ordonné, la fortune d'y attacher son nom fut réservée à son
faible successeur. Le *Corps du droit prussien*
(*Preussisches-Lands recht*) ne fut publié qu'en
1794. Toutefois ce code, destiné à remplacer
en Prusse le droit romain, le droit germani-
que, le droit subsidiaire étranger, et les édits
et ordonnances *royaux*, laissa subsister les statuts provinciaux et coutumes locales. Par un
vice de méthode qui nuit souvent à la clarté,
et presque toujours à la concision, les doctrines y sont mêlées aux préceptes, et des dispositions d'une application rares y sont multi-
pliées avec une minutieuse prévoyance, sans
aucune chance d'épuiser le nombre inépuisable
des combinaisons litigieuses.

L'exemple donné par le roi de Prusse, en
1746, fut suivi, dès 1753, par l'impératrice
Marie-Thérèse. En 1767, le travail d'une commission qu'elle avait chargé de préparer une
législation uniforme pour ses États héréditaires
d'Allemagne, fut publié. Joseph II, son suc-
'cesseur, si péniblement tourmenté sur son
trône par la renommée de Frédéric, et qui
dut à son désir passionné de la partager, de
si funestes inspirations, ne pouvait négliger

cette occasion de se montrer son digne émule,
et la première partie du *Code civil général
pour les possessions germaniques héréditaires de
la monarchie autrichienne* vit le jour en 1786.
La complication des événements politiques qui
survinrent était peu favorable au progrès de
la législation. Aussi, ce code ne fut-il achevé
qu'en 1811. Sa promulgation par l'empereur
FRANÇOIS fut évidemment déterminée par les
bons effets de la publication du code français
et la rapidité de ses conquêtes. L'ordre qui y
règne est à peu près le même que celui qui
a été observé par les rédacteurs du Code civil.

En Bavière, MAXIMILIEN-JOSEPH avait imité
MARIE-THÉRÈSE. Les choses y marchèrent plus
vite qu'en Autriche ; un Code civil y fut publié en 1756 (1). Les textes des lois en vigueur
y sont transportés avec leurs lacunes, et suivant la méthode employée alors en Allemagne
dans les livres de jurisprudence les plus usuels.
Il ne faut pas s'étonner si, dans cette œuvre
d'un jurisconsulte érudit, il se trouve de longues déductions de droit parfaitement inappli-
cables.

(1) *Codex maximilianeus bavaricus civilis*, ou en allemand, *Neuverbessertes und erganztes churbaierisches Lands-
recht*.

La même année qui vit paraître le travail de la commission instituée par MARIE-THÉRÈSE, une autre impératrice publia des *Instructions pour une autre commission chargée de dresser le projet d'un nouveau code de lois pour toutes les Russies.* Ces instructions, dont on assure que l'original est presque tout entier écrit de la propre main de CATHERINE II, en langue française, lui valurent un immense concert de louanges (1). Elles furent publiées avec une imposante et théâtrale solennité, dans une assemblée (2) tenue à Moscou le 12 août 1767, où se trouvaient réunis les députés de toutes les nations alors soumises au sceptre des czars. A l'occasion du code rédigé conformément à ces instructions, dont une première partie parut en 1775, et une seconde en 1780, et qui fut adressé par CATHERINE à la plupart des souverains de l'Europe, FRÉDÉRIC II déclara *qu'aucune femme n'avait encore été législatrice, et que cette gloire était réservée à l'impératrice de Russie.* Malheureusement, la législation de CATHERINE ressemblait à ces villages improvisés

(1) Imprimées à Saint-Pétersbourg, 1769, in-8°. Ces instructions ont été traduites dans la plupart des langues de l'Europe.

(2) Catherine II y reçut de ses sujets le titre de *Mère de la Patrie.*

qui s'élevaient sur ses pas pendant sa course triomphale vers les steppes de la Crimée. C'était une de ses magnifiques apparences destinées à transfigurer la Russie aux yeux de l'étranger, et à recommander le nom et le règne de l'impératrice à l'admiration des écrivains qui disposaient alors de l'opinion publique. Il est inutile de rechercher quelle méthode fut suivie dans cette fiction législative (1).

Ailleurs, les choses furent prises plus au sérieux. Les princes de la maison de Savoie, dont la sagesse avait établi sur la base de la jurisprudence romaine le système de leur gouvernement, ainsi qu'ils l'ont eux-mêmes proclamé, ne devaient pas être les derniers à reconnaître que les lois sont plus respectées lorsque leur empire s'étend sur tous, et que c'est en faciliter la connaissance et l'observance que de les réduire en un seul corps. Le roi VICTOR-AMÉDÉE II, frappé de ces avantages, résolut

---

(1) « Nous regretterons que de si beaux principes n'aient » pas été mis en pratique, et que ce code ne soit pas » achevé; car, malgré les belles espérances que donne » l'héritier présomptif de la couronne, que d'obstacles » peuvent arrêter ses bonnes intentions! » Ainsi s'exprimait DÉMEUNIER, du vivant même de CATHERINE II. *Encyclopédie méthodique; économie politique et diplomatique;* in-4°, Paris, Panckoucke. 1788, t. IV, p. 149.

de les procurer à l'État et aux citoyens. Il
choisit parmi les lois, ordonnances et constitutions de ses prédécesseurs, nous le laissons
parler lui-même, celles qu'il jugea *les plus
propres à amener la félicité publique*, et les
réunit avec les siennes, en un seul volume,
dont il ordonna la publication dans toutes les
provinces, voulant qu'elles participassent, sans
exception, aux mêmes bienfaits. Le 7 avril
1770, Charles-Emmanuel III donna une nouvelle édition du code du roi, son père. Il y
fit insérer les nouvelles lois rendues pour af-
fermir dans toutes les branches du gouvernement les bons effets que ces constitutions y
avaient déjà produits. Il en prescrivit de nouveau la publication dans tous ses États de terre
ferme, afin, dit-il, *que toutes les provinces,
villes et communautés obtiennent ainsi le bénéfice d'une législation uniforme;* apparemment
la volonté de Victor-Amédée II n'avait pas été assez puissante pour en assurer la possession : tant
les idées les plus simples et les lois les plus
salutaires ont de peine à triompher des préjugés reçus et des habitudes invétérées!

C'est ainsi que Ferdinand le Catholique avait
procédé en Espagne plus de deux cents ans
auparavant. Dans la session des cortès tenue à
Toro en 1505, ce prince donna une sanction

nouvelle au code publié en 1386, à Alcala de
Henarez, par son bisaïeul ALPHONSE IX; et il
remédia à l'insuffisance constatée de quelques-
unes des dispositions de ce code, par quatre-
vingt-trois dispositions nouvelles qu'il incorpora
aux *Siete partidas*. Mais en 1770, on était,
sous de certains rapports, moins avancé dans
l'Italie septentrionale et même en France,
qu'en Aragon et en Castille, vers 1386 et 1505.
En effet, les lois d'ALPHONSE IX et de FERDI-
NAND V avaient principalement pour but la
réforme des lois civiles, tandis que les codes
de VICTOR-AMÉDÉE et de CHARLES-EMMANUEL III
n'abordaient ces matières que partiellement et
comme par aventure. Ils embrassaient d'ailleurs
la religion, l'ordre de justice, la procédure,
l'administration, la police, les délits et les
peines, et généralement tout ce qui faisait autrefois, parmi nous, le sujet de ces grandes
et solennelles ordonnances que l'on nommait
Ordonnances de réformation.

Il ne faut point s'en étonner. Dans ces contrées, les lois romaines et les coutumes ou les
mœurs locales, *mores,* constituaient le droit
commun en matière civile; la puissance souveraine n'y intervenait que par exception, et
plutôt pour constater des usages que pour
prescrire des règles. Jusqu'au 18ᵉ siècle, les

philosophes s'étaient peu préoccupés de cette
partie de l'économie sociale. Leur attention,
lorsqu'elle se porta sur les objets qui intéressent l'ordre et l'essence des sociétés politiques,
s'était fixée d'abord sur la forme des gouvernements et sur les principes du droit public.
Les esprits judicieux et éclairés, familiarisés
avec ces grands principes, et qui auraient pu
établir une ligne de communication entre la
jurisprudence et les autres branches des connaissances humaines, étaient rebutés par la
multitude et l'incohérence des textes, l'opposition apparente ou réelle des interprétations
judiciaires, les subtilités des commentateurs,
la sécheresse et la complication des formes,
le langage barbare des praticiens. De leur côté,
les jurisconsultes, exclusivement voués à l'étude
littérale des lois, étrangers, pour la plupart,
à cette haute philosophie qui étend l'horizon
de toutes les sciences, dédaignaient orgueilleu-
sement tout ce qui s'écartait de leurs habitudes, et tendait à substituer les procédés d'une
lumineuse analyse au fatras d'une accablante
érudition, ou l'autorité d'une doctrine logique
aux arguties scholastiques des docteurs.

A la vérité, quelques hommes éminents avaient
par intervalles tenté l'application de la philosophie à la jurisprudence ; mais leurs efforts

n'avaient pu prévaloir sur une vieille routine, ni déterminer des esprits, qui considéraient l'étude approfondie des dossiers comme le dernier terme de la science, à généraliser leurs idées et à remonter aux sources du droit.

Les Dumoulin, les Loysel, les Pasquier, les Bodin, les Coquille, les Loiseau avaient consciencieusement recherché les origines, et courageusement établi les maximes de notre droit public national; mais nul d'entre eux n'avait essayé d'en extraire un ordre méthodique, propre à assurer une meilleure classification des lois civiles. Bacon lui-même avait hésité à entreprendre la réforme du droit civil. Chancelier d'Angleterre, il n'osa porter la hache dans la forêt sacrée; et on ne le vit point, tenter d'introduire sa méthode dans ce dédale de lois, dont les dispositions surannées, les obscurités, les contradictions même, sont encore considérées, de l'autre côté du détroit, comme une partie intégrante des libertés publiques et des garanties individuelles.

Aucune étude métaphysique ou philosophique n'avait donc précédé et ne pouvait guider, en cette partie, les législateurs modernes dans leurs travaux. Aussi, quand le moment fut venu, le remaniement de cette législation, la distribution et la répartition de ses éléments

divers, en un mot, la réduction, en code,
des règles qui président à la vie civile d'une
nation, furent-ils exclusivement confiés aux
jurisconsultes, interprètes des lois, aux magistrats chargés de les appliquer, et aux hommes
d'État qui en procuraient l'exécution. Tels furent, en Allemagne, les Cocceji, les Carmer,
les Kettmeyer, les Azzoni, les Harten, les
Kees et les Martini. En France, Lamoignon,
Daguesseau, Domat et Pothier avaient préparé
les voies.

De là, la similitude des plans suivis soit dans
les codes qui ont précédé le nôtre, soit dans
ceux qui n'ont été publiés qu'après sa promulgation.

Le code *prussien*, le code *bavarois*, le code
autrichien, le code *néerlandais*, le code *des
Deux-Siciles*, le code *du canton de Vaud*, le
code *de la Louisiane* contiennent tous une première partie qui, sous les diverses rubriques
d'*Introduction*, de *Dispositions générales* et de
Titre préliminaire, dispose sur les lois, leurs
effets, leur application. Le code *de la Louisiane* y ajoute, comme l'avait fait le *Projet du
Code civil français*, quelques définitions générales du droit.

A l'exception du code *prussien*, tous ces
codes traitent ensuite *des personnes* ; encore

faut-il remarquer que si un ordre contraire a été suivi dans sa rédaction définitive, dans le projet du code *prussien*, la partie concernant les *personnes* précédait celle qui est relative *aux choses*, ainsi que cela se voit dans le droit romain et dans notre Code (1). Les uns, tels que le code *néerlandais*, celui *des Deux-Siciles*, le code *sarde* et celui du *canton de Vaud*, statuent d'abord sur *la jouissance et la privation des droits civils;* les autres, comme le code *autrichien*, commencent par disposer sur les *droits relatifs aux qualités des personnes*, ou sur la *distinction des personnes*, comme le code *de la Louisiane*.

Enfin, la seconde partie ou le livre second de ces codes, le code *prussien* toujours excepté, comprend uniformément tout ce qui concerne

(1) Il est resté dans la composition de ce code des traces de cette disposition primitive. Le titre Ier de la Ire partie traite des *personnes et de leurs droits en général*, à la vérité d'une manière fort brève, et pour donner seulement une série de définitions de la *personne*, des *droits et devoirs de la personne*, des *droits de ceux qui ne sont pas nés*, des *jumeaux*, des *monstres*, des *hermaphrodites*, des *distinctions de sexe et d'âge*, de celles qui résultent des *facultés morales*, des *incapacités* qui naissent de ces distinctions, de la *vie*, de la *mort*, de la *parenté* et des *alliances*.

les biens ou *les choses*. Dans les codes *sarde*, *des Deux-Siciles*, du *canton de Vaud* et de *la Louisiane*, ainsi que dans le code *français*, les premières dispositions de ce livre statuent *sur les biens* et *sur les différentes modifications de la propriété*. Il est vrai que le second livre du code *néerlandais* et la seconde partie des codes *autrichien* et *bavarois* sont différemment intitulés : *des Biens, de la Distinction des choses, de la Distinction des biens*, mais ces légères variantes dans les mots, ne servent qu'à rendre plus sensible la conformité de méthode dans la distribution des matières. Il est évident que les rédacteurs de ces corps de lois ont généralement suivi cette division naturelle et logique que l'on retrouve jusque dans cet ancien résumé des maximes antiques du droit qui constitue les *Institutes de* GAÏUS, savoir : les *personnes,* les *choses*, les *actes* ou *les actions des personnes* : *omne jus quo utimur, vel ad personas pertinet, vel ad res, vel ad actiones.*

Nous ne pousserons pas plus loin ce parallèle qui deviendrait fastidieux ; nous nous contenterons de remarquer en passant, qu'à l'époque où les auteurs du code *sarde* ont adopté la classification française, les lumières ne leur manquaient pas. Outre les savantes discussions

sur ce sujet qui avaient eu lieu depuis long-
temps tant en Allemagne qu'en Hollande, une
tentative solennelle avait été faite, par l'esprit
de réaction, dans le royaume des Pays-Bas,
pour substituer à ce que l'esprit de parti qua-
lifiait de *fatras français* (1), avec aussi peu de
bienséance que de justice, un nouveau code
plus méthodique et plus doctrinal, divisé en
4300 articles. Cette volumineuse compilation,
examinée en comité général par les états généraux, avait été rejetée à la presque unanimité;
et les motifs de ce rejet n'avaient été ni moins
instructifs ni moins significatifs que le rejet
même. « Tout le monde tomba d'accord, dit
un savant magistrat qui siégeait dans l'assemblée et prit part à la délibération (2), que ce

(1) C'est ainsi que s'expliquait M. KEMPER, professeur
à l'université de Leyde, l'un de ceux qui s'étaient placés
à la tête du mouvement insurrectionnel de 1814 contre
les Français, et qui fut chargé de la rédaction du projet
de Code, de concert avec MM. ASSER et LEBRY, durant
les années 1821, 1822, 1823, 1824, 1825 et 1826.

(2) *Histoire du royaume des Pays-Bas depuis 1814 jusqu'en 1830*, par C. C. DE GERLACHE, *ancien membre des
états généraux du royaume des Pays-Bas, ancien président
du congrès belge, ancien président de la chambre des re-
présentants, premier président de la cour de cassation,
président de la commission royale d'histoire, directeur annuel de l'académie des sciences et belles-lettres de Belgique*, etc.; in-8°, Bruxelles, 1839, t. I, p. 431-432.

Le droit embrasse en même temps l'universalité des rapports des choses et des personnes, et les conséquences de ces rapports. Tout ce qui est équitable, tout ce qui est honnête et véritablement utile aux hommes réunis en société, tout ce qui est nécessaire au maintien et à la bonne harmonie de la cité, la science du droit l'enseigne. Elle est la science de la justice, comme les mathématiques sont la science de la grandeur. Elle a le dépôt des axiômes éternels de cette sorte de géométrie morale, dont les préceptes du droit naturel et des gens sont les immuables corollaires, et d'où dérive le droit public et privé de chaque nation. Qui ne voit, en effet, que les diverses législations sont autant d'applications spéciales du droit universel aux nécessités d'un peuple et d'une époque, et que les lois nationales sont au droit en général ce que les contrats entre particuliers sont à ces lois elles-mêmes.

On comprend facilement qu'une telle science ne puisse être réduite dans son enseignement aux proportions étroites de l'exposition littérale et synthétique des dispositions d'un code, ni contrainte à se conformer servilement à l'ordre numérique de ses articles. Mais quand on demande à la loi de procéder comme la science, ce qu'il faudrait démontrer, c'est que

la loi, comme la science, doit procéder non-
seulement par énumération et par définition,
mais par induction et par déduction; c'est
qu'au lieu d'aller au but par le plus court
chemin, la voie du commandement, il lui sié-
rait mieux de n'y arriver que par la voie du
raisonnement et de la démonstration; ce qu'il
faudrait démontrer, c'est qu'une série de textes
concis et impératifs peut exprimer exactement
le trait pur et correct de l'arbre de la science
et de ses vastes rameaux. Et dans cette hypothèse même, ne serait-ce pas aggraver outre
mesure la condition des législateurs, que de
les condamner à excéder leur compétence en
prenant parti entre les divers systèmes qui divisent les jurisconsultes?

Notre intention ne saurait être de rappeler
ici, pour les discuter, les reproches de diverse nature adressés à la classification du Code
civil. Nous avons voulu seulement établir :
qu'il ne faut pas se hâter de conclure d'un
ordre d'idées à un autre ordre d'idées; que
dans la jurisprudence, la *méthode légale*, si
l'on veut s'exprimer ainsi, n'est pas nécessairement la même que la méthode scientifique;
que l'on a pu, sans manquer de philosophie,
ni même de logique, préférer l'une à l'autre
en composant un corps de lois, et que des

autorités compétentes l'ont formellement reconnu. A l'exemple si concluant du code sarde,
nous ne pouvons nous empêcher de joindre
les paroles remarquables du chef de la première cour de justice d'un royaume voisin,
magistrat et homme d'État distingué, qui, dans
un ouvrage récemment publié, après s'être
exprimé, sans complaisance, sur les imperfec-
tions du code français, s'écrie, en parlant de
ses rédacteurs : *Quel ordre logique dans la distribution et la déduction de leurs matières! Quelle
rédaction limpide et concise! Avec quelle justesse et quelle précision ils maniaient la plus
législative de toutes les langues* (1)!

Un code sans défaut serait le chef-d'œuvre
de l'esprit humain. Le nôtre pèche quelquefois dans sa composition et même par sa rédaction si souvent irréprochable. On y trouve
des lacunes; mais la philosophie du code est
une : il est d'un seul jet. Quand il a fallu
concilier des systèmes opposés, un seul et
même esprit a présidé à la transaction. Quand
ses dispositions sont empruntées aux lois anciennes, la lettre de ces lois a été fidèlement
conservée lorsqu'elle était évidemment suffisante. Souvent même quand elle était impar-

(1) C. C. DE GERLACHE, *loc. cit.*, p. 433.

faite, s'est-on abstenu de la corriger, de crainte qu'une amélioration de style n'impliquât une altération de sens, et ne profitât à l'esprit de chicane plus qu'à la saine entente de la loi. Si, dans ce cas, et par exception, quelques termes anciens ont été remplacés par d'autres expressions, c'est que la signification de ces termes, obscurcie par des interprétations contradictoires, était devenue équivoque. La rédaction d'un grand nombre de dispositions nouvelles a été empruntée aux jurisconsultes les plus renommés pour leur exactitude et leur précision. Enfin, les auteurs de notre code ont soigneusement évité un écueil trop souvent fatal aux compilateurs des Pandectes, ils n'ont point laissé les dispositions de leurs lois s'égarer sous des titres entièrement étrangers aux matières que ces lois concernent.

Le second livre du code sarde, comme celui du code français, est divisé en quatre titres : ces titres disposent sur les mêmes matières. Ils sont subdivisés en un égal nombre de chapitres et de sections parfaitement correspondants, et placés sous de semblables rubriques.

Toutefois, les dispositions que ces titres renferment donnent occasion à différentes remarques.

Divers objets importants, tels que la pro-

priété et l'usage du cours des eaux, l'exploitation et la propriété des mines, le bail emphytéotique, la transmission et la nature des offices, la constitution du domaine de l'Etat,
les apanages, la dotation des établissements
d'utilité publique, les droits des auteurs sur
les productions de l'esprit, l'action possessoire
et l'action en réintégrande, et les droits de
compascuité, commandent l'attention. Plusieurs
d'entre eux sont d'un intérêt actuel, ils sont
soumis en France et ailleurs à des discussions
publiques. Nous les parcourrons rapidement;
c'est à peine si nous effleurerons quelques-unes
des graves questions que soulèverait leur étude
approfondie. De plus amples développements
excéderaient nos forces et le temps que nous
pouvons légitimement demander à l'Académie
de nous accorder. Nous croirons avoir fait assez en les signalant aux jurisconsultes et aux
hommes d'Etat comme un digne sujet de leurs
méditations.

En ce qui concerne la propriété et l'usage
des cours d'eau, notre législation est très-im-
parfaite.

Nous avons quelques lois générales sur les
fleuves, les rivières navigables ou flottables
considérés comme dépendances du domaine
public. Ces lois statuent dans l'intérêt de l'Etat,

de la sûreté générale, et des besoins communs d'une contrée ou du pays tout entier. Mais nous n'avons sur ces cours d'eau intarissables qui, n'étant pas susceptibles par leur nature d'être possédés à titre de propriété privée, demeurent la propriété commune des riverains, qu'un petit nombre de dispositions législatives, qui sont loin de suffire au règlement et à la protection des droits et des intérêts résultant de cette communauté. Il est cependant facile d'apercevoir que le maintien de ces droits et le règlement de ces intérêts sont une partie essentielle de la prospérité de l'agriculture et des arts.

L'eau, non moins indispensable à l'homme que l'air qu'il respire, l'est encore à la fertilité de ses champs et à l'action de ses engins et de ses usines. Élément de sa vie, de celle des animaux associés à ses labeurs; cause motrice des machines que son industrie met en jeu, le droit de la posséder ou de s'en servir est une de ses plus précieuses propriétés. Modifiées par une multitude d'accidents, les eaux se présentent à nous sous une grande variété de formes, et ces formes réagissent sur l'usage exclusif ou commun, simultané, alternatif ou successif qui peut en être fait. Selon qu'elles sont stagnantes ou courantes, qu'elles s'écou-

lent en ruisseaux, qu'elles se précipitent en
torrents, ou jaillissent en fontaines, que leur
cours est continu ou intermittent, qu'elles
proviennent de sources vives ou d'infiltrations
et 'd'écoulements, les droits des propriétaires
ou des usagers ne peuvent être les mêmes. Cependant notre code civil ne contient que sept
articles sur cette importante matière, et il est
remarquable que parmi ce nombre infini de
livres de jurisprudence ancienne qui se pressent
dans nos bibliothèques, il n'existe aucun traité
spécial sur les eaux, composé par un auteur
français. LOISEL, dans ses *Institutions coutumières*, ne s'en occupe que dans leurs rapports
avec les droits des seigneurs, au titre *de Sei-
gneurie et de justice.*

Si l'on recherche les causes probables de ce
phénomène, on trouve d'abord que dans notre
ancienne monarchie, tout ce qui concerne
l'usage des eaux, communes ou publiques,
était régi par des règlements particuliers et locaux. Le plus souvent, ces règlements étaient
l'ouvrage de l'autorité municipale, agissant avec
l'autorisation du juge du ressort. Ils étaient
ensuite homologués par les parlements. Comme
ils ne commandaient l'obéissance que dans d'é-
troites limites, ils n'étaient connus que du petit
nombre de jurisconsultes ou de praticiens grou-

pés autour du siége juridictionnel chargé de leur application. Quelquefois l'un d'eux s'en constituait le glossateur; alors un texte, d'ordinaire bref et concis, était rapproché de diverses règles conservées par la tradition, ou inscrites par occasion dans quelque document ancien. Ces vieux usages n'étaient, la plupart du temps, que la reconnaissance immémoriale de quelques droits naturels préservés, par aventure, de toute usurpation féodale, domaniale ou autre; car, presque toujours, en cette matière, loin d'être la cause du droit, le titre n'en était que la preuve et la conséquence. On voit que pour comparer entre elles, dans l'intérêt de la science, toutes ces législations et ces jurisprudences locales, il aurait fallu de laborieuses et pénibles recherches dans les greffes des villes et des plus minces juridictions, dans les recueils d'arrêts de toutes les cours souveraines, et dans les commentaires de tous les statuts et coutumes, tant provinciaux que municipaux. Le besoin ne s'en faisait d'ailleurs pas sentir.

On ne connaissait pas ces ouvrages et on négligeait cette législation salutaire qui rendent *la terre plus propre à la demeure de l'homme* (1);

1) MONTESQUIEU.

que les Perses, maîtres de l'Asie, surent si ha-
bilement employer pour porter la fertilité aussi
loin que purent atteindre les sources nombreuses dérivées du mont Taurus; qui, sous la
domination des Arabes, transformèrent en de
verts jardins (*Huertas*) les plaines du royaume
de Valence et les vallées de la Catalogne; et
dont l'influence, prorogée et perpétuée en
Afrique par les traditions des Maures, comme
pour consoler la vue et la pensée des traces
affligeantes de tant de dévastations anciennes
et modernes, procure encore sur les flancs de
l'Atlas, à l'aide des eaux de l'Oued-al-Kebir,
mis à sec par mille saignées, une *merveilleuse
fécondité* aux riches vergers de Koléah et de
Blidah (1).

L'agriculture se contentait de ce que ne lui

(1) Koleah et Blidah occupent les deux extrémités de
notre ligne frontière, du côté de la Chifa; elles sont
séparées l'une de l'autre par toute la largeur de la Mi-
tidjah. La richesse de leur territoire, la beauté de leurs
eaux, et, par-dessus tout, la fécondité merveilleuse de
leurs vergers plantés d'orangers, de citronniers, de juju-
biers et de grenadiers, avaient depuis long-temps attiré
l'attention particulière des spéculateurs. *Rapport sur la
situation économique de nos possessions dans le nord de
l'Afrique;* par M. BLANQUI, membre de l'Institut. In-8°,
Paris, N. Coquebert, 1840, p. 25, *ibid.*, p. 39.

refusait pas la nature. Il ne s'agissait, après
tout, que d'assurer dans quelques contrées ar-
rosables, entre un petit nombre de riverains,
car les propriétés étaient peu divisées, l'équitable répartition des eaux courantes ou jaillis-
santes de leur canton. La France n'était point
encore dotée de ces travaux industrieux qui
ajoutent un si grand prix aux dons de la nature en les appropriant mieux aux besoins des
hommes, et dont un pays est redevable à la
sollicitude d'une administration éclairée et vi-
gilante. Il n'y avait point encore, ou il n'y
avait presque point de ces eaux recueillies et
dirigées avec une laborieuse industrie, pour
rendre propres à la culture des terrains arides
ou marécageux. Même dans la plupart des
provinces, les simples *fosses* d'irrigation étaient
inconnues; on n'en creusait guère que pour
détourner les poissons et se procurer le moyen
de frauder le monopole de la pêche. Les
usines étaient en petit nombre; le nom en
était inconnu dans le langage des lois et du
palais. Les moulins étaient les usines, ou,
comme on s'exprimait alors, les engins par
excellence. Encore ne s'en occupait-on que
sous des rapports de police et de salubrité,
quand ce n'était pas dans un intérêt féodal,
jamais en vue ou au profit de l'industrie.

Cependant le midi de la France était plus avancé. Sur les versants des Alpes et des Pyrénées, des conditions locales analogues à celles que nous signalerons tout à l'heure, en parlant de l'Italie, exerçaient une influence salutaire. Le régime des eaux était à peu près le même en Roussillon qu'en Catalogne (1). Les *coutumes du Béarn et du pays de Sole* déclarent que chacun y pouvait tenir moulin, artigue, cabane et bords en sa propre terre, s'il ne faisait préjudice évident à la servitude commune de passage, ou que par engorgement d'eaux, il ne fît dommage à aucun (2). Au XIV⁰ siècle, un privilége accordé aux habitants du Briançonnais par le dauphin HUMBERT II, leur concède le droit de dériver l'eau des rivières et de les conduire dans leurs champs, par des canaux, avec exemption de toute redevance domaniale. Dans le siècle suivant, un statut du roi RENÉ, comte de Provence, autorise les propriétaires des moulins et engins à

(1) M. JAUBERT DE PASSA, *Voyage en Espagne, en* 1816, 1817, 1818 et 1819, ou *Recherches sur les ouvrages, sur les lois et coutumes qui la régissent*. In-8°, Paris, M. Huzard; 1823, t. I, part. I, chap. I, p. 34.

(2) *Cout. de Sole*, tit. 12, art. 1. *Cout. du Béarn.*, art. 2, tit. 52, art. 1.

conduire les eaux qui leur sont nécessaires, à travers les fonds voisins, sous due indemnité.

Avant cette époque, la législation française ne présente que des dispositions incomplètes, quoique souvent répétées, sur la garde et la conservation des eaux des rivières et des étangs. Il s'en trouve de 1219, de 1223, de 1291, de 1315, de 1318, de 1320, de 1333, de 1346, de 1376, de 1385, de 1388, de 1392 et de 1402. Plus tard, une déclaration du roi, du 20 mars 1547, contient un règlement pour la conduite de l'eau des moulins; des lettres patentes du 7 mars 1585 accordent privilége pendant trente ans à une société de fontainiers et d'ingénieurs, pour user de leur secret d'élever l'eau, faire jaillir fontaines, mouvoir engins destinés à porter et remuer de grands fardeaux et procurer le mouvement perpétuel. Enfin, un édit du mois d'octobre 1694 dispose sur la police des eaux, et fait défenses de saigner ou détourner celles des fleuves ou rivières navigables. Aussi le découragement, résultat de ses opiniâtres recherches sur cette matière intéressante, arrachait-il, peu d'années avant la révolution, ces tristes paroles à un jurisconsulte aussi savant qu'éclairé, qu'animait le zèle du bien public, et qu'inspirait l'esprit de son siècle, PROST DE

Royer : « Quelques règlements particuliers et
» un arrêt isolé du parlement de Paris sur les
» aqueducs d'Issy : voilà donc à quoi se rédui-
» sent la législation et la jurisprudence fran-
» çaises sur l'objet important des aqueducs! »

Depuis, de grands travaux ont été entrepris :
des desséchements considérables ont rendu à
la culture de vastes territoires; des canaux de
navigation ont multiplié les voies de communication; des canaux d'arrosage ont fait participer aux bienfaits de l'irrigation des campagnes
qui en avaient été jusqu'alors privées; des eaux
abondantes amenées dans nos cités, y répan-
dent la fraîcheur et y entretiennent la pro-
preté. Mais si l'agriculture et l'industrie ont
répondu par leurs progrès à ces puissants en-
couragements, l'assistance et la protection des
lois, demeurées stationnaires en ce point, leur
manque, et elles s'en ressentent.

Lorsqu'il s'agit de provoquer de grandes
améliorations, la nature des choses veut sans
doute que l'impulsion soit donnée par l'administration. Les lois civiles, lentes dans leurs
effets, et dont la fonction est surtout de constater et de régulariser ce qui est, ne peuvent
incliner instantanément les volontés vers de
vastes spéculations et de grandes entreprises :
l'action du gouvernement peut seule mettre en

mouvement les bras et les capitaux nécessaires pour les accomplir; mais quand l'administration a pris l'initiative et donné l'impulsion, les lois seules peuvent inspirer la confiance et la sécurité qui consolident et perpétuent l'œuvre du progrès.

C'est la voie dans laquelle nous sommes entrés depuis la révolution. En 1790, les administrations départementales reçurent la mission expresse de rechercher et d'indiquer les moyens de procurer le libre cours des eaux, d'empêcher les prairies d'être submergées par la trop grande élévation des écluses des moulins et par les autres ouvrages d'art établis sur les rivières, de diriger enfin, autant qu'il serait possible, toutes les eaux de chaque territoire vers un but d'utilité générale, d'après les principes de l'irrigation.

Mais on n'alla pas plus loin. On n'avait pas encore entrepris la réunion et la réforme des lois civiles. Plus tard, on fut arrêté par la diversité de configuration des terrains, la différence des cultures, la variété des climats. Un cri général s'éleva en France, pour signaler comme insurmontables les obstacles que la nature semble opposer à l'établissement d'une législation unique destinée à régler d'une manière générale les droits d'usage et de propriété qui peuvent être exercés sur les eaux.

Cependant il n'aurait pas été impossible, et il aurait été désirable que la loi guidât les tribunaux dans la solution de cette multitude de questions qui, dans l'intérêt de l'agriculture, des arts, des manufactures, de la salubrité et de la commodité publiques, sont journellement agitées devant eux. Quel obstacle pourrait s'opposer, en effet, à ce que l'on posât d'abord un certain nombre de règles communes qui constitueraient le fond du droit, et à ce que l'on déterminât ensuite l'étendue, les limites et la nature des exceptions commandées par les circonstances locales? Pourquoi la loi ne déclarerait-elle pas que, selon la nature du terrain ou du climat, les exceptions deviendraient la règle, et les règles générales ne pourraient être invoquées que par exception et dans l'absence ou le silence des dispositions spéciales? Elles conserveraient ainsi leur empire, comme raison écrite ou droit subsidiaire, même en pays d'exception, lorsque les règles spéciales seraient insuffisantes ou ne pourraient être appliquées. On satisferait à tout par cette manière de procéder.

Mais le temps pressait; il était urgent d'aplanir ou d'écarter les difficultés qui pouvaient retarder la confection et la publication du code civil ; de grands intérêts politiques l'exigeaient : nous les avons signalés. On remit à une autre époque la législation des eaux. Il fut décidé qu'elle ferait partie d'un nouveau code rural. C'était l'ajourner indéfiniment. Ce code rural, dont l'étude a donné lieu à d'utiles et intéressants travaux, n'est jamais venu. Il n'est guère permis de l'attendre. La rédaction d'un code présente toujours d'immenses difficultés. Elles s'accroissent encore quand il est destiné à coordonner un grand nombre d'usages locaux dont l'appréciation demande une infinité de connaissances spéciales ou à les rattacher à quelques principes généraux. Qui oserait aujourd'hui proposer une telle entreprise ? « Il » ne faut pas fonder de grandes espérances » sur les chambres pour le droit privé, à » moins que la question ne se rattache à des » idées politiques, » dit un jurisconsulte allemand fort distingué (1), d'ailleurs grand partisan du régime constitutionnel. « Les hommes » étrangers à la science des lois sont incom- » pétents dans ces matières ; aussi sont-elles » abandonnées à quelques personnes qui les » discutent en présence d'un auditoire inat-

1, THIBAUT.

» tentif. D'ailleurs les lois ne s'improvisent
» pas, et en pressant la discussion et le tra-
» vail, on exclut la tranquillité et la réflexion,
» sans lesquelles on ne fait rien de grand en
» législation. »

Cependant un petit nombre de jalons avaient
été posés dans le Code civil : nous analysons
rapidement ses dispositions, pour les comparer
à celles du code sarde.

Les fleuves et les rivières navigables ou flottables sont mis au nombre des dépendances
du domaine public.

Celui qui a une source dans son fonds peut
en user à volonté, sauf toutefois les droits du
propriétaire du fonds inférieur.

Le propriétaire d'une source ne peut en
changer le cours, lorsqu'elle fournit aux habitants d'une commune, d'un village ou d'un
hameau, l'eau nécessaire à leurs besoins.

Celui dont la propriété borde une eau courante qui ne dépend point du domaine public,
peut se servir de cette eau à son passage pour
l'irrigation de l'héritage qu'elle limite, et en
user dans l'intervalle qu'elle y parcourt, à la
charge de la rendre à son cours ordinaire,
quand elle sort de son fonds.

Les contestations qui s'élèvent entre les propriétaires auxquels les eaux peuvent être utiles,

doivent être jugées conformément aux règlements particuliers et locaux sur le cours et
l'usage des eaux, en conciliant l'intérêt de
l'agriculture avec le respect dû à la propriété.

C'est bien peu pour un sujet si fécond.

Le code sarde est plus explicite ; voici comment il procède :

Les sources et les ruisseaux, les conduits et
les réservoirs destinés à conserver les eaux ou
à les amener, sont classés parmi les biens immeubles.

Qu'elles soient un don gratuit de la nature,
ou que l'homme les ait acquises à force d'art,
ces eaux ne peuvent être possédées comme les
autres immeubles, aussi la loi détermine-t-elle
les limites et les caractères spéciaux du droit
de propriété qui peut être exercé sur cette nature de biens.

L'État, ou le Roi, au nom de l'État, a le
domaine des fleuves, des rivières et des torrents.

Les eaux des lacs, des sources, des ruisseaux, des canaux ou des réservoirs sont à la
libre disposition de ceux qui ont la propriété
ou la possession du fonds de terre où ces eaux
se trouvent. Ces propriétaires peuvent en user
à leur gré, pourvu qu'ils ne causent aucun
dommage au fonds supérieur. et, après en

Les immeubles situés dans ce rayon ne peuvent jamais, pour quelque cause que ce soit, tomber légalement en la possession d'un étranger, ou lui être judiciairement adjugés (1) : le tout sans préjudice des plus amples prohibitions, qui peuvent être portées par des lois spéciales, et venir encore aggraver, à l'égard des sujets de quelques États voisins, ce système de défiance.

Ces précautions ombrageuses rappellent ces époques reculées où il suffisait d'être étranger pour être réputé ennemi, et où les inimitiés croissaient en raison du voisinage. Elles répugnent aux mœurs et à l'esprit général du siècle, qui tient à rapprocher les hommes de tous les pays. Elles sont en opposition avec ces vérités d'expérience que l'étude de l'économie politique a rendues sensibles, et qui, non moins que les éternelles maximes du droit naturel, ont amené l'abolition du droit d'aubaine, et abaissent journellement les barrières qui séparent les nations. On protége mal la sûreté publique en laissant planer sur toute une classe d'hommes une présomption légale de trahison. La défiance et le soupçon sont de mauvais garants de la fidélité, tandis que la confiance et

_____

(1) Code sarde, art. 28.

la foi sont solidaires : elles répondent l'une de l'autre. Les étrangers peuvent et doivent être éloignés du territoire, s'ils méconnaissent les droits de l'hospitalité; mais tant qu'ils ne sont point jugés indignes d'y résider, ils doivent y jouir de tous les avantages du droit naturel et du droit civil, surtout en matière de contrats, qui, tels que les contrats de vente, appartiennent au droit des gens.

Mais, selon le code sarde, la jouissance des droits civils n'est point également accordée, ni au même titre, à tous les nationaux. Il admet plusieurs sortes d'extranéité : les uns sont étrangers par la naissance, les autres le sont par la religion. Les sujets non catholiques et les juifs ne jouissent des droits civils que conformément aux lois, aux règlements et aux usages qui les concernent (1).

Doit-on imputer au zèle religieux ou à la politique cette étrange disposition? Est-ce l'esprit de prosélytisme, est-ce l'esprit de domination qui l'a dictée? Si c'est le soin de la religion, une immense carrière s'ouvre devant le législateur du royaume de Sardaigne. Après avoir assuré l'unité de croyance, il faudra qu'il veille à l'observation des préceptes et qu'il s'em-

(1) Code sarde, art. 150.

pare de la direction des consciences. Si c'est un principe politique qui a prévalu, qui ne voit le danger d'un tel système, pour ne rien dire de sa déraisonnable injustice?

A une époque où il est déjà si difficile de maintenir les hommes sous le joug des lois, qui ne règlent que leurs actes extérieurs, peut-il être dans l'intérêt bien entendu de l'État et de la religion elle-même, de prétendre les assujétir à une croyance uniforme; de transformer le droit commun en privilége, de faire du privilége une conséquence de la foi, et de chercher à propager ainsi la foi par le privilége; de métamorphoser les dissidences religieuses en inégalités politiques et civiles; de faire jaillir au sein de la société des sources vives et abondantes de jalousies et de haines, et de soulever à la fois contre l'ordre établi les consciences et les intérêts?

Il fut un temps en Europe où l'unité de croyance était le véritable lien civil. On laissait alors aux hommes le choix de la loi civile sous laquelle ils voulaient vivre, mais ils étaient tenus de professer la religion de l'État. Aujourd'hui les choses ont été remises à leur place : l'émancipation des consciences est un fait accompli, et les hommes, libres dans le choix de leur croyance religieuse, sont tenus de se soumettre à une même loi civile.

Sans doute la liberté de conscience et la liberté des cultes, qui n'est que la liberté de conscience en action, ne doivent pas dégénérer en indifférence; car l'État ne saurait être indifférent sur ce qui est pour lui une cause de vie ou de mort. En matière de religion il a deux devoirs à remplir : l'un envers les individus, l'autre envers la société. Il doit protéger la religion, à cause de l'instinct religieux de l'homme, qui en fait pour tous un besoin que chacun a le droit de satisfaire. Il doit la protéger encore dans l'intérêt général comme un élément de l'ordre public, comme une nécessité sociale. Mais aucune inégalité politique ou civile ne peut résulter pour les hommes de la diversité de leur croyance; car ce qui est purement religieux ne saurait avoir d'effet civil ou politique. Le contraire serait à la fois une inconséquence et une injustice. La liberté des cultes, ou même la tolérance civile, seraient un piége si la diversité des opinions religieuses pouvait réagir sur l'état des personnes.

En effet, ou les dogmes, les rites, la morale d'une religion sont contraires au droit naturel, à la constitution de l'État, et menacent de faire rétrograder la civilisation même, et alors la profession publique de cette religion dégénère en délit; ou ils sont favorables aux

catholique. Nous n'en voulons pour preuve que
les dispositions du célèbre édit rendu par l'empereur Joseph II pour les Pays-Bas, le 28 septembre 1784. Cette loi établit les véritables principes de la matière. Elle avait pour objet, comme
l'ont fait plus tard en France les lois nouvelles,
de séculariser le mariage et de réduire la compétence ecclésiastique au jugement des questions
qui intéressent exclusivement le for intérieur.
Elle déclare que les droits et les liens civils qui
résultent du mariage, considéré *comme contrat
civil*, tiennent leur existence, leur force et leur
détermination, entièrement et uniquement de
la puissance civile, et en conséquence elle décide que la connaissance des différends, relatifs
à ces objets et à tout ce qui en dépend, appartient exclusivement aux-tribunaux civils. Toutefois, elle ajoute que l'engagement du mariage
consiste dans *l'union indissoluble d'un homme
et d'une femme*, et que le mariage régulièrement contracté ne peut, sous aucun prétexte,
être rompu que par la mort de l'un ou de
l'autre des conjoints.

Si nous rappelons ces textes, ce n'est point
que nous prétendions établir, par voie d'autorité, l'indissolubilité du mariage. Elle doit l'être
par le droit. Nous voulons seulement faire voir
que la reconnaissance de ce principe n'est pas

subordonnée aux dispositions de la loi politique, relatives à l'établissement d'une religion de l'État ou de la liberté religieuse.

Il en est de l'indissolubilité du lien conjugal et du divorce, comme de la monogamie ou du mariage *d'un avec une*, comme disent nos anciens auteurs, et de la polygamie. Il doit être statué sur, ces choses par la loi civile, dans le sens le plus conforme à la nature de l'engagement et à l'intérêt de la société; mais elles ne peuvent coexister, sans de graves inconvénients pour l'unité nationale, dans une même cité. Admettre sur ce point des disciplines diverses, c'est créer dans l'État autant d'États ou de sociétés civiles, qu'il renferme de sectes différentes, et non-seulement des sociétés distinctes, mais opposées, puisque la constitution de la famille, qui en est l'élément, serait précisément régi, chez chacune d'elles, par les dogmes religieux qui les séparent. En tolérant tacitement, entre les non-catholiques, le divorce qu'ils prohibent entre les catholiques, les rédacteurs du code sarde font descendre l'union conjugale au-dessous des autres contrats civils, dont la loi règle la forme d'une manière invariable. Pour maintenir le mariage dans l'Église, ils le mettent hors de la société et de la loi. Ce n'était pas ainsi que Napoléon l'entendait. Lorsqu'il accordait aux Juifs l'orga-

que comme une exception à la règle, et pour
venir au secours des classes élevées de la société, réduites à des liaisons corruptrices et
avilissantes, ou condamnées au célibat par les
progrès toujours croissants du luxe. Mais il
n'était plus possible, au sein d'une société chrétienne, que l'engagement, par lequel l'homme
dispose de la propriété de soi, fût considéré
comme d'une nature inférieure aux autres contrats civils, et ne fût pas soumis à des formes
obligatoires.

Parmi les peuples qui se partagèrent la succession du peuple romain, les lois vivantes et
la hiérarchie du christianisme qu'ils avaient embrassé, durent l'emporter sur les lois et les
magistratures romaines, déchues avec l'empire
romain. Aussi une grande partie des fonctions
civiles et politiques furent-elles attribuées au
sacerdoce chrétien; c'est ainsi qu'il se trouva
chargé de constater les mariages, et que la bé-
nédiction du prêtre devint le signe de son accomplissement.

Mais à mesure que l'ignorance se dissipa et
que les progrès de la civilisation débrouillèrent
le chaos du moyen-âge, on apprit à distinguer,
dans le sacerdoce, les fonctions qu'il exerçait
de son chef, de celles qu'il exerçait par délégation de la puissance publique. Ainsi ce fut

des conjoints, l'autorisation nécessaire des ascendants, doivent être reçus et constatés par un
ministre de la puissance publique.

A Rome, sous l'empire des lois pappiennes,
la nature, l'origine et la destination du mariage
furent méconnues. Ces lois permirent qu'on en
fit résulter la preuve d'une simple présomption.
On dirait que le législateur avait dédaigné d'accorder l'authenticité à un engagement que chacune des parties pouvait rompre selon son caprice : le concubinage ainsi régularisé obtint des
effets civils. Cette ombre de mariage n'avait pas
besoin de magistrats pour le consacrer : c'était
une habitude plutôt qu'un état. On le prouvait
comme on prouvait l'usage et la possession.

Sous l'empire des austères doctrines introduites par le christianisme, ces sortes d'unions
cessèrent d'être avouées par les lois. Depuis la
réforme, elles recommencèrent à se montrer
publiquement en Allemagne, sous la dénomination de *demi-mariages*, plutôt tolérées par les
nouveaux docteurs qu'approuvées par la loi.

A la fin du dernier siècle, le *Code général
des Etats prussiens* leur a rendu, pour la première fois dans nos temps modernes, une
existence politique et légale. Toutefois il ne les
admit, sous le nom de *mariages de la main
gauche* et dans l'intérêt des mœurs et de l'État,

mariages des religionnaires seraient célébrés devant le principal officier de justice du lieu, et seulement à de certains jours qui seraient déterminés par l'intendant. Un siècle plus tard, la tolérance s'appropria une mesure inspirée par l'esprit d'intolérance et de persécution, et dans l'édit du mois de novembre 1787, Louis XVI consacra le premier la formule sacramentelle du mariage civil, telle qu'elle a été reproduite dans les lois de l'assemblée constituante et dans le code civil : « Les futurs époux, porte l'art. 18 » de cet édit, se présenteront à leur gré devant » le curé ou devant le premier officier de jus- » tice du lieu. Il recevra leur déclaration, et il » prononcera, *au nom de la loi,* qu'ils sont » unis en légitime et *indissoluble* mariage. »

Et remarquons en passant combien une pareille disposition était supérieure à celles du code sarde. Elle conservait les droits imprescriptibles de la société que ce code abandonne : elle maintenait, indépendante de tout dogme religieux, et à l'abri des variations des théologiens et des controversistes, la nature et l'essence même du mariage.

Mais remarquons, à cette occasion, que si les formes religieuses imposées au mariage firent, en d'autres temps, confisquer les matières matrimoniales au profit de la juridiction ecclésiastique, et considérer le mariage même comme un acte purement religieux, de nos jours, les formes civiles dont il a été revêtu sont, à leur tour, devenues la source de nouvelles erreurs. On en a conclu qu'il dépendait du législateur qui avait réglé ces formes d'altérer la substance de l'engagement, et de le soumettre à des conditions résolutoires que la nature des choses ne comporte pas. On a supposé que l'indissolubilité du mariage ne dérivait que d'un dogme religieux, et l'autorité de ce dogme une fois écartée par la sécularisation des matières civiles, on s'est empressé de réclamer l'abolition de la conséquence qu'on prétendait en avoir été tirée au préjudice de la liberté naturelle.

Mais nous venons de voir que le législateur de 1787, en autorisant en France le mariage de personnes non-catholiques appartenant à des communions qui n'admettaient pas le sacrement de mariage, ni l'indissolubilité du mariage comme dogme religieux, proclamait l'indissolubilité de l'union conjugale. S'il érigeait cette indissolubilité en précepte de la loi civile, ce n'était donc pas à cause de la croyance des parties contractantes, mais par des considérations d'un autre ordre, et ces considérations, à la fin du XVIII⁰ siècle, n'étaient pas tirées de la nécessité de faire prévaloir un dogme religieux et l'autorité de l'Eglise

Ce que nous venons de dire de la mort civile nous conduit naturellement aux dispositions relatives au mariage.

Dans le code sarde, le titre du mariage commence par un chapitre qui traite des *fiançailles*, c'est le juge ecclésiastique qui prononce sur leur validité.

Dans le nord de l'Europe, les fiançailles précèdent quelquefois de plusieurs années l'union conjugale. Cependant elles n'y ont pas partout un caractère légal ni même religieux. Dans plusieurs contrées, elles ne sont qu'un usage domestique, mais cet usage a la force d'une institution ; il est aussi puissant et plus favorable aux bonnes mœurs qu'aucune loi. Le temps qui s'écoule entre cette promesse solennelle de se donner l'un à l'autre, et le mariage, est un temps d'épreuve et de bonheur, de désir et d'espérance. En faisant des fiançailles une institution civile, il semble que les lois prennent cette fois en considération l'union conjugale, dans ses rapports avec le contentement des époux et la félicité intérieure du ménage ; qu'elles aient voulu que l'amour, à l'état d'engagement libre mais publiquement avoué, précédât le mariage, pour qu'on fût plus sûr qu'il le suivrait ; que les futurs époux apprissent, durant une longue et préalable fréquentation, dépouiller les peines qui subsistent de cette sorte d'appareil moral qui les entoure encore, et qui, en portant dans les esprits une salutaire terreur, les rend plus réprimantes sans dommage pour l'humanité? Lorsque tant de voix réclament l'abolition de la peine de mort, quand chaque jour par le bénéfice de nos lois nouvelles, la société se félicite de voir son application devenir plus rare, serait-il donc sans avantage d'en conserver l'image dans un moyen de répression, qui, quoique non sanglant, pourrait n'être pas moins exemplaire que ne l'est le dernier supplice? Faut-il rappeler comment, à une époque bien rapprochée de nous, ce fut par l'application opportune de la peine de la mort civile que se dénoua un grand drame politique et judiciaire, né de notre dernière révolution, et dont les graves complications menaçaient à la fois la tranquillité et l'honneur du pays? A peine à cette époque la satisfaction accordée à l'opinion populaire paraissait-elle suffisante. Qui pourrait tempérer aujourd'hui les regrets qu'éprouverait la France, lorsqu'elle applaudit à la rémission de la peine prononcée et au bienfait de l'amnistie, si cette peine, qu'on juge aujourd'hui si rigoureuse, ne se fût inscrite dans nos codes, pour être secourablement substituée à la peine du sang?

bonnes mœurs et compatibles avec le maintien de l'ordre public, et alors elle est établie, reconnue ou tolérée dans l'État.

Dans la première supposition, ce n'est point par des restrictions à la jouissance des droits civils que le législateur doit procéder : si une telle religion ne se produit point au dehors, il n'a point à s'en enquérir : ses adhérents échappent à toute responsabilité légale, tant qu'elle demeure renfermée dans le sanctuaire impénétrable de la conscience; et c'est sous l'empire des lois de police et de sûreté que tombent leurs actes, s'ils s'en permettent qui aient quelque caractère de publicité.

Dans la seconde hypothèse, au contraire, les diverses religions auxquelles l'État accorde le droit de bourgeoisie sont, à ses yeux, autant de mutuelles et salutaires garanties que se donnent les membres de la cité de leur fidélité à remplir leurs engagements ou à accomplir leurs devoirs; autant d'utiles, ou au moins d'innocents moyens d'exercer l'instinct religieux et de développer le sentiment moral des hommes. Alors, en autorisant l'exercice public de leur culte, le législateur assure à tous le libre et licite usage d'un droit qui compète également à chacun.

Sur quel fondement la loi établirait-elle donc

entre les enfants d'une même patrie quelques différences civiles ou politiques à raison de la diversité des cultes? Loin de le commander, la nature des choses s'y refuse. La cité est l'union des citoyens : elle a pour objet d'assurer l'état des hommes, la perpétuité et la reproduction des familles, la jouissance des biens et les différentes manières de les transmettre. La communion religieuse est la société des fidèles ou des croyants : elle a pour objets la tradition et la propagation de la foi, l'exercice du culte et la pratique des préceptes religieux. Or, il n'existe aucun rapport nécessaire entre ces deux ordres de choses. Il y a plus : une différence radicale les sépare. Les relations de naissance, de famille, de patrie, la communauté de pays et d'origine, sont les fondements des droits civils. Non-seulement aucun de ces rapports n'est l'élément nécessaire de la confraternité religieuse, mais de sa nature, la religion est destinée à l'universalité des hommes. Il n'y a point d'étrangers pour elle : elle efface toutes les distinctions, elle confond toutes les races, elle est la patrie commune et mystique de tous ceux qui l'adoptent et s'y affilient.

Lors même que la constitution proclame une religion de l'État ou fonde une religion dominante, s'il n'est pas défendu aux hommes d'un culte différent de résider dans le pays, on a peine à comprendre pour quelle raison tirée de la nature de leur croyance, le législateur pourrait les priver de la jouissance des droits civils. En effet, l'exercice de ces droits, entièrement étranger aux matières religieuses, est inhérent, pour la plus grande partie, aux qualités naturelles de fils, d'époux, de père, de parent et d'allié ; et qui ne sait que les diverses capacités de prêter, d'emprunter, de cautionner, de donner, d'accepter, de posséder, de louer, d'engager, de vendre, d'acquérir, de transiger, d'*ester* en justice, d'être tuteur, curateur, conseil judiciaire, mandataire, témoin, ne dépendent, pour l'ordinaire, que de l'âge des personnes, de leurs relations de famille, et de l'état plus ou moins sain de leur entendement, ou plus ou moins libre de leur volonté ?

Pour être séparé de la société religieuse, qui a le privilége exclusif du culte public, l'homme qui appartient à une autre religion ne saurait être retranché sans injustice de la grande société civile, qui porte dans son sein tous les hommes qui habitent le territoire et les diverses sociétés religieuses qui y sont tolérées. Faire rejaillir sur lui, dans l'ordre civil, l'inégalité qui règne entre celles-ci dans l'ordre politique, ce serait punir le dissident de n'avoir point de part aux faveurs réservées à une autre religion que la sienne. On comprend difficilement le triomphe d'une telle erreur; mais puisqu'elle triomphe, il ne faut pas se lasser de la combattre. L'intérêt religieux le commande non moins que le droit naturel. La religion chrétienne surtout, cette miséricordieuse consolatrice des opprimés, ne doit jamais devenir un instrument de dommage et d'oppression. Par la foi qu'elle inspire, elle vient naturellement au secours des lois. Les lois, par lesquelles on prétend venir à son aide, sont des lois de doute qui l'offensent et ne peuvent rien pour elle.

Dans l'ordre d'idées qu'ont adopté les rédacteurs du code sarde, il n'y a qu'un seul système à suivre; c'est celui de la législation française postérieure à la révocation de l'édit de Nantes. On peut le juger par ses fruits. En faisant triompher contre la vérité cette fiction légale, qu'il n'y avait que des catholiques en France, il produisit cet effet, que le christianisme même d'un grand nombre de Français ne fut bientôt plus qu'une fiction.

Nous avons déjà fait remarquer que les rédacteurs du code sarde cherchaient à s'abstenir de tout ce qui touche au droit politique; ils y sont ramenés malgré eux au chapitre *de la Privation des droits civils*. Il était impossible qu'il en fût autrement, car dans la plupart des cas, c'est par l'abdication ou la modification, soit volontaire, soit judiciaire, de l'état politique, que la privation des droits civils est encourue.

Ici le code sarde emprunte de sévères dispositions à cette partie de la législation impériale, qui a eu pour objet de compléter les dispositions de l'acte des constitutions du 28 frimaire an VIII et du code civil, en statuant sur *l'abandon de la patrie, considéré relativement au droit politique et à l'ordre général de l'Etat;* ce sont les propres termes du préambule d'un des décrets impériaux de 1809 et de 1811. Ces dispositions, qui ne trouvent place que dans les recueils de nos lois pénales, les rédacteurs du code sarde les ont fait passer dans le code des lois civiles. Il les aggravent, en prononçant des incapacités de plein droit et en excitant l'intérêt privé à provoquer des rigueurs, souvent périlleuses et toujours immorales, lorsqu'elles tournent au profit de quelques-uns, et qui d'ailleurs ne peuvent être justifiées qu'autant que l'intérêt général les commande, et qu'elles sont requises, au nom de la loi, par les magistrats auxquels est confié le soin de la vindicte publique.

Voici l'économie des deux législations :

Suivant la loi française,

Le Français naturalisé en pays étranger, sans

autorisation, perd d'une manière absolue la qualité de Français, et demeure privé de l'exercice des droits civils.

Aucun Français ne peut accepter de fonctions publiques, conférées par un gouvernement étranger, ou prendre du service militaire chez l'étranger, sans l'autorisation du gouvernement, à peine de perdre la qualité de Français et d'être privé de l'exercice de ses droits civils.

Tout Français naturalisé en pays étranger, ou y exerçant des fonctions publiques, ou qui est engagé dans un service militaire étranger, avec ou sans autorisation du gouvernement, ou se trouvant momentanément établi dans l'étranger, peut être rappelé par une ordonnance nominative promulguée dans les formes établies pour la publication des lois.

Tout Français au service militaire d'une puissance étrangère, avec ou sans autorisation, doit quitter ce service au moment où les hostilités commencent entre cette puissance et la France, qu'il soit ou non rappelé.

Les biens de tout Français rappelé, et qui n'obéit pas à la loi du rappel, ou qui, sans être rappelé, ne quitte pas le service militaire d'une puissance en guerre avec la France, sont provisoirement séquestrés. Avant la charte, ils étaient confisqués après la condamnation du

contrevenant à la mort naturelle ou simplement à la mort civile, selon l'exigence des
cas (1).

Nous aurons lieu de revenir, tout-à-l'heure,
sur cette singulière disposition.

Le code sarde contient, sur la naturalisation
en pays étranger, les mêmes dispositions que le
décret impérial du 26 août 1811. Le sujet du
roi de Sardaigne ne perd la jouissance complète
des droits civils qu'au cas où il se fait naturaliser
en pays étranger, sans l'autorisation de son souverain. S'il obtient cette autorisation, il conserve dans sa patrie d'origine le droit de succéder et de tester.

Celui qui, sans autorisation du roi, prend du
service militaire ou accepte des fonctions publiques d'un autre gouvernement, perd la jouissance des droits civils.

Les sujets sardes, naturalisés en pays étranger sans autorisation, ou entrés au service militaire d'une puissance étrangère, avec ou sans
autorisation, ou enfin établis en pays étranger,
doivent rentrer dans les États du roi de Sardaigne, lorsqu'ils sont rappelés individuellement,
ou par une proclamation générale.

(1) Acte des constitutions du 28 frimaire an VIII, art
4. C. civ., art. 17. Décret du 6 avril 1809. Décret du
26 août 1811.

Ceux qui ne sont pas rentrés à l'époque indiquée, perdent le droit de posséder, d'acquérir
et de disposer; leurs biens sont séquestrés, et
leurs parents successibles peuvent en requérir et
en obtenir l'envoi en possession.

La femme et les enfants de l'homme ainsi
dépossédé de ses biens et de ses droits encourent
la même peine, si trois ans après la mort de leur
mari ou de leur père, ou trois ans après leur
majorité, advenue après la mort de celui-ci, ils
ne rentrent dans leur patrie (1).

La trahison et la félonie sont des crimes
graves sans doute. A Dieu ne plaise que nous
cherchions à affaiblir ce sentiment inné qui condamne tout homme assez dénaturé pour porter
les armes contre son pays, ou pour déserter
volontairement la cause nationale au jour du
danger! On doit l'obéissance et le respect aux
lois qui vengent la nature et la société outra-
gées. Mais en matière criminelle, et surtout quand
il s'agit de crimes politiques, il nous semble que
le législateur doit s'abstenir de frapper celui qui
n'est encore que prévenu, comme en toute matière il doit se garder soigneusement d'ouvrir la
succession d'un homme vivant, sans jugement
préalable.

(1) Code sarde, liv. 1, tit. 1, chap. 2.

La loi répartit les pertes causées par la privation ou la diminution des eaux comme elle a réparti la jouissance. Elle déclare la responsabilité encourue par ceux qui les ont causées, et détermine les réparations qui en sont la conséquence. Elle ne laisse sans dédommagement aucun préjudice provenant du fait de l'homme, et atténue en les répartissant entre plusieurs, les dommages causés par les intempéries.

Averti par la nature du terrain et par la nature du climat, le législateur sarde, dans cette partie de son travail, a toujours en vue trois intérêts principaux : l'utile distribution des eaux lorsqu'elles sont abondantes, leur épuisement lorsqu'elles surabondent et vicient, enfin, leur conservation et leur épargne lorsqu'elles sont rares et que le sol est aride. Aussi les dispositions relatives au droit d'aqueduc sont-elles déclarées applicables quand le propriétaire d'un fonds marécageux veut le dessécher par atterrissement. La loi va plus loin : elle prévoit les contestations qui peuvent s'élever à l'occasion de travaux de cette nature, et elle prescrit aux tribunaux d'avoir égard, en y statuant, non-seulement aux droits des opposants, mais à l'usage qu'ils font actuellement des eaux dont ils seraient privés par le dessé-

chement, et de concilier ce qu'exige la salubrité et ce que réclame l'agriculture.

Ce système est complété par une série de
dispositions spéciales sur l'ouverture des sources,
l'établissement des réservoirs destinés à recueillir les *surgeons d'eau*, la construction des fontaines, des aqueducs et des canaux d'irrigation.
Les obligations que contractent ceux qui se li-
vrent à ces utiles travaux sont définies, et le
législateur veille avec une constance presque
minutieuse à ce que *les eaux* ne soient point
détournées *de l'usage auquel elles ont été ou
doivent être destinées*.

Des règles sont prescrites pour l'entretien et
la réparation des rives et des digues qui bor-
dent ou contiennent les eaux courantes. Le
maintien et le rétablissement de ces moyens
de défense et de conservation n'est point exclusivement abandonné à celui qui doit naturellement en supporter la charge. Comme ils
importent à plusieurs, le droit d'y pourvoir est
conféré à toutes les parties intéressées. Celui
dont l'héritage est actuellement endommagé,
ou en danger imminent de l'être, par la détérioration ou la ruine de ces digues et de ces
rives, peut les faire réparer aux frais du propriétaire négligent qui a mis les riverains en
péril par son incurie. La dépense occasionnée

par les travaux exécutés, est ultérieurement répartie entre tous ceux auxquels ces travaux profitent.

La servitude de prise d'eau est mise au rang des servitudes continues et apparentes. Par une disposition favorable à la franchise des patrimoines, elle est prescriptible, si elle n'a été exercée sans interruption, et si elle ne l'est actuellement, nonobstant tout vestige ou toute trace des ouvrages anciennement construits pour en user.

Les causes de la supériorité de nos voisins, dans cette partie de la législation, sont anciennes, elles sont inhérentes à la configuration du sol, à la nature du terrain et du climat, aux habitudes des peuples. Les eaux abondent dans cette belle Italie que circonscrivent les Alpes, l'Apennin et la mer. Ces montagnes, couronnées de glaces et de neiges, sont comme d'éternels réservoirs d'où découlent ce grand nombres de fleuves, de rivières et de torrents qui sillonnent en tous sens ses riches campagnes. Dans la haute Italie surtout, la fonte des neiges pendant l'été alimente une multitude de sources. Le besoin de diriger ces eaux, de les contenir, de s'en ménager la jouissance et l'utile usage, de se préserver des suites funestes de leur débordement où de leur stagna-

tion, a dû s'y faire sentir de bonne heure :
il est naturellement devenu l'objet des méditations sérieuses des hommes d'Etat comme des
physiciens, des ingénieurs et des architectes.

L'agriculture fut, avec l'art de la guerre, le
talent du peuple romain (1). Avant la corrup-
tion de la république, les laboureurs y étaient
soldats, et les soldats laboureurs; aussi la domination romaine se montra-t-elle partout favorable à l'agriculture. Si la grandeur de Rome
éclate surtout dans ses monuments, presque
tous consacrés à l'utilité publique, entre tous
on distingue, en premier ordre, les ouvrages
destinés à la conservation et à la conduite des
eaux, les barrages, les réservoirs, les citernes,
les aqueducs.

Sans rappeler les magnifiques ruines qui en
gardent le souvenir en tant de lieux différents;
encore aujourd'hui la tradition populaire fait
remonter jusqu'aux Romains, partout où ils
ont porté leurs pas, l'origine immémoriale des
bienfaits encore subsistants, procurés par des
ouvrages de cette nature. C'est ainsi qu'en Ca-

(1) Chez un peuple le talent se nomme esprit comme
l'art de la guerre et l'agriculture chez les Romains. Montesquieu, *Essai sur le goût*, t. V, p. 483 de ses œuvres.
In-8°, Paris, 1788.

talogne, les annalistes et les chroniqueurs, échos sans critique de l'opinion vulgaire, attribuent tantôt à Sertorius, tantôt à Pompée, son vainqueur (1), peut-être en haine des Maures, la richesse que l'arrosage répand sur le *corregiment* de *Manreza*, et désignent le beau canal qui joint le Slobregat et le Cardener, comme une œuvre de leur sagesse et de leur puissance. Au reste, le midi de la France ne témoigne pas moins que l'Espagne de la préoccupation des Romains pour tout ce qui concernait le régime des eaux. Ce n'était qu'une application aux provinces du système qu'ils avaient pratiqué en Italie. C'est principalement dans l'Italie supérieure, forcée de tout temps à se défendre des irruptions du Pô et des torrents qui y affluent, que les preuves matérielles de ces faits sont accumulées.

L'Italie moderne a conservé fidèlement ces traditions de l'antiquité. De nouveaux canaux remedièrent bientôt à la destruction des anciens. Les écluses à sas furent inventées. Des ingénieurs de Viterbe les mirent en usage pour la première fois près de Padoue. Le célèbre Léonard de Vinci, non moins habile ingénieur

---

(1) M. Jaubert de Passa, *loc. cit.*, t. I, part. I, chap. VI, p, 62-64.

que grand peintre, car dans ce siècle, il était rare que le génie, captivé par un seul art, se contentât d'une seule gloire, profita de cette découverte pour opérer la jonction des deux canaux de Milan. A l'aide de cette belle invention, les lignes de navigation ouvertes par les canaux de Bologne et de Modène furent prolongées. Elle donna naissance en même temps à ce vaste système de canalisation que l'on admirait déjà, il y a plusieurs siècles, dans l'État de Venise.

La Lombardie et le Piémont ne restèrent point en arrière. En Lombardie, d'immenses prairies fréquemment submergées, des rizières toujours inondées, attirèrent en particulier l'attention du législateur. Sa sollicitude s'étendit sur le trop *plein* de ces eaux, superflues en ces lieux, mais plus loin si nécessaires, et il en assura la réversibilité aux fonds inférieurs qui ne peuvent en profiter que de *seconde main*, après qu'elles s'échappent des terrains qu'elles ont profondément imbibés. Il était naturel que, dans la patrie de la science et de l'art hydraulique, la législation des eaux parvînt à un assez haut degré de perfection.

Les rédacteurs du code sarde avaient donc à leur disposition de riches matériaux : ils ont su les mettre en œuvre. Ici notre infériorité est évidente.

Après avoir fait connaître en quel cas les
eaux courantes font partie du domaine public,
notre Code civil ne déclare même pas expressément, comme les lois romaines, que les eaux
dont le cours est continu, forment une sorte
de propriété publique, commune à tous les
riverains. Il ne définit point le droit qu'il reconnaît à ceux-ci d'user de l'eau courante qui
borde leurs héritages. Il ne protége pas suffisamment les droits des villes et des communautés d'habitants sur les eaux nécessaires à
leur usage : il n'en établit pas même nette-
ment l'inaliénabilité. De là, les efforts journellement tentés devant nos tribunaux pour assimiler ou pour réduire ce droit aux étroites
proportions d'un simple droit de servitude, et
de subordonner sa conservation aux conditions
qui préservent de la prescription les servitudes
continues et apparentes.

Si le code admet, comme la loi romaine,
la nécessité d'un règlement de répartition,
toutes les fois qu'un cours d'eau est utile à
tous les riverains, ou à plusieurs d'entre eux,
il laisse flotter le pouvoir réglementaire, ce
pouvoir semi-législatif, entre l'administration et
les tribunaux, et l'abandonne, en quelque
sorte, au plus diligent. En effet, quelque limitée que puisse être l'autorité d'un simple ju-

gement, sorte de loi privée qui ne vaut qu'entre les parties litigantes, ce jugement ne constitue pas moins, à l'égard de celles-ci, en matière de cours d'eau, un véritable réglement. Il serait au moins à désirer que l'administration ne negligeât pas si souvent, en cette matière, son droit et ses devoirs, et qu'elle assignât par un règlement spécial à chaque cours d'eau de quelque importance son régime particulier. Nous vivons dans un temps où il est utile et convenable que l'autorité publique, qui intervenait autrefois en toutes choses dans l'intérêt du privilége, de la fiscalité ou de la police, s'interpose quelquefois, par voie de tutelle et d'arbitrage, pour régler, entre citoyens égaux, l'usage commun de ces choses qui, n'étant dans le domaine de personne, doivent servir à l'utilité de tous. Le rappel à l'égalité proportionnelle n'est pas moins nécessaire pour les bienfaits de la nature que pour les charges qu'impose la société.

Nous pourrions emprunter à nos voisins d'utiles institutions. Il semble que ce soit une idée naturelle de réunir en association ou en communauté ceux que des intérêts communs rapprochent, et qui possèdent soit une part indivise dans la propriété, soit une part proportionnelle dans la possession d'une même chose.

Ainsi coalisés pour la défense commune, les riverains d'un torrent, d'un ruisseau, d'une rivière, d'un fleuve, se garantissent mutuellement les avantages de l'irrigation nécessaire à leurs héritages, ou se préservent des dommages dont ils sont menacés par l'invasion des eaux. Grâces à ce contrat d'assurance, les canaux et les digues sont entretenus avec diligence, les eaux distribuées avec équité, contenues avec prévoyance, ou repoussées avec énergie. Tel est le principe qui a présidé à la formation des *polders*, sorte d'associations connues en Belgique, et qui, après avoir laborieusement conquis sur les eaux de vastes territoires, veillent assidûment au maintien des travaux d'endiguement qui les protégent. C'est lui qui a dicté en Espagne, et spécialement dans le royaume de Valence, l'organisation de ces *gremios* ou corporations de cultivateurs, constituées pour veiller à la conservation des *acequias* ou canaux d'arrosage, distribuer les eaux entre les arrosants, et réprimer les *vols d'eau* et les autres atteintes portées à la plus précieuse des propriétés sous un ciel brûlant. L'établissement de ces confédérations agricoles a suffi, dans la Catalogne, pour améliorer les terrains les plus ingrats, et pour amener la plus heureuse réforme dans les mœurs d'une

ville et de tout son territoire. Sur les roches
fertilisées de Benicarlo, de nombreuses rigoles
épanchent une eau vivifiante sur une mince
couche de terre, et la recouvrent de la plus
luxuriante végétation. Tous les fruits, presque
tous les grains y croissent. Cette florissante agriculture anime et enrichit tout ce qui l'entoure.
Depuis la guerre de la succession, les villes
de Vinarozet, de Benicarlo, ont vu quadrupler
le nombre de leurs habitants. Plus loin, la
ville de Castellon comptait dans ses murs neuf
juntes ou tribunaux de répression. Chacune
d'elles jugeait annuellement de deux cents à
quatre cents délits ruraux. Depuis l'établissement des *gremios*, une seule junte a suffi; et
en 1819, dans l'espace d'une année, elle n'a-
vait statué que sur cent cinquante délits. Nous
citons ces exemples entre beaucoup d'autres.

De pareils résultats méritent notre attention.
On pourrait transporter en France, avec les
modifications qu'y commanderaient nos lois et
nos mœurs, le principe de l'administration et
de la protection des intérêts communs par les
parties intéressées elles-mêmes. Il ne serait pas
impossible d'y syndiquer les riverains des cours
d'eau naturels, comme on a déjà formé des
compagnies d'arrosants pour l'entretien des
fosses d'irrigation dans celles de nos provinces

où l'agriculture n'est pas privée de son premier
et principal agent. Le conseil d'Etat, sous l'empire, avait rédigé des règlements d'administration publique pour les polders du nord. Dans
le midi, il existe des corps d'arrosants. Il con-
viendrait d'étudier ces faits et ces règlements.
On pourrait peut-être généraliser quelques-unes
de leurs dispositions, et varier les autres selon
le besoin. Il faudrait, en un mot, tâcher de
réunir et de diriger vers un but d'utilité commune, des forces que l'isolement condamne à
l'inertie, qui se choquent et s'entremêlent quand
elles sont mises en mouvement sans accord
préalable, ou qui se neutralisent et s'annihilent
quand elles ne sont mues que par une rivalité
aveugle. Nous devons nous borner à ces rapides indications.

Des importations ou des emprunts d'une
autre nature ne seraient pas moins désirables;
il serait salutaire d'encourager l'établissement
de réservoirs pour la réunion et la conservation
des sources ou des *pleurs*. Il le serait plus encore de favoriser dans certaines contrées la
construction des barrages dans les gorges des
montagnes. Les ravins pourraient être ainsi
transformés en châteaux d'eau et les torrents
dévastateurs en utiles bassins d'arrosage. Recueillies dans les lieux élevés et pierreux d'où

elles se précipitent rapidement, sans les avoir fécondés, sur les terres inférieures qu'elles entraînent, les eaux pluviales, dispensées avec épargne, fertiliseraient celles-ci en temps opportun.

Nous avons un commencement de législation sur les desséchements; les travaux entrepris pour la réunion et l'accumulation des eaux qui se perdent, pourraient doter toute une contrée d'un riche capital. Il nous faudrait des lois pour l'encouragement de ces entreprises. Comme autrefois dans les colonies romaines, des lacs artificiels, des étangs, des réservoirs communs, de vastes citernes, construits par des associations de propriétaires, ou même par des associations de communes, ou par des communes et des propriétaires associés, donneraient des moyens assurés de combattre avec succès les sécheresses prolongées, ou de vaincre l'aridité naturelle du sol.

Parmi les établissements les plus remarquables qui sont destinés en Espagne à l'arrosement des terres, on doit distinguer ces grands réservoirs nommés *pantanos*. Il s'en trouve un près d'Alicante qui n'a pas moins d'une lieue de circonférence. La nature l'a creusé en partie entre deux montagnes, qui semblent se réunir pour le fermer d'un côté, tandis que de l'autre une haute muraille de forme elliptique a été construite pour le clore. En quelques endroits sa profondeur est de plus de cinquante pieds. Une multitude de petits ruisseaux et tous les égoûts des montagnes voisinent y versent leurs eaux. Dans la muraille qui lui sert de digue, plusieurs ouvertures répondent à autant de canaux pratiqués à différentes hauteurs sur l'une et l'autre rive de la vallée; ces canaux portent au loin la vie et la fécondité. Indépendamment de l'abondance des produits agricoles dont il enrichit la contrée, le revenu annuel de ce *pantano* est de huit mille piastres (1).

Des ouvrages de cette nature ne sont point sans exemple en France, dans les temps anciens et même dans les temps modernes. Près d'Aix, en Provence, les restes d'un barrage, autrefois pratiqué par les Romains dans un vallon resserré, subsistent encore. Le bassin de rochers vers lequel affluent de toutes parts les égoûts d'une haute montagne, a retenu le nom de mer. Les eaux qui y étaient amassées, épanchées ensuite dans les campagnes, y se-

(1) M. HÉRICART DE THURY; *Rapport sur le concours général de la pratique des arrosages, fait dans la séance publique de la société royale et centrale d'agriculture*, du 14 avril 1822, § 4.

condaient les travaux des cultivateurs. Toujours
dans la même province, à la Cadière, commune de l'arrondissement de Toulon, une col-
line vaste et aride protége les habitants contre
les vents de mer; les eaux pluviales qui s'en
écoulent, réunies dans un immense citerne,
suffisent pendant toute l'année aux besoins
d'une population de plus de deux mille âmes
et alimentent plusieurs fontaines. C'est ainsi
que les Romains avaient su se procurer en
Afrique les eaux abondantes dont leurs habitudes hygiéniques et leur luxe faisaient pour
eux un objet de première nécessité; les ruines
des vastes citernes de Constantine (1) et de
Stora, et le nombre immense des *citernes mo-*
numentales que la vieille Rusicada offre aux
reux, près desquelles celle de Stora ne sont
que de chétifs réservoirs (2), en offrent la
preuve.

Il ne faut pas perdre de vue ce qui se passe
autour de nous. On canalise à la fois et on dé-
boise. Le déboisement appauvrit ou tarit les
sources; la canalisation les détourne.

On a poussé le défrichement jusqu'au som-
met des montagnes. En trop d'endroits la co-

(1) *Le Moniteur universel* du 26 avril 1840, p. 634, col.
2 et 3.

(2 Blanqui, *loc. cit.*, p. 84 et 87

gnée et la destruction atteignent les bois en des lieux jusqu'alors réputés inaccessibles. Il est rare que de verdoyantes forêts recouvrent les flancs des vallées, et presque partout les plaines en sont dépouillées. A la ruine des bois succède celle des buissons, des broussailles, des bruyères et des genêts. Aussi les climats changent de nature, la température s'altère. Les feux de l'été deviennent plus ardents, les rigueurs de l'hiver plus sévères; certaines cultures, jadis faciles, le sont moins ou même deviennent impossibles, et avec elles disparaît plus d'une source de richesses locales. Exhalées d'un sol moite et abrité, les vapeurs, condensées en nuages et retenues par les bois qui couronnaient les montagnes, y retombaient en bruines abondantes ou en pluies douces, lentes, fréquentes, prolongées. Une couche abondante d'humus, ou de spongieux débris de matières végétales, s'imbibait de leurs eaux. D'épais ombrages les préservaient de l'action trop rapide de l'évaporation. Ainsi conservées, elles pénétraient dans les cavités du sol, s'infiltraient dans les flancs des montagnes, avivaient les sources et entretenaient le cours intarissable des ruisseaux. Depuis la ruine des bois les pluies sont devenues rares et violentes. Elles tombent en nappes et s'écoulent avec rapidité. Les terres que ne retiennent plus les profondes racines des arbres, et ce réseau serré d'arbustes ou de plantes qui les enlaçait de toutes parts, sont entraînées par les eaux. Ce n'est pas seulement sans utilité, c'est avec dommage que désormais les eaux du ciel inondent la cime lisse et décharnée des montagnes et les flancs des rochers; détournées de leurs anciennes voies par la violence de leur chute et la célérité de leur fuite, jadis bienfaisantes aux campagnes, elles en deviennent le fléau. Comme elles manquent aux ruisseaux desséchés, elles affluent dans le lit redoutable des torrents, et à mesure que le cours de ceux-ci cesse d'être continu, les ravages de ceux-là deviennent plus fréquents. La même quantité d'eau, une plus grande quelquefois, tombe du ciel chaque année, et la terre demeure d'airain, la sécheresse, n'en désole pas moins le pays.

Ailleurs les sources et les ruisseaux sont détournés de leur destination naturelle pour alimenter les canaux; les prairies et les champs que ces eaux fertilisaient sont en souffrance. Il faut pourvoir à des besoins nouveaux par d'autres dérivations, ou par une répartition économique et même parcimonieuse des eaux, que n'épuisent pas les rigoles, ou qui s'échappent des aqueducs. La nature ne protége que ses

propres œuvres; à mesure que l'homme en dé-
range le plan primitif, il faut qu'il veille lui-
même à la conservation des ouvrages de ses
mains. Il faut encore qu'il se préoccupe de
leurs conséquences et qu'il pourvoie aux nécessités qu'elles entraînent. Sa prévoyance,
toute bornée qu'elle puisse être, doit s'efforcer
à rétablir l'harmonie naturelle troublée par ses
entreprises, et à remédier par les lois civiles,
autant que la chose peut dépendre des forces
humaines, aux désordres qu'entraînent après
eux ses plus utiles travaux comme ses plus in-
sensés caprices. C'est un point de vue qu'il
faut recommander aux législateurs de tous les
temps et surtout à ceux du nôtre.

Ne donnant pas une traduction de la version italienne du code, mais bien le texte officiel français, publié par S. M. le roi de Sardaigne pour la partie de ses états où la langue française est parlée par les regnicoles, nous avons dû laisser subsister toutes les formules de langage, l'orthographe et toutes les acceptions données aux mots employées par le législateur sarde.

CHARLES ALBERT,

PAR LA GRACE DE DIEU,

ROI DE SARDAIGNE, DE CHYPRE ET DE JÉRUSALEM ;

DUC DE SAVOIE, DE GÊNES, DE MONTFERRAT, D'AOSTE, DE CHABLAIS, DE GENEVOIS ET DE PLAISANCE ; PRINCE DE PIÉMONT ET D'ONEILLE ; MARQUIS D'ITALIE, DE SALUCES, D'IVRÉE, DE SUZE, DE CEVA, DU MARO, D'ORISTAN, DE CÉSANE ET DE SAVONE ; COMTE DE MAURIENNE, DE GENÈVE, DE NICE, DE TENDE, DE ROMONT, D'ASTI, D'ALEXANDRIE, DE GOCÉAN, DE NOVARE, DE TORTONE, DE VIGEVANO ET DE BOBBIO ; BARON DE VAUD ET DE FAUCIGNY ; SEIGNEUR DE VERCEIL, DE PIGNEROL, DE TARANTAISE, DE LUMELLINE ET DE LA VALLÉE DE SESIA , ETC , ETC. , ETC.

Une des pensées qui ont le plus vivement excité Notre sollicitude , dès l'époque où Nous sommes monté sur le trône de Nos Ancêtres, a été de faire jouir Nos bien-aimés sujets, des avantages d'une législation uniforme, fixe, complète, et basée sur les doctrines de notre sainte Religion Catholique et sur les maximes fondamentales de la Monarchie. Pour at-

teindre ce but, Nous avons fait réunir en un seul
corps Nos anciennes lois, dont la sagesse a été reconnue, mais qui, éparses dans divers actes législatifs,
n'étaient point en vigueur dans toutes les parties de
Nos États. Après avoir apporté, dans une discussion
d'un intérêt si élevé, la plus grande maturité de réflexion, l'on a modifié quelques dispositions de ces
mêmes lois, et l'on en a introduit de nouvelles.
Maintenant que le Code civil, précédé d'un titre
préliminaire, qui se rattache à l'ensemble de la législation, est achevé, et qu'ainsi une des parties les
plus importantes des travaux que Nous avons ordon-
donnés, est en état de recevoir Notre sanction, Nous
voulons, dans l'intérêt des peuples que la Divine
Providence a confiés à Notre amour et à Notre autorité paternelle, ne pas différer de lui donner force
de loi. C'est pourquoi, par le présent Édit, de Notre
science certaine et autorité Royale, eu sur ce l'avis
de Notre Conseil d'État, Nous avons ordonné et ordonnons ce qui suit :

ART. 1.

Le Code des lois civiles, sanctionné par Nous,
signé de Notre main sur deux exemplaires imprimés,
et contresigné par Notre Garde des sceaux, aura
force de loi dans nos États, à dater du premier janvier mil huit cent trente-huit.

ART. 2.

La publication de ce Code aura lieu par l'envoi à

chaque ville et chef-lieu de commune, d'un exemplaire imprimé, qui sera placé dans la salle du conseil communal, et y restera exposé durant un mois entier, et, chaque jour, pendant six heures, afin que toute personne puisse en prendre connaissance. Ce Code sera en outre inséré dans le recueil des actes de Notre Gouvernement.

Art. 3.

Les deux exemplaires par Nous signés constitueront les textes originaux, et seront déposés dans Nos Archives de Cour.

Nous ordonnons à Nos Sénats et à Notre Chambre des comptes, d'entériner le Code civil par Nous signé, ainsi que le présent Édit, voulant qu'aux copies imprimées à l'imprimerie du Gouvernement foi soit ajoutée comme à l'original; car telle est Notre volonté.

Donné à Turin, le vingt juin, l'an de grâce mil huit cent trente-sept, de Notre Règne le septième.

CHARLES ALBERT.

V. De Pralormo
V. Gallina.
V. Pensa.

BARBAROUX

CODE CIVIL.

——

TITRE PRÉLIMINAIRE.

ARTICLE PREMIER.

La religion Catholique, Apostolique et Romaine est la seule religion de l'État.

2. Le Roi s'honore d'être le protecteur de l'Église, et d'en faire observer les lois, dans toutes les matières qu'il appartient à l'Église de régler.

Les Cours suprêmes veilleront au maintien du plus parfait accord entre l'Église et l'État; et, à cet effet, elles continueront à exercer leur autorité et leur jurisdiction en ce qui concerne les affaires ecclésiastiques, selon l'usage et le droit.

3. Les autres cultes qui existent dans l'État, ne sont que tolérés, conformément aux usages et aux règlemens spéciaux qui les concernent.

4. Le Roi seul a le pouvoir de faire les lois de l'État.

Les lois se font par des Édits ou par des Lettres-Patentes, après l'avis du Conseil d'État.

5. Les Édits et les Lettres-Patentes sont signés par le Roi, contresignés par le Chef de département, qui les porte à la signature, munis du grand sceau

de l'État, et revêtus des *Visa* de deux Chefs de département et du Contrôleur général, conformément aux règlemens sur la matière.

6. Le Grand Chancelier, ou celui qui en fait les fonctions, les autres Chefs de département et le Contrôleur général, avant d'apposer respectivement le grand sceau et le *Visa*, examineront attentivement les Édits et les Lettres-Patentes : s'ils croient y apercevoir quelque inconvénient, ils en référeront au Roi.

7. Les Édits et les Lettres-Patentes devront, avant leur publication, être entérinés ou enregistrés par les Sénats et par la Chambre Royale des comptes, selon la nature des dispositions qui y sont contenues, et suivant ce qui leur sera prescrit. Lorsque ces Cours suprêmes y remarqueront quelque chose qui ne leur paraîtra pas conforme au service du Roi, au bien public, ou aux règles de la justice, elles en suspendront l'entérinement ou l'enregistrement, et feront les remontrances convenables.

8. Les lois seront exécutoires dans chaque ville et commune de l'État, le jour qui suivra immédiatement celui où elles y auront été publiées, à moins qu'elles ne contiennent à cet égard une disposition contraire.

La publication faite dans le chef-lieu où réside l'administration de la ville ou de la commune, rend la loi obligatoire dans tous les lieux qui en dépendent.

9. Les lois seront publiées par exemplaires affichés, à la diligence des Intendants de chaque province.

Les certificats de publication seront immédiatement

transmis par les Intendans aux Avocats généraux et au Procureur général, qui les déposeront aux archives des Sénats et, de la Chambre des comptes.

Les originaux des Édits et des Lettres-Patentes seront déposés aux archives de Cour.

10. Les manifestes et les règlemens qui émaneront des Cours suprêmes, ou des Fonctionnaires publics supérieurs, agissant dans l'ordre de leurs attributions et en exécution des lois, ou en vertu de déterminations Royales non comprises dans l'art. 4, seront également publiés par affiches.

Les certificats de publication de ces manifestes et règlemens seront respectivement transmis aux Avocats généraux, au Procureur général et aux Secrétaires des Fonctionnaires publics ci-dessus désignés.

11. La loi ne dispose que pour l'avenir; elle n'a pas d'effet rétroactif.

12. Les lois de police et de sûreté publique obligent tous ceux qui habitent le territoire.

Les immeubles, même ceux possédés par des étrangers, sont régis par les lois de l'État.

Les lois concernant l'état et la capacité des personnes régissent les sujets, même résidans en pays étranger.

13. On ne peut déroger, par des conventions particulières, aux lois qui intéressent l'ordre public et les bonnes mœurs.

14. Il n'est pas permis, en appliquant la loi, de lui attribuer un autre sens que celui qui résulte de la signification propre des termes, de leur combinaison et de l'intention du législateur.

15. Si une question ne peut être résolue ni par le texte ni par l'esprit de la loi, on aura égard aux cas semblables que les lois auraient spécialement prévus, et aux principes qui servent de fondement à des lois analogues; si néanmoins la question est encore douteuse, on aura recours aux principes généraux du droit, en prenant en considération toutes les circonstances du fait.

16. Le Souverain seul peut interpréter la loi d'une manière généralement obligatoire. Quand les Cours suprêmes croiront que cette interprétation est nécessaire, elles pourront adresser au Roi les remontrances qui leur paraîtront convenables.

Si le Roi juge à propos d'interpréter une loi, cette interprétation sera donnée et publiée dans la forme et suivant le mode prescrits pour les lois.

L'interprétation s'appliquera à tous les cas, même antérieurs, à moins que la loi interprétative ne renferme une disposition contraire.

Cependant elle ne pourra porter aucune atteinte aux choses sur lesquelles il y aurait eu antérieurement transaction ou jugement définitif.

17. Les arrêts ou jugemens n'auront jamais force de loi.

LIVRE PREMIER.

DES PERSONNES.

TITRE PREMIER.

DE LA JOUISSANCE ET DE LA PRIVATION DES DROITS CIVILS.

CHAPITRE PREMIER.

DE LA JOUISSANCE DES DROITS CIVILS.

18. Tout sujet jouit des droits civils, à moins que par son fait il n'en soit déchu.

Les sujets non catholiques en jouissent conformément aux lois, aux règlemens et aux usages qui les concernent.

Il en est de même des juifs.

19. L'enfant né, en pays étranger, d'un père qui jouit, dans les États, des droits civils inhérens à la qualité de sujet, est aussi sujet, et il en exerce tous les droits.

20. L'enfant né, en pays étranger, d'un père qui a perdu la jouissance des droits civils appartenant au sujet, est réputé étranger. Il acquerra cependant la

qualité et les droits de sujet, si, avant l'expiration
de l'année qui suivra l'époque de sa majorité, il déclare, dans le cas où il résiderait dans les États,
qu'il veut y fixer son domicile; et, dans le cas où
il résiderait en pays étranger, qu'il veut rentrer dans
les États et s'y établir d'une manière permanente, et
si, de fait, il y fixe son domicile dans l'année à
compter de l'acte de déclaration. Cette déclaration
sera faite, par l'individu qui se trouve dans les États,
au secrétariat du Sénat; et, hors du territoire, elle
pourra être faite par devant les Ambassadeurs, ou
les Agens diplomatiques ou consulaires du Roi, qui
en transmettront copie à la secrétairerie d'État pour
les affaires étrangères.

21. L'étrangère qui aura épousé un sujet, suivra
la condition de son mari.

22. L'enfant dont le père n'est pas légalement connu, suit la condition de sa mère, soit qu'il naisse,
dans les États, d'une mère étrangère, soit qu'il naisse,
en pays étranger, du mère sujette.

23. Si la mère elle-même n'est pas connue, l'individu né dans les États sera présumé sujet.

24. L'enfant né, dans les États, d'un étranger qui
y a établi son domicile avec l'intention de s'y fixer
à perpétuelle demeure, est considéré comme sujet.

A défaut de preuve contraire, l'intention de se
fixer à perpétuelle demeure sera toujours présumée,
lorsque l'étranger aura conservé son domicile dans les
États, pendant dix années entières et consécutives.

La résidence dans les États, pour affaires de commerce, lors même qu'elle aura été prolongée au delà de dix ans, ne pourra suffire pour faire présumer l'intention de perpétuelle demeure.

25. L'Eglise, les communes, les établissemens publics, les sociétés autorisées par le Roi, et les autres corps moraux sont considérés comme autant de personnes qui jouissent des droits civils sous les modifications portées par les lois.

26. L'étranger qui voudra jouir de tous les droits civils appartenant au sujet, devra fixer son domicile dans les États, obtenir le privilège de la naturalisation, et prêter serment de fidélité au Roi.

A défaut, il ne jouira que de ceux de ces droits qui sont accordés aux sujets du Roi dans l'État auquel appartient cet étranger, sauf les exceptions portées par dès traités ou conventions diplomatiques.

Néanmoins, l'étranger ne pourra jamais invoquer la réciprocité, pour jouir de droits plus étendus, ou autres que ceux dont les sujets jouissent dans les États; et cette réciprocité ne pourra s'appliquer aux cas pour lesquels la loi a spécialement disposé d'une autre manière.

27. Les étrangers qui ne résident pas dans les États, et ceux qui y résident sans avoir obtenu le privilège de la naturalisation, seront inhabiles à succéder aux sujets du Roi, soit *ab intestat*, soit en vertu de dispositions de dernière volonté, à moins que la réciprocité des successions n'ait été établie par des traités passés entre l'État et la Puissance à laquelle ces étrangers appartiennent.

28. Les étrangers ne pourront, sous peine de la nullité du contrat, acquérir, prendre en antichrèse, ou à bail comme fermier ou comme colon partiaire, des biens immeubles dans les États, à une distance moindre de cinq kilomètres des frontières. Les immeubles situés dans ce rayon ne pourront être adjugés à aucun étranger, en payement de ses créances; ils devront toujours être vendus aux enchères, et l'étranger n'aura que le droit de se faire payer sur le prix en provenant. Les dispositions du présent article ne dérogent point aux plus amples prohibitions portées par des lois spéciales, à l'égard de quelques États étrangers.

29. Les étrangers pourront être cités devant les Tribunaux des États, quoiqu'ils n'y aient pas contracté, lorsqu'il s'agira d'actions réelles, possessoires ou hypothécaires, sur des biens situés dans le territoire.

30. Les étrangers qui auront contracté avec un sujet, pourront aussi être cités devant les Tribunaux des États, quoiqu'ils ne s'y trouvent pas, si le contrat y a été passé, ou que leur obligation doive y être exécutée.

31. Les étrangers qui auront contracté en pays étranger avec un sujet, pourront être cités devant les Tribunaux des États, s'ils s'y trouvent. Ils pourront aussi l'être, quoiqu'ils ne s'y trouveraient pas, si, dans leur pays, on en use ainsi envers les étrangers. Dans ce dernier cas, la connaissance de la contestation sera réservée au Sénat dans le ressort duquel le demandeur sera domicilié.

32. L'étranger qui se trouvera dans les États, pourra, à raison des obligations qu'il y aurait contractées avec un autre étranger, être traduit devant les Tribunaux des États.

33. En toutes matières autres que celles de commerce, l'étranger qui sera demandeur, et qui n'aura pas un domicile fixe dans les États, sera tenu de donner caution pour le payement des frais et des dommages-intérêts résultant du procès, à moins qu'il ne possède, dans les États, des immeubles d'une valeur suffisante pour assurer ce payement, ou qu'on n'en use autrement envers les sujets du Roi, dans le pays auquel appartient l'étranger.

CHAPITRE II.

DE LA PRIVATION DES DROITS CIVILS.

34. Le sujet qui obtient des lettres de naturalisation en pays étranger, ou qui s'y établit sans esprit de retour, perd la jouissance des droits civils inhérens à la qualité de sujet.

Il conserve néanmoins personnellement le droit de succéder et de transmettre, même par acte de dernière volonté, lorsque la naturalisation ou l'établissement en pays étranger a eu lieu avec l'autorisation du Roi.

La seule translation de domicile en pays étranger, quelle qu'ait été la durée de ce domicile, ne suffira point pour faire preuve qu'il n'y a pas esprit de retour.

Les établissemens de commerce ne seront jamais considérés comme faits sans esprit de retour.

35. Le sujet qui, sans autorisation du Roi, prend du service dans les armées étrangères, ou accepte des fonctions publiques d'un autre Gouvernement, est assimilé à celui qui, sans autorisation, s'est fait naturaliser à l'étranger : il encourt la perte des mêmes droits, sans préjudice des peines établies par les lois à l'égard des sujets qui portent les armes contre l'État.

36. Les individus mentionnés dans les deux articles précédens, ceux même qui, avec l'autorisation du Roi, auraient pris du service dans les armées étrangères, ou accepté des fonctions publiques d'un autre Gouvernement, devront rentrer dans les États, dans le terme qui leur sera fixé, lorsqu'on leur en intimera l'ordre, soit individuellement, soit au moyen d'une proclamation générale.

Sont seuls exceptés de la disposition du présent article, ceux qui auraient obtenu leur naturalisation en pays étranger avec l'autorisation du Roi.

37. Si les sujets ainsi rappelés ne rentrent pas dans le terme fixé, ils seront privés non-seulement de la jouissance des droits civils inhérens à la qualité de sujet, mais encore du droit de posséder et d'acquérir, à quelque titre que ce puisse être, des biens dans les États, ainsi que du droit d'en disposer : en cas de décès, leur succession s'ouvrira *ab intestat*.

Les biens possédés par les individus qui, après

avoir été rappelés, ne seraient pas rentrés, seront provisoirement séquestrés, et les parens successibles demeurant dans les États, pourront obtenir l'envoi en possession, conformément à l'art. 49, à moins que, pour des motifs de sûreté publique, et afin d'empêcher que les biens de celui qui n'aura point obéi à l'ordre de rentrer, ne soient employés au préjudice de l'État, le Gouvernement ne juge convenable d'ordonner la continuation du séquestre. En ce cas, il sera pourvu, au moyen des revenus, à l'entretien de la femme, des enfans et descendans qui résideront dans les États.

Lorsque, par l'effet d'un empêchement auquel ils n'auraient donné lieu ni par leur fait, ni par leur faute, les individus rappelés comme il est dit ci-dessus, ne seront pas rentrés dans les États au terme fixé, ils pourront être réintégrés dans leurs droits, en justifiant, devant le Sénat dans le ressort duquel ils ont eu leur dernier domicile, des motifs qui les ont empêchés de rentrer. La demande sera faite en contradictoire de l'Avocat général.

58. La femme qui suivra son mari, les enfans nés sujets du Roi, qui suivront leur père à l'étranger, dans les cas prévus ci-dessus, conserveront la jouissance des droits civils pendant la vie de leur mari et père, et même pendant trois ans après son décès, ou après leur majorité, s'ils n'y parviennent que depuis ce décès; mais si, à l'expiration de ce terme, ils ne sont pas rentrés dans les États, ils seront soumis aux dispositions des articles précédens,

sans préjudice toutefois des obligations qui leur sont imposées par les lois sur la levée militaire.

39. Le sujet qui aura perdu la jouissance des droits civils, pourra être admis à la recouvrer, si, rentrant dans les États avec l'autorisation du Roi, il déclare, dans la forme prescrite par l'art. 20, qu'il veut s'y fixer, et s'il y établit en effet son domicile dans l'année à compter de l'autorisation qu'il aura obtenue.

40. La femme sujette qui épouse un étranger, suit la condition de son mari.

Si elle devient veuve, elle recouvre les droits civils inhérens à la qualité de sujet, pourvu qu'elle réside dans les États, ou qu'elle y rentre avec l'autorisation du Roi, et s'y établisse réellement dans l'année à compter de cette autorisation.

41. Ceux qui, dans les cas prévus par les art. 20, 39 et 40, auront acquis ou recouvré les droits civils inhérens à la qualité de sujet, ne pourront s'en prévaloir qu'après avoir rempli les conditions qui leur sont imposées par ces articles, et seulement pour l'exercice des droits ouverts à leur profit depuis cette époque.

42. Les étrangers qui auront obtenu le bénéfice de la naturalisation, en seront déchus, si leur absence des États se prolonge au delà d'une année, sans la permission du Roi.

43. La perte des droits civils ou de leur jouissance a également lieu en vertu de condamnations pénales, mais seulement de la manière et dans les cas déterminés par la loi.

44. Le condamné à la peine de mort est privé des droits suivans :

Il perd la possession et la jouissance de tous ses biens, et il ne peut en aucune manière en disposer;

Il ne peut succéder;

Il ne peut acquérir ni par donation entre-vifs, ni par testament, si ce n'est pour cause d'alimens;

Il ne peut disposer ni par donation entre-vifs, ni par acte de dernière volonté, des biens qu'il aurait acquis par la suite;

Il ne peut exercer les droits de la puissance paternelle, ni donner son autorisation ou son consentement aux actes qui concernent l'intérêt de sa femme;

Il ne peut être nommé tuteur ni curateur, ni concourir aux opérations relatives à la tutelle ou à la curatelle;

Il ne peut être témoin dans un acte public, ni être admis à porter un témoignage assermenté;

Il ne peut procéder en justice, ni en demandant, ni en défendant, que sous le nom et par le ministère d'un curateur nommé par le Tribunal où l'action est portée.

45. Les autres peines auxquelles est attachée la perte, en tout ou en partie, des droits mentionnés en l'article précédent, sont déterminées par les lois pénales.

46. Les condamnations contradictoires emportent la perte de ses droits, du moment de leur notification au condamné, s'il est détenu, et, s'il ne l'est pas, du moment de la publication du jugement.

47. Dans le cas d'exécution de la peine de mort, la succession du condamné est dévolue aux héritiers appelés par la loi à lui succéder *ab intestat*, au moment de l'exécution, et les dispositions de dernière volonté qu'il aurait faites antérieurement, demeurent sans effet.

48. Si la condamnation contradictoire à la peine de mort ne peut être exécutée, les biens que le condamné possédait lors de la notification ou de la publication du jugement, seront administrés et ses droits seront exercés de la même manière que ceux des absens, à moins qu'il ne soit soumis à la puissance paternelle. Il en sera de même dans tous les cas de condamnation contradictoire à d'autres peines emportant privation des droits mentionnés en l'art. 44.

49. Les héritiers légitimes du condamné, à l'époque de la notification ou de la publication mentionnée ci-dessus, pourront, dans les cas prévus par l'article précédent, se faire immédiatement envoyer en possession provisoire de ses biens, dont tous les fruits leur appartiendront.

Cependant ceux qui, par la suite, seraient habiles à exclure les héritiers envoyés en possession, ou à concourir avec eux, pourront obtenir l'envoi en possession provisoire, après avoir justifié, en contradictoire de ces derniers, que le condamné était vivant à l'époque où leur droit a été acquis, sans qu'ils puissent néanmoins prétendre à la restitution des fruits perçus par les précédens administrateurs.

Ces administrateurs seront d'ailleurs soumis à toutes les charges et obligations imposées par la loi à ceux qui auront obtenu l'envoi en possession provisoire des biens d'un absent.

50. L'époux du condamné, indépendamment de la part de succession à laquelle il peut avoir droit, conformément à ce qui est réglé au titre *des Successions ab intestat*, pourra obtenir la séparation des droits résultant de ses conventions matrimoniales et de ses gains dotaux.

La femme pourra encore, s'il en est le cas, demander une pension supplémentaire, suivant ce qui est établi par l'art. 84 en faveur de la femme de l'absent.

51. La succession des condamnés dont il s'agit en l'art. 48, ne s'ouvrira qu'au moment de leur décès, soit relativement aux biens qui leur appartenaient à l'époque de la notification ou de la publication de la condamnation, soit par rapport à ceux qu'ils posséderaient au moment du décès.

52. Les condamnations par contumace n'emportent la perte des droits mentionnés aux art. 44 et 45, qu'après l'expiration de cinq années dès le jour de la publication du jugement, sans que le condamné se soit représenté, ou ait été arrêté et constitué prisonnier.

53. Le condamné par contumace qui ne se sera pas représenté, ou qui n'aura pas été saisi et constitué prisonnier, sera, pendant les cinq ans énoncés en l'article précédent, privé de l'exercice des droits

civils dont il aura encouru la perte en vertu de la condamnation portée contre lui.

Ses biens seront provisoirement administrés et ses droits exercés par les personnes désignées dans l'art. 49, à la charge toutefois de restituer les trois quarts des fruits qu'elles auront perçus, si le condamné se représente, s'il est constitué prisonnier ou s'il meurt pendant les cinq ans.

A l'expiration de ce terme, il y aura lieu à l'envoi en possession en faveur des mêmes personnes, conformément à ce qui est prescrit par l'art. 49.

54. Lorsque le condamné par contumace se sera représenté volontairement dans les cinq années à compter du jour de la publication du jugement, ou lorsqu'il aura été saisi et constitué prisonnier dans ce délai, le jugement sera anéanti de plein droit; l'accusé sera remis en possession de ses biens; il sera jugé de nouveau; et si, par ce nouveau jugement, il est condamné à la même peine ou à une peine différente, emportant également la perte des droits civils, elle n'aura lieu qu'en vertu du second jugement.

55. Lorsque le condamné par contumace, qui ne se sera représenté, ou qui n'aura été constitué prisonnier qu'après les cinq ans, sera absous par le nouveau jugement, ou n'aura été condamné qu'à une peine qui n'emportera pas la perte des droits civils, il rentrera dans la plénitude de ses droits pour l'avenir, et à compter du jour où il aura comparu en justice; mais le premier jugement conservera, pour

le passé, les effets qu'il avait produits dans l'intervalle écoulé depuis l'expiration des cinq ans jusqu'au jour de sa comparution en justice.

56. Si le condamné par contumace meurt dans le délai des cinq années sans s'être représenté, ou sans avoir été saisi et constitué prisonnier, il sera réputé mort dans l'intégrité de ses droits.

Le jugement de contumace sera anéanti de plein droit, quant aux condamnations pénales; et, en ce qui concerne le payement des dommages-intérêts envers la partie lésée, on se conformera, en ce cas, comme en celui prévu par l'art. 55, aux dispositions des lois sur la procédure criminelle.

57. En aucun cas la prescription de la peine ne réintégrera le condamné dans ses droits civils pour l'avenir.

58. Nonobstant ce qui est porté par les articles 48, 49 et 55, on pourra, dans les circonstances prévues par le premier alinéa de l'art. 57, appliquer aux biens des condamnés fugitifs ou contumaces, les dispositions contenues dans cet alinéa.

59. Les successions auxquelles seraient appelés, en tout ou en partie, ceux qui sont exclus du droit de succéder en vertu des articles 34, 55, 57, 43, 44 et 45, sont dévolues à ceux qui auraient eu droit de concourir avec eux, ou qui y auraient été appelés à leur défaut. Les descendans de ceux qui sont exclus, seront néanmoins admis à les représenter dans les cas et suivant les règles établies pour la représentation en matière de succession.

TITRE II.

DE LA MANIÈRE DE CONSTATER L'ÉTAT CIVIL.

60. L'état civil des personnes sera constaté par des actes de naissance, de mariage, et de décès. Chacun de ces actes sera inscrit sur des registres spécialement destinés à cet effet.

Le mode suivant lequel ces registres doivent être tenus, est déterminé par un règlement spécial approuvé par des Lettres-Patentes.

61. Lorsque les actes ci-dessus énoncés auront été dressés conformément au mode établi, ils feront foi comme les actes publics.

62. Toute altération dans les registres et dans les actes susdits, et toute coupable infraction aux dispositions portées par le règlement, donneront lieu contre les transgresseurs à une action en dommages-intérêts devant les Tribunaux compétens, sans préjudice de ce qui est statué par les lois pénales.

63. Lorsqu'il n'y aura pas de registres, ou qu'un acte y aura été omis, ou ne s'y trouvera plus inscrit, on pourra en faire la preuve soit par titres ou documens, et principalement par des écrits émanés des père et mère décédés, soit par témoins; sauf toutefois ce qui est réglé pour la recherche de la paternité et de la maternité, au titre *de la Paternité et de la Filiation.*

Si le défaut de registres ou d'acte, ou si l'omission

dont il est parlé ci-dessus, sont l'effet du dol du requérant, il ne sera point admis à faire la preuve autorisée par le présent article.

64. Relativement aux actes de naissance, de mariage ou de décès, faits en pays étranger, on observera la disposition de l'art. 1418.

Toutefois, à l'égard des mariages que les sujets du Roi auraient contractés en pays étranger, on devra justifier qu'ils ont été célébrés conformément aux lois de l'Église Catholique, à moins qu'il ne s'agisse de sujets non catholiques.

65. Les Sénats sont particulièrement chargés de veiller à ce que l'état civil des personnes soit assuré.

TITRE III.

DU DOMICILE.

66. Le domicile de tout sujet, quant à l'exercice de ses droits civils, est au lieu où il a son principal établissement.

67. Le changement de domicile s'opérera par le fait d'une habitation réelle dans un autre lieu, joint à l'intention d'y fixer son principal établissement.

68. La preuve de l'intention résultera d'une déclaration expresse, faite devant le syndic du lieu que l'on quittera, et devant celui du lieu où on aura transféré son domicile.

Le Secrétaire de la commune dressera procès-verbal de cette déclaration, qui restera dans les archives communales.

69. A défaut de déclaration expresse, la preuve de l'intention dépendra des circonstances.

70. Le sujet appelé à des fonctions publiques, conservera le domicile qu'il avait auparavant, s'il n'a pas manifesté d'intention contraire.

71. La femme mariée n'a pas d'autre domicile que celui de son mari, à moins qu'elle ne soit légitimement séparée de corps et d'habitation.

Le fils mineur non émancipé a le domicile de son père. Le mineur non habilité et le majeur interdit ont celui de leur tuteur.

72. Le majeur qui sert ou travaille habituellement chez autrui, aura le même domicile que la personne qu'il sert ou chez laquelle il travaille, lorsqu'il demeurera avec elle dans la même maison.

73. Les dispositions des articles précédens, relatives au changement de domicile, ne dérogent point aux usages et aux règlemens concernant la participation aux droits et aux charges communales.

74. Le domicile qu'avait le défunt, détermine le lieu où s'ouvre la succession.

75. Lorsqu'un acte public contiendra, de la part des parties ou de l'une d'elles, élection de domicile pour l'exécution de ce même acte, dans un autre lieu des États que celui du domicile réel, les significations, demandes et poursuites relatives à cet acte, pourront être faites au domicile convenu, et devant le Juge de ce domicile.

TITRE IV.

DES ABSENS.

CHAPITRE PREMIER.

DE LA PRÉSOMPTION D'ABSENCE.

76. S'il y a nécessité de pourvoir à l'administration de tout ou partie des biens laissés par une personne qui aura cessé de paraître au lieu de son domicile ou de sa résidence, dont on n'aura pas de nouvelles, et qui n'aura point constitué de procureur pour administrer, il y sera statué par le Tribunal de judicature-mage du dernier domicile du présumé absent, sur la demande des parties intéressées, et même des héritiers présomptifs, ou de l'Avocat fiscal.

77. Le Tribunal, à la requête de la partie la plus diligente, commettra un Notaire ou toute autre personne capable, pour représenter les présumés absens dans les inventaires, comptes, partages et liquidations dans lesquels ils seront intéressés, et même, si le Tribunal le juge convenable, dans les procès auxquels ces actes pourraient donner lieu.

78. Les Officiers nommés par le Roi pour remplir les fonctions du ministère public, sont spécialement chargés de veiller aux intérêts des personnes présumées absentes, et ils seront entendus sur toutes les demandes qui les concernent.

CHAPITRE II.

DE LA DÉCLARATION D'ABSENCE.

79. Lorsque, depuis quatre ans révolus, on n'aura point eu de nouvelles du présumé absent, ses héritiers présomptifs légitimes pourront se pourvoir devant le Tribunal de judicature-mage, afin que l'absence soit déclarée. Le même droit appartiendra aux héritiers présomptifs institués dans un testament public, ainsi qu'à tout autre intéressé ayant, sur les biens de l'absent, des droits subordonnés à la condition de son décès ; mais ils ne pourront l'exercer qu'en contradictoire des héritiers légitimes.

80. Pour constater l'absence, le Tribunal, d'après les pièces et documens produits, ordonnera qu'une enquête soit faite contradictoirement avec le ministère public, dans le ressort du domicile de l'absent, et dans celui de sa résidence, s'ils sont distincts l'un de l'autre.

81. Le Tribunal, en statuant sur la demande, aura d'ailleurs égard aux motifs de l'absence, et aux causes qui ont pu empêcher d'avoir des nouvelles de l'individu présumé absent.

82. Le jugement de déclaration d'absence ne sera rendu qu'un an après la publication du jugement qui aura ordonné l'enquête.

83. Aussitôt qu'ils seront rendus, les jugemens tant préparatoires que définitifs seront publiés, à la diligence du ministère public, à la porte de la maison du domicile de l'absent, et à celle de sa dernière habitation, si l'un est distinct de l'autre; cette publication aura aussi lieu tant dans l'auditoire qu'à la porte du Tribunal qui aura prononcé le jugement. Il en sera en outre fait insertion sommaire dans la gazette de la division où l'absent avait son domicile, et dans celle de Turin.

CHAPITRE III.

DES EFFETS DE L'ABSENCE.

SECTION 1.

Des effets de l'absence, relativement aux biens que l'absent possédait au jour de sa disparition ou de ses dernières nouvelles.

84. Lorsque le jugement de déclaration d'absence aura été publié conformément à ce qui est prescrit par l'article précédent, le testament clos, s'il en existe un, sera ouvert sur la demande de toute personne qui croirait y avoir intérêt; les héritiers testamentaires, en contradictoire des héritiers légitimes, et, à défaut d'héritiers testamentaires, les héritiers légitimes au jour de la disparition de l'absent ou de ses dernières nouvelles, ou leurs héritiers respectifs, pourront se faire envoyer en possession provisoire des biens qui appartenaient à l'absent au jour de sa disparition ou de ses dernières nouvelles, à la charge

de donner caution pour la sûreté de leur administration.

Les légataires, les donataires, ainsi que tous ceux
qui auraient sur les biens de l'absent, des droits subordonnés à la condition de son décès, pourront
aussi les exercer provisoirement, à la charge de donner caution.

La femme pourra en outre, si elle n'a pas des
revenus suffisans pour fournir à son entretien, réclamer une pension supplémentaire proportionnée à
l'état et à la fortune de son mari.

85. Lorsqu'on ne pourra fournir la caution requise
par l'article précédent, le Tribunal, eu égard aux
circonstances, prescrira telle autre sûreté qu'il croira
convenable pour la garantie des droits de l'absent.

86. Si l'absent a laissé une procuration, les personnes désignées dans les articles 79 et 84, ne pourront poursuivre la déclaration d'absence et l'envoi en
possession provisoire, ni demander à être admises à
exercer provisoirement les droits subordonnés à la
condition du décès de l'absent, et mentionnés en
l'art. 84, qu'après dix années révolues depuis sa disparition, ou depuis ses dernières nouvelles.

87. Il en sera de même si la procuration vient à
cesser; dans ce cas, tant que les dix années ne seront pas révolues, ainsi qu'il est énoncé dans l'article précédent, on pourvoira à l'administration des
biens de l'absent, de la manière prescrite au chapitre Ier du présent titre.

88. La possession provisoire ne sera considérée

que comme un dépôt, qui donnera à ceux qui l'obtiendront, ainsi qu'à leurs successeurs, l'administration des biens de l'absent, et qui les rendra comptables envers lui, en cas qu'il reparaisse ou qu'on ait de ses nouvelles.

89. Ceux qui auront obtenu l'envoi provisoire, devront faire procéder à l'inventaire du mobilier et des titres de l'absent, par le greffier de la judicature du mandement, ou par le Notaire qui sera commis par le Tribunal; ils devront aussi faire procéder à un acte d'état des immeubles, par le moyen d'un expert également nommé par le Tribunal à l'homologation duquel cet acte sera soumis : tous les frais faits à cet égard seront pris sur les biens de l'absent.

Le Tribunal ordonnera, s'il y a lieu, de vendre tout ou partie du mobilier : dans le cas de vente, il sera fait emploi du prix ainsi que des revenus échus.

90. Les ascendans, descendans, et l'époux qui, par suite de l'envoi provisoire, auront joui des biens, ne seront point tenus de rendre les revenus, en cas de retour de l'absent.

Les autres personnes qui, par suite de l'envoi provisoire, auront joui des biens de l'absent, ne seront tenues de lui rendre les revenus que dans la proportion suivante :

Les parens jusqu'au quatrième degré inclusivement, devront rendre le quart des revenus, si l'absent reparaît avant quinze ans révolus depuis le jour de son absence; et le dixième, s'il ne reparaît qu'après les quinze ans;

Les parens à un degré plus éloigné, ainsi que les héritiers étrangers, devront, dans le premier cas, restituer la moitié des revenus; et, dans le second cas, le cinquième seulement.

Après trente ans d'absence, la totalité des revenus appartiendra aux personnes désignées dans les deux alinéa précédens.

91. Tous ceux qui ne jouissent qu'en vertu de l'envoi provisoire, ne pourront aliéner ni hypothéquer les immeubles de l'absent, à moins qu'il n'y ait nécessité ou utilité évidente pour celui-ci : l'aliénation ou l'hypothèque n'aura lieu qu'en suite d'autorisation judiciaire.

92. Si, avant l'expiration des trente ans ou des cent ans mentionnés en l'article suivant, il se présente quelqu'un qui établisse qu'à l'époque de la disparition ou des dernières nouvelles, il avait un droit préférable ou égal à celui de la personne qui a obtenu l'envoi provisoire, il pourra exclure celle-ci de la possession, ou s'y faire associer; mais il n'aura aucun droit aux fruits qui, en vertu de l'art. 90, auront été acquis avant la demande judiciaire.

93. Si l'absence a continué pendant trente ans depuis l'envoi provisoire, ou qu'il se soit écoulé cent ans révolus dès la naissance de l'absent, les cautions ou les sûretés qui, à défaut, auraient été prescrites, seront dégagées; ceux qui ont obtenu l'envoi provisoire, leurs héritiers, successeurs quelconques, ou tous autres qui y auraient droit, pourront demander le partage des biens de l'absent, et

faire prononcer l'envoi en possession définitif par le Tribunal de judicature-mage.

94. Dans le cas où l'on viendrait à prouver l'époque précise du décès de l'absent, la succession sera déférée à ceux qui étaient, à cette époque, ses héritiers légitimes ou testamentaires, ou à leurs successeurs. Ceux qui auraient joui des biens de l'absent, seront tenus de les restituer, sous la réserve des fruits par eux acquis en vertu de l'art. 90.

95. Si l'absent reparaît, ou si son existence est prouvée pendant l'envoi provisoire, les effets du jugement qui aura déclaré l'absence cesseront; sans préjudice, s'il y a lieu, des mesures conservatoires prescrites au chapitre Ier du présent titre, pour l'administration de ses biens.

96. Si l'absent reparaît, ou si son existence est prouvée, même après l'envoi définitif, il recouvrera ses biens dans l'état où ils se trouveront, et il aura droit à la représentation du prix de ceux qui auraient été aliénés; mais si ce prix a été employé à l'acquisition d'autres biens, la personne qui aura obtenu l'envoi définitif, pourra, à son choix, le représenter, ou abandonner les biens provenant de l'emploi qui en aura été fait.

97. Les enfans et descendans de l'absent pourront également, dans les trente ans à compter de l'envoi définitif, demander la restitution de ses biens, comme il est dit en l'article précédent.

98. Après le jugement de déclaration d'absence, toute personne qui aurait des droits à exercer contre

l'absent, ne pourra les poursuivre que contre ceux qui auront été envoyés en possession des biens.

Des effets de l'absence, relativement aux droits éventuels qui peuvent compéter à l'absent.

99. Quiconque réclamera un droit échu à un individu dont l'existence ne sera pas reconnue, devra prouver que cet individu existait quand le droit a été ouvert : jusqu'à cette preuve, il sera déclaré non recevable dans sa demande.

100. S'il s'ouvre une succession à laquelle soit appelé, en tout ou en partie, un individu dont l'existence n'est pas reconnue, elle sera dévolue à ceux avec lesquels il aurait eu le droit de concourir, ou à ceux qui l'auraient recueillie à son défaut. Les descendans de cet individu seront toutefois admis à le représenter comme s'il était décédé, dans les cas et suivant les règles de la représentation en matière de succession.

Ceux à qui la succession sera dévolue à défaut de l'individu susdit, devront faire procéder à l'inventaire du mobilier et à l'acte d'état des immeubles.

101. Les dispositions des deux articles précédens auront lieu sans préjudice des actions en pétition d'hérédité et d'autres droits, lesquels compéteront à l'absent ou à ses représentans ou ayant cause, et ne s'éteindront que par le laps de temps établi pour la prescription.

102. Tant que l'absent ne se représentera pas, ou que les actions ne seront point exercées de son chef, ceux qui auront recueilli la succession, gagneront les fruits par eux perçus de bonne foi.

CHAPITRE IV.

DE LA SURVEILLANCE DES ENFANS MINEURS D'UN PÈRE PRÉSUMÉ ABSENT.

103. Si le présumé absent a laissé des enfans mineurs soumis à sa puissance, leur mère en aura la surveillance, et elle exercera tous les droits du mari, quant à leur éducation et à l'administration de leurs biens.

104. Six mois après la disparition du père, si la mère était décédée lors de cette disparition, ou si elle vient à décéder avant que l'absence du père ait été déclarée, la surveillance des enfans sera déférée, par le conseil de famille, aux ascendans les plus proches, et, à leur défaut, à un tuteur provisoire.

S'il y a urgence, le conseil de famille pourra y pourvoir, même avant l'expiration des six mois.

105. Il en sera de même dans le cas où l'un des époux, présumé absent, laissera des enfans mineurs issus d'un mariage précédent.

3

TITRE V.

DES FIANÇAILLES ET DU MARIAGE.

CHAPITRE PREMIER.

DES FIANÇAILLES.

106. Les fiançailles ne produiront une action civile, qu'autant qu'elles seront faites par acte public, ou par acte sous seing privé.

Les contractans devront en outre obtenir le consentement des père et mère, ou tout au moins du père; si celui-ci est décédé ou empêché, il suffira du consentement de la mère; à défaut du père et de la mère, on exigera celui des ascendans paternels les plus proches.

Lorsque les petits-enfans seront sous la puissance de l'aïeul paternel, le consentement de ce dernier tiendra lieu de celui du père.

En cas de minorité des contractans, s'il n'existe aucun des ascendans ci-dessus désignés, qui puisse donner son consentement, il y sera suppléé par celui du conseil de famille.

Le consentement requis dans les cas énoncés ci-dessus, devra résulter de l'acte public ou privé des fiançailles, ou de tout autre acte authentique.

107. Lorsque le Juge ecclésiastique a déclaré les fiançailles valables, ou que la validité n'en est con-

testée par aucun des contractans, si l'un d'eux refuse d'accomplir sa promesse, l'autre pourra, quand d'ailleurs les fiançailles auront été contractées conformément à ce qui est prescrit par l'article précédent, réclamer, pardevant le Tribunal de judicature-mage, les dommages qu'il aura réellement soufferts : dans ce cas, on n'aura égard ni aux dommages éventuels, ni aux clauses pénales qui auraient été stipulées.

CHAPITRE II.

DU MARIAGE.

SECTION I.

De la Célébration du Mariage.

108. La célébration du mariage a lieu suivant les règles et avec les solennités prescrites par l'Eglise Catholique, sauf ce qui est établi ci-après relativement aux sujets non catholiques et aux juifs.

109. Les enfans mâles de tout âge, qui se marieraient contre le gré de l'ascendant dont le consentement est requis par la disposition de l'article 106, ne pourront le contraindre qu'à la prestation des alimens strictement nécessaires; ils conservent cependant leur droit à une part légitimaire sur la succession de cet ascendant, qui pourra même les en priver, s'ils se marient sans son consentement, ou à son insu, avant l'âge de trente ans accomplis.

110. Les femmes qui se marieraient sans le con-

sentement de l'ascendant ci-dessus désigné, ne pourront exiger de lui que les alimens strictement nécessaires, et seulement dans le cas où leur mari ne serait pas à même de fournir à leur entretien; tout droit à une part légitimaire ou à une dot leur est cependant réservé après le décès de l'ascendant, qui pourra les en priver, si elles se marient sans son consentement, ou à son insu, avant l'âge de vingt-cinq ans accomplis.

111. Le mariage sera tenu pour contracté sans le consentement des ascendans, lorsque ceux-ci n'étant intervenus ni aux fiançailles ni au mariage, nieront d'y avoir consenti, et que les enfans ne fourniront pas la preuve de ce consentement.

112. Les dispositions énoncées ci-dessus et les peines qui y sont portées, ne seront pas applicables, lorsque les enfans justifieront pardevant le Sénat, que le refus des ascendans est dénué de motifs légitimes.

Ces contestations seront, sur les représentations respectives des parties, examinées et jugées à huis clos, sans formalités d'actes, avec la plus grande célérité, et eu égard à la seule vérité des faits.

113. Ceux qui, sans avoir observé les solennités prescrites par l'Église, auraient surpris ou cherché à surprendre le curé, à l'effet de célébrer leur mariage en sa présence, seront passibles des peines portées par les lois. Les mêmes peines seront applicables à leurs père et mère, s'ils ont participé à cette fraude, ainsi qu'à tous autres fauteurs ou complices.

114. Nonobstant toute possession d'état, nul ne peut réclamer le titre d'époux ni les effets civils du mariage, s'il ne présente l'acte constatant que la célébration a eu lieu conformément à l'article 108, ou si, à défaut, il n'en fournit une preuve équivalente.

115. Le mariage déclaré nul produit néanmoins, lorsqu'il a été contracté de bonne foi, les effets civils à l'égard des enfans, conformément à l'article 162.

Il peut également produire les effets civils a l'égard des époux ou de l'époux qui aura été de bonne foi.

Des Obligations qui naissent du Mariage

116. Les époux contractent ensemble, par le seul fait du mariage, l'obligation de nourrir, entretenir et élever leurs enfans.

Le père est principalement tenu des frais d'entretien et d'éducation ; s'il n'est pas en état d'y subvenir, ces frais sont à la charge de la mère ou de l'aïeul paternel, ou de l'un et de l'autre, eu égard à leurs facultés respectives et aux circonstances ; à défaut, ils sont à la charge des autres ascendans paternels, et subsidiairement à celle des ascendans de la ligne maternelle.

117. L'enfant n'a pas d'action contre ses père et

mère, pour un établissement par mariage ou autrement.

La fille cependant qui n'a pas suffisamment de biens à elle propres, a droit d'être dotée par son père, à défaut, par l'aieul paternel, et subsidiairement par la mère.

118. Les enfans doivent des alimens à leurs père et mère, et aux autres ascendans qui sont dans le besoin.

119. Les gendres et les belles-filles doivent également, et dans les mêmes circonstances, des alimens à leurs beau-père et belle-mère ; mais cette obligation cesse:

1.º Lorsque la belle-mère a convolé en secondes noces;

2.º Lorsque celui des époux qui produisait l'affinité, et les enfants issus de son union avec l'autre époux, sont décédés.

120. Les obligations résultant de ces dispositions sont réciproques.

121. Les Tribunaux pourront aussi étendre aux frères et aux sœurs, l'obligation de fournir les alimens, lorsque celui d'entre eux qui les réclamera, sera dans l'impossibilité de se les procurer, soit par suite d'infirmités physiques ou d'une faiblesse d'esprit, soit par toute autre cause qui ne pourrait lui être imputée.

122. Les alimens ne sont accordés que dans la proportion des besoins de celui qui les réclame, et de la fortune de celui qui les doit.

123. Lorsque celui qui fournit, ou celui qui reçoit des alimens, est replacé dans un état tel que l'un ne puisse plus en donner, ou que l'autre n'en ait plus besoin, en tout ou en partie, la décharge ou réduction peut en être demandée.

124. Celui qui doit fournir les alimens, a le choix, ou de satisfaire à cette obligation moyennant une pension alimentaire, ou de recevoir et entretenir, dans sa demeure, la personne qui a droit aux alimens.

Le Tribunal pourra cependant, suivant les circonstances, déterminer le mode de prestation des alimens.

SECTION III.

Des Droits et des Devoirs respectifs des époux.

125. Les époux se doivent mutuellement fidélité, secours, assistance.

126. Le mari doit protection à sa femme; la femme obéissance à son mari.

127. La femme est obligée d'habiter avec le mari, et de le suivre partout où il juge à propos de résider; le mari est obligé de la recevoir, et de lui fournir tout ce qui est nécessaire pour les besoins de la vie, selon ses facultés et son état.

128. La femme doit contribuer à l'entretien du mari, lorsqu'il ne peut y subvenir lui-même.

129. Elle ne peut ester en jugement sans l'autorisation de son mari; s'il ne peut ou ne veut la lui accorder, le Tribunal peut l'autoriser.

L'autorisation du mari n'est pas nécessaire, lorsque la femme est poursuivie en matière criminelle ou de police.

130. La femme ne peut donner, aliéner, hypothéquer, acquérir à titre onéreux ou gratuit, ni s'obliger pour tous actes autres que ceux de pure administration, sans le concours du mari à l'acte, ou son consentement par écrit.

Si la femme est mineure, l'autorisation du Tribunal sera en outre requise pour tous les actes dont il est parlé aux articles 561 et 562, comme il est prescrit pour les mineurs habilités.

131. L'autorisation du Tribunal est nécessaire dans tous les actes judiciaires où les intérêts du mari pourraient se trouver en opposition avec ceux de sa femme.

132. Pour l'aliénation de la dot ou du fonds dotal, on observera ce qui est prescrit dans le titre *du Contrat de mariage*.

133. Lorsqu'il s'agira d'actes extrajudiciaires autres que ceux de pure administration, et auxquels le mari est intéressé, la femme ne pourra contracter qu'avec l'autorisation du Tribunal.

134. Il en sera de même si le mari refuse d'autoriser sa femme, ou de lui accorder son consentement; ou qu'il en soit empêché par l'effet de sa minorité, bien qu'habilité ou émancipé, par son interdiction, son absence, ou une condamnation, même par contumace, à une peine de plus d'une année de prison ou à toute autre peine plus grave :

l'autorisation du Tribunal, dans le cas de condamnation, ne sera nécessaire que pendant la durée de la peine.

135. Lorsque, sur le refus du mari, le Tribunal sera appelé à donner ou à refuser son autorisation à la femme, le mari devra préalablement être cité, pour être entendu à huis clos.

136. La femme, si elle est marchande publique, peut, sans l'autorisation de son mari, s'obliger et ester en jugement pour ce qui concerne son négoce.

Elle n'est réputée marchande publique que lorsqu'elle fait un commerce séparé, et non lorsqu'elle ne fait que détailler les marchandises du commerce de son mari.

137. Toute autorisation ou consentement donné en général, et même stipulé par contrat de mariage, est sans effet.

138. La nullité fondée sur le défaut d'autorisation ou de consentement, ne peut être opposée que par le mari, par la femme, ou par leurs héritiers.

139. La femme peut tester sans l'autorisation ou le consentement de son mari.

SECTION IV.

De la Séparation de corps, et de la Dissolution du mariage.

140. Les époux ne pourront, même d'un commun accord, se séparer, sans y être autorisés par le

Juge ecclésiastique. Dans le cas où ils se seraient séparés sans cette autorisation, l'autorité civile donnera les dispositions nécessaires pour leur réunion.

Si les circonstances sont telles que la séparation devienne indispensable, et s'il y a urgence, l'autorité civile pourvoira provisoirement à la sûreté de l'époux qui aura réclamé son assistance.

141. Les demandes en alimens, et toute autre action civile relative à la séparation, seront portées devant les Tribunaux Royaux.

142. En cas de séparation des époux, les enfans, jusqu'à l'âge de quatre ans, demeureront avec leur mère, à moins que, pour de graves motifs, il ne soit autrement ordonné par le Tribunal. Lorsqu'ils auront accompli leur quatrième année, le Tribunal désignera celui des époux auquel doit être confiée leur éducation, en prenant en considération les diverses circonstances d'âge et de sexe, les qualités personnelles des époux, et les motifs qui ont donné lieu à la séparation.

Les frais d'entretien et d'éducation sont supportés par le père, et subsidiairement, en tout ou en partie par les personnes désignées dans l'art. 116.

143. La femme définitivement séparée de corps, a la libre administration de ses biens non dotaux, et peut en disposer à son gré. Elle n'a besoin de l'autorisation du mari que pour aliéner ou obliger les biens immeubles, et pour ester en jugement à raison de sés biens.

144. Le mariage ne se dissout que par la mort

de l'un des époux, et suivant les lois de l'Église, sauf les dispositions ci-après, en ce qui concerne les non catholiques et les juifs.

Des secondes Noces.

145. La femme qui contracte un nouveau mariage avant dix mois révolus depuis le décès de son mari, perd tous les gains nuptiaux établis par la loi, ou convenus avec le premier mari, ainsi que les autres libéralités qu'elle tient de lui.

146. Celui qui, ayant des enfans d'un premier mariage, en contracte un second, est tenu de leur réserver la propriété de tout ce qu'il aurait reçu de l'époux prédécédé, à titre de don, en vertu de conventions matrimoniales, ou par donations, institutions ou legs.

147. La propriété des biens ci-devant désignés passe, nonobstant toute renonciation générale, et sans distinction de sexe, aux enfans du premier lit ou à leurs descendans, pourvu qu'ils survivent au père ou à la mère qui a convolé, bien qu'ils ne soient pas ses héritiers, ni ceux du père ou de la mère prédécédé. Cependant si l'un des enfans a été justement exhérédé par l'époux prédécédé, sa portion accroît aux autres enfants du premier lit.

Mais si l'exhérédé était l'unique enfant ou descendant qui eût survécu, la propriété des biens susdits lui sera acquise nonobstant son exhérédation.

148. La disposition des deux articles précédens
n'est point applicable au cas où l'époux prédécédé
aura expressément déclaré dans les conventions matrimoniales, ou par acte de dernière volonté, que
le survivant conservera la propriété des biens ci-
dessus désignés, lors même qu'il contracterait un
nouveau mariage.

149. L'époux qui aura contracté un second mariage, ne pourra laisser à son nouvel époux, à titre
lucratif, soit par acte entre-vifs, soit par acte de
dernière volonté, une part plus forte que celle de
l'enfant du premier lit le moins prenant : toutefois
les gains dotaux qui n'excéderont pas la quotité
fixée par la loi, ne seront point imputés sur cette
part.

Ce que le nouvel époux aura reçu de plus appartiendra à tous les enfans du premier lit indistinctement, en conformité de l'art. 147; ce qui aura
lieu nonobstant toute disposition contraire de l'époux
qui a convolé, et lors même que le nouvel époux
aurait renoncé en faveur de tout autre, à l'avantage
qui lui aurait été fait.

CHAPITRE III.

DISPOSITIONS PARTICULIÈRES.

150. Les fiançailles et les mariages entre personnes
qui professent un culte toléré dans l'État, sont régis
par les usages et les règlemens qui les concernent.

On observera, au surplus, par rapport à ces fiançailles et à ces mariages, ainsi que pour les effets qui en dérivent, toutes les dispositions contenues dans le présent titre, qui peuvent s'y appliquer.

TITRE VI.

DE LA PATERNITÉ ET DE LA FILIATION.

CHAPITRE PREMIER.

DE LA FILIATION DES ENFANS LÉGITIMES OU NÉS DANS LE MARIAGE.

151. L'enfant conçu pendant le mariage a pour père le mari.

Néanmoins celui-ci pourra désavouer l'enfant, s'il prouve que, pendant le temps qui a couru depuis le trois-centième jusqu'au cent quatre-vingtième jour avant la naissance de cet enfant, il était, soit par cause d'éloignement, soit par l'effet de quelqu'accident, dans l'impossibilité physique de cohabiter avec sa femme.

152. Le mari ne pourra, en alléguant son impuissance naturelle, désavouer l'enfant.

Il ne pourra le désavouer, même pour cause d'adultère, à moins que la naissance ne lui ait été cachée, ou qu'il n'ait été légalement séparé de sa femme, à l'époque de la conception ; auxquels cas, il sera admis à proposer tous les faits propres à

justifier qu'il n'en est pas le père. La seule déclaration de la mère ne suffira jamais pour établir
cette preuve.

153. L'enfant né avant le cent quatre-vingtième
jour du mariage, ne pourra être désavoué par le
mari, dans les cas suivans :

1.º Si le mari a eu connaissance de la grossesse
avant le mariage ;

2.º S'il résulte de l'acte de naissance qu'il a assisté à cet acte en qualité de père, ou personnellement, ou par le ministère d'un fondé de procuration spéciale et authentique ;

3.º Si l'enfant n'est pas déclaré viable.

154. Dans les divers cas où le mari est autorisé
à réclamer, il devra le faire dans le mois, s'il se
trouve sur les lieux de la naissance de l'enfant ;

Dans les deux mois après son retour, si, à l'é-
poque de la naissance, il est absent ;

Dans les deux mois après la découverte de la
fraude, si on lui avait caché la naissance de l'enfant.

155. Si le mari est mort avant d'avoir fait sa réclamation, mais étant encore dans le délai utile pour
la faire, les héritiers auront deux mois pour contester la légitimité de l'enfant, à compter de l'époque
où cet enfant se serait mis en possession des biens
du mari, ou de l'époque où les héritiers seraient
troublés par l'enfant dans cette possession.

156. Tout acte extrajudiciaire contenant le désa-
veu de la part du mari ou de ses héritiers, sera
comme non avenu, s'il n'est suivi, dans le délai

d'un mois, d'une action en justice, dirigée contre un tuteur spécial donné à l'enfant, la mère à ce appelée.

157. La légitimité de l'enfant né trois cents jours après la dissolution du mariage, pourra être contestée.

CHAPITRE II.

DES PREUVES DE LA FILIATION DES ENFANS LÉGITIMES.

158. La filiation des enfans légitimes se prouve par les actes de naissance.

159. A défaut de ce titre, la possession constante de l'état d'enfant légitime suffit.

160. La possession d'état s'établit par une réunion suffisante de faits qui indiquent les rapports de filiation et de parenté entre un individu et la famille à laquelle il prétend appartenir.

Les principaux de ces faits sont :

Que l'individu a toujours porté le nom du père auquel il prétend appartenir;

Que le père l'a traité comme son enfant, et a pourvu, en cette qualité, à son éducation, à son entretien et à son établissement;

Qu'il a été reconnu constamment pour tel dans la société;

Qu'il a été reconnu pour tel par la famille.

161. Nonobstant la disposition de l'art. 144, s'il existe des enfans issus de deux individus qui aient

vécu publiquement comme mari et femme, et qui soient tous deux décédés, la légitimité des enfans ne peut être contestée sous le seul prétexte du défaut de preuve de la célébration du mariage, toutes les fois que cette légitimité est prouvée par une possession d'état qui n'est point contredite par l'acte de naissance.

162. Les enfans nés d'un mariage nul, sont considérés comme légitimes, si les deux époux, ou l'un d'eux, l'ont contracté de bonne foi.

163. Nul ne peut réclamer un état contraire à celui que lui donnent son acte de naissance et la possession conforme à ce titre;

Et réciproquement, nul ne peut contester l'état de celui qui a une possession conforme à son titre de naissance.

164. A défaut de titre et de possession constante, ou si l'enfant a été inscrit, soit sous de faux noms, soit comme né de père et mère inconnus, la preuve de filiation peut se faire par témoins.

Néanmoins cette preuve ne peut être admise que lorsqu'il y a commencement de preuve par écrit, ou lorsque les présomptions ou indices résultant de faits dès lors constans, sont assez graves pour déterminer l'admission.

165. Le commencement de preuve par écrit résulte des titres de famille, des registres et papiers domestiques du père ou de la mère, des actes publics et même privés, émanés d'une partie engagée dans la contestation, ou qui y aurait intérêt si elle était vivante.

166. La preuve contraire pourra se faire par tous les moyens propres à établir que le réclamant n'est pas l'enfant de la mère qu'il prétend avoir, ou même, la maternité prouvée, qu'il n'est pas l'enfant du mari de la mère.

167. Toutes ces contestations se poursuivront et seront jugées en voie civile.

168. L'action criminelle contre un délit de suppression d'état, ne pourra commencer qu'après le jugement définitif sur la question d'état.

169. L'action en réclamation d'état est imprescriptible à l'égard de l'enfant.

170. Cette action ne peut être intentée par les héritiers ou descendans de l'enfant qui n'a pas réclamé, qu'autant qu'il est décédé mineur, ou dans les cinq années après sa majorité.

Les héritiers ou descendans peuvent suivre cette action, lorsqu'elle a été commencée par leur auteur, à moins qu'il ne s'en fût désisté formellement, ou qu'il n'eût laissé passer trois années sans poursuites, à compter du dernier acte de la procédure.

CHAPITRE III.

DES ENFANS NATURELS.

SECTION I.

De la Légitimation des enfans naturels.

171. Les enfans nés hors mariage peuvent être légitimés, soit par le mariage subséquent de leurs

père et mère, soit par un rescrit du Roi, sauf toutefois les exceptions ci-après.

172. Sont exclus de tout bénéfice de légitimation :

1.º Les enfans dont les père et mère, à l'époque
de la conception, étaient tous les deux, ou l'un
d'eux seulement, engagés dans les liens du mariage
avec une autre personne ;

2.º Les enfans nés de personnes qui ne pouvaient
contracter mariage pour cause de parenté ou d'affinité, en ligne directe à l'infini, ou pour cause de
parenté en ligne collatérale, jusqu'au second degré
suivant la supputation civile ;

3.º Les enfans dont le père et la mère, ou seulement l'un d'eux, étaient, à l'époque de la conception, engagés dans les ordres sacrés, ou liés par des
vœux solennels de profession religieuse.

173. Sont exclus du bénéfice de la légitimation par
mariage subséquent :

1.º Les enfans nés de personnes qui, à l'époque
de la conception, étaient parentes au troisième degré, ou alliées au second degré, suivant la supputation civile ;

2.º Les enfans nés du commerce entre l'adoptant
et l'adopté, ou les descendans de ce dernier, ou
entre l'adoptant et le conjoint de l'adopté, et réciproquement entre l'adopté et le conjoint de l'adoptant.

Les enfans nés des personnes désignées dans cet
article, ne pourront être légitimés que par un rescrit du Roi.

174. La légitimation par le mariage subséquent, n'aura lieu qu'en faveur des enfans légalement reconnus par leurs père et mère, soit lors de la célébration, soit avant ou après.

175. Cette légitimation peut avoir lieu même à l'égard des enfants naturels décédés, et elle profite à leurs descendans.

176. Les enfans ainsi légitimés auront, dès le jour du mariage, les mêmes droits que les enfans légitimes, si l'acte de reconnaissance a précédé le mariage, ou qu'il ait eu lieu dans l'acte même de célébration.

Si la reconnaissance n'a été faite qu'après le mariage, la légitimation ne produira son effet que du jour de cette reconnaissance : cette règle s'étend aux droits de primogéniture déjà dévolus, comme à ceux non encore dévolus à l'époque de la reconnaissance.

177. La légitimation des enfans naturels, par un rescrit du Roi, pourra être demandée dans le concours des conditions suivantes : il faut,

Que le père, s'il est vivant, recoure lui-même pour obtenir le rescrit ;

Qu'il n'ait point d'enfans légitimes et naturels, ou légitimés par un mariage subséquent, ni descendans d'eux ;

Qu'il y ait de graves motifs qui s'opposent à la légitimation par le mariage.

178. La légitimation par rescrit du Roi, dont il est parlé dans l'article précédent, produit, du jour

de son obtention, et sauf les modifications qui pourraient y être insérées, les mêmes effets que la légitimation par mariage subséquent.

179. Si, après le décès du père, les enfans qui
ont été reconnus conformément à l'art. 180, ou
dont la filiation a été prouvée suivant l'art. 185,
demandent à être légitimés par rescrit du Roi, l'é-
tendue et les effets de cette légitimation seront déterminés par la teneur du rescrit. Le recours sera
préalablement communiqué à deux des plus proches
parens et agnats du père, jusqu'au quatrième degré
inclusivement.

SECTION II.

De la Reconnaissance des enfans naturels.

180. La reconnaissance d'un enfant naturel se fera
dans son acte de naissance, ou par un acte authentique antérieur ou postérieur à sa naissance.

Cette reconnaissance ne pourra avoir lieu en faveur
des enfans désignés dans l'art. 172.

181. La reconnaissance d'un enfant naturel n'aura
d'effet qu'à l'égard de celui qui l'aura reconnu.

182. La reconnaissance faite pendant le mariage,
par l'un des époux, au profit d'un enfant naturel
qu'il aurait eu, avant son mariage, d'un autre que
de son époux, ne pourra nuire ni à celui-ci, ni aux
enfans nés de ce mariage; néanmoins elle produira
son effet après la dissolution de ce mariage, s'il n'en
reste pas d'enfans.

183. L'enfant naturel reconnu ne pourra réclamer les droits d'enfant légitime. Les droits des enfans naturels sont réglés aux titres *des Successions testamentaires* et *des Successions* ab intestat.

184. Toute reconnaissance de la part du père ou de la mère, de même que toute réclamation de la part de l'enfant, pourra être contestée par tous ceux qui y auront intérêt.

185. La recherche de la paternité n'est admise que dans les cas suivans :

1.º Lorsqu'on représente un écrit émané de l'individu désigné comme le père de l'enfant, et par lequel cet individu déclare sa paternité, ou duquel il résulte qu'il a donné à l'enfant une suite de soins à titre de paternité : l'action ne pourra cependant être intentée que pendant la vie de celui qu'on prétend être le père ;

2.º Dans le cas d'enlèvement ou de viol, lorsque l'époque de l'enlèvement ou du viol se rapporte à celle de la conception.

186. La recherche de la maternité est admise.

L'enfant qui réclamera sa mère, sera tenu de prouver qu'il est identiquement le même que l'enfant dont elle est accouchée. Il ne sera reçu à faire cette preuve par témoins, que lorsqu'il aura déjà un commencement de preuve par écrit, ou quand les présomptions ou indices résultant de faits dès lors constans, seront assez graves pour déterminer l'admission.

187. Un enfant n'est jamais admis à la recherche

soit de la paternité, soit de la maternité, dans les cas où, suivant l'art. 180, la reconnaissance ne peut avoir lieu.

Il peut cependant se prévaloir de la déclaration expresse faite dans un écrit émané du père ou de la mère, mais à l'effet seulement de réclamer des alimens.

TITRE VII

DE L'ADOPTION.

CHAPITRE PREMIER.

DE L'ADOPTION ET DE SES EFFETS.

188. L'adoption n'est permise qu'aux personnes qui ne sont point engagées dans les ordres sacrés, ou liées par des vœux solennels de profession religieuse, et qui n'ont pas de descendans légitimes ou légitimés. L'adoptant devra être âgé de plus de cinquante ans, et avoir au moins dix-huit ans de plus que l'individu qu'il se propose d'adopter.

Si l'adoptant a encore son père ou sa mère, leur consentement sera nécessaire pour l'adoption.

189. Celui qui a déjà un enfant adoptif, ne peut en adopter un autre.

On peut néanmoins adopter plusieurs enfants, pourvu que l'adoption se fasse par un même acte.

190. Nul ne peut être adopté par plusieurs, si ce n'est par deux époux.

Un époux ne peut adopter qu'avec le consentement de l'autre conjoint.

191. Les enfans naturels ne peuvent être adoptés ni par le père ni par la mère.

192. Le mineur qui n'a pas accompli sa dix-huitième année, ne peut être adopté.

193. Le tuteur ne pourra adopter la personne confiée à son administration, qu'après que tous les comptes de tutelle auront été rendus, et qu'il lui aura fait nommer un autre tuteur, si elle est encore mineure.

194. L'adoption ne peut avoir lieu sans le consentement de l'adopté; on exigera aussi le consentement du père, et, à défaut, celui de l'aïeul paternel, et s'il n'y a ni père ni aïeul paternel, celui de la mère.

Si l'individu qu'on se propose d'adopter est sous tutelle, ou s'il est mineur habilité, l'adoption ne peut avoir lieu qu'avec l'approbation du conseil de famille et en rapportant le consentement de la mère, si elle existe.

195. Lorsqu'il s'agira de l'adoption d'un mineur dont les père et mère ne sont pas connus, on exigera, s'il est reçu dans un hospice ou qu'il en dépende d'une manière quelconque, l'approbation du conseil de tutelle dont il est fait mention en l'art. 277; en cas contraire, on exigera l'approbation du conseil formé à teneur de l'art. 276.

196. L'adopté prend le nom de famille de l'adoptant, et l'ajoute au nom propre de sa famille. La noblesse et les armes de famille de l'adoptant ne passent à l'adopté qu'en vertu d'une permission du Roi, accordée sur la demande de l'adoptant.

197. L'adopté reste dans sa famille naturelle, et conserve l'état et tous les droits qu'il y avait avant l'adoption.

198. L'obligation naturelle qui continue d'exister entre l'adopté et ses père et mère, de se fournir des alimens dans les cas déterminés par la loi, sera censée commune à l'adoptant et à l'adopté, l'un envers l'autre.

199. L'adopté n'acquerra aucun droit de successibilité sur les biens des parens de l'adoptant, ni sur ceux qui seraient soumis à des liens de famille; mais il aura sur la succession de l'adoptant les mêmes droits que ceux qu'y aurait l'enfant né en mariage, même quand il existerait des enfans de cette dernière qualité, nés depuis l'adoption.

200. Si l'adopté meurt *ab intestat* sans descendans légitimes, les choses données par l'adoptant, ou recueillies dans sa succession, et qui existeront en nature lors du décès de l'adopté, ou, à défaut, le prix qui en serait encore dû, retourneront à l'adoptant ou à ses descendans, à la charge de contribuer aux dettes; sans préjudice des droits des tiers, et sauf les conventions légitimement consenties.

Le surplus des biens de l'adopté appartiendra à

ses propres parens; et ceux-ci excluront toujours, pour les objets même spécifiés au présent article, tous héritiers de l'adoptant autres que ses descendans.

201. Si, du vivant de l'adoptant, et après le décès de l'adopté, les enfans ou descendans laissés par celui-ci mouraient eux-mêmes sans postérité, l'adoptant succédera aux choses par lui données, comme il est dit en l'article précédent; mais ce droit sera inhérent à la personne de l'adoptant, et non transmissible à ses héritiers, même en ligne descendante.

CHAPITRE II.

DES FORMES DE L'ADOPTION.

202. La personne qui se propose d'adopter, et celle qui voudra être adoptée, se présenteront au Juge-mage du Tribunal du domicile de l'adoptant, pour y passer acte de leur consentement respectif. Cet acte sera reçu par le greffier de ce Tribunal. Les individus dont le consentement est requis par l'art. 194, devront intervenir à l'acte, en personne, ou par mandataire.

203. Une expédition authentique de cet acte sera présentée, dans les dix jours suivans, par la partie la plus diligente, au Tribunal de Judicature-mage dans le ressort duquel se trouvera le domicile de l'adoptant, pour être soumis à l'homologation.

204. Le Tribunal, après s'être procuré les renseignemens convenables, vérifiera,

1.º Si toutes les conditions de la loi sont remplies;

2.º Si la personne qui se propose d'adopter, jouit d'une bonne réputation.

205. Après avoir oui l'Avocat fiscal, et sans aucune autre forme de procédure, le Tribunal prononcera, sans énoncer de motifs, en ces termes : *il y a lieu*, ou *il n'y a pas lieu à l'adoption.*

206. — Dans le mois qui suivra le décret du Tribunal, ce décret sera, sur les poursuites de la partie la plus diligente, soumis au Sénat qui instruira dans les mêmes formes que le Tribunal de judicature-mage, et qui, oui l'Avocat général, prononcera, sans énoncer de motifs : *le décret est confirmé*, ou *le décret est réformé;* en conséquence; *il y a lieu, ou il n'y a pas lieu à l'adoption.*

207. Tout décret du Sénat, qui admettra une adoption, sera publié et affiché en tels lieux, et en tel nombre d'exemplaires que le Sénat jugera convenable.

208. Dans les trois mois qui suivront ce décret, l'adoption sera inscrite, à la réquisition de l'une ou de l'autre des parties, sur les registres du Tribunal de judicature-mage, et mention en sera faite en marge de l'acte de consentement.

Cette inscription n'aura lieu que sur le vu d'une expédition en forme du décret du Sénat.

Si l'inscription n'est pas faite dans le délai ci-dessus fixé, l'adoption n'aura d'effet relativement aux tiers, que du jour où cette formalité aura été remplie.

209. Si l'adoptant venait à mourir après que l'acte contenant le consentement exprimé en conformité de l'art. 202, a été porté devant les Tribunaux, et avant que ceux-ci eussent définitivement prononcé, l'instruction sera continuée, et l'adoption admise, s'il y a lieu.

Les héritiers de l'adoptant pourront, s'ils croient l'adoption inadmissible, remettre à l'Avocat fiscal ou à l'Avocat général, tous mémoires et observations à ce sujet.

TITRE VIII.

DE LA PUISSANCE PATERNELLE ET DE L'ÉMANCIPATION.

210. Les enfans, à tout âge, et quel que soit leur état ou condition, doivent honneur et respect à leurs père et mère.

211. Ils sont sous la puissance du père jusqu'à leur émancipation. Si le père lui-même est soumis à la puissance paternelle, ou s'il est décédé avant d'avoir été émancipé, ils sont sous la puissance de l'aïeul paternel.

Les dispositions du présent titre relatives au père, sont respectivement applicables à l'aïeul qui exerce la puissance paternelle.

212. Le fils qui n'a pas vingt-cinq ans accomplis, ne peut quitter la maison paternelle sans la permission du père à la puissance duquel il est soumis, si ce n'est pour enrôlement volontaire dans les troupes du Roi, en se conformant d'ailleurs aux règlemens; s'il l'a quittée sans cette permission, le père a toujours le droit de l'y faire rentrer.

Néanmoins, si, pour de justes motifs, il devient nécessaire ou évidemment utile que le fils vive séparé du père, le Juge-mage du Tribunal, après s'être procuré, sans formalités judiciaires, les renseignemens que les circonstances exigeront, prononcera sur le fait de la séparation, ainsi qu'il le croira convenable, et n'énoncera aucun motif dans son décret.

Si le père ou le fils croient être lésés par ce décret, ils pourront recourir au premier Président du Sénat pour en obtenir la révocation.

Toute ordonnance ou décret rendu sur le fait de la séparation, ne préjugera point la question des alimens.

213. Lorsque le père aura de justes motifs pour que le fils, même âgé de plus de vingt-cinq ans accomplis, ne quitte pas la maison paternelle, il pourra recourir au Tribunal, qui ordonnera à cet égard ce qu'il croira convenable.

Il sera statué à huis clos, sur procédure sommaire, et sauf appel au Sénat.

214. Le père qui a des sujets graves de mécontentement sur la conduite d'un enfant, dont il ne peut réprimer les désordres, aura les moyens de correction suivans.

215. Si l'enfant est âgé de moins de seize ans commencés, le père pourra le faire détenir pendant

un temps qui ne pourra excéder un mois; et, à cet effet, le Juge-mage du Tribunal devra, sur sa demande, délivrer l'ordre d'arrestation.

216. Depuis l'âge de seize ans commencés jusqu'à l'émancipation, ou, à défaut, jusqu'à vingt-cinq ans, le père pourra requérir la détention de son enfant pendant six mois au plus; il s'adressera à cet effet au Juge-mage, qui, après avoir ouï les motifs et en avoir conféré avec l'Avocat fiscal, délivrera l'ordre d'arrestation ou le refusera, et pourra, dans le premier cas, abréger le temps de la détention requis par le père.

217. Il n'y aura, dans l'un et l'autre cas, aucune écriture ni formalité judiciaire, si ce n'est l'ordre même d'arrestation, qui sera donné par écrit, et dans lequel les motifs n'en seront point énoncés.

Le père sera tenu de souscrire une soumission de payer tous les frais, et de fournir les alimens.

218. Le lieu de la détention devra être assigné de manière que les mœurs de l'enfant y soient à l'abri de tout danger, et il sera absolument séparé de celui où sont renfermés les condamnés et les accusés.

219.. Le père est toujours maître de faire cesser la détention de l'enfant, en recourant au Juge-mage, qui devra ordonner l'élargissement.

Si, après sa sortie, l'enfant tombe dans de nouveaux écarts, la détention pourra être de nouveau ordonnée de la manière prescrite aux articles précédens.

220. Si le père est remarié, ou si l'enfant a des

biens personnels ou qu'il exerce un état, on ne
pourra le faire détenir, lors même qu'il aurait moins
de seize ans, sans observer les formalités prescrites
par l'art. 216.

221. La mère survivante, quoique remariée,
pourra faire détenir son enfant mineur non soumis
à la puissance de l'aieul, pourvu qu'elle agisse avec
l'adhésion de deux proches parens paternels, et par
voie de réquisition, conformément à l'art. 216.

222. Dans les cas où la détention de l'enfant ne
peut être ordonnée par le Juge-mage qu'après en
avoir conféré avec l'Avocat fiscal, l'enfant détenu
pourra adresser un mémoire à l'Avocat général près
le Sénat.

L'Avocat général se fera rendre compte par le
Juge-mage, et fera son rapport au premier Président, qui, après avoir donné avis au père ou à la
mère, et après avoir recueilli tous les renseignemens qu'il croira convenables, pourra révoquer ou
modifier l'ordre délivré par le Juge-mage.

223. Les articles 214, 215, 216, 217, 218 et 219
seront communs aux père et mère des enfans naturels légalement reconnus. Les articles 220 et 221
leur seront pareillement applicables, si l'un d'eux
s'est marié, ou si l'enfant a des biens personnels ou
qu'il exerce un état. Quand la détention sera requise
par la mère, le Juge-mage veillera à ce qu'il soit
suppléé au consentement des parens, exigé par l'art.
221, au moyen de telles plus amples informations
qu'il jugera convenables.

224. Le père a droit à l'usufruit des biens adventifs de l'enfant soumis à sa puissance, jusqu'à ce que celui-ci ait atteint l'âge de trente ans accomplis.

Les biens adventifs sont ceux parvenus à l'enfant, par succession *ab intestat* ou testamentaire, par legs, donation, ou à tout autre titre lucratif.

225. Si l'enfant a contracté mariage, du consentement de son père, l'usufruit cessera après l'âge de vingt-cinq ans accomplis pour les fils, et après celui de vingt-un ans révolus pour les filles. Si le mariage a été contracté après cet âge, mais avant celui de trente ans, l'usufruit cessera du jour du mariage.

L'usufruit s'éteindra aussi par la mort du fils de famille avant l'âge de trente ans accomplis.

Si, après que l'usufruit a cessé, le père se trouve dans la nécessité de demander des alimens à son enfant, les Tribunaux devront, en les réglant, avoir particulièrement égard à la valeur de cet usufruit.

226. L'usufruit du père ne s'étendra point aux biens que les fils de famille auraient acquis à l'occasion du service militaire, dans la cléricature, en remplissant des charges ou emplois civils, ou dans l'exercice d'une profession ou d'un art libéral. Il ne s'étendra pas non plus aux biens qui leur auraient été laissés ou donnés pour entreprendre ou continuer l'une de ces carrières, ni à ceux qu'ils auraient acquis par un travail et une industrie séparés.

227. Cet usufruit n'affecte point les biens don-

nés ou laissés aux enfans sous la condition expresse
que le père n'en aura pas la jouissance; mais cette
condition sera sans effet quant aux biens qui doivent former leur légitime.

228. Il n'affecte non plus ni les biens que le fils
a recueillis dans une succession *ab intestat* qui lui
aurait été déférée conjointement avec son père, ni
ceux provenant d'une succession ou d'une donation
que le fils a acceptée contre la volonté du père, et
moyennant l'autorisation exigée par les articles 984,
985 et 1131.

229. Les biens que le fils tient de la munificence
du Roi, ne seront point soumis à l'usufruit du père.

230. Les charges de l'usufruit attribué au père
seront :

1.º Celles auxquelles sont tenus les usufruitiers,
excepté l'obligation de fournir caution;

2.º Les alimens, l'entretien et l'éducation des enfans, selon leur fortune et leur condition;

3.º Le payement des annuités ou des intérêts
des capitaux, qui courent du jour où l'usufruit a
été ouvert ;

4.º Les frais funéraires et ceux de dernière maladie.

231. Le père est de plus administrateur des biens
de ses enfans mineurs;

Mais, quant aux biens dont il a l'usufruit, l'administration aura la même durée que l'usufruit.

Le père est comptable, quant à la propriété et aux
revenus, des biens dont il n'a pas la jouissance; et,

quant à la propriété seulement, des biens dont la loi lui donne l'usufruit.

232. Le père représente son fils mineur non émancipé, dans tous les actes civils. Il ne peut cependant aliéner, obliger, ni hypothéquer les biens dont il a l'usufruit ou l'administration, si ce n'est en cas de nécessité ou d'utilité reconnue, et après avoir obtenu l'approbation du Tribunal de judicature-mage de son domicile.

233. Durant la puissance paternelle, le fils majeur ne peut ester en jugement à raison des biens dont le père a l'usufruit, qu'après avoir obtenu son consentement, ou, à défaut, l'autorisation du Tribunal. La nullité fondée sur le défaut de consentement ou d'autorisation, ne peut être opposée que par le père, par le fils, ou par leurs héritiers.

234. L'enfant, quoique soumis à la puissance paternelle, peut tester, lorsqu'il est parvenu à l'âge fixé au titre *des Successions testamentaires.*

235. En cas de décès du père, la mère non remariée aura sur les biens de ses enfans, durant leur minorité, le même droit d'usufruit que le père avait sur ces biens. Cet usufruit s'étendra aussi sur les biens adventifs acquis aux enfans après le décès du père, mais il ne comprendra point ceux provenant de la succession paternelle, sauf ce qui est réglé aux titres *des Successions testamentaires,* et *des Successions* ab intestat.

236. Lorsque le père est en état de présomption d'absence, qu'il est interdit, ou condamné à une

peine emportant privation de sa liberté pour plus
d'un an, il sera pourvu à la surveillance et à l'éducation des enfans, ainsi qu'à l'administration de
leurs biens, conformément aux articles 103, 104
et 105.

237. La puissance paternelle finit par la mort;
par l'effet des condamnations judiciaires auxquelles
est attachée la perte de ce droit; par l'absence déclarée du père, mais seulement pendant la durée de
cette absence, et par l'émancipation.

238. L'émancipation s'opère par la libre déclaration du père et par l'acceptation du fils, pourvu que
celui-ci soit âgé de dix-huit ans révolus.

Cette déclaration est faite pardevant le Juge de
mandement, qui, après s'être assuré de la libre volonté du père et du fils, prononce l'émancipation
sans autre formalité. Il en est dressé acte par le
greffier.

L'aïeul ne peut, en émancipant le fils, retenir les
petits-enfans sous sa puissance, ni émanciper ces
derniers sans le consentement de leur père.

239. L'émancipation a aussi lieu en vertu d'un
jugement rendu par le Tribunal, dans le cas où le
père se livrerait à des excès graves envers ses enfans, ou qu'il abuserait, de toute autre manière, de
la puissance paternelle.

L'instance peut même être poursuivie par les plus
proches parens, ou d'office par l'Avocat fiscal.

Si le père usufruitier ou administrateur dilapide
le bien de ses enfans, le Tribunal pourvoira à l'ad-

ministration de la manière qu'il jugera la plus convenable. Dans le cas où l'administration serait enlevée au père, le Tribunal pourra même le priver de l'usufruit, en tout ou en partie.

240. En cas d'émancipation ou de mariage de l'enfant avant l'âge de trente ans, le père pourra, dans l'acte même d'émancipation ou de consentement donné au mariage, se réserver, en tout ou en partie, l'usufruit légal; mais cette réserve sera sans effet pour le temps qui suivra la trentième année accomplie de l'âge de l'enfant.

241. Les enfans émancipés ne peuvent, sans le consentement de leur père, faire, avant leur majorité, que les actes de pure administration permis aux mineurs habilités, suivant ce qui est réglé au titre *de la Minorité.*

Si l'émancipation a été prononcée par le Tribunal, dans les circonstances prévues par l'art. 239, on suppléera au consentement du père suivant le mode établi, au même titre, à l'égard du mineur habilité.

242. Sont pareillement considérés comme émancipés les fils de famille qui, depuis cinq ans après leur majorité accomplie, tiennent maison séparée du père, et qui, au su de ce dernier et sans réclamation de sa part, régissent et administrent leurs biens et leurs affaires propres.

243. La capacité ou l'incapacité des fils de famille, par rapport à certains contrats, est réglée par les titres du Code qui.y sont relatifs.

TITRE IX.

DE LA MINORITÉ, DE LA TUTELLE, ET DE L'HABILITATION DU MINEUR.

CHAPITRE PREMIER.

DE LA MINORITÉ.

244. Le mineur est l'individu de l'un ou de l'autre sexe, qui n'a point encore l'âge de vingt-un ans accomplis.

CHAPITRE II.

DE LA TUTELLE.

SECTION I.

Des Personnes qui peuvent nommer un tuteur, et de la Tutelle des ascendans.

245. Le père a le droit de choisir un tuteur à ses enfans mineurs soumis à sa puissance.

Le même droit, en cas de décès du père, appartient à l'aïeul paternel, relativement aux petits-enfans qui sont sous sa puissance.

Le tuteur donné aux enfans nés, est censé être aussi donné au posthume.

246. Lorsque le père ou l'aïeul, suivant ce qui

est établi ci-dessus, aura conféré la tutelle à la mère, il pourra lui adjoindre un conseil spécial, sans l'avis duquel elle ne pourra faire aucun acte relatif à la tutelle.

Si les actes pour lesquels le conseil est nommé, ont été spécifiés, la tutrice sera habile à faire les autres sans son avis.

247. Lorsque, dans les cas ci-dessus énoncés, il n'aura pas été donné un tuteur aux enfans mineurs, la tutelle appartiendra de plein droit à la mère.

248. Si les ascendans n'ont pas pourvu à la tutelle des enfans mineurs, conformément aux dispositions précédentes, la mère tutrice pourra leur choisir un tuteur pour le cas où elle viendrait à décéder; mais son choix sera soumis à l'approbation du conseil de famille.

249. Lors même que le mineur serait soumis à la puissance paternelle, celui qui l'institue héritier, peut lui nommer un tuteur, dont le pouvoir sera limité à l'administration des biens qu'il lui aura laissés.

250. La nomination d'un tuteur ou d'un conseil spécial ne pourra se faire que par acte de dernière volonté, par une déclaration reçue par le Juge de mandement, ou par tout autre acte passé devant notaire.

251. Si, lors du décès du mari, la femme est enceinte, le conseil de famille nommera un curateur au ventre, s'il en est requis par les intéressés.

Il pourra même le nommer d'office, quand des circonstances particulières l'exigeront. S'il n'existe aucun enfant ayant déjà un tuteur, le curateur administrera aussi les biens jusqu'à l'époque de l'accouchement.

A la naissance de l'enfant, la mère en deviendra tutrice, à moins qu'un tuteur n'ait été donné à ses enfans, et les fonctions du curateur au ventre cesseront.

252. La mère n'est point tenue d'accepter la tutelle; si néanmoins elle la refuse, elle devra en remplir les devoirs jusqu'à ce qu'elle ait fait nommer un tuteur.

253. Si la mère tutrice veut se remarier, elle devra, avant de contracter mariage, faire convoquer le conseil de famille, qui décidera si la tutelle doit lui être conservée.

A défaut de cette convocation, elle perdra la tutelle de plein droit, et son nouveau mari sera solidairement responsable de toutes les suites de la tutelle qu'elle aura gérée avant le mariage, et qu'elle aurait dès lors indûment conservée.

Elle pourra cependant reprendre la tutelle, si le conseil de famille la lui défère de nouveau.

254. Lorsque le conseil de famille conservera la tutelle à la mère, ou la lui déférera de nouveau, il lui donnera nécessairement pour cotuteur le second mari, qui deviendra solidairement responsable, avec sa femme, de la gestion postérieure au mariage.

255. La mère remariée, à qui la tutelle des enfans de son premier mariage n'a pas été conservée,

ne peut leur choisir un tuteur, si ce n'est dans le cas prévu par l'art. 249.

256. Le tuteur élu par une des personnes mentionnées aux articles précédens, n'est pas tenu d'accepter la tutelle, s'il n'est d'ailleurs dans la classe des individus qui, à défaut de cette élection spéciale, auraient pu en être chargés par le conseil de famille.

257. Lorsque ni le père ni la mère n'auront choisi un tuteur, la tutelle appartiendra de droit à l'aïeul paternel; à défaut de celui-ci, à l'aïeul maternel; et ainsi, en remontant, de manière que l'ascendant paternel soit toujours préféré à l'ascendant maternel du même degré.

258. Si, à défaut de l'aïeul paternel et de l'aïeul maternel du mineur, la concurrence se trouvait établie entre deux ascendans du degré supérieur, qui appartinssent tous deux à la ligne paternelle, la tutelle passera de droit à celui des deux qui se trouvera être l'aïeul paternel du père du mineur.

259. Si la concurrence a lieu entre deux bisaïeuls de la ligne maternelle, la nomination sera faite par le conseil de famille, qui ne pourra néanmoins choisir que l'un de ces deux ascendans.

SECTION II.

De la Tutelle déférée par le conseil de famille.

260. Lorsqu'un enfant mineur non émancipé restera sans père ni mère, sans aïeul paternel, sans

tuteur par eux élu et sans autres ascendans mâles,
comme aussi lorsque le tuteur de l'une des qualités
ci-dessus exprimées, se trouvera, ou dans le cas
des exclusions dont il sera parlé ci-après, ou valablement excusé, il sera pourvu, par un conseil de
famille, à la nomination d'un tuteur, qui pourra
être pris même en dehors du conseil.

261. Ce conseil sera convoqué, soit sur la réquisition et à la diligence des parens du mineur, de ses
créanciers, ou d'autres parties intéressées, soit même
d'office, par le Juge du mandement du domicile du
mineur.

Toute personne pourra dénoncer au Juge le fait
qui donnera lieu à la nomination d'un tuteur.

262. Le conseil de famille sera composé, outre le
Juge du mandement, de quatre parens ou alliés pris
tant dans la commune où la tutelle sera ouverte,
que dans le ressort du mandement, moitié du côté
paternel, moitié du côté maternel, et en suivant
l'ordre de proximité dans chaque ligne.

Le parent sera préféré à l'allié du même degré,
et, parmi les parens du même degré, le plus âgé
à celui qui le sera le moins.

263. Les frères germains du mineur et les maris
des sœurs germaines sont seuls exceptés de la limitation de nombre posée en l'article précédent.

S'ils sont quatre ou au delà, ils seront tous membres du conseil de famille, qu'ils composeront seuls,
avec les veuves d'ascendans et les ascendans valablement excusés, s'il y en a.

S'ils sont en nombre inférieur, les autres parens ne seront appelés que pour compléter le conseil.

264. Lorsque les parens ou alliés de l'une ou de l'autre ligne se trouveront en nombre insuffisant sur les lieux désignés par l'art. 262, le Juge de mandement appellera, soit des parens ou alliés domiciliés même hors du mandement, soit des personnes ayant leur habitation dans la commune, et connues pour avoir eu des relations habituelles d'amitié avec le père ou la mère du mineur.

265. Le Juge de mandement pourra, lors même qu'il y aurait sur les lieux un nombre suffisant de parens ou alliés, permettre de citer, à quelque distance qu'ils soient domiciliés, des parens ou alliés plus proches en degrés, ou de mêmes degrés que les parens ou alliés présens; de manière toutefois que cela s'opère en retranchant quelques-uns de ces derniers, et sans excéder le nombre réglé par les articles précédens.

266. Le délai pour comparaître sera réglé par le Juge de mandement à jour fixe, mais de manière qu'il y ait toujours, entre la citation notifiée et le jour indiqué pour la réunion du conseil, un intervalle de trois jours au moins, quand toutes les parties citées résideront dans la commune, ou dans la distance de deux myriamètres.

Toutes les fois que, parmi les parties citées, il s'en trouvera de domiciliées au delà de cette distance, le délai sera augmenté d'un jour par trois myriamètres.

267. Les parens, alliés ou amis, ainsi convoqués, seront tenus de se rendre en personne, ou de se faire représenter par un mandataire spécial.

Le fondé de pouvoir ne peut représenter plus d'une personne.

268. Tout parent, allié ou ami convoqué, et qui, sans excuse légitime, ne comparaîtra point, encourra une amende qui ne pourra excéder cinquante livres, et sera prononcée sans appel par le Juge de mandement.

269. S'il y a excuse suffisante, et qu'il convienne, soit d'attendre le membre absent, soit de le remplacer, en ce cas, comme en tout autre où l'intérêt du mineur semblera l'exiger, le Juge de mandement pourra ajourner l'assemblée.

270. Cette assemblée se tiendra de plein droit chez le Juge de mandement, à moins qu'il ne désigne lui-même un autre local. La présence des trois quarts au moins des membres convoqués sera nécessaire pour la validité de la délibération.

271. Le conseil de famille sera présidé par le Juge de mandement, qui y aura voix délibérative, et prépondérante en cas de partage.

272. Pour la validité des délibérations du conseil de famille, la majorité relative des voix suffit.

273. Toutes les fois que les délibérations du conseil de famille ne seront pas unanimes, l'avis de chacun des membres qui le composent, sera mentionné dans le procès-verbal.

Le tuteur, le protuteur ou le curateur, même

les membres de l'assemblée, pourront se pourvoir contre la délibération, en contradictoire des membres qui auront été d'un avis conforme à ce qui aura été délibéré.

274. Le tuteur nommé par le conseil de famille agira et administrera, en cette qualité, du jour de sa nomination, si elle a eu lieu en sa présence, sinon du jour qu'elle lui aura été notifiée.

275. La tutelle est une charge personnelle qui ne passe point aux héritiers du tuteur. Ceux-ci seront seulement responsables de la gestion de leur auteur ; et, s'ils sont majeurs, ils seront tenus de la continuer jusqu'à la nomination d'un nouveau tuteur.

276. Si l'on doit pourvoir à la tutelle d'un enfant naturel dont la filiation est reconnue ou déclarée, conformément aux articles 180, 185 et 186, le Juge de mandement convoquera un conseil de tutelle composé de quatre personnes connues pour avoir eu des relations habituelles d'amitié avec le père et la mère, ou avec celui des deux qui aurait reconnu l'enfant, ou par rapport auquel la filiation aurait été déclarée.

A l'égard des enfans dont la filiation n'aura été ni reconnue ni déclarée, le Juge, après avoir convoqué deux conseillers de la commune, procédera à la nomination d'un tuteur, et donnera toutes les dispositions convenables relativement à la tutelle.

Les dispositions précédentes concernant le conseil de famille, s'appliqueront aux conseils susdits dans tout ce qui peut leur être relatif.

277. Les enfans reçus dans les hospices, à quelque titre et sous quelque dénomination que ce soit, et dont les parens ou alliés ne sont ni connus, ni capables d'être tuteurs, sont sous la tutelle des administrateurs de ces établissemens. Ceux-ci, quand les circonstances l'exigeront, désigneront l'un d'eux pour faire les fonctions de tuteur; les autres membres de l'administration formeront le conseil de tutelle, sans qu'il soit nécessaire que le Juge assiste à leur délibération.

Du Protuteur.

278. Dans toute tutelle il y aura un protuteur. Ses fonctions consisteront à agir pour les intérêts du mineur, lorsqu'ils se trouveront en opposition avec ceux du tuteur; à provoquer la nomination d'un nouveau tuteur, dans le cas où la tutelle serait vacante ou abandonnée, et à surveiller la gestion.

279. Les personnes qui ont droit de nommer un tuteur, ainsi qu'il est dit en la section I de ce chapitre, ont aussi droit de nommer le protuteur. On observera, en ce cas, les mêmes formes que pour la nomination du tuteur.

280. S'il n'a pas été procédé à la nomination du protuteur, conformément à l'article précédent, tout individu de l'une des qualités exprimées en la section I du présent chapitre, à qui les fonctions de

tuteur auront été dévolues, devra, avant d'entrer en exercice, faire convoquer, pour cette nomination, un conseil de famille composé comme il est dit en la section précédente.

S'il s'est ingéré dans la gestion avant d'avoir rempli cette formalité, le conseil de famille, convoqué soit sur la réquisition des parens, créanciers ou autres parties intéressées, soit d'office par le Juge de mandement, pourra, s'il y a eu dol de la part du tuteur, lui retirer la tutelle, sans préjudice des indemnités dues au mineur.

281. Dans les autres tutelles, la nomination du protuteur aura lieu immédiatement après celle du tuteur.

282. Toutes les fois qu'il y aura opposition d'intérêt entre le mineur et son tuteur, le protuteur, quoique membre du conseil de famille, n'aura point voie délibérative dans ce conseil, et le Juge de mandement aura soin d'y appeler, s'il en est le cas, toute autre personne capable d'en faire partie.

283. En aucun cas le tuteur ne votera pour la nomination du protuteur, lequel sera choisi entre les membres du conseil de famille ou entre les parens, à défaut, entre les amis. Il ne sera jamais pris dans celle des deux lignes à laquelle le tuteur appartiendra, si ce n'est dans le cas de frères germains du mineur; auquel cas l'un d'eux pourra être nommé protuteur par le conseil de famille.

284. Les fonctions du protuteur cesseront à la même époque que la tutelle.

285. Les dispositions contenues dans les sections IV et V de ce titre, s'appliqueront au protuteur.

Néanmoins le tuteur ne pourra voter dans les conseils de famille qui seront convoqués pour délibérer sur la destitution du protuteur.

SECTION IV.

Des causes qui dispensent de la tutelle.

286. Toute personne appelée à remplir la charge de tuteur, est tenue de l'accepter, à moins qu'elle ne puisse proposer un des motifs de dispense ci-après désignés.

287. Sont dispensés de la tutelle,

Le grand Chancelier;

Les Chevaliers de l'Ordre suprême de la Sainte-Annonciade;

Les Grands de la Couronne;

Les Ministres d'État;

Les premiers Présidens;

Les premiers Secrétaires d'État, et les autres Chefs de département;

Les personnes engagées dans les ordres sacrés.

288. Sont également dispensés de la tutelle :

Les militaires en activité de service;

Les individus chargés d'une mission du Gouvernement, hors des États, et tous ceux que le service du Roi oblige de résider dans une province autre que celle où la tutelle est déférée.

289. Les individus désignés aux articles précédens, qui ont accepté la tutelle postérieurement aux fonctions, services, ou missions qui les en dispensent, ne seront plus admis à s'en faire décharger pour ces causes.

290. Ceux, au contraire, à qui lesdites fonctions, services ou missions auront été conférés postérieurement à l'acceptation et gestion d'une tutelle, pourront, s'ils ne veulent la conserver, faire convoquer dans le mois un conseil de famille, pour y être procédé à la nomination d'un autre tuteur.

Si, à l'expiration de ces fonctions, services ou missions, le nouveau tuteur réclame sa décharge, ou que l'ancien redemande la tutelle, elle pourra lui être déférée de nouveau par le conseil de famille.

291. Tout individu non parent ni allié ne peut être forcé d'accepter la tutelle, que dans le cas où il n'existerait pas, dans le ressort du Tribunal de judicature-mage, des parens ou alliés en état de gérer la tutelle.

292. Tout individu âgé de soixante-cinq ans accomplis, peut refuser d'être tuteur. Celui qui aura été nommé avant cet âge, pourra, à soixante-dix ans révolus, se faire décharger de la tutelle.

293. Toute personne atteinte d'une infirmité grave et dûment justifiée, est dispensée de la tutelle. Elle pourra même s'en faire décharger, si cette infirmité est survenue depuis sa nomination.

294. Deux tutelles sont, pour toutes personnes, une juste dispense d'en accepter une troisième.

295. Celui qui sera chargé d'une tutelle, sera dispensé d'en accepter une seconde, s'il a des enfans ou descendans mineurs qui soient sous sa puissance.

296. Ceux qui ont cinq enfans légitimes, sont dispensés de toute tutelle.

Les enfans morts en activité de service dans les armées du Roi, seront toujours comptés pour opérer cette dispense.

Les autres enfans morts ne feront nombre qu'autant qu'ils auront eux-mêmes laissé des enfans actuellement existans. Ces enfans, s'ils sont sous la puissance ou la tutelle de l'aïeul, seront comptés par tête.

297. La survenance d'enfans n'autorise point le tuteur à se faire décharger de la tutelle : si cependant le tuteur a plus de six enfans existans, le conseil de famille pourra, sur sa demande, pourvoir à son remplacement.

298. Si le tuteur nommé est présent à la délibération qui lui défère la tutelle, il devra sur-le-champ, et sous peine d'être déclaré non recevable dans toute réclamation ultérieure, proposer ses excuses, ou en faire la réserve. Dans le premier cas le conseil de famille délibèrera, séance tenante, sur ces excuses; dans le second cas, le tuteur devra, sous peine d'être déclaré non recevable comme ci-dessus, proposer et prouver ses excuses devant le conseil de famille nouvellement assemblé. La convocation en sera fixée dans la même séance, et devra

avoir lieu dans un terme qui ne sera pas au-dessous de cinq jours, et n'excédera pas dix jours.

299. Si le tuteur nommé n'a pas assisté à la délibération qui lui a déféré la tutelle, il pourra faire convoquer le conseil de famille pour délibérer sur ses excuses.

Ses diligences à ce sujet devront avoir lieu dans le délai de cinq jours, à partir de la notification qui lui aura été faite de sa nomination; lequel délai sera augmenté d'un jour par trois myriamètres de distance du lieu de son domicile à celui de l'ouverture de la tutelle : passé ce délai, il sera non recevable.

300. Si ses excuses sont rejetées, il pourra se pourvoir devant les Tribunaux pour les faire admettre, mais il sera, pendant le litige, tenu d'administrer provisoirement.

301. S'il parvient à se faire exempter de la tutelle, ceux qui auront rejeté l'excuse, pourront être condamnés aux frais de l'instance.

S'il succombe, il y sera condamné lui-même.

SECTION V.

De l'incapacité, des causes d'exclusion et de destitution de la tutelle, et du conseil de famille.

302. Ne peuvent être tuteurs, ni faire partie du conseil de famille,

1.º Les individus appartenant à des corporations religieuses où l'on prononce des vœux solennels ou perpétuels;

2º Les mineurs, excepté la mère, qui dès lors sera censée habilitée de plein droit à administrer ses biens propres; elle devra toutefois, pendant sa minorité, être assistée, pour les actes concernant l'administration des biens de ses enfans, par un conseil spécial nommé par le conseil de famille, lorsque le mari n'en aura désigné aucun;

3.º Les interdits et ceux à qui il a été donné un conseil judiciaire;

4.º Les femmes, autres que la mère et les ascendantes;

5.º Tous ceux qui ont, sont exposés à avoir, ou dont les père ou mère ont pareillement, ou sont exposés à avoir avec le mineur, un procès dans lequel l'état de ce mineur, sa fortune, ou une partie notable de ses biens sont compromis.

303. La condamnation à une peine infamante emporte de plein droit l'exclusion de la tutelle; elle emporte de même la destitution, dans le cas où il s'agirait d'une tutelle antérieurement déférée.

304. Sont aussi exclus de la tutelle, et pourront même être destitués, s'ils sont en exercice,

1.º Les gens d'une inconduite notoire;

2.º Ceux dont la gestion attesterait l'incapacité ou l'infidélité.

305. Le condamné à une peine non infamante, mais qui excéderait une année de prison, s'il n'a pas subi sa peine, ne peut être nommé tuteur. Il perd la tutelle qu'il exerce, et il ne peut la reprendre,

sans y être autorisé par une nouvelle délibération du conseil de famille.

S'il s'agit d'un condamné à la peine d'un an de prison ou au-dessous, le conseil de famille pourra le destituer de la tutelle.

306. Tout individu qui aura été exclu ou destitué d'une tutelle, ne pourra être membre d'un conseil de famille.

Il pourra néanmoins être membre d'un conseil de famille convoqué à l'occasion d'une autre tutelle, si les motifs d'exclusion ne concernent que le mineur de la tutelle duquel il est exclu, à teneur du n.º 5 de l'art. 302.

307. Toutes les fois qu'il y aura lieu à une destitution de tuteur, elle sera prononcée par le conseil de famille convoqué à la diligence du protuteur, ou d'office, par le Juge de mandement.

Celui-ci ne pourra se dispenser de faire cette convocation, quand elle sera formellement requise par un ou plusieurs parens ou alliés du mineur, au degré de cousin germain, ou à des degrés plus proches.

308. Toute délibération du conseil de famille, qui prononcera l'exclusion ou la destitution du tuteur, sera motivée, et ne pourra être prise qu'après avoir entendu ou appelé le tuteur.

309. Si le tuteur ne se présente pas, ou s'il se présente et ne déclare pas, dans la même séance, qu'il veut former opposition à la délibération, il en sera fait mention, et le nouveau tuteur entrera aussitôt en exercice de ses fonctions.

S'il déclare vouloir y former opposition, le protuteur poursuivra l'homologation de la délibération devant le Tribunal qui prononcera, sauf l'appel.

Le tuteur exclu ou destitué peut, dans ces divers cas, assigner le protuteur, et même le parent qui aura provoqué l'exclusion ou la destitution, pour se faire déclarer admis ou maintenu en la tutelle.

310. Les parens ou alliés qui auront requis la convocation, pourront intervenir dans la cause, qui sera instruite et jugée comme affaire urgente, après avoir ouï le ministère public.

SECTION VI

De l'Administration du tuteur.

311. Le tuteur prend soin de la personne du mineur, le représente dans tous les actes civils, et en administre les biens.

Le tuteur, avant d'entrer en fonctions, prête serment, entre les mains du Juge de mandement, de bien et fidèlement gérer la tutelle.

312. Le conseil de famille pourra délibérer sur le lieu où le mineur doit être élevé, ainsi que sur l'éducation qu'il convient de lui donner, à moins qu'il ne soit sous la tutelle de sa mère. Le mineur devra toujours être entendu.

Faute de délibération à ce sujet, le tuteur y pourvoira.

313. Le tuteur qui aura de graves sujets de mécontentement sur la conduite du mineur, pourra
porter ses plaintes au conseil de famille, et s'il y
est autorisé par ce conseil, provoquer la réclusion
du mineur, conformément à ce qui est statué à ce
sujet par l'art. 216.

314. Le mineur doit respect et obéissance à son
tuteur; il peut cependant porter ses plaintes au
conseil de famille, lorsque le tuteur abuse de son
autorité ou néglige de remplir ses obligations.

315. Le tuteur administrera les biens du mineur
en bon père de famille, et sera responsable des dommages-intérêts qui pourraient résulter d'une mauvaise
gestion.

Il ne pourra ni acheter les biens du mineur, ni
accepter la cession d'aucun droit ou créance contre
lui, ni prendre ses biens à ferme, à moins que le
conseil de famille n'ait autorisé le protuteur à lui en
passer le bail.

316. Dans les dix jours qui suivront celui de sa
nomination, dûment connue de lui, le tuteur requerra la levée des scellés, s'ils ont été apposés, et
fera procéder immédiatement à l'inventaire des biens
du mineur.

Cet inventaire devra être clos dans le mois; mais,
si les circonstances l'exigent, ce terme pourra être
prorogé par le conseil de famille.

317. Si le tuteur est débiteur ou créancier du
mineur, ou qu'il ait quelques droits à prétendre
sur le patrimoine soumis à son administration, il

devra le déclarer au commencement de l'inventaire, sur l'interpellation que le notaire sera tenu de lui en faire, et il sera toujours fait mention dans l'acte même, tant de cette interpellation, que de la réponse qui y aura été donnée.

318. Si, connaissant sa créance et ses droits, il n'en a pas fait la déclaration, il en sera déchu.

319. Si, connaissant sa dette, il ne l'a pas déclarée, il pourra être destitué. En aucun cas, il ne sera admis à opposer la compensation des sommes qu'il justifierait avoir payées durant la tutelle, si ce n'est ensuite de l'arrêté de compte définitif mentionné en l'art. 349.

320. On décrira dans l'inventaire le nombre, la qualité et l'état des meubles, dettes et créances du mineur; on y désignera en outre les immeubles, papiers, titres et notes propres à indiquer l'actif et le passif de son patrimoine.

321. Il sera procédé à l'inventaire en présence de deux témoins pris parmi les notables du lieu, et en l'assistance du protuteur. Cet inventaire devra être fait par le notaire que les personnes ayant droit de choisir un tuteur auraient nommé suivant le mode prescrit par l'art 250; à défaut de cette nomination, il devra être fait par le greffier de la judicature, si l'on procède au chef-lieu de mandement; et hors du chef-lieu, par ce même greffier, ou par un autre notaire des plus voisins, suivant ce qui sera déterminé par le conseil de famille.

Le Juge de mandement n'assistera à l'inventaire que lorsque le défunt l'aura expressément ordonné.

322. Tout tuteur, même la mère, ou tout autre ascendant devra faire procéder à l'inventaire dans la forme ci-dessus prescrite, lors même que le défunt l'aurait dispensé de cette obligation. Cette dispense sera réputée non écrite, et ceux qui s'en prévaudront, seront passibles des peines portées par la loi contre ceux qui omettent de faire l'inventaire.

323. Les personnes qui font procéder à l'inventaire, ou qui y assistent, et qui, soit avant, soit pendant sa confection, auront célé ou soustrait quelques objets qui doivent y être portés, seront punies suivant la disposition des lois pénales.

324. L'administration du tuteur, avant l'entière confection de l'inventaire, sera limitée aux affaires qui n'admettent pas de retard. Les actes qui, hors ce cas, seraient faits avant la clôture de l'inventaire, pourront être maintenus, s'ils sont utiles au mineur.

325. Dans le mois qui suivra la clôture de l'inventaire, le tuteur, à moins qu'il n'en ait été autrement ordonné, fera vendre, en présence du protuteur, tous les meubles autres que ceux que le conseil de famille l'aurait autorisé à conserver en nature.

La vente se fera aux enchères reçues par un notaire, et après les affiches et publications dont le procès-verbal de vente fera mention.

526. La mère tutrice est dispensée de vendre les meubles, si elle préfère de les garder pour les remettre ensuite en nature.

Dans ce cas, elle rendra la valeur estimative de ceux des meubles qu'elle ne pourrait représenter en nature.

527. Le tuteur qui aura omis de faire procéder à l'inventaire, ou qui ne l'aura pas fait fidèlement, pourra être destitué de la tutelle, comme suspect; il sera tenu aux dommages que le mineur aura pu éprouver, et il y aura lieu contre lui au serment en plaids; le tout indépendamment de ce qui est dit à l'art. 523, pour le cas où l'on aurait célé ou soustrait quelques effets.

528. Lors de l'entrée en exercice de toute tutelle autre que celle de la mère, le conseil de famille réglera par aperçu, et selon l'importance des biens régis, la somme à laquelle pourra s'élever la dépense annuelle du mineur, ainsi que celle d'administration de ses biens.

Le même acte spécifiera si le tuteur est autorisé à s'aider, dans sa gestion, d'un ou plusieurs administrateurs salariés et gérant sous sa responsabilité.

529. Le conseil déterminera positivement la somme à laquelle commencera, pour le tuteur, l'obligation d'employer l'excédant des revenus sur la dépense : cet emploi devra être fait dans le délai de six mois, passé lequel le tuteur devra les intérêts à défaut d'emploi, à moins que le conseil de

famille, pour de justes motifs, ne l'eût autorisé à garder les revenus pendant un terme plus long, sans les employer.

330. Si le tuteur n'a pas fait déterminer, par le conseil de famille, la somme à laquelle doit commencer l'emploi, il devra, après le délai de six mois, les intérêts de toute somme non employée, quelque modique qu'elle soit. Il devra les intérêts, même pendant ce délai, s'il a employé pour son propre compte l'argent du mineur.

331. Le tuteur, même la mère, ne peut emprunter pour le mineur, ni aliéner ou hypothéquer ses biens immeubles, sans y être autorisé par un conseil de famille.

Cette autorisation ne devra être accordée que pour cause d'une nécessité absolue, ou d'un avantage évident.

Dans le premier cas, le conseil de famille n'accordera son autorisation qu'après qu'il aura été constaté, par un compte sommaire présenté par le tuteur, que les deniers, effets mobiliers et revenus du mineur sont insuffisans.

Le conseil de famille indiquera, dans tous les cas, les immeubles qui devront être vendus de préférence, et toutes les conditions qu'il jugera utiles.

332. Les délibérations du conseil de famille, relatives à cet objet, ne seront exécutées qu'après que le tuteur en aura demandé et obtenu l'homologation devant le Tribunal, qui statuera après avoir oui l'Avocat fiscal.

333. La vente se fera publiquement, en présence du protuteur, aux enchères qui seront reçues par l'Assesseur délégué par le Tribunal de judicature-mage, à moins que le Tribunal ne juge convenable à l'intérêt du mineur de commettre à cet effet le greffier du Juge de mandement ou tout autre notaire.

334. Le Sénat pourra permettre la vente des biens des mineurs sans enchères, lorsque, eu égard à la modicité de l'objet, ou à d'autres circonstances, il le jugera à propos pour diminuer les frais.

En ce cas, l'acte portant la délibération du conseil de famille sera homologué par le Sénat.

335. Les formalités exigées par les articles 531 et 552, pour l'aliénation des biens du mineur, ne s'appliquent point au cas où un jugement aurait ordonné les enchères sur la provocation d'un copropriétaire par indivis.

Les enchères ne pourront se faire que dans la forme prescrite par l'art. 333 : les étrangers y seront nécessairement admis.

336. Les rentes sur l'État ne pourront être transférées ou vendues qu'avec l'autorisation du conseil de famille.

S'il y a dans les biens du mineur, des *cédules au porteur*, le tuteur sera tenu de les convertir en une inscription ou cédule nominative. Le conseil de famille fixera le terme dans lequel l'inscription devra avoir lieu, à moins qu'il ne juge à propos de dispenser le tuteur de cette obligation.

557. Le tuteur ne pourra, sans l'autorisation du conseil de famille, recevoir les capitaux du mineur, lorsque, dans l'acte de sa nomination, on lui en aura interdit la faculté. Si l'avantage du mineur l'exige, le conseil de famille pourra, même par une délibération postérieure à la nomination du tuteur, lui prohiber de recevoir les capitaux : en ce cas, la délibération devra être notifiée aux débiteurs, à la diligence du protuteur.

Les débiteurs, dans les cas énoncés ci-dessus, ne seront point valablement libérés en payant entre les mains du tuteur; mais ils pourront recourir au Tribunal du domicile du mineur, pour être admis à la consignation, si, dans le bref délai qui sera fixé par le Tribunal, le tuteur ne présente pas la délibération du conseil de famille qui l'autorise à exiger.

558. Le tuteur ne pourra accepter ni répudier une succession échue au mineur, sans une autorisation préalable du conseil de famille.

L'acceptation n'aura lieu que sous bénéfice d'inventaire.

559. Dans le cas où la succession répudiée au nom du mineur n'aurait pas été acceptée par un autre, elle pourra être reprise, soit par le tuteur autorisé à cet effet par une nouvelle délibération du conseil de famille, soit par le mineur devenu majeur, mais dans l'état où elle se trouvera lors de la reprise, et sans pouvoir attaquer les ventes et autres actes qui auraient été légalement faits pendant que cette succession était jacente.

340. La donation qui imposera quelque obligation au mineur, ne pourra être acceptée par le tuteur qu'avec l'autorisation du conseil de famille.

Elle aura, à l'égard du mineur, le même effet qu'à l'égard du majeur.

541. Aucun tuteur ne pourra introduire en justice une action relative aux droits immobiliers du mineur, ni acquiescer à une demande relative aux mêmes droits, sans l'autorisation du conseil de famille.

342. La même autorisation sera nécessaire au tuteur pour provoquer un partage; mais il pourra, sans cette autorisation, répondre à une demande en partage dirigée contre le mineur.

543. Pour obtenir, à l'égard du mineur, tout l'effet qu'il aurait entre majeurs, le partage devra être fait dans les formes prescrites au livre III, titre IV, chapitre III *du Partage;* tout autre partage ne sera considéré que comme provisionnel.

344. Le tuteur ne pourra transiger au nom du mineur, qu'après y avoir été autorisé par le conseil de famille, et sur l'avis de deux jurisconsultes.

La transaction ne sera valable qu'autant qu'elle aura été homologuée par le Tribunal de judicature-mage du domicile du mineur, sur les conclusions de l'Avocat fiscal.

Si la transaction a pour objet un procès porté à la connaissance d'une cour suprême ou d'un Tribunal de judicature-mage, ils seront seuls compétens pour en accorder l'homologation, après avoir oui le ministère public.

Des Comptes de la Tutelle.

345. Tout tuteur est tenu de rendre compte de son administration lorsqu'elle finit.

Toute dispense de rendre compte est de nul effet, ainsi que toute prohibition d'en exiger.

346. Tout tuteur, autre que la mère, peut être tenu, même durant la tutelle, de remettre au pro-tuteur des états de situation de sa gestion, aux époques que le conseil de famille aurait jugé à propos de fixer, sans néanmoins que le tuteur puisse être astreint à en fournir plus d'un chaque année.

Ces états de situation seront rédigés et remis, sans frais, sur papier non timbré, et sans aucune formalité de justice.

347. Le compte définitif de tutelle sera rendu quand le mineur aura atteint sa majorité, ou obtenu son habilitation.

Les frais seront à la charge du mineur; le tuteur en fera l'avance.

On allouera au tuteur toutes dépenses suffisamment justifiées, et dont l'objet sera utile.

348. Si l'administration du tuteur cesse avant que la personne administrée ait atteint la majorité, ou avant qu'elle soit habilitée, le compte de tutelle devra être rendu au nouveau tuteur, en présence du protuteur. Toutefois la reddition du compte ne

sera définitive qu'après l'avis du conseil de famille et l'approbation du Tribunal.

Si le mineur décède pendant la minorité, le compte sera rendu à ses héritiers.

349. Tout traité qui pourra intervenir entre le tuteur et le mineur devenu majeur, et qui portera arrêté de compte ou libération du tuteur, sera nul, s'il n'a été précédé de la reddition d'un compte détaillé de l'administration du tuteur, et de la remise des titres et des pièces justificatives; le tout constaté par un récépissé de l'oyant-compte, dix jours au moins avant le traité auquel devront assister deux des proches parens de ce dernier.

Aucune autre convention ne pourra avoir lieu entre le tuteur et le mineur devenu majeur, tant que le compte définitif n'aura pas été arrêté dans la forme ci-dessus prescrite.

350. Si le compte donne lieu à des contestations, elles seront poursuivies et jugées comme les autres contestations en matière civile.

351. La somme à laquelle s'élèvera le reliquat dû par le tuteur, portera intérêt, sans demande, dès la clôture du compte.

Les intérêts de ce qui sera dû au tuteur par le mineur, ne courront que du jour de la sommation judiciaire de payer qui aura suivi la clôture du compte.

352. Toute action du mineur contre le tuteur, ou du tuteur contre le mineur, relativement aux faits de la tutelle, se prescrit par dix ans à compter de la majorité.

Cette disposition cependant ne s'étend pas à l'action ayant pour objet le payement du reliquat porté par le compte définitif.

SECTION VIII.

De l'Habilitation du mineur à administrer ses biens.

353. Le mineur qui est sous la tutelle, peut, lorsqu'il est parvenu à l'âge de dix-huit ans révolus, être habilité à administrer ses biens, si le conseil de famille l'en juge capable.

Cette habilitation s'opérera par la délibération du conseil de famille, et par la déclaration faite, dans l'acte même, par le Juge de mandement en qualité de président de l'assemblée, que le mineur est habilité à administrer ses biens.

354. Lorsque le tuteur n'aura fait aucune diligence pour l'habilitation du mineur, et qu'un ou plusieurs parens ou alliés de ce mineur, au degré de cousin germain ou à des degrés plus proches, le jugeront capable d'être habilité, ils pourront requérir le Juge de mandement de convoquer le conseil de famille pour délibérer à ce sujet.

Le Juge de mandement devra déférer à cette demande.

355. S'il s'agit d'enfans naturels dont la filiation est reconnue ou déclarée, l'habilitation s'opérera par une délibération du conseil de tutelle composé ainsi qu'il est dit en l'art. 276.

A l'égard des enfans dont la filiation n'aura été
ni reconnue ni déclarée, le Juge pourra procéder à
l'habilitation, après avoir convoqué deux conseillers
de la commune, suivant ce qui est établi par l'art.
276.

356. Quant aux mineurs mentionnés en l'art. 277,
l'habilitation s'opérera par la délibération du conseil
de tutelle composé suivant le mode prescrit par le
même article, et par la déclaration du Juge de mandement que le mineur est habilité. La délibération
sera présentée au Juge par le membre de l'administration, qui fait les fonctions de tuteur.

357. Après la déclaration d'habilitation, le conseil
de famille ou de tutelle nommera un curateur au
mineur habilité.

358. Le compte de la tutelle sera rendu au mineur habilité, en l'assistance de son curateur, conformément à ce qui est prescrit par les articles 547,
548 et 549.

359. Le mineur ainsi habilité pourra passer les
baux dont la durée n'excédera pas neuf ans, recevoir ses revenus, en donner décharge, et faire tous
les actes qui ne sont que de pure administration,
sans être restituable contre ces actes dans tous les
cas où le majeur ne le serait pas lui-même.

560. Il ne pourra intenter une action immobilière
ni y défendre, même recevoir un capital et en donner décharge, sans l'assistance de son curateur qui,
au dernier cas, surveillera l'emploi du capital reçu.

561. Le mineur habilité ne pourra faire d'em-

prunts sous aucun prétexte, sans une délibération du conseil de famille, homologuée par le Tribunal, sur les conclusions de l'Avocat fiscal.

562. Il ne pourra non plus vendre, ni aliéner d'aucune manière ses immeubles, ni faire aucun acte autre que ceux de pure administration, sans observer les formes prescrites au mineur non habilité.

A l'égard des obligations qu'il aurait contractées par voie d'achats ou autrement, elles seront réductibles en cas d'excès : les Tribunaux prendront, à ce sujet, en considération la fortune du mineur, la bonne ou mauvaise foi des personnes qui auront contracté avec lui, l'utilité ou l'inutilité des dépenses.

563. Tout mineur habilité dont les engagemens auraient été réduits en vertu de l'article précédent, pourra être privé du bénéfice de l'habilitation, en suivant les mêmes formes que celles qui auront eu lieu pour la lui conférer.

564. Du jour où l'habilitation aura été révoquée, le mineur rentrera en tutelle et y restera jusqu'à la majorité accomplie.

565. Le mineur habilité qui fait un commerce, est réputé majeur pour les faits relatifs à ce commerce, pourvu qu'il ait été autorisé à l'exercer, par une délibération du conseil de famille, homologuée par le Tribunal de judicature-mage.

566. La nullité des actes faits en contravention dispositions du présent titre, relatives à l'inté-

7

rêt du mineur, ne pourra être opposée que par ce
dernier, ses héritiers ou ayant cause.

TITRE X.

DE LA MAJORITÉ, DE L'INTERDICTION, ET DU CONSEIL JUDICIAIRE.

CHAPITRE PREMIER.

DE LA MAJORITÉ.

567. La majorité est fixée à vingt-un ans accomplis; à cet âge on est capable de tous les actes de
la vie civile, sauf les restrictions portées aux titres
du Mariage et *de la Puissance paternelle.*

CHAPITRE II.

DE L'INTERDICTION, ET DU CONSEIL JUDICIAIRE.

568. Le majeur qui est dans un état habituel
d'imbécillité, de démence ou de fureur, doit être
interdit, même lorsque cet état présente des intervalles lucides.

569. Le prodigue peut aussi être interdit.

570. Tout parent ou allié est recevable à provoquer l'interdiction de son parent; il en est de même
de l'un des époux à l'égard de l'autre.

571. Dans le cas de fureur, si l'interdiction n'est

provoquée ni par l'époux ni par les parens ou alliés, elle doit l'être par l'Avocat fiscal, qui, dans le cas d'imbécillité ou de démence, peut aussi la provoquer contre un individu qui n'a ni époux, ni épouse, ni parens ou alliés connus.

372. Lorsque la prodigalité d'un individu sera notoire, s'il a des ascendans ou des descendans, ou si l'époux ou l'épouse sont vivans, l'Avocat fiscal pourra lui-même provoquer l'interdiction.

373. Toute demande en interdiction sera portée devant le Tribunal de judicature-mage.

374. Les faits d'imbécillité, de démence, de fureur ou de prodigalité, seront articulés par écrit. Ceux qui poursuivront l'interdiction, indiqueront les témoins, et présenteront les pièces.

375. Le Tribunal ordonnera que le conseil de famille, formé selon le mode déterminé à la section II du chapitre II du titre *de la Minorité et de la Tutelle*, donne son avis motivé sur l'état de la personne dont l'interdiction est demandée, et sur les faits articulés dans la requête.

376. L'époux et les descendans de la personne dont l'interdiction est demandée, ainsi que ceux qui l'auront provoquée, ne peuvent faire partie du conseil de famille : ils ont cependant le droit d'y être entendus; mais ils ne peuvent être présens à la délibération.

377. Tant la requête en interdiction, contenant les faits articulés et l'indication des témoins, que les pièces justificatives et l'avis du conseil de famille,

seront communiqués à la personne dont l'interdiction est provoquée : celle-ci sera successivement interrogée pardevant le Tribunal réuni à huis clos.

Si elle ne peut comparaître, elle sera interrogée dans sa demeure, par l'Assesseur rapporteur assisté du greffier. Dans tous les cas, l'Avocat fiscal sera présent à l'interrogatoire.

578. Après l'interrogatoire, le Tribunal, parties ouïes, ou sur défaut de celle qui n'aura pas comparu, prononcera définitivement sur la demande, ou ordonnera préalablement la preuve des faits articulés, et commettra, s'il y a lieu, un administrateur provisoire pour prendre soin de la personne et des biens du défendeur.

579. S'il s'agit néanmoins d'une interdiction pour cause de démence, d'imbécillité ou de fureur, et qu'il y ait urgence, le Tribunal, après avoir pris l'avis du conseil de famille, pourra faire procéder immédiatement à l'interrogatoire du défendeur, et commettre un administrateur provisoire.

580. Dans le cas où les informations prises ne présenteraient pas des motifs suffisans pour donner lieu à une interdiction absolue, le Tribunal pourra néanmoins, si les circonstances l'exigent, ordonner que le défendeur ne pourra désormais plaider, transiger, emprunter, recevoir des capitaux ni en donner décharge, aliéner ni grever ses biens d'hypothèques, sans l'assistance d'un conseil qui lui sera nommé par le même jugement. Le Tribunal pourra aussi, lorsqu'il le jugera nécessaire, déclarer le dé-

fendeur inhabile à exercer, en tout ou en partie, les actes de pure administration, et charger le conseil susdit d'administrer pour lui ainsi qu'il sera déterminé par le jugement.

381. Si ceux qui sont admis à prouver l'interdiction, se bornent à demander qu'il soit nommé un conseil judiciaire, le Tribunal y pourvoira dans les formes voulues pour la procédure d'interdiction.

382. En cas d'appel d'un jugement rendu par le Tribunal de judicature-mage, le Sénat pourra, s'il le juge nécessaire, faire de nouveau interroger par le Rapporteur ou par tout autre délégué, la personne dont l'interdiction est demandée.

383. Tout jugement portant interdiction, ou nomination d'un conseil judiciaire, sera, à la diligence des demandeurs, signifié à la partie.

Extrait de ce jugement sera publié et affiché, dans le mois, aux lieux destinés pour les publications qui se font dans la commune du domicile de celui qui aura été interdit, ou à qui on aura donné un conseil judiciaire.

Un extrait semblable sera inscrit sur les tableaux qui doivent être affichés dans la salle de l'auditoire du Tribunal, et transmis, dans le délai fixé ci-dessus, au syndic de chaque collége de notaires de la division.

Cet extrait sera de plus inscrit, à la diligence de ce syndic, sur les tableaux qui doivent être affichés dans l'étude de chacun des notaires de la division.

384. L'interdiction ou la nomination d'un conseil aura son effet du jour du jugement. Tout acte passé postérieurement par l'interdit, ou sans l'assistance du conseil, sera nul de plein droit.

Cette nullité ne pourra être opposée que par l'interdit, par l'individu à qui l'on a donné un conseil judiciaire, ou par leurs héritiers ou ayant cause.

385. Les actes antérieurs à l'interdiction pourront être annulés, si la cause de l'interdiction existait notoirement à l'époque où ces actes ont été faits.

Il en sera de même, si la partie qui a contracté en avait connaissance, pourvu que la qualité du contrat, ou la lésion de plus du quart qui y serait intervenue, prouve sa mauvaise foi.

386. Après la mort d'un individu, les actes par lui faits ne pourront être attaqués pour cause d'imbécillité, de démence ou de fureur, ou pour cause de prodigalité, qu'autant que son interdiction aurait été prononcée ou provoquée avant son décès; à moins que la preuve de l'imbécillité, de la démence, de la fureur ou de la prodigalité, ne résulte de l'acte même qui est attaqué.

387. S'il n'y a pas d'appel du jugement rendu par le Tribunal, ou s'il est confirmé sur l'appel, il sera pourvu à la nomination d'un tuteur à l'interdit, suivant les règles prescrites au titre *de la Minorité et de la Tutelle*. L'administrateur provisoire cessera d'exercer ses fonctions, et rendra compte au tuteur, s'il ne l'est pas lui-même.

388. Le mari est de droit tuteur de sa femme

interdite pour toute autre cause que celle de prodigalité.

389. La femme pourra être nommée tutrice de son mari, même préférablement aux ascendans de ce dernier. En ce cas, le conseil de famille réglera le mode et les conditions de l'administration, sauf le recours devant les tribunaux, de la part de la femme qui se croirait lésée par l'arrêté du conseil de famille.

390. Hors des cas énoncés dans les deux articles précédens, si le père, ayant prévu qu'il pourrait y avoir lieu à l'interdiction d'un de ses enfans, a désigné la personne qui devrait être chargée des fonctions de tuteur ou de conseil judiciaire, on nommera de préférence cette personne, à moins que le Tribunal, pour des motifs graves et après avoir pris l'avis du conseil de famille, ne juge convenable de l'exclure.

391. Nul, à l'exception des époux, des ascendans et descendans, ne sera tenu de conserver la tutelle d'un interdit au delà de dix ans. A l'expiration de ce délai, le tuteur aura le droit d'obtenir son remplacement.

392. L'interdit est assimilé au mineur, pour sa personne et pour ses biens : les lois sur la tutelle des mineurs s'appliqueront à la tutelle des interdits.

393. Les revenus d'un interdit pour cause d'imbécillité, de démence ou de fureur, doivent être principalement employés à adoucir son sort et à accélérer sa guérison.

Selon les caractères de la maladie et l'état de la fortune de l'interdit, le conseil de famille pourra arrêter qu'il sera traité dans son domicile, ou qu'il sera placé ailleurs, suivant les circonstances.

394. Lorsqu'il sera question du mariage des enfans d'un interdit, la dot et les autres conventions matrimoniales seront réglées par le Tribunal, après avoir pris l'avis du conseil de famille, et sur les conclusions de l'Avocat fiscal.

395. L'interdiction et l'établissement du conseil judiciaire cessent avec les causes qui y ont donné lieu : néanmoins l'interdit, ou celui qui doit être assisté d'un conseil judiciaire, ne pourra reprendre l'exercice de ses droits qu'après le jugement de mainlevée. Cette mainlevée ne sera prononcée qu'en observant les formalités prescrites pour l'interdiction, ou l'établissement du conseil judiciaire.

396. Aucun jugement, en matière d'interdiction, ou de nomination de conseil judiciaire, ne pourra être rendu, soit en première instance, soit en cause d'appel, que sur les conclusions du ministère public.

en France, à ce dernier titre, que l'ordonnance
de Blois attribua aux propres curés des parties,
le droit exclusif de célébrer les mariages. Les
ministres du culte catholique devinrent ainsi
officiers de l'état civil, et, comme tels, ils
furent placés sous la surveillance des magistrats
de l'ordre judiciaire, et tenus de se conformer,
pour la forme et la tenue des registres, aux
règles prescrites par les ordonnances du royaume (1).

Ainsi le mariage civil et le mariage religieux
étaient réunis, mais distincts; ils étaient, en
quelque sorte, les formes ou les apparences de
l'engagement naturel qui en est la substance.
Les formes religieuses étaient obligatoires, parce
qu'elles étaient commandées par les lois civiles, comme elles le sont encore par le code
prussien : et elles étaient commandées par les lois
civiles, parce que, selon la judicieuse remarque
du docte président *Bouhier* (2), le christianisme
avait introduit dans le droit civil de l'Europe,
même *dans les matières purement temporelles,*
les principes du droit canonique, et avait fait

_____

(1) Ordonnance d'avril 1667, art. 14, 16, 20. Ordonnance du 9 avril 1736, art. 1, 3, 4, 5, 7, 9, 10, 11,
15, 16, 17, 18, 19, 20, 25, 26, 28, 29, 32, 33, 35,
39, 41.

(2) *Sur la coutume de Bourgogne.*

souvent préférer les formes canoniques aux formes purement civiles.

Il y a loin de là au silence gardé par le code sarde sur la rédaction des actes de l'état civil, et à l'omission de toute cette partie du code français, si complète et si digne d'être imitée (1).

Au reste, il est curieux de remarquer que c'est l'intolérance religieuse et politique qui a introduit en France le mariage purement civil, et que Louis XIV en a été le fondateur. L'édit de janvier 1561 reconnaissait le droit des protestants de faire bénir leurs mariages par les ministres de leur culte. Cette faculté leur fut retirée. Un arrêt du conseil du 5 septembre 1685, qui précéda d'un mois le fameux édit portant révocation de l'édit de Nantes, ordonna que les

_____

(1) Tout ce qui concerne les registres de l'état civil est réglé, dans les Etats du roi de Sardaigne, par une *Instruction de S. S. Grégoire XVI, aux évêques des États de terre ferme de S. M. le roi de Sardaigne, du 23 août* 1836 (*). Une loi du 20 juin 1837 réserve, à la vérité, un droit de surveillance spéciale à l'autorité civile, pour assurer la tenue régulière de ces registres; mais l'omission signalée n'en existe pas moins, et *la remarque subsiste.*

_____

(*) *Traités publics de la royale maison de Savoie avec les puissances étrangères, publiés par ordre du roi* In-4°, Turin, imp. royale, 1836, t. 5, doc. CCCIV, p. 98.

LIVRE SECOND.

DES BIENS

ET DES DIFFÉRENTES MODIFICATIONS DE LA PROPRIÉTÉ.

TITRE PREMIER.

DE LA DISTINCTION DES BIENS.

597. Toutes les choses qui peuvent être l'objet d'une propriété publique ou privée, sont des biens meubles ou immeubles.

CHAPITRE PREMIER.

DES BIENS IMMEUBLES.

598. Les biens sont immeubles ou par leur nature, ou par leur destination, ou par l'objet auquel ils s'appliquent.

599. Les fonds de terre et les bâtimens sont immeubles par leur nature.

400. Les moulins et autres usines fixes sur pi-
liers, ou faisant partie d'un bâtiment, sont aussi
immeubles par leur nature.

Les moulins, bains et toutes autres constructions
sur eau, dont on ne peut user qu'autant qu'elles
sont fixées au rivage par des chaînes ou des cor-
dages, sont également réputées immeubles, lorsqu'il
y a sur la rive un bâtiment spécialement destiné
à leur usage. Ces constructions sont censées former
un seul tout avec le bâtiment qui leur est affecté,
et avec le droit qu'a le propriétaire de les tenir, lors
même qu'elles existent sur des eaux qui ne lui appartiennent pas.

401. Les fruits de la terre et des arbres, non encore recueillis, ou non séparés du sol, sont pareillement immeubles.

Dès que ces fruits sont recueillis ou séparés du
sol, quoique non enlevés, ils sont meubles.

Si une partie seulement des fruits est recueillie
ou détachée, cette partie seule est meuble.

402. Les coupes ordinaires des bois taillis, ou
de futaies mises en coupes réglées, ne deviennent
meubles qu'au fur et à mesure que les arbres sont
abattus.

403. Les sources, les réservoirs et les cours d'eau
sont considérés comme immeubles.

Il en est de même des conduits servant à faire
arriver des eaux dans un bâtiment ou autre héritage;
ces conduits sont réputés faire partie du fonds à
l'usage duquel les eaux sont destinées.

404. Les objets que le propriétaire d'un fonds y a placés pour le service et l'exploitation de ce fonds, sont immeubles par destination.

Ainsi sont immeubles par destination, quand ils ont été placés par le propriétaire pour le service et l'exploitation du fonds,

Les animaux attachés à la culture ;

Les ustensiles aratoires ;

Le foin et les semences donnés aux fermiers ou aux colons partiaires ;

Les pailles, fourrages et engrais ;

Les pigeons des colombiers ;

Les lapins des garennes ;

Les ruches à miel ;

Les poissons des étangs ;

Les pressoirs, chaudières, alambics, cuves et tonnes ;

Les ustensiles nécessaires à l'exploitation des forges, papeteries, moulins et autres usines.

Sont pareillement immeubles tous autres objets que le propriétaire aura remis au fermier ou au colon partiaire, pour le service et l'exploitation du fonds.

Quant aux animaux que le propriétaire du fonds livre au fermier ou au colon partiaire pour la culture, estimés ou non, ils sont censés immeubles, tant qu'ils demeurent attachés au fonds par l'effet de la convention. Ceux qu'il donne à cheptel à d'autres qu'au fermier ou au colon partiaire, sont meubles. Les vers à soie ne sont point considérés

comme immeubles par destination : la saisie dont
ils peuvent devenir l'objet sera cependant, attendu
leur importance, soumise à des formes particulières
déterminées par les lois sur la procédure.

Sont enfin immeubles par destination, tous effets
mobiliers que le propriétaire a attachés au fonds à
perpétuelle demeure.

405. Le propriétaire est censé avoir attaché à son
fonds des effets mobiliers à perpétuelle demeure,
quand ils y sont scellés en plomb ou en plâtre, à
chaux, à ciment ou autrement, ou lorsqu'ils ne
peuvent être détachés sans être fracturés ou dété-
riorés, ou sans briser ou détériorer la partie du
fonds à laquelle ils sont attachés.

Les glaces d'un appartement sont censées mises
à perpétuelle demeure, lorsque le parquet sur lequel elles sont attachées fait corps avec la boiserie.

Il en est de même des tableaux et autres ornemens.

Quant aux statues, elles sont réputées immeubles,
lorsqu'elles sont placées dans une niche pratiquée
exprès pour les recevoir, ou qu'elles font partie d'un
édifice ou d'un bâtiment auquel elles sont attachées
de la manière ci-dessus exprimée.

406. Sont immeubles par l'objet auquel ils s'appliquent,

L'usufruit des choses immobilières ;

Les servitudes ou services fonciers ;

Les actions qui tendent à révendiquer un immeuble ;

Le droit du propriétaire direct sur les fonds concédés à titre d'emphytéose;

Le droit du propriétaire utile sur ces mêmes fonds.

407. Sont enfin réputées immeubles, les *places*
de procureurs, d'actuaires, et autres encore existantes, formant l'objet d'une propriété privée.

CHAPITRE II.

DES BIENS MEUBLES.

408. Les biens sont meubles par leur nature, ou
par la détermination de la loi.

409. Sont meubles par leur nature, les corps qui
peuvent se transporter d'un lieu à un autre, soit
qu'ils se meuvent par eux-mêmes, comme les animaux, soit qu'ils ne puissent changer de place que
par l'effet d'une force étrangère, comme les choses
inanimées, lesquelles conservent la nature de meubles, lors même qu'elles formeraient une collection,
ou qu'elles seraient l'objet d'un commerce.

410. Sont meubles par la détermination de la loi,
les obligations et actions même hypothécaires qui
ont pour objet des sommes exigibles ou des effets
mobiliers, les actions ou intérêts dans les compagnies de finance, de commerce ou d'industrie, encore que des immeubles dépendant de ces entreprises
appartiennent aux compagnies. Ces actions ou intérêts sont réputés meubles à l'égard de chaque associé, et seulement tant que dure la société.

Sont aussi meubles par la détermination de la loi, les rentes viagères ou perpétuelles, soit sur l'Etat, soit sur des particuliers; sauf, en ce qui concerne celles sur l'Etat, les dispositions particulières des lois sur la dette publique.

411. Les bateaux, bacs, navires, moulins et bains sur bateaux, et généralement toutes les constructions sur eau non comprises dans la disposition de l'art. 400, sont meubles.

La saisie de ces objets peut cependant être soumise à des formes de procédure particulières.

412. Les matériaux provenant de la démolition d'un édifice, ceux assemblés pour en construire un nouveau, sont meubles, jusqu'à ce qu'ils soient employés par l'ouvrier dans une construction.

413. L'expression *biens meubles*, celle d'*effets mobiliers* ou de *mobilier*, employées dans les dispositions de la loi ou de l'homme, sans autre addition ni désignation qui en restreigne le sens, comprennent généralement tout ce qui est censé meuble, d'après les règles ci-dessus établies.

414. Le mot *meubles*, employé seul dans les dispositions de la loi ou de l'homme, sans autre addition ni désignation qui en étende le sens, ou sans être mis par opposition aux *immeubles*, ne comprend pas l'argent comptant, les pierreries, les dettes actives, les livres, les médailles, les instrumens des sciences, des arts et métiers, le linge de corps, les chevaux et équipages, armes, grains, vins, foins, et autres denrées; il ne comprend pas non plus ce

qui fait l'objet d'un commerce ou d'une autre négociation.

415. Les mots *meubles meublans* ne comprennent
que les meubles destinés à l'usage et à l'ornement
des appartemens, comme tapisseries, lits, siéges,
glaces, pendules, tables, porcelaines et autres objets
de cette nature.

Les tableaux et les statues qui font partie du
meuble d'un appartement, y sont aussi compris,
mais non les collections de tableaux, de statues,
de porcelaines et autres qui peuvent être dans les
galeries ou pièces particulières.

416. La vente, le don ou le legs d'une maison
meublée ne comprend que les meubles meublans.

417. La vente, le don ou le legs d'une maison,
avec tout ce qui s'y trouve, ne comprend pas l'argent comptant, les dettes actives et autres droits
dont les titres ou documens peuvent être déposés
dans la maison; tous les autres effets mobiliers y
sont compris.

CHAPITRE III.

DES BIENS DANS LEUR RAPPORT AVEC CEUX QUI LES POSSÈDENT.

418. Les biens appartiennent ou à la Couronne,
ou à l'Église, ou aux communes, ou aux établissemens publics, ou aux particuliers.

419. Tout ce qui est destiné à produire les re-

venus nécessaires pour faire face aux besoins de
l'État ou de la Couronne, en compose le patrimoine :
il comprend ainsi les impôts, les gabelles, les droits
sur les mines et salines, sur les biens vacans et sur
les successions sans héritiers ou abandonnées, et
tous autres droits régaliens ou domaniaux.

420. Les routes et chemins publics autres que
ceux des communes, les fleuves, rivières et torrens,
les rivages, lais et relais de la mer, les ports, les
hâvres, les rades, et généralement toutes les portions du territoire de l'État, qui ne sont pas susceptibles d'une propriété privée, sont considérées
comme des dépendances du Domaine Royal.

421. Les portes, murs, fossés, remparts des places de guerre et des forteresses, font aussi partie
du Domaine Royal.

422. Il en est de même des terrains des fortific-
cations et remparts des places qui ne sont plus
places de guerre : ils appartiennent au Domaine
Royal, s'ils n'ont pas été légitimement acquis par des
tiers.

423. Toute autre espèce de biens peut appartenir au Domaine Royal. Tous les biens qu'il possède
actuellement, ou qu'il a droit de revendiquer, en
font partie.

424. Seront censés incorporés au Domaine, les
biens que le Roi acquerra, soit que l'acquisition se
fasse au nom du Domaine, ou que ces biens aient
été destinés à en faire partie, et y aient été unis
d'une autre manière ; soient qu'ils aient été adminis-

trés conjointement avec les autres biens domaniaux, si l'administration a continué dix ans, ou même durant un moindre espace de temps, quand il s'agira de biens dont le Roi n'aura pas disposé pendant sa vie, quoiqu'il en eût la faculté.

425. Par une loi fondamentale de la Couronne, les biens et droits régaliens et domaniaux sont inaliénables : toute concession ou aliénation de ces biens et droits, à quelque titre qu'elle soit faite, onéreux ou gratuit, sera nulle de plein droit, nonobstant toutes les dérogations qui y seraient inserées.

426. Les impôts et les autres contributions publiques seront toujours soumis à des règles de répartition telles que chacun supporte sa propre charge, et que l'obligation d'y concourir se maintienne à perpétuité à l'égard de tous.

427. Sont exceptées de la prohibition portée par l'art. 425, les aliénations qui auraient lieu en cas de nécessité urgente, ou d'utilité évidente de la Couronne, comme pour la défense et la conservation de l'État, pour en augmenter le territoire, ou pour l'échange et le rachat d'autres biens domaniaux, lorsqu'il en résulte quelque avantage pour le Patrimoine Royal; mais le prix de l'aliénation devra toujours être payé en espèces à la Trésorerie Royale, et tout payement fait d'une autre manière ne sera point légitime.

Dans ces aliénations, le rachat perpétuel des biens sera toujours censé réservé au Patrimoine

Royal : le Procureur général pourra l'exercer, même après un temps immémorial. Cependant, lorsqu'il s'agira de maisons, de bâtimens ou de biens ruraux, on pourra renoncer au rachat par les mêmes motifs qui en auront déterminé l'aliénation : à défaut de renonciation, le terme du rachat sera limité à trente ans.

428. Sont de même exceptées les aliénations pour l'apanage des Princes de la Famille Royale, sauf le retour à la Couronne, des droits et biens qui leur auraient été assignés à ce titre.

Sont aussi exceptées les concessions pour un temps déterminé, faites à titre rémunératoire, en récompense de services importans rendus à la Couronne ou aux Membres de la Famille Royale, mais ces concessions n'excéderont pas la vie du donataire : elles seront censées résolues à son décès, et les biens concédés seront tenus pour incorporés au Domaine, comme s'ils n'en eussent pas été séparés.

429. Les aliénations et concessions dont il est parlé dans les articles précédens, devront être présentées à la Chambre des comptes, dans le terme de trois mois, à dater des Lettres-Patentes, pour y être entérinées ; à défaut, elles seront nulles.

430. La Chambre des comptes devra, après avoir ouï le Procureur général, reconnaître si l'aliénation a eu lieu pour cause d'urgente nécessité ou d'utilité évidente, si le prix en est juste et correspond à la valeur de la chose aliénée, et si le

payement a eu lieu suivant le mode établi. Lorsque les termes fixés pour le payement ne seront pas encore expirés, la Chambre prendra les mesures convenables pour qu'il soit effectué a l'échéance de chaque terme, de la manière ci-dessus prescrite.

Si la Chambre reconnaît que le Patrimoine Royal a été lésé, ou a souffert quelque préjudice par le défaut de quelques-unes des conditions ci-dessus exprimées, ou par toute autre cause, non-seulement elle refusera l'entérinement, mais, pour mieux assurer les dispositions de la présente loi, elle devra encore faire ses remontrances au Roi, et y insister au besoin.

431. Les articles 425, 429 et 430 ne sont pas applicables aux biens adjugés aux administrations Royales, ou par elles reçus en payement, soit des impositions, soit de toute autre créance; à ceux qui, n'étant pas destinés à faire partie du Domaine Royal, seraient parvenus de toute autre manière aux Finances Royales; aux biens vacans ou provenant de successions sans héritier ou abandonnées, tant que ces biens n'auront pas été incorporés expressément ou tacitement au Domaine; enfin, aux concessions pour dérivation d'eaux domaniales, ou aux échanges qui seraient faits de ces eaux.

L'aliénation ou concession des biens désignés dans le présent article, est soumise à des règles particulières : cette aliénation ou concession devra toutefois, sous peine de nullité, être approuvée par la Chambre des comptes, après avoir ouï le

Procureur général. La Chambre veillera à ce qu'on n'obtienne rien qui soit préjudiciable à la Couronne ou au tiers.

L'approbation ci-devant ne sera point nécessaire pour l'aliénation du sol des chemins publics abandonnés. S'il s'agit de routes provinciales, le prix provenant de l'aliénation sera employé pour l'avantage de la province.

432. L'exercice des droits sur les mines et salines, les concessions qui peuvent en être faites, ainsi que l'administration des biens domaniaux et de tous autres droits régaliens, sont réglés par des lois particulières.

433. Les mots *biens de l'Eglise* désignent les biens qui appartiennent à chaque bénéfice, ou à d'autres établissemens ecclésiastiques.

434. Les biens communaux sont ceux dont la propriété appartient à une ou plusieurs communes, ou à une section de commune, et au produit et à l'utilité desquels ont droit les individus composant la commune ou la section de commune.

435. Les biens des établissemens publics sont ceux destinés à remplir l'objet qu'on s'est proposé par ces établissemens, et à fournir aux dépenses qu'ils nécessitent.

456. Les biens appartenant à l'Église, aux communes, aux œuvres pies et à tous autres établissemens publics, ne peuvent être administrés ni aliénés que dans les formes et suivant les règles qui leur sont particulières.

En ce qui concerne les œuvres pies et autres établissemens publics de nature laïque, l'aliénation sera
autorisée par le Roi, après l'avis du Conseil d'Etat :
sont cependant exceptées les aliénations des biens
appartenant à des fondations dont l'administration est
purement privée, pour lesquelles on devra obtenir
l'autorisation du Sénat.

437. Les biens qui ne rentrent pas dans l'une des
classes ci-dessus désignées, appartiennent aux particuliers ; ceux-ci en ont la libre disposition sous les
modifications établies par les lois.

438. On peut avoir sur les biens, ou un droit de
propriété, ou un simple droit de jouissance, ou seulement des servitudes à prétendre.

TITRE II.

DE LA PROPRIÉTÉ.

439. La propriété est le droit de jouir et disposer des choses de la manière la plus absolue, pourvu
qu'on n'en fasse pas un usage prohibé par les lois
ou par les règlemens.

440. Les productions de l'esprit sont la propriété
de leur auteur, à la charge d'observer les lois et les
règlemens qui y sont relatifs.

441. Nul ne peut être contraint de céder la propriété ou l'usage de la chose qui lui appartient, si
ce n'est pour cause d'utilité publique, et moyennant
une juste et préalable indemnité.

Les travaux d'utilité publique sont déterminés, et les propriétés dont l'occupation est nécessaire pour l'exécution de ces travaux, sont désignés par une disposition émanée du Roi.

Des lois et des règlemens particuliers prescrivent les règles à observer en ce cas.

442. Quand les parties n'auront pu s'accorder, devant l'autorité administrative, sur le montant de l'indemnité, la contestation sera portée devant les Tribunaux.

443. Dans tous les cas où il y aura lieu à expropriation pour cause d'utilité publique, si les fonds sont grevés de fidéicommis, d'usufruit ou d'hypothèques, ou s'il y a des saisies ou des oppositions au payement formées par des tiers, les sommes dues pour prix de l'abandon des biens seront consignées pour le compte de ceux qui y auront droit.

444. Le propriétaire a droit de revendiquer la chose qui lui appartient, envers tout possesseur ou détenteur, sauf les exceptions portées par la loi.

Si, depuis que la demande judiciaire lui a été notifiée, le possesseur ou détenteur a cessé, par son fait, de posséder la chose revendiquée, il est tenu de la faire rentrer, à ses frais, au pouvoir du demandeur, et, s'il ne le peut, de lui en payer la valeur, sans préjudice du droit qu'a le demandeur d'agir, s'il le préfère, contre le nouveau possesseur.

445. Néanmoins, si celui qui, depuis plus d'un an, est en possession publique, paisible et à titre non précaire, d'un immeuble, d'un droit réel ou

d'une universalité de meubles, est troublé dans cette possession, il pourra, dans l'année du trouble, demander à y être maintenu.

446. Quiconque aura été dépouillé violemment ou clandestinement de la possession d'une chose, quelle que soit la nature de cette possession, pourra, dans l'année à compter de la spoliation, demander à être réintégré.

447. Le Juge, sur la simple notoriété du fait, devra, sans formalités et sans retard, ordonner que le demandeur soit réintégré dans la possession de la chose dont il a été dépouillé, à l'exclusion de toute autre personne, même du propriétaire.

448. Le possessoire dont il est parlé aux articles 445 et 446, et le pétitoire, ne peuvent jamais être cumulés.

449. La propriété d'une chose, soit mobilière, soit immobilière, donne droit sur tout ce qu'elle produit, et sur ce qui s'y unit accessoirement, soit naturellement, soit artificiellement : ce droit s'appelle *Droit d'accession*.

CHAPITRE PREMIER.

DU DROIT D'ACCESSION SUR CE QUI EST PRODUIT PAR LA CHOSE.

450. Les fruits naturels ou industriels de la terre et les fruits civils appartiennent au propriétaire par droit d'accession.

451. Les fruits naturels sont ceux qui sont le produit spontané de la terre. Le produit et le croît des animaux sont aussi des fruits naturels.

Les fruits industriels d'un fonds sont ceux qu'on obtient par la culture.

Les fruits civils sont les loyers des maisons, les intérêts des capitaux, les arrérages des rentes emphytéotiques, des rentes constituées ou foncières, des rentes viagères et autres.

Les prix des baux à ferme sont aussi rangés dans la classe des fruits civils.

452. Les fruits produits par la chose n'appartiennent au propriétaire, qu'à la charge de rembourser les frais de labours, semences et travaux, faits par des tiers.

453. Le possesseur de bonne foi fait les fruits siens et n'est tenu de restituer que ceux perçus dès le jour de la demande judiciaire.

454. Celui qui possède comme propriétaire, en vertu d'un titre translatif de propriété dont il ignorait les vices, est possesseur de bonne foi.

455. Le possesseur de mauvaise foi est obligé de restituer non-seulement tous les fruits perçus dès son injuste détention, mais encore ceux qu'il n'a pas perçus par sa faute, et qu'un bon père de famille aurait pu percevoir.

456. Le possesseur, même de bonne foi, ne peut prétendre à aucune indemnité pour les améliorations qui n'existeraient plus lors de l'éviction.

Le possesseur de bonne foi aura droit de rétention

sur les biens, pour raison des améliorations réelles
et existantes, si elles ont été l'objet d'une demande
dans l'instance en revendication, et qu'on ait fourni
quelque preuve de leur existence.

Ce droit de rétention n'appartiendra, en aucun
cas, au possesseur de mauvaise foi.

S'il y a une différence entre la somme représentant
la valeur effective des améliorations, et celle qui a
été réellement dépensée pour cet objet, le possesseur, même de bonne foi, ne pourra jamais prétendre qu'à la plus faible des deux sommes.

CHAPITRE II.

DU DROIT D'ACCESSION SUR CE QUI S'UNIT ET S'INCORPORE
A LA CHOSE.

457. Tout ce qui s'unit et s'incorpore à la chose
appartient au propriétaire, suivant les règles qui
seront ci-après établies.

SECTION I.

Du Droit d'accession relativement aux choses immobilières.

458. La propriété du sol emporte la propriété du
dessus et du dessous.

Le propriétaire peut faire au-dessus toutes les
plantations et constructions qu'il juge à propos,
sauf les exceptions établies au titre *des Servitudes
foncières.*

Il peut faire au-dessous toutes les constructions et fouilles qu'il jugera à propos, et tirer de ces fouilles tous les produits qu'elles peuvent fournir, sauf les modifications résultant des lois et règlemens relatifs aux mines, et des lois et règlemens de police.

459. Si les fouilles ou excavations que fait un propriétaire, exposent le fonds du voisin à un grave danger, on pourra, sur la demande de ce dernier, ou prohiber ces fouilles, ou déclarer le propriétaire tenu de fournir les sûretés qui seront jugées nécessaires pour garantir le voisin de tous les dommages qui pourraient en résulter.

460. Toutes constructions, plantations et ouvrages sur un terrain ou dans l'intérieur, sont présumés faits par le propriétaire à ses frais, et lui appartenir, si le contraire n'est prouvé; sans préjudice de la propriété qu'un tiers pourrait avoir acquise ou pourrait acquérir par prescription ou autrement, soit d'un souterrain sous le bâtiment d'autrui, soit de toute autre partie du bâtiment.

461. Le propriétaire du sol, qui a fait des constructions, plantations et ouvrages avec des matériaux qui ne lui appartenaient pas, doit en payer la valeur : il peut aussi être condamné à des dommages et intérêts, s'il y a lieu; mais le propriétaire des matériaux n'a le droit de les enlever que dans le cas où on le peut sans supprimer les ouvrages faits, et sans faire périr les plantations.

462. Lorsque les plantations, constructions et

ouvrages ont été faits par un tiers et avec ses matériaux, le propriétaire du fonds a droit ou de les retenir, ou d'obliger ce tiers à les enlever.

Si le propriétaire du fonds demande la suppression des plantations et constructions, elle est aux frais de celui qui les a faites, sans aucune indemnité pour lui : il peut même être condamné à des dommages et intérêts, s'il y a lieu, pour le préjudice que peut avoir éprouvé le propriétaire du fonds.

Si le propriétaire préfère conserver ces plantations et constructions, il aura le choix, ou de rembourser la valeur des matériaux et du prix de la main-d'œuvre, ou de payer une somme égale à celle dont le fonds a augmenté de valeur. Néanmoins, si les plantations, constructions et ouvrages ont été faits par un tiers évincé qui, attendu sa bonne foi, n'aurait pas été condamné à la restitution des fruits, le propriétaire ne pourra demander la suppression desdits ouvrages, plantations et constructions ; mais il aura seulement le droit d'opter comme ci-dessus.

463. En cas cependant qu'une partie d'un bâtiment en construction empiète sur le sol du voisin, si celui-ci a eu connaissance de la construction sans y former opposition, et que la personne qui a fait bâtir ait été de bonne foi, elle pourra être déclarée propriétaire tant du sol que du bâtiment, en payant au voisin le double de la valeur de l'emplacement occupé, outre les dommages et intérêts pour le préjudice qu'il peut éprouver.

464. Lorsque les plantations, constructions et autres ouvrages ont été faits par un tiers, avec des matériaux qui ne lui appartenaient pas, le propriétaire des matériaux n'a pas le droit de les revendiquer.

Néanmoins, il pourra agir contre le tiers qui s'en est servi, afin d'en être indemnisé; il pourra même agir contre le propriétaire du sol, mais à l'effet seulement d'obtenir le prix qu'il devrait encore.

465. Les attérissemens et accroissemens qui se forment successivement et imperceptiblement aux fonds riverains d'un fleuve, d'une rivière ou d'un torrent, s'appellent *alluvion*.

L'alluvion profite au propriétaire riverain, soit qu'il s'agisse d'un fleuve, d'une rivière ou d'un torrent navigable, flottable ou non; à la charge, dans le premier cas, de laisser le marche-pied ou chemin de halage, conformément aux règlemens.

466. Il en est de même des relais que forme l'eau courante qui se retire insensiblement de l'une de ses rives en se portant sur l'autre. Le propriétaire de la rive découverte profite de l'*alluvion*, sans que le riverain du côté opposé y puisse venir réclamer le terrain qu'il a perdu.

Ce droit n'a pas lieu à l'egard des relais de la mer.

467. L'alluvion n'a pas lieu à l'égard des lacs et etangs, dont le propriétaire conserve toujours le terrain que l'eau couvre quand elle est à la hauteur de la décharge de l'étang, encore que le volume de l'eau vienne à diminuer.

Réciproquement, le propriétaire de l'étang n'acquiert aucun droit sur les terres riveraines que son eau vient à couvrir dans des crues extraordinaires.

468. Si un fleuve, une rivière ou un torrent enlève, par une force subite, une partie considérable et reconnaissable d'un champ riverain, et la porte vers un champ inférieur ou sur la rive opposée, le propriétaire de la partie enlevée peut réclamer sa propriété; mais il est tenu de former sa demande dans l'année : après ce délai, il n'y sera plus recevable, à moins que le propriétaire du champ auquel la partie enlevée a été unie, n'eût pas encore pris possession de celle-ci.

469. Les îles, îlots et attérissemens qui se forment dans le lit des fleuves, rivières ou torrens navigables ou flottables, appartiennent à l'Etat, s'il n'y a titre ou prescription contraire.

470. Les îles et attérissemens qui se forment dans les rivières ou torrens non navigables et non flottables, appartiennent aux propriétaires riverains d'un même côté ou des deux côtés, suivant que les îles et attérissemens sont situés d'un seul côté, ou qu'ils s'étendent sur les deux côtés de la ligne fluviale qui est censée diviser la rivière ou le torrent en long et par le milieu.

La division de l'île ou de l'attérissement entre les propriétaires riverains d'un seul côté, a lieu en proportion du front de leur héritage.

Cette proportion se détermine au moyen d'une ligne droite tirée entre deux points, dont l'un pris

à l'extrémité supérieure de l'île, dans l'endroit où
les eaux se séparent, et l'autre à l'extrémité inférieure, au lieu où les eaux se réunissent : sur cette
ligne droite on élève des perpendiculaires dirigées
vers les confins du front de chaque héritage, et ces
perpendiculaires aboutissant d'une part à ces confins,
de l'autre à la ligne fluviale, forment les lignes de
division de l'île entre chaque héritage.

471. Les dispositions des deux articles précédens
ne s'appliquent point au cas où l'île est formée par
le terrain qui a été enlevé d'un fonds riverain par
une force subite, et transporté dans le lit d'un fleuve,
d'une rivière ou d'un torrent : dans ce cas le propriétaire du fonds auquel le terrain enlevé était uni,
en conserve la propriété; mais, s'il s'agit d'un fleuve
ou d'une rivière navigable ou flottable, l'État aura
le droit de l'exproprier, en lui payant une juste indemnité.

472. Si un fleuve, une rivière ou un torrent, en
se formant un bras nouveau, coupe et embrasse le
fonds d'un propriétaire riverain et en fait une île,
ce propriétaire conserve la propriété de son fonds,
encore que l'île se soit formée dans un fleuve, dans
une rivière ou dans un torrent navigable ou flottable.

473. Si un fleuve, une rivière ou un torrent navigable, flottable ou non, se forme un nouveau
cours en abandonnant son ancien lit, les propriétaires des fonds nouvellement occupés ont droit d'obtenir, sur l'ancien lit abandonné, une portion du
sol correspondante à la valeur des fonds occupés.

Si, ces propriétaires étant indemnisés, il reste encore une partie du sol, elle appartiendra aux propriétaires riverains du lit abandonné.

474. Les pigeons, lapins, poissons, qui passent dans un autre colombier, garenne ou étang, appartiennent au propriétaire de ces objets, pourvu qu'ils n'y aient point été attirés par fraude et artifice.

SECTION II.

Du Droit d'accession relativement aux choses mobilières.

475. Le droit d'accession, quand il a pour objet deux choses mobilières appartenant à deux maîtres différens, est entièrement subordonné aux principes de l'équité naturelle.

Les dispositions suivantes serviront d'exemple au Juge pour se déterminer, dans les cas non prévus, suivant les circonstances particulières.

476. Lorsque deux choses appartenant à différens maîtres, qui ont été unies de manière à former un tout, peuvent néanmoins être séparées, sans qu'elles éprouvent une détérioration notable, chacun des maîtres conserve la propriéte de sa chose, et peut en demander la séparation; mais, lorsque les deux choses ne peuvent être séparées sans que l'une d'elles soit notablement détériorée, le tout appartient au maître de la chose qui forme la partie principale, à la charge de payer à l'autre la valeur de la chose qui a été unie.

477. Est réputée partie principale celle à laquelle l'autre n'a été unie que pour l'usage, l'ornement ou le complément de la première.

478. Néanmoins, quand la chose unie est beaucoup plus précieuse que la chose principale, et qu'elle a été employée à l'insu du propriétaire, celui-ci a le choix, ou de s'approprier le tout en payant la valeur de la chose principale, ou de demander que la chose unie soit séparée pour lui être rendue, même quand il pourrait en résulter quelque dégradation de la chose à laquelle elle a été jointe.

479. Si, de deux choses unies pour former un seul tout, l'une ne peut point être regardée comme l'accessoire de l'autre, celle-là est réputée principale qui est la plus considérable en valeur, ou en volume, si les valeurs sont à peu près égales.

480. Si un artisan ou une personne quelconque a employé une matière qui ne lui appartenait pas, à former une chose d'une nouvelle espèce, soit que la matière puisse ou non reprendre sa première forme, celui qui en était le propriétaire a le droit de réclamer la chose qui en a été formée, en remboursant le prix de la main-d'œuvre.

481. Si cependant la main-d'œuvre était tellement importante qu'elle surpassât de beaucoup la valeur de la matière employée, l'industrie serait alors réputée la partie principale, et l'ouvrier aurait le droit de retenir la chose travaillée, en remboursant le prix de la matière au propriétaire.

482. Lorsqu'une personne a employé en partie la

matière qui lui appartenait, et en partie celle qui
ne lui appartenait pas, à former une chose d'une
espèce nouvelle, sans que ni l'une ni l'autre des
deux matières soient entièrement détruites, mais de
manière qu'elles ne puissent pas se séparer sans inconvénient, la chose est commune aux deux propriétaires, en raison, quant à l'un, de la matière
qui lui appartenait; quant à l'autre, en raison à la
fois et de la matière qui lui appartenait et du prix
de sa main-d'œuvre.

483. Lorsqu'une chose a été formée par le mé-
lange de plusieurs matières appartenant à différens
propriétaires, mais dont aucune ne peut être regardée comme la matière principale, si les matières
peuvent être séparées, celui, à l'insu duquel les
matières ont été mélangées, peut en demander la
division.

Si les matières ne peuvent plus être séparées sans
inconvénient, ils en acquièrent en commun la propriété dans la proportion de la quantité, de la qualité et de la valeur des matières appartenant à chacun d'eux.

484. Si la matière appartenant à l'un des propriétaires était de beaucoup supérieure à l'autre par
la quantité et le prix, et que les matières ne puissent plus être séparées sans inconvénient, en ce cas,
le propriétaire de la matière supérieure en valeur
aurait le droit de réclamer la chose provenue du mé-
lange, en remboursant à l'autre la valeur de sa
matière.

485. Lorsque la chose reste en commun entre les propriétaires des matières dont elle a été formée, elle doit être vendue à l'enchère au profit commun.

486. Dans tous les cas où le propriétaire, dont la matière a été employée, à son insu, à former une chose d'une autre espèce, peut réclamer la propriété de cette chose, il a le choix de demander la restitution de semblable matière, en même nature, quantité, poids, mesure et bonté, ou sa valeur.

487. Ceux qui auront employé des matières appartenant à d'autres, et à leur insu, pourront aussi être condamnés à des dommages et intérêts, s'il y a lieu; sans préjudice de l'action pénale, si le cas y échet.

TITRE III.

DE L'USUFRUIT, DE L'USAGE ET DE L'HABITATION.

CHAPITRE PREMIER.

DE L'USUFRUIT.

488. L'usufruit est le droit de jouir des choses dont un autre a la propriété, comme pourrait en jouir le propriétaire lui-même, mais à la charge d'en conserver la substance, soit dans la matière, soit dans la forme.

489. L'usufruit est établi par la loi ou par la volonté de l'homme.

490. L'usufruit peut être établi, ou purement, ou à certain jour, ou à condition.

491. Il peut être établi sur toute espece de biens meubles ou immeubles.

492. Les droits et les devoirs de l'usufruitier se règlent par le titre constitutif de l'usufruit; la loi, si elle ne dispose autrement, ne fait que suppléer au silence du titre.

SECTION I.

Des Droits de l'usufruitier.

493. L'usufruitier a le droit de jouir de toute espèce de fruits, soit naturels, soit industriels, soit civils, que peut produire l'objet dont il a l'usufruit.

494. Les fruits naturels et industriels, non encore recueillis, ou non séparés du sol au moment où l'usufruit est ouvert, appartiennent à l'usufruitier; ceux qui sont dans le même état au moment où finit l'usufruit, appartiennent au propriétaire, sans récompense de part ni d'autre des labours et des semences, mais aussi sans préjudice de la portion des fruits qui pourrait être acquise au colon partiaire, s'il en existait un au commencement ou à la cessation de l'usufruit.

495. Les fruits civils sont réputés s'acquérir jour par jour, et appartiennent à l'usufruitier, à proportion de la durée de son usufruit.

Cette règle s'applique au prix des baux à ferme, comme aux loyers des maisons et aux autres fruits civils.

496. Les lods emphytéotiques appartiennent à l'usufruitier.

497. Si l'usufruit comprend des choses dont on ne peut faire usage sans les consommer, comme l'argent, les grains, les liqueurs, l'usufruitier a le droit de s'en servir, mais à la charge d'en représenter la valeur à la cessation de l'usufruit, suivant l'estimation qui aura été faite lors de son entrée en jouissance; s'il n'y a pas eu d'estimation, il aura le choix d'en rendre de pareille qualité, quantité et bonté, ou d'en payer le prix courant au temps où finit l'usufruit.

498. L'usufruit d'une rente viagère donne à l'usufruitier, pendant la durée de son usufruit, le droit d'en percevoir les arrérages : ils lui sont acquis jour par jour, et il devra toujours restituer l'excédant qu'il aurait reçu dans les payemens faits par anticipation.

499. Si l'usufruit comprend des choses qui, sans se consommer de suite, se détériorent peu à peu par l'usage, comme du linge, des meubles meublans, l'usufruitier a le droit de s'en servir pour l'usage auquel elles sont destinées, et n'est obligé de les rendre, à la fin de l'usufruit, que dans l'état où elles se trouvent, à la charge cependant d'indemniser le propriétaire, si elles ont été détériorées par son dol ou par sa faute.

500. Si l'usufruit comprend des bois taillis, l'usufruitier est tenu d'observer l'ordre et la quotité des coupes, conformément à l'aménagement ou à

l'usage constant des propriétaires; sans indemnité toutefois en faveur de l'usufruitier ou de ses héritiers, pour les coupes ordinaires, soit de taillis, soit de baliveaux, soit de futaie, qu'il n'aurait pas faites pendant sa jouissance.

Les arbres qu'on peut tirer d'une pépinière font aussi partie de l'usufruit, à la charge par l'usufruitier de se conformer aux usages des lieux, soit pour l'époque et le mode d'extraction, soit pour le remplacement.

501. L'usufruitier profite encore, toujours en se conformant aux époques et à l'usage des précédens propriétaires, des parties de bois de haute futaie qui ont été mises en coupes réglées, soit que ces coupes se fassent périodiquement sur une certaine étendue de terrain, soit qu'elles se fassent d'une certaine quantité d'arbres pris indistinctement sur toute la surface du domaine.

502. Dans tous les autres cas, l'usufruitier ne peut toucher aux arbres de haute futaie : toutefois cette disposition ne s'applique point aux arbres épars sur le domaine, et destinés par l'usage du pays à être coupés périodiquement.

L'usufruitier pourra néanmoins employer, pour faire les réparations dont il est tenu, les arbres arrachés ou brisés par accident; il peut même, pour cet objet, en faire abattre s'il est nécessaire, mais à la charge d'en faire constater la nécessité avec le propriétaire.

503. Il peut prendre, dans les bois, des échalas

pour les vignes comprises dans l'usufruit; il peut
aussi prendre les produits annuels ou périodiques
des arbres : le tout suivant l'usage du pays ou la
coutume des propriétaires.

504. Les arbres fruitiers qui meurent, ceux mêmes qui sont arrachés ou brisés par accident, appartiennent à l'usufruitier, à la charge de les remplacer
par d'autres.

505. L'usufruitier peut jouir par lui-même, ou
céder, à titre onéreux ou gratuit, l'exercice de son
droit.

506. Les baux que l'usufruitier a passés pour un
temps qui excède neuf ans, ne sont, en cas de cessation d'usufruit, obligatoires que pour le temps
qui reste à courir, soit de la première période de
neuf ans, si elle n'est pas encore échue, soit de la
seconde, et ainsi de suite, de manière que le fermier
n'ait que le droit de jouir des fonds loués jusqu'à
la fin de la période de neuf ans, durant laquelle
l'usufruit vient à cesser.

507. Les baux de neuf ans ou au-dessous, que
l'usufruitier a passés ou renouvelés, plus d'un an
avant l'expiration du bail courant s'il s'agit de biens
ruraux, et plus de six mois avant la même époque s'il s'agit de maisons, sont sans effet, à moins
que leur exécution n'ait commencé avant la fin de
l'usufruit.

508. L'usufruitier jouit de l'augmentation survenue
par alluvion à l'objet dont il a l'usufruit.

509. Il jouit des droits de servitude, de passage,

et généralement de tous les droits dont le propriétaire peut jouir, et il en jouit comme le propriétaire lui-même.

510. Il jouit aussi, de la même manière que le propriétaire, des mines et carrières qui sont en exploitation à l'ouverture de l'usufruit.

Il n'a cependant aucun droit aux mines et carrières non encore ouvertes, ni aux tourbières et autres combustibles fossiles dont l'exploitation n'est point encore commencée, ni au trésor qui pourrait être découvert pendant la durée de l'usufruit.

511. Le propriétaire ne peut, par son fait, ni de quelque manière que ce soit, nuire aux droits de l'usufruitier.

De son côté, l'usufruitier ne peut, à la cessation de l'usufruit, réclamer aucune indemnité pour les améliorations qu'il aurait faites, encore que la valeur de la chose en fût augmentée.

La plus-value pourra néanmoins être compensée avec les détériorations survenues sans la faute grave de l'usufruitier.

S'il n'y a pas lieu à compensation, l'usufruitier ou ses héritiers pourront toutefois reprendre les additions qu'il a faites, pourvu que l'enlèvement leur soit profitable, et ne préjudicie point à la propriété : le propriétaire a cependant droit de retenir ces additions, en payant une somme correspondante à la valeur que l'usufruitier pourrait en obtenir en les détachant du fonds.

L'usufruitier peut aussi, ou ses héritiers, enlever les glaces, tableaux et autres ornemens qu'il aurait fait placer, mais à la charge de rétablir les lieux dans leur premier état.

SECTION II.

Des Obligations de l'usufruitier.

512. L'usufruitier prend les choses dans l'état où elles sont : mais il ne peut entrer en jouissance qu'après avoir fait dresser, en présence du propriétaire, ou lui dûment appelé, un inventaire des meubles, et un état des immeubles sujets à l'usufruit, nonobstant toute dispense portée par acte de dernière volonté.

Les frais de l'inventaire sont à la charge de l'usufruitier, à moins que le titre constitutif ne contienne une disposition contraire.

513. Il donne caution de jouir en bon père de famille, s'il n'en est dispensé par l'acte constitutif de l'usufruit : cependant les père et mère ayant l'usufruit légal du bien de leurs enfans, le vendeur ou le donateur, sous réserve d'usufruit, ne sont pas tenus de donner caution.

514. Si l'usufruitier ne peut fournir des sûretés suffisantes, les immeubles sont donnés à ferme ou mis en séquestre ;

Les sommes comprises dans l'usufruit sont placées ;

Les denrées sont vendues, et le prix en provenant est pareillement placé;

Les intérêts de ces sommes et les prix des fermes appartiennent, dans ce cas, à l'usufruitier.

515. A défaut d'une caution de la part de l'usufruitier, le propriétaire peut exiger que les meubles qui dépérissent par l'usage soient vendus, pour le prix en être placé comme celui des denrées; et alors l'usufruitier jouit de l'intérêt· pendant l'usufruit.

Cependant l'usufruitier pourra demander et le Tribunal de judicature-mage pourra ordonner, suivant les circonstances, qu'une partie des meubles nécessaires pour son usage lui soit délaissée, à la charge de les représenter à l'extinction de l'usufruit.

516. Le retard de donner caution ne prive pas l'usufruitier des fruits auxquels il peut avoir droit; ils lui sont dus dès le moment où l'usufruit a été ouvert.

517. L'usufruitier n'est tenu qu'aux réparations d'entretien.

Les grosses réparations demeurent à la charge du propriétaire, à moins qu'elles n'aient été occasionnées par le défaut de réparations d'entretien, depuis l'ouverture de l'usufruit; auquel cas l'usufruitier en est aussi tenu, sans préjudice de la disposition portée par l'art. 525.

518. Les grosses réparations sont celles des gros murs et des voûtes, le rétablissement des poutres et des couvertures en entier ou dans leur plus grande partie;

Celui des digues, celui des aqueducs servant à l'usage des usines, moulins et autres artifices de ce genre, ainsi que celui des murs de soutènement et de clôture, aussi en entier ou dans leur plus grande partie.

Toutes les autres réparations sont d'entretien.

519. Si une partie du bâtiment qui fait l'objet principal de l'usufruit, vient à tomber par vétusté, ou à être détruite par un événement fortuit, le propriétaire ne sera pas tenu de la reconstruire.

Mais si le bâtiment tombé ou détruit en partie ne forme qu'un accessoire du fonds pour la jouissance duquel il est cependant nécessaire, l'usufruitier pourra reconstruire ce qui était détruit, et il aura le droit d'obtenir, à la fin de l'usufruit, le remboursement des dépenses qu'il aura faites pour la partie réédifiée.

520. L'usufruitier est tenu, pendant sa jouissance, de toutes les charges annuelles de l'héritage, telles que les contributions, les redevances et autres qui, dans l'usage, sont considérées comme charges des fruits.

521. A l'égard des charges qui peuvent être imposées sur la propriété pendant la durée de l'usufruit, l'usufruitier et le propriétaire y contribuent ainsi qu'il suit :

Le propriétaire est obligé de les payer, et l'usufruitier doit lui tenir compte des intérêts.

Si elles sont avancées par l'usufruitier, il a la répétition du capital à la fin de l'usufruit.

522. L'usufruitier à titre particulier n'est pas tenu des dettes auxquelles le fonds est hypothéqué, non plus qu'au payement des rentes simples ou constituées sur ce même fonds; s'il est forcé de les payer, il a son recours contre le propriétaire.

523. L'usufruitier à titre universel est tenu pour le tout, ou en proportion de son usufruit, au payement de toutes les annuités perpétuelles ou viagères, ainsi que des intérêts des dettes ou legs dont l'héritage est grevé.

Quand il s'agit du payement d'un capital, si l'usufruitier veut avancer la somme pour laquelle le fonds doit contribuer, le capital lui en est restitué à la fin de l'usufruit, sans aucun intérêt.

Si l'usufruitier ne veut pas faire cette avance, le propriétaire a le choix, ou de payer cette somme, et, dans ce cas, l'usufruitier lui tient compte des intérêts pendant la durée de l'usufruit, ou de faire vendre, jusqu'à due concurrence, une portion des biens soumis à l'usufruit.

On observera la même règle, quand il s'agira de grosses réparations.

524. L'usufruitier est tenu des frais des procès qui concernent la jouissance, et des autres condamnations auxquelles ces procès pourraient donner lieu.

S'il y a contestation sur la propriété et sur la jouissance, le propriétaire et l'usufruitier seront tenus, chacun en proportion de son intérêt.

525. Si, pendant la durée de l'usufruit, un tiers

commet quelque usurpation sur le fonds, ou attente autrement aux droits du propriétaire, l'usufruitier est tenu de le dénoncer à celui-ci; faute de ce, il est responsable de tout le dommage qui peut en résulter pour le propriétaire, comme il le serait des dégradations commises par lui-même.

526. Si l'usufruit n'est établi que sur un animal qui vient à périr sans la faute de l'usufruitier, celui-ci n'est pas tenu d'en rendre un autre, ni d'en payer l'estimation.

527. Si le troupeau sur lequel un usufruit a été établi, périt entièrement par accident ou par maladie, et sans la faute de l'usufruitier, celui-ci n'est tenu envers le propriétaire que de lui rendre compte des cuirs ou de leur valeur.

Si le troupeau ne périt pas entièrement, l'usufruitier est tenu de remplacer, jusqu'à concurrence du croît, les têtes des animaux qui ont péri.

SECTION III.

Comment l'Usufruit prend fin.

528. L'usufruit s'éteint,

Par la mort naturelle de l'usufruitier;

Par l'expiration du temps pour lequel il a été constitué;

Par la consolidation ou la réunion sur la même tête, des deux qualités d'usufruitier et de propriétaire;

Par le non-usage du droit pendant le temps fixé pour la prescription des différentes propriétés ;

Par la perte totale de la chose sur laquelle l'usufruit a été établi.

529. L'usufruit peut aussi cesser par l'abus que l'usufruitier fait de sa jouissance, soit en commettant des dégradations sur le fonds, soit en le laissant dépérir faute d'entretien.

Les créanciers de l'usufruitier peuvent intervenir dans les contestations, pour la conservation de leurs droits ; ils peuvent offrir la réparation des dégradations commises, et des garanties pour l'avenir.

Les Tribunaux peuvent, suivant la gravité des circonstances, ou prononcer l'extinction absolue de l'usufruit, ou n'ordonner la rentrée du propriétaire dans la jouissance de l'objet qui en est grevé, que sous la charge de payer annuellement à l'usufruitier, ou à ses ayant cause, une somme déterminée, jusqu'à l'instant où l'usufruit aurait dû cesser.

Les Tribunaux pourront aussi, suivant les cas, exiger que l'usufruitier fournisse caution, lors même qu'il en serait dispensé, ou ordonner que les biens soient affermés, ou même, le cas échéant, qu'ils soient placés sous la main d'un économe, sauf la jouissance de l'usufruit à qui de droit.

530. L'usufruit laissé à des communes, à des établissemens ou à des corporations approuvées par le Gouvernement, ou qui a été affecté au soulagement des pauvres ou à tout autre objet de charité

publique, ne pourra durer plus de trente ans, à moins que l'acte constitutif de l'usufruit ne détermine un plus long terme; dans ce cas toutefois, la durée de l'usufruit ne pourra jamais excéder soixante ans.

531. L'usufruit accordé jusqu'à ce qu'un tiers ait atteint un âge déterminé, dure jusqu'à cette époque, encore que le tiers soit mort avant l'âge fixé.

532. La vente de la chose sujette à usufruit ne fait aucun changement dans le droit de l'usufruitier; il continue de jouir de son usufruit, s'il n'y a pas formellement renoncé.

533. Les créanciers de l'usufruitier peuvent faire annuler la renonciation qu'il aura faite à leur préjudice.

534. Si une partie seulement de la chose soumise à l'usufruit est détruite, l'usufruit se conserve sur ce qui reste.

535. Si l'usufruit est établi sur un domaine dont un bâtiment fait partie, et que ce bâtiment soit détruit par un incendie ou autre accident, ou qu'il s'écroule de vétusté, l'usufruitier aura le droit de jouir du sol et des matériaux.

Il en sera de même si l'usufruit n'est établi que sur un bâtiment : mais, dans ce cas, le propriétaire qui voudrait en reconstruire un autre, aura le droit d'occuper le sol et de se servir des matériaux, à la charge de payer à l'usufruitier, pendant la durée de l'usufruit, les intérêts de la somme correspondante à la valeur et du sol et des matériaux.

lumière innée qui luit au fond de toutes les consciences (1).

Le code sarde a tranché la question en sens inverse : non seulement il est explicite sur ce point, mais il est entré dans la voie la plus directement opposée à celle qu'a suivie le législateur français.

Le titre préliminaire de ce code, dont aucune rubrique n'indique la nature et l'objet, contient une profession de foi, et de plus toute une constitution politique.

Il proclame d'abord que la religion catholique est la seule religion de l'État (2), et ce qui est remarquable, dans les propres termes de la proposition qui fut faite en France à l'assemblée constituante, et écartée par un décret d'ordre du jour qui manquait à la fois de franchise et d'exactitude (3). Le code sarde va plus loin ; il

(1) *Non lata sed nata lex.* Cic. *Lux vera quæ illumi nat omnem hominem venientem in hunc mundum.* JOANN, *Évang.*, *cap.* 1.

(2) C. sarde, art. 1. La religion catholique, apostolique et romaine, est la seule religion de l'État.

(3) 12 et 13 avril 1790. Délibération sur cette proposition de dom Gerle : *La religion catholique est la seule religion de l'État.* l'assemblée déclare que ses sentiments sont connus, mais que, par respect pour la liberté de conscience, elle ne peut et ne doit délibérer sur la pro-

déclare les lois de l'Église lois de l'État , dans toutes les matières qu'il appartient à l'Église de régler (1), et il ne fait point le départ de ces matières.

Dès cet instant , plus de doute ni d'équivoque possibles ; tout roule dans l'État autour du pivot religieux. La loi civile n'est que le complément de la loi ecclésiastique. Aussi les cours suprêmes doivent-elles veiller au maintien du plus parfait accord entre l'Église et l'État (2).

Ainsi , confusion absolue de la société civile et de la société religieuse ; subordination de l'une à l'autre ; abandon de l'indivisibilité et des droits sacrés et inviolables de la souverai- neté. Telles sont les bases sur lesquelles repose le code sarde.

Avant d'examiner les graves conséquences qui résultent de ce système , nous ne pouvons nous empêcher de remarquer qu'il excède même ce qu'entraînait naturellement après soi l'établis- sement d'une religion dominante. En effet, le propre d'une religion dominante , c'est d'exclure

position qui lui est soumise. Code des codes, par MM Cattaneu et Bayson. In-4°; Paris, 1835, t. 1. Code constitutionnel, liv. 1, chap 1, sect. 1, p. 18.

(1) C. sarde, art. 2.

(2) C. sarde, art. 2.

536. Le propriétaire de biens grevés d'usufruit au profit d'une personne qui vient à s'absenter, pourra, après le jugement de déclaration d'absence, demander à être mis en possession des biens sujets à cet usufruit, en se soumettant aux charges imposées aux héritiers ou aux légataires qui auront obtenu l'envoi en possession des biens de l'absent, en conformité du chapitre III, titre IV, livre Ier du présent code.

CHAPITRE II.

DE L'USAGE ET DE L'HABITATION.

537. Les droits d'usage et d'habitation s'établissent et se perdent de la même manière que l'usufruit.

538. On ne peut en jouir, comme dans le cas de l'usufruit, sans donner préalablement caution, et sans faire des états et inventaires.

539. L'usager, et celui qui a un droit d'habitation, doivent jouir en bons pères de famille.

540. Les droits d'usage et d'habitation se règlent par le titre qui les a établis, et reçoivent, d'après ses dispositions, plus ou moins d'étendue.

Si le titre ne s'explique pas sur l'étendue de ces droits, ils sont réglés ainsi qu'il suit.

541. Celui qui a l'usage des fruits d'un fonds, ne peut en recueillir qu'autant qu'il lui en faut pour ses besoins et ceux de sa famille. Il peut en perce-

voir pour les besoins même des enfans qui lui sont survenus depuis la concession de l'usage.

542. L'usager ne peut céder ni louer son droit à un autre.

543. Celui qui a un droit d'habitation dans une maison, peut y demeurer avec sa famille, quand même il n'aurait pas été marié à l'époque où ce droit lui a été acquis.

544. Le droit d'habitation se restreint à ce qui est nécessaire pour l'habitation de celui à qui ce droit est concédé, et de sa famille.

545. Le droit d'habitation ne peut être ni cédé ni loué.

546. Si l'usager absorbe tous les fruits du fonds, ou s'il occupe la totalité de la maison, il est assujetti aux frais de culture, aux réparations d'entretien, et au payement des contributions, comme l'usufruitier.

S'il ne prend qu'une partie des fruits, ou s'il n'occupe qu'une partie de la maison, il contribue au prorata de ce dont il jouit.

547. L'usage des bois et forêts est réglé par des lois particulières.

TITRE IV.

DES SERVITUDES FONCIÈRES.

548. Une servitude est une charge imposée sur un héritage, pour l'usage et l'utilité d'un héritage appartenant à un autre propriétaire.

549. L'héritage sur lequel est imposée la servitude s'appelle fonds servant ; celui à l'avantage duquel elle est établie, fonds dominant. Ces qualifications n'établissent aucune prééminence d'un héritage sur l'autre.

550. Les servitudes dérivent, ou de la situation naturelle des lieux, ou des obligations imposées par la loi, ou des conventions entre les propriétaires.

CHAPITRE PREMIER.

DES SERVITUDES QUI DÉRIVENT DE LA SITUATION DES LIEUX.

551. Les fonds inférieurs sont assujettis envers ceux qui sont plus élevés, à recevoir les eaux qui en découlent naturellement sans que la main de l'homme y ait contribué.

Le propriétaire inférieur ne peut point élever de digue qui empêche cet écoulement.

Le propriétaire supérieur ne peut rien faire qui aggrave la servitude du fonds inférieur.

552. Lorsque, dans un fonds, les rives ou les digues servant à contenir les eaux sont détruites ou abattues, ou que les variations que subit le cours de l'eau nécessitent la construction de quelques ouvrages défensifs, si le propriétaire du fonds ne répare pas ou ne rétablit pas les rives ou les digues, ou s'il ne fait pas les constructions nécessaires, ceux qui en éprouveront du dommage, ou qui se-

ont en danger imminent d'en éprouver, pourront faire exécuter ces travaux à leurs frais : ils ne pourront cependant user de cette faculté qu'autant que le propriétaire, sur le fonds duquel on doit faire les travaux, n'en souffrira aucun préjudice; ils devront en outre obtenir l'autorisation préalable du Juge compétent, ouïs les intéressés, et se conformer, dans tous les cas, aux règlemens particuliers sur les eaux.

553. Il en sera de même, s'il est nécessaire de déblayer les matières dont l'accumulation ou la chute aurait encombré un fonds ou un cours d'eau de propriété privée, de manière que l'héritage d'autrui en éprouvât ou fût menacé d'en éprouver du dommage.

554. — Tous les propriétaires qui, dans les cas respectivement prévus par les deux articles précédens, ont intérêt à maintenir les rives et les digues ou à faire cesser l'encombrement, pourront être appelés à concourir à la dépense, et y être tenus en proportion de l'avantage que chacun d'eux en retire. Dans tous les cas, ils seront admis à recourir, pour les dommages et les frais, contre celui qui aurait donné lieu à la destruction des digues ou aux encombremens susdits.

555. Celui qui a une source dans son fonds, peut en user à sa volonté, sauf le droit que le propriétaire du fonds inférieur pourrait avoir acquis par titre ou par prescription.

556. La prescription, dans ce cas, ne peut s'ac-

quérir que par une jouissance non interrompue pendant l'espace de trente années, à compter du moment où le propriétaire du fonds inférieur a fait et terminé, sur le fonds supérieur, des ouvrages apparens, destinés et ayant servi à faciliter la chute et le cours de l'eau dans sa propriété.

557. Le propriétaire de la source ne peut en changer le cours, lorsqu'elle fournit aux habitans d'une commune, village ou hameau, l'eau qui leur est nécessaire : mais si les habitans n'en ont pas acquis ou prescrit l'usage, le propriétaire peut réclamer une indemnité, laquelle est réglée par le Tribunal sur un rapport d'experts.

558. Celui dont la propriété borde une eau qui, sans travaux de main d'homme, a un cours naturel, et qui n'est point déclarée dépendance du Domaine Royal par l'art. 420, peut s'en servir à son passage pour l'irrigation de ses propriétés.

Celui dont cette eau traverse l'héritage, peut même en user dans l'intervalle qu'elle y parcourt, mais à la charge de la rendre, à la sortie de ses fonds, à son cours ordinaire.

559. S'il s'élève une contestation entre les propriétaires auxquels ces eaux peuvent être utiles, les Tribunaux, en prononçant, doivent concilier l'intérêt de l'agriculture avec le respect dû à la propriété; et, dans tous les cas, les règlemens particuliers et locaux sur le cours et l'usage des eaux doivent être observés.

560. Tout propriétaire ou possesseur d'eau peut

en user à sa volonté, et même en disposer en faveur d'autres personnes, s'il n'y a titre ou prescription contraire; mais, après s'en être servi, il ne
peut détourner les eaux de manière à en occasionner la perte, au préjudice des autres fonds qui seraient à même d'en profiter sans donner lieu à aucun regorgement, ni causer d'autres dommages aux
usagers supérieurs. Celui qui voudra tirer avantage
de ces eaux, en devra payer la valeur, soit qu'il
s'agisse d'une source existante dans le fonds supérieur, ou de toute autre eau qui y aurait été introduite ensuite d'une concession.

561. Tout propriétaire peut obliger son voisin au
bornage de leurs propriétés contiguës. Le bornage
se fait à frais communs.

562. Tout propriétaire peut clore son héritage,
sauf l'exception portée en l'art. 616, et les droits de
servitude qui pourraient compéter aux tiers.

563. Néanmoins, dans les lieux où la réciprocité
du droit de pâturage est établie, le propriétaire qui
voudra renoncer, en tout ou en partie, à cette réciprocité, soit en faisant clore son héritage, soit au
moyen d'une déclaration expresse, devra porter sa
demande devant le Tribunal de judicature-mage.

Cette demande sera notifiée aux administrateurs
de la commune, et publiée au lieu où l'on a coutume de faire les affiches; mais on ne pourra jamais contester au demandeur la faculté de renoncer
à l'usage commun des pâturages, à moins que l'opposition ne soit fondée sur un motif grave et évi-

dent d'utilité générale pour la commune dans le territoire de laquelle les biens sont situés.

Le tribunal, en autorisant la renonciation, en réglera en même temps le mode et les effets, et aura surtout égard à la qualité et à la quantité du terrain soustrait à l'usage commun.

CHAPITRE II.

DES SERVITUDES ÉTABLIES PAR LA LOI.

564. Les servitudes établies par la loi ont pour objet l'utilité publique, ou l'utilité des particuliers.

565. Celles établies pour l'utilité publique ont pour objet le cours des eaux, le marche-pied le long des fleuves et rivières navigables ou flottables, la construction ou réparation des chemins et autres ouvrages publics.

Tout ce qui concerne cette espèce de servitude est déterminé par des lois ou par des règlemens particuliers.

566. La loi assujettit les propriétaires à différentes obligations l'un à l'égard de l'autre, indépendamment de toute convention.

567. Partie de ces obligations est réglée par les lois sur la police rurale, et par les bans et autres règlemens champêtres;

Les autres sont relatives aux murs et aux fossés mitoyens, au cas où il y a lieu à contre-mur, aux vues sur la propriété du voisin, à l'égoût des toits, aux droits de passage et d'aqueduc.

Du Mur et du Fossé mitoyens.

568. Dans les villes et les campagnes, tout mur
servant de séparation entre bâtimens, jusqu'à sa
sommité, et dans le cas où les bâtimens divisés sont
de hauteur inégale, jusqu'à l'héberge, et pareillement tout mur servant de séparation entre cours et
jardins, et même entre enclos dans les champs, sont
présumés mitoyens, s'il n'y a titre ou marque du
contraire.

569. Il y a marque de non mitoyenneté lorsque
la sommité du mur est droite et à plomb de son
parement d'un côté, et présente de l'autre un plan
incliné;

Lors encore qu'il n'y a que d'un côté la saillie
du toit ou des filets et corbeaux, soit de pierre,
soit de toute autre matière, qui y auraient été mis
en bâtissant le mur, ou des vides laissés dans le mur
lors de sa construction, à une profondeur excédant
la moitié de son épaisseur.

Dans ces cas, le mur est censé appartenir exclusivement au propriétaire du côté duquel sont l'égoût,
les corbeaux et filets, ou les vides.

Les pierres d'attente ne sont pas une preuve de
mitoyenneté.

570. S'il y a nécessité de réparer et de reconstruire le mur mitoyen, la réparation et la recons-

truction sont à la charge de tous ceux qui y ont droit, et proportionnellement au droit de chacun.

571. Cependant tout copropriétaire d'un mur mitoyen peut se dispenser de contribuer aux réparations et reconstructions, en abandonnant le droit de mitoyenneté, pourvu que le mur ne soutienne pas un bâtiment qui lui appartienne.

Cet abandon ne peut empêcher que celui qui a renoncé à la mitoyenneté, ne soit tenu aux réparations auxquelles il aurait donné lieu par son fait.

572. Lors même que le mur mitoyen soutiendrait un bâtiment, si le propriétaire de ce bâtiment veut le faire abattre, il pourra également renoncer à la mitoyenneté, mais à la charge de faire, pour cette fois seulement, toutes les réparations et tous les travaux nécessaires pour éviter les dommages que la démolition pourrait causer au voisin.

573. Tout copropriétaire peut faire bâtir contre un mur mitoyen, et y faire placer des poutres ou solives dans toute l'épaisseur du mur, à soixante-quatre millimètres près ; sans préjudice du droit qu'a le voisin de faire réduire la poutre jusqu'à la moitié du mur, dans le cas où il voudrait lui-même asseoir des poutres dans le même lieu, ou y adosser une cheminée.

574. Il est également permis à tout copropriétaire d'un mur mitoyen, de le faire traverser en entier par des tirans ou bouts de tirans, et de faire placer, du côté opposé, des ancres, afin de consolider son bâtiment ; mais, dans ce cas, le coproprié-

taire devra laisser une distance de soixante-quatre
millimètres, à partir du parement extérieur du mur
du côté du voisin, faire en outre tous les travaux
nécessaires pour ne pas nuire à la solidité du mur,
et supporter les dommages temporaires qui pourraient
être causés au voisin par l'établissement des tirans,
bouts de tirans et ancres.

575. Tout copropriétaire peut faire exhausser le
mur mitoyen; mais il doit payer seul la dépense de
l'exhaussement, les réparations d'entretien de la partie exhaussée, ainsi que les ouvrages qu'il serait dans
le cas de faire pour que le mur mitoyen puisse supporter la plus grande charge provenant de cet exhaussement, sans rien perdre de sa solidité.

576. Si le mur mitoyen n'est pas en état de supporter l'exhaussement, celui qui veut l'exhausser doit
le faire reconstruire en entier à ses frais, et l'excédant d'épaisseur doit se prendre de son côté.

Dans les cas prévus par le présent article, et
par l'article précédent, le copropriétaire susdit est
en outre tenu d'indemniser le voisin à raison du
dommage qu'il souffrirait, même temporairement,
à l'occasion de l'exhaussement ou de la nouvelle
construction.

577. Le voisin qui n'a pas contribué à l'exhaussement, peut en acquérir la mitoyenneté en payant
la moitié de la dépense qu'il a coûté, et la valeur de
la moitié du sol fourni pour l'excédant d'épaisseur,
s'il y en a.

578. Tout propriétaire joignant un mur a de

même la faculté de le rendre mitoyen en tout ou en partie, pourvu que la mitoyenneté ait lieu dans toute l'étendue de sa propriété, en remboursant au maître du mur la moitié de sa valeur, ou la moitié de la valeur de la portion qu'il veut rendre mitoyenne, et moitié de la valeur du sol sur lequel le mur est bâti, à la charge en outre de faire exécuter les travaux qui seraient jugés nécessaires pour ne pas nuire au voisin.

579. L'un des voisins ne peut pratiquer dans le corps d'un mur mitoyen aucun enfoncement, ni y appliquer ou appuyer aucun ouvrage nouveau, sans le consentement de l'autre, ou sans avoir, à son refus, fait régler par experts les moyens nécessaires pour que le nouvel ouvrage ne soit pas nuisible aux droits de l'autre.

580. On ne peut adosser contre un mur mitoyen aucun amas de fumier, de bois, de terre, ou d'autre matière semblable, sans prendre toutes les précautions nécessaires pour que ces amas ne puissent nuire ni par leur humidité, ni par leur poussée ou leur trop grande élévation, ni de toute autre manière.

581. Chacun peut contraindre son voisin à contribuer aux frais de constructions ou réparations des murs de clôture faisant séparation de leurs maisons, cours et jardins situés dans les villes et faubourgs : la hauteur de ces murs sera fixée suivant les règlemens particuliers ; et, à défaut de règlemens ou de conventions, tout mur de clôture ou de

séparation entre voisins, qui à l'avenir sera construit à frais communs dans les lieux susdits, devra avoir trois mètres de hauteur.

582. Lorsque, dans les villes et faubourgs, un mur séparera deux fonds dont l'un sera supérieur à l'autre, le propriétaire du fonds supérieur supportera seul tous les frais de construction ou de réparation du mur jusqu'à la hauteur du sol qui lui appartient; mais, à partir de ce même sol, la portion de mur qui sera élevée jusqu'à la hauteur fixée par l'article précédent, devra être construite et maintenue à frais communs.

583. Dans les cas prévus par les deux articles précédens, le voisin qui ne veut pas contribuer à la construction ou à la réparation d'un mur de clôture ou de séparation, peut s'en dispenser en cédant la moitié du sol sur lequel ce mur doit être bâti, et en abandonnant le droit de mitoyenneté, sauf toutefois ce qui est porté par l'art. 578.

584. Lorsque les différens étages d'une maison appartiennent à divers propriétaires, si les titres de propriété ne règlent pas le mode de réparations et reconstructions, elles doivent être faites ainsi qu'il suit :

Les gros murs et le toit sont à la charge de tous les propriétaires, chacun en proportion de la valeur de l'étage qui lui appartient. Il en est de même des allées, des portes, des puits et citernes, des canaux et de tout ce qui est commun entre divers propriétaires : les fosses d'aisance sont aussi à leur charge, mais en proportion des ouvertures qui y sont faites.

Le propriétaire de chaque étage ou portion d'étage fait et maintient le plancher sur lequel il marche, ainsi que les voûtes, plafonds, soffites et lambris supérieurs des pièces qui lui appartiennent.

Le propriétaire de l'étage immédiatement supérieur au rez-de-chaussée fait et maintient l'escalier qui y conduit à partir du rez-de-chaussée.

Le propriétaire de l'étage supérieur continue, à partir de l'étage immédiatement inférieur, l'escalier qui conduit chez lui, et ainsi de suite.

Lorsqu'un étage est divisé entre divers propriétaires, la dépense faite pour l'escalier qui y conduit, à partir de l'étage immédiatement inférieur, ou du rez-de-chaussée s'il s'agit du premier étage, sera répartie entre eux en raison de la valeur de leur portion respective dans l'étage qui leur appartient.

En ce qui concerne les escaliers qui conduisent dans les caves, on suivra la même répartition, en prenant pour base la valeur des caves.

Les chambres ayant dans l'escalier un accès intermédiaire entre un étage et l'autre, seront considérées, en ce qui concerne la contribution aux frais, comme faisant partie de l'étage dont elles sont le plus rapprochées.

Les galetas et mansardes sont pareillement considérés comme faisant partie des étages de chaque maison.

585. Lorsqu'on reconstruit un mur mitoyen ou

une maison, les servitudes actives et passives se continuent à l'égard du nouveau mur ou de la nouvelle maison, sans toutefois qu'elles puissent être aggravées, et pourvu que la reconstruction se fasse avant que la prescription soit acquise.

586. Tous fossés entre deux héritages sont présumés mitoyens, s'il n'y a titre ou marque du contraire.

587. Il y a marque de non mitoyenneté, lorsque la levée ou le rejet de la terre se trouve d'un côté seulement du fossé, pourvu que ce rejet y soit accumulé depuis trois ans.

Le fossé est présumé appartenir exclusivement à celui du côté duquel se trouve la levée ou le rejet ainsi accumulé.

588. Le fossé mitoyen doit être entretenu à frais communs.

589. Toute haie qui sépare des héritages est réputée mitoyenne, à moins qu'il n'y ait qu'un seul des héritages en état de clôture, ou s'il n'y a bornes, titres, ou possession suffisante au contraire.

590. Les arbres qui se trouvent dans la haie mitoyenne, sont mitoyens comme la haie, et chacun des deux propriétaires a droit de requérir qu'ils soient abattus.

Les arbres plantés sur la ligne de séparation de deux héritages sont réputés communs, à moins qu'il n'y ait titre ou possession contraire.

Les arbres qui servent de bornes, ne peuvent être abattus que d'un commun accord.

De la Distance et des Ouvrages intermédiaires requis pour certaines constructions, excavations et plantations.

591. Celui qui veut construire une maison ou seulement un mur, peut bâtir sur les confins mêmes de sa propriété, sans préjudice de la faculté qu'a le voisin de rendre le mur mitoyen, en conformité de l'art. 578.

592. Lorsqu'un individu bâtit, non sur les confins de sa propriété, mais à une distance moindre d'un mètre et demi, à partir de la ligne de séparation des deux propriétés, il est permis au voisin de requérir la mitoyenneté du mur et d'y appuyer ses constructions; à la charge de rembourser la valeur de la moitié du mur, et en outre celle du sol occupé par ces constructions, à moins que le propriétaire du sol ne préfère de prolonger en même temps son bâtiment jusqu'aux limites de sa propriété.

Si le voisin ne veut pas se prévaloir de cette faculté, il devra bâtir de manière à conserver une distance de trois mètres, à partir du mur de l'autre voisin.

On observera la même distance dans tous les autres cas où il y aurait moins de trois mètres entre la construction du voisin et les confins.

593. Les dispositions des deux articles précédens ne sont point applicables aux murs faisant face aux

places, rues et autres chemins publics, à l'égard desquels on observera les lois et les règlemens particuliers qui y sont relatifs.

594. Dans les villes et faubourgs, la faculté accordée au voisin par l'art. 592 s'étend même aux bâtimens actuellement construits, s'ils sont situés à une distance moindre d'un mètre et demi de la ligne de séparation des deux propriétés. Est cependant excepté le cas où il existerait, dans le mur en face du confin, des fenêtres ou autres ouvertures nécessaires à l'usage du bâtiment : les nouvelles constructions ne pourront alors avoir lieu qu'à la distance de trois mètres du bâtiment déjà existant.

595. Dans les lieux non désignés par l'article précédent, lorsqu'il s'agira de bâtimens déjà existans, le voisin ne pourra prétendre à la mitoyenneté du mur qui ne serait pas construit sur la ligne de séparation des deux héritages, ni entreprendre des constructions de ce côté, qu'à la charge d'observer la distance d'un mètre et demi, à partir de la ligne de séparation.

596. Lorsque le fonds voisin, sur la limite duquel on veut construire un mur, est une aire à battre le grain, adjacente aux bâtimens ruraux dont elle dépend, la hauteur du mur ne pourra excéder deux mètres et demi.

Si l'on veut porter les constructions à une plus grande hauteur, on devra observer la distance rigoureusement nécessaire pour ne pas intercepter les rayons du soleil, et ne pas priver cet emplacement de l'air indispensable à l'usage auquel il est destiné.

597. Celui qui voudra faire creuser un puits, une citerne, un cloaque, une fosse d'aisance ou à fumier, près d'un mur appartenant à autrui, ou même près d'un mur mitoyen, devra, s'il n'y a pas de dispositions contraires dans les règlemens locaux, laisser la distance d'un mètre soixante et onze centimètres entre les confins précis de la propriété voisine et le point du périmètre interne du puits, de la citerne, du cloaque ou de la fosse, le plus rapproché de ces confins.

Les tuyaux de latrine et d'évier, et même ceux destinés à recueillir les eaux qui s'écoulent des toits, ou que l'on fait monter par le moyen de pompes ou de toute autre machine, doivent être établis à la distance de quatre-vingt-sept centimètres au moins des confins précis de la propriété du voisin.

Cette distance sera observée par rapport aux subdivisions de ces tuyaux, et elle sera toujours fixée entre la limite précise de la propriété voisine et le point le plus rapproché du périmètre externe du tuyau.

Si le voisin éprouve quelque dommage, lors même qu'on aurait laissé les distances prescrites, ces distances seront augmentées, et l'on exécutera les travaux qui seront jugés nécessaires pour réparer et garantir la propriété du voisin, le tout à dire d'experts.

598. Celui qui veut construire des cheminées,

fours, forges, étables, magasins de sel ou d'autres
matières corrosives, contre un mur mitoyen, ou
contre un mur de séparation qui même lui appartiendrait, sera tenu, pour ne pas nuire au voisin,
d'exécuter les ouvrages et d'observer les distances
qui, selon les cas, seront prescrits par les règlemens en vigueur, et qui, à défaut de règlemens,
seront déterminés par avis d'experts. Les mêmes
obligations sont imposées à celui qui veut établir,
auprès de la propriété d'autrui, des fabriques mises
en action par la vapeur, ou toute autre usine qui
pourrait faire craindre un incendie, une explosion
dangereuse, ou donner lieu à des exhalaisons nui-
sibles.

599. Celui qui creusera des fossés ou canaux dans
sa propriété, devra laisser entre eux et le fonds voisin, une distance au moins égale à leur profondeur,
à moins que les règlemens locaux ne prescrivent une
plus grande distance.

600. Cette distance se mesure depuis le bord supérieur des fossés ou canaux, le plus rapproché du
fonds voisin. Le bord intérieur du côté du même
fonds aura un talus dont la base sera égale à la hauteur ; à défaut, ce bord sera protégé par des ouvrages de soutènement.

Lorsque la limite de la propriété du voisin se
trouve dans un fossé mitoyen, ou dans un chemin
privé également mitoyen ou soumis à une servitude
de passage, la distance prescrite devra se mesurer
du bord supérieur ci-dessus indiqué, à celui des

bords soit du fossé mitoyen, soit du chemin, qui sera le. plus rapproché du fonds appartenant à celui qui veut creuser le fossé ou le canal; on observera en outre ce qui a été dit ci-dessus relativement au talus du fossé ou canal.

601. Si l'on veut creuser un fossé ou canal près d'un mur mitoyen, il ne sera point nécessaire d'observer la distance ci-devant prescrite; mais on devra faire tous les ouvrages intermédiaires, propres à garantir le mur mitoyen de tout dommage.

602. Celui qui voudra ouvrir une source, établir des réservoirs pour la réunion de *surgeons d'eau* ou conduits de fontaines (1), des canaux ou des aqueducs, en creuser le lit, lui donner plus de largeur ou de profondeur, en augmenter ou diminuer la pente, ou en varier la forme, devra, indépendamment des distances prescrites ci-dessus, laisser telle autre distance convenable, et exécuter tous les travaux nécessaires pour ne préjudicier ni aux fonds voisins ni aux autres sources, réservoirs ou conduits de fontaine, canaux ou aqueducs déjà existans, et destinés à l'irrigation des biens ou à faire mouvoir des usines.

S'il s'élève des contestations entre les deux propriétaires, les Tribunaux, en prononçant, devront s'attacher à concilier les intérêts respectifs de la manière la plus conforme à l'équité et à la justice, sans perdre de vue le respect dû au droit de propriété,

(1) Capl od aste di fonte.

l'avantage de l'agriculture et l'usage auquel l'eau a
été ou doit être destinée : à cet effet, ils fixeront
même au besoin l'indemnité qui, d'après les règles
de la justice et de l'équité, peut être accordée à
l'une des parties.

603. Il n'est permis de planter des arbres près
des confins de la propriété d'un voisin, qu'en laissant les distances prescrites par les règlemens locaux ;
à défaut de ces règlemens, on devra observer les
distances suivantes :

1.º Pour les arbres de haute futaie, trois mètres.

Quant aux distances à observer, sont considérés
comme arbres de haute futaie, tous ceux dont la
force principale provient de l'élévation considérable
de leur tronc, soit qu'il se divise en plusieurs
branches, soit qu'il se prolonge sans se diviser : tels
que les noyers, les châtaigniers, les chênes, les pins,
les cyprès, les ormes, les peupliers, les platanes et
autres semblables.

Les robiniers et les mûriers de la Chine sont,
quant aux distances, assimilés aux arbres de haute
futaie.

2.º Pour les autres arbres qui ne sont pas de haute
futaie, un mètre et demi.

Sont considérés comme appartenant à cette espèce, ceux dont le tronc parvenu à une hauteur
peu considérable se divise en rameaux plus ou moins
nombreux : tels que les poiriers, les pommiers, les
cerisiers, et en général les arbres fruitiers non compris dans le n.º 1er. Il en est de même des mû-

riers, saules, robiniers-parasols et autres arbres semblables.

5.º Pour les vignes, les arbustes, les haies vives, ainsi que pour les arbres fruitiers, soit nains, soit à espalier, dont la hauteur n'excède pas deux mètres et demi, un demi-mètre.

La distance sera cependant d'un mètre, quand les haies seront formées avec des robiniers, des aulnes, des châtaigniers ou autres plantes semblables dont la coupe par pied se fait périodiquement.

Il ne sera point nécessaire d'observer les distances ci-dessus prescrites, lorsque le fonds sera séparé de celui du voisin par un mur mitoyen ou non, pourvu que les plantes soient maintenues à une hauteur qui ne dépasse pas celle du mur.

604. Quant aux plantes qui croissent et aux plantations que l'on fait, soit dans l'intérieur des forêts, près des limites respectives, soit sur le bord des canaux, ou le long des chemins communaux, sans préjudicier aux cours des eaux et aux communications, on observera les règlemens ; à défaut, les usages locaux, et faute de règlemens et d'usages, les distances fixées dans l'article précédent.

605. Le voisin peut exiger que les arbres et les haies qui croîtront ou seront plantés à une moindre distance soient arrachés.

606. Celui sur la propriété duquel avancent les branches des arbres du voisin, peut contraindre celui-ci à couper ces branches : si ce sont des racines qui avancent sur son héritage, il a droit de les y cou-

per lui-même; mais, quant aux oliviers, on observera, dans l'un et l'autre cas, ce qui est prescrit par
les règlemens et usages locaux.

Des Vues sur la propriété de son voisin.

607. L'un des voisins ne peut, sans le consentement de l'autre, pratiquer dans le mur mitoyen aucune fenêtre ou ouverture, en quelque manière que
ce soit, même à verre dormant.

608. Le propriétaire d'un mur non mitoyen, joignant immédiatement l'héritage d'autrui, peut pratiquer dans ce mur des jours ou fenêtres à fer maillé
et verre dormant.

Ces fenêtres doivent être garnies d'un treillis de fer
dont les mailles auront un décimètre d'ouverture au
plus, et d'un châssis à verre dormant.

Cependant l'existence de ces fenêtres n'empêchera
pas le voisin d'acquérir la mitoyenneté du mur; mais
il ne pourra les boucher qu'en appuyant son bâtiment contre le mur.

609. Ces fenêtres ou jours ne peuvent être établis à une hauteur moindre de vingt-six décimètres
au-dessus du plancher ou sol de la chambre qu'on
veut éclairer, si c'est à rez-de-chaussée, ni moindre
de dix-neuf décimètres au-dessus du plancher pour
les étages supérieurs.

Dans la partie extérieure du mur du côté de l'héritage voisin, la hauteur à laquelle les fenêtres ou jours sont pratiqués, doit pareillement être de vingt-six décimètres, à partir du niveau du terrain.

610. Celui qui a exhaussé le mur commun, ne peut pratiquer des vues ou fenêtres dans la partie exhaussée à laquelle le voisin n'a pas voulu contribuer.

611. On ne peut avoir des vues droites ou fenêtres d'aspect, ni balcons ou autres semblables saillies sur l'héritage clos ou non clos de son voisin, s'il n'y a un mètre et demi de distance entre le mur où on les pratique et ledit héritage.

Cette prohibition cesse lorsqu'il existe entre les deux propriétés un chemin ou une petite rue dont la largeur est moindre que celle ci-devant indiquée.

612. On ne peut avoir des vues par côté ou obliques sur l'héritage du voisin, s'il n'y a six décimètres de distance.

613. La distance dont il est parlé dans les deux articles précédens, se compte depuis le parement extérieur du mur où l'ouverture se fait, et, s'il y a balcons ou autres semblables saillies, depuis leur ligne extérieure jusqu'à la ligne de séparation des deux propriétés.

614. Celui qui a acquis par convention le droit d'avoir des fenêtres d'aspect sur l'héritage du voisin, ne peut s'opposer à ce qu'il bâtisse à la distance prescrite par les articles 592, 594 et 595, à moins qu'il n'y ait titre contraire, ou que la prescription de trente ans n'ait eu lieu après opposition; mais

si le droit d'avoir des fenêtres donnant sur l'héritage du voisin n'est acquis que par prescription, le propriétaire de cet héritage peut toujours bâtir sur son terrain, ou élever son bâtiment à sa volonté.

SECTION IV.

De l'Egoût des toits.

615. Tout propriétaire doit établir des toits de manière que les eaux pluviales s'écoulent sur son terrain ou sur la voie publique, en se conformant pour cet objet aux règlemens particuliers; il ne peut les faire verser sur le fonds de son voisin.

SECTION V.

Du Droit de passage et d'aqueducs.

616. Le propriétaire dont les fonds sont enclavés, et qui n'a aucune issue sur la voie publique, peut réclamer un passage sur les fonds de ses voisins pour l'exploitation de son héritage, à la charge d'une indemnité proportionnée au dommage qu'il peut occasionner.

617. Le passage doit régulièrement être pris du côté où le trajet est le plus court du fonds enclavé à la voie publique.

618. Néanmoins il doit être fixé dans l'endroit le moins dommageable à celui sur le fonds duquel il est accordé.

619. Si le fonds n'a été enclavé que par suite d'une vente, d'un échange ou d'un partage, les vendeurs, les copermutans ou copartageans sont tenus d'accorder le passage, et le doivent même sans indemnité.

620. Si le passage accordé à un fonds enclavé cesse d'être nécessaire par la réunion de ce fonds à un autre héritage qui se trouve contigu à un chemin public, ce passage peut être supprimé sur la demande du propriétaire du fonds servant, et moyennant la restitution de l'indemnité reçue, ou la cessation de l'annuité convenue. Il en sera de même si l'on vient à ouvrir un chemin communiquant au fonds qui était enclavé. Dans ces deux cas, la prescription ne peut être invoquée.

621. L'action en indemnité, dans le cas prévu par l'art. 616, est prescriptible, et le droit de passage continue à subsister, quoique l'action en indemnité ne soit plus recevable.

622. Toute commune, tout corps, tous particuliers sont tenus de donner passage, sur leurs fonds, aux eaux que veulent conduire ceux qui ont le droit de les dériver des fleuves, rivières, fontaines ou d'autres eaux, pour l'irrigation des terres ou pour l'usage de quelque usine. Les maisons, ainsi que les cours, aires et jardins qui en dépendent, sont cependant exceptées de la disposition du présent article.

625. Celui qui demande un passage pour les eaux, est tenu de faire construire le canal nécessaire à cet

effet, sans pouvoir prétendre de les faire passer
dans les canaux déjà établis pour le cours d'autres
eaux. Cependant celui qui, ayant un canal sur son
fonds, est en même temps propriétaire des eaux qui
y coulent, peut, en offrant de donner passage aux
eaux par ce canal, empêcher qu'on n'en établisse un
autre sur sa propriété, pourvu qu'en usant de cette
faculté, il ne cause pas un préjudice notable à celui
qui demande le passage.

624. On devra également permettre le passage des
eaux à travers les canaux et aqueducs, de la manière
la plus convenable et la mieux adaptée aux localités
et à l'état de ces canaux et aqueducs, pourvu que le
cours de leurs eaux ne soit ni gêné, ni retardé, ni
accéléré, et qu'il n'en résulte aucun changement dans
le volume de ces mêmes eaux.

625. Lorsque pour la conduite des eaux, on sera
obligé de traverser des chemins publics ou communaux, ou des fleuves, rivières ou torrens, on devra
se conformer aux lois et aux règlemens spéciaux sur
les eaux et chemins.

626. Celui qui veut faire passer des eaux sur
le fonds d'autrui, doit justifier que l'eau dont il
peut disposer suffit à l'usage auquel elle est destinée, et que le passage qu'il demande est, eu
égard à l'état des fonds voisins, à la pente et aux
autres conditions requises pour la conduite, le cours
et la décharge des eaux, le plus convenable et celui
qui causera le moins de dommages aux biens.

627. Celui qui veut conduire des eaux sur l'hé-

ritage d'autrui, doit, avant d'entreprendre la construction d'un aqueduc, payer la valeur du sol à occuper, suivant l'estimation qui en aura été faite, sans déduction des impositions et des autres charges qui seraient inhérentes au fonds, et avec l'augmentation du cinquième en sus. Il sera en outre tenu des dommages immédiats, dans lesquels on comprendra ceux résultant de la séparation en deux ou plusieurs parties du fonds à traverser, ou de toute autre détérioration.

Si la demande pour le passage des eaux est limitée à un temps qui n'excède pas neuf ans, l'obligation de payer la valeur du sol occupé par le canal, avec le cinquième en sus, et les dommages résultant du morcellement et de la détérioration du fonds, sera réduite à la moitié de ce qui serait dû, s'il n'y avait pas de limitation de temps; mais à la charge de rétablir, à l'expiration du terme, les choses dans leur premier état. Dans le cas où celui qui a demandé le passage temporaire des eaux, veut ensuite le rendre perpétuel, il ne pourra imputer les sommes payées pour la moitié de la valeur du sol et des dommages causés par le morcellement et la détérioration du fonds.

628. Celui qui voudra profiter de l'offre que le propriétaire du fonds aurait faite, en conformité de l'art. 623, de donner passage aux eaux au moyen du canal qui lui appartient, sera pareillement tenu de payer, en proportion du volume d'eau qu'il y introduira, la valeur du sol occupé par ce canal.

Il devra en outre rembourser, dans la même proportion, les dépenses faites pour l'établissement du canal, sans préjudice de l'indemnité due pour toute plus ample occupation de terrain, et pour les autres dépenses que le passage des eaux aurait rendues nécessaires.

629. Lorsque celui qui a établi un aqueduc sur la propriété d'autrui, veut s'en servir pour y introduire une plus grande quantité d'eau, il ne pourra l'y faire venir qu'après qu'il aura été vérifié que l'aqueduc peut la contenir, et qu'on aura reconnu qu'il n'en peut résulter aucun préjudice pour le fonds servant. Si l'introduction d'une plus grande quantité d'eau exige la construction de nouveaux ouvrages, cette construction ne pourra avoir lieu que lorsqu'on aura préalablement déterminé la nature et la qualité de ces ouvrages, et qu'on aura payé la somme due pour le sol à occuper et pour les dommages, conformément à ce qui est prescrit par l'art. 627.

630. Les dispositions énoncées dans les articles précédens, concernant le passage des eaux, sont applicables au cas où le possesseur d'un fonds marécageux veut le bonifier ou le dessécher par *colmates* ou atterrissemens, ou en creusant un ou plusieurs canaux d'écoulement.

Si les personnes qui ont droit aux eaux du marais, ou à celles qui en proviennent ou en sont dérivées, forment opposition au desséchement, les Tribunaux, en prononçant, doivent concilier l'intérêt de la salubrité de l'air avec celui de l'agriculture, et avoir en même temps égard aux droits de l'opposant et à l'usage auquel il emploie ces eaux.

631. Les concessions d'usage d'eau, obtenues du Domaine Royal, sont toujours réputées faites sans préjudice des droits antérieurs d'usage qui peuvent être légitimement acquis sur cette même eau.

632. Les usagers tant supérieurs qu'inférieurs ayant droit de dériver des eaux des rivières, torrens, ruisseaux, canaux, lacs ou réservoirs, auront toujours soin de ne pas se nuire entre eux par l'effet de la stagnation, du refoulement ou de la déviation de ces mêmes eaux. Ceux qui y auront donné lieu, seront tenus des dommages, et encourront les peines portées par les règlemens de police rurale.

633. Si les eaux qui coulent au bénéfice des particuliers, empêchent les propriétaires voisins de pouvoir se transporter sur leurs fonds, d'en continuer l'arrosement ou d'y faire écouler l'eau, ceux qui tirent avantage des eaux doivent construire et entretenir des ponts, auxquels ils donneront l'accès nécessaire et suffisant pour maintenir des passages commodes et sûrs. Ils doivent aussi construire et entretenir les aqueducs souterrains, les ponts-aqueducs, et faire tous autres ouvrages semblables pour la continuation de l'arrosement ou de l'écoulement, sauf convention ou possession légitime au contraire.

CHAPITRE III.

DES SERVITUDES ÉTABLIES PAR LE FAIT DE L'HOMME.

SECTION I.

Des diverses Espèces de servitudes qui peuvent être etablies sur les biens.

634. Il est permis aux propriétaires d'établir sur leurs propriétés, ou en faveur de leurs propriétés, telles servitudes que bon leur semble, pourvu qu'elles ne soient en aucune manière contraires à l'ordre public.

635. On peut néanmoins faire toute convention ou disposition portant qu'une personne, indépendamment des biens qu'elle possède, aura, pour son utilité ou pour son agrément, un droit à exercer sur le fonds d'un autre individu; mais ce droit ne peut jamais s'étendre au-delà de la vie des premiers concessionnaires, ni être établi en faveur de leurs successeurs.

636. L'usage et l'étendue des servitudes mentionnées en l'art. 634 se règlent par le titre qui les constitue; à défaut de titre, par les règles ci-après.

637. Les servitudes sont établies ou pour l'usage des bâtimens, ou pour celui des fonds de terre.

Celles de la première espèce s'appellent *urbaines*, soit que les bâtimens auxquels elles sont dues soient situés à la ville ou à la campagne;

Celles de la seconde espèce se nomment *rurales*.

638. Les servitudes sont ou continues, ou discontinues.

Les servitudes continues sont celles dont l'usage est ou peut être continuel, sans avoir besoin du fait actuel de l'homme : telles sont les conduites d'eau, les égouts, les vues et autres de cette espèce.

Les servitudes discontinues sont celles qui ont besoin du fait actuel de l'homme pour être exercées : tels sont les droits de passage, puisage, pacage et autres semblables.

639. Les servitudes sont apparentes, ou non apparentes.

Les servitudes apparentes sont celles qui s'annoncent par des ouvrages extérieurs, tels qu'une porte, une fenêtre, un aqueduc.

Les servitudes non apparentes sont celles qui n'ont pas de signe extérieur de leur existence, comme, par exemple, la prohibition de bâtir sur un fonds, ou de ne bâtir qu'à une hauteur déterminée.

640. La servitude de prise d'eau au moyen d'un canal ou de tout autre ouvrage extérieur et permanent, lorsque cette eau sera dérivée dans l'intérêt de l'agriculture, de l'industrie ou pour tout autre usage, est mise au rang des servitudes continues et apparentes.

641. A l'avenir, lorsque la dérivation d'une quantité constante et déterminée d'eau courante aura été convenue, si la forme de l'orifice et de l'édifice de dérivation a aussi été réglée par convention, cette

forme devra être observée. Les parties ne seront pas admises à élever des contestations à ce sujet en alléguant un excédant ou un manque d'eau, à moins que la différence ne soit d'un huitième au moins, et que l'action n'ait été intentée avant l'échéance de trois ans, à partir de l'époque où la dérivation a été établie, ou que l'excédant ou le manque d'eau ne provienne de changemens survenus dans le canal ou dans le cours des eaux qui y sont contenues.

Si l'orifice et l'édifice de dérivation ont été construits sans que la forme en ait été convenue, et s'ils ont été l'objet d'une possession paisible pendant dix années, on n'admettra plus, après ce laps de temps, les parties à réclamer sous prétexte d'un excédant ou d'un manque d'eau, sauf le cas de changemens survenus dans le canal ou dans le cours des eaux, comme il est dit ci-dessus.

A défaut de convention sur la forme ou de possession, cette forme sera déterminée par le Tribunal, sur l'avis des experts nommés par les parties, et, à défaut, choisis d'office.

642. Lorsque, dans les concessions d'eau pour un usage déterminé, l'on n'a pas exprimé la quantité concédée, on est censé avoir accordé celle qui est nécessaire pour l'usage formant l'objet de la concession. Il sera toujours permis aux intéressés de fixer la forme de la dérivation, et d'y faire placer des limites au moyen desquelles le concessionnaire puisse jouir de l'eau qui lui est nécessaire, sans excéder son droit d'usage.

Lorsque cependant les parties seront convenues de donner une forme limitative à l'orifice et à l'édifice de dérivation, ou qu'à défaut de convention, on aura été en possession paisible de dériver l'eau suivant une forme limitative comme ci-dessus, ou n'admettra plus aucune réclamation, si ce n'est dans les cas et dans les délais établis par l'article précédent.

643. En ce qui concerne les nouvelles concessions où une quantité constante d'eau courante aura été convenue et déterminée, autrement dites concession à *orifice réglé* (1), cette quantité devra toujours être indiquée dans les actes publics par relation au module d'eau.

Le module est cette quantité d'eau qui, ayant une libre chute à sa sortie, s'écoule par l'effet de sa seule pression à travers un orifice de forme quadrilataire rectangulaire. Cet orifice, établi de manière à ce que deux de ses côtés soient verticaux, doit avoir deux décimètres de largeur et autant de hauteur; il est pratiqué dans une mince paroi servant d'appui à l'eau qui, toujours libre à sa surface supérieure, est maintenue contre cette même paroi à la hauteur de quatre décimètres au-dessus du côté inférieur de l'orifice.

644. Le droit à une prise continuelle d'eau subsiste à chaque instant.

645. Ce droit subsiste pour les eaux d'été, dès

(1) *bocca tassata.*

l'équinoxe du printemps jusqu'à celui d'automne;
pour les eaux d'hiver, dès l'équinoxe d'automne jusqu'à celui du printemps; et, quant aux eaux dont
la distribution est réglée par heures, par jours, par
semaines, par mois ou de toute autre manière, il
subsiste pour tout le temps convenu ou indiqué par
la possession.

Les distributions d'eau qui se font par jours ou
par nuits, s'entendent du jour et de la nuit naturels.

L'usage des eaux, dans les jours de fêtes, est réglé par les fêtes qui étaient de précepte au temps de
la convention, ou au temps où l'on a commencé à
posséder.

646. Dans les distributions où chaque usager vient
à son tour, le temps que l'eau met à parvenir
jusqu'à l'ouverture de la dérivation de l'usager qui
a droit de la prendre, court pour son compte, et
la queue de l'eau (1) appartient à l'usager dont le
tour cesse.

647. L'eau qui sourd ou qui s'échappe, et qui
est contenue dans le lit d'un canal soumis aux distributions mentionnées en l'article précédent, ne peut
être arrêtée ni dérivée par un usager, que lorsque
son tour est arrivé.

_____

(1) Coda dell'acqua.

Comment s'établissent les servitudes.

648. Les servitudes continues et apparentes s'acquièrent par titre, ou par la possession de trente ans.

649. Les servitudes continues non apparentes, et les servitudes discontinues, apparentes ou non apparentes, ne peuvent s'établir que par titres.

Cependant les servitudes de passage en faveur de fonds certains et déterminés, peuvent aussi s'acquérir par la possession de trente ans, pourvu que ce passage ne puisse être considéré comme abusif. Il est réputé tel toutes les fois qu'il existe un autre passage suffisant pour le service des fonds.

Quant aux autres servitudes, la possession même immémoriale ne suffit pas pour les établir, sans cependant qu'on puisse attaquer les servitudes de cette nature déjà acquises par la possession.

650. La destination du père de famille vaut titre à l'égard des servitudes continues et apparentes.

651. Il n'y a destination du père de famille que lorsqu'il est établi, par tout genre de preuves, que les deux fonds actuellement divisés ont appartenu au même propriétaire, et que c'est par lui que les choses ont été mises dans l'état duquel résulte la servitude.

652. Si l'un de ces fonds vient à être aliéné sans que le contrat contienne aucune convention relative

à la servitude, elle continue d'exister activement ou passivement en faveur du fonds aliéné ou sur le fonds aliéné.

653. Le titre constitutif de la servitude, à l'égard de celles qui ne peuvent s'acquérir par la prescription, ne peut être remplacé que par un jugement, ou par un titre ou document portant reconnaissance de la servitude, et émané du propriétaire du fonds servant.

654. Quand on établit une servitude, on est censé accorder tout ce qui est nécessaire pour en user.

Ainsi la servitude de puiser de l'eau à la fontaine d'autrui emporte nécessairement le droit de passage.

655. Le propriétaire peut, sans le consentement de l'usufruitier, établir sur le fonds toutes les servitudes qui ne préjudicient pas à l'usufruit; il peut, avec l'agrément de l'usufruitier, y établir même les servitudes qui porteraient atteinte à l'usufruit.

656. La servitude concédée par un des copropriétaires d'un fonds indivis, n'est réputée établie et n'affecte réellement le fonds, que lorsque les autres copropriétaires l'ont également concédée ensemble ou séparément.

Les concessions faites, à quelque titre que ce soit, par quelques-uns des copropriétaires, sont toujours en suspens, tant que les autres n'y ont pas tous accédé.

Cependant, lorsqu'une concession a été faite par un des copropriétaires sans le concours des autres, non-seulement le copropriétaire de qui émane la concession, mais encore ses successeurs mêmes à titre particulier, ainsi que ses ayant cause, ne pourront rien faire qui apporte obstacle à l'exercice du droit concédé.

SECTION III.

Des Droits du propriétaire du fonds auquel la servitude est due.

657. Celui auquel est due une servitude, a droit de faire tous les ouvrages nécessaires pour en user et pour la conserver.

Mais il doit déterminer le temps et le mode des ouvrages, de manière à ce que le fonds assujetti n'éprouve que la charge inévitable en pareil cas.

658. Ces ouvrages sont à ses frais, et non à ceux du propriétaire du fonds assujetti, à moins que le titre d'établissement de la servitude ne dise le contraire.

Cependant, lorsque le propriétaire du fonds dominant et le propriétaire du fonds servant jouiront l'un et l'autre de la partie de la chose sur laquelle s'exerce la servitude, les ouvrages seront exécutés à frais communs, et en proportion de l'avantage que chacun d'eux en retire, à moins qu'il n'y ait titre contraire.

659. Dans le cas même où le propriétaire du fonds assujetti est chargé par le titre, de faire à ses frais les ouvrages nécessaires pour l'usage ou la conservation de la servitude, il peut toujours s'affranchir

de la charge, en abandonnant le fonds assujetti au propriétaire du fonds auquel la servitude est due.

660. Si l'héritage pour lequel la servitude a été établie vient à être divisé, la servitude reste due pour chaque portion, sans néanmoins que la condition du fonds assujetti soit aggravée : ainsi, par exemple, s'il s'agit d'un droit de passage, tous les copropriétaires seront obligés de l'exercer par le même endroit.

661. Le propriétaire du fonds débiteur de la servitude ne peut rien faire qui tende à en diminuer l'usage, ou à la rendre plus incommode.

Ainsi, il ne peut changer l'état des lieux, ni transporter l'exercice de la servitude dans un endroit différent de celui où elle a été primitivement assignée.

Mais cependant, si cette assignation primitive était devenue plus onéreuse au propriétaire du fonds assujetti, ou si elle l'empêchait d'y faire des travaux ou des réparations avantageuses, il pourrait offrir au propriétaire de l'autre fonds un endroit aussi commode pour l'exercice de ses droits, et celui-ci ne pourrait pas le refuser.

662. De son côté, celui qui a un droit de servitude ne peut en user que suivant son titre, sans pouvoir faire, ni dans le fonds qui doit la servitude, ni dans le fonds à qui elle est due, de changement qui aggrave la condition du premier.

663. Le droit de conduire de l'eau n'attribue à celui qui l'exerce, ni la propriété du terrain latéral, ni celle du terrain existant au-dessous de la source

ou du canal de dérivation; les contributions foncières et les autres charges inhérentes au fonds sont supportées par le propriétaire de ce terrain.

664. A défaut de conventions particulières, le propriétaire de l'eau, ou toute autre personne qui en fait la concession, est tenu envers les concessionnaires de faire tous les ouvrages ordinaires et extraordinaires pour la dérivation, la conduite et la conservation des eaux, jusqu'au point où les usagers ont le droit de les prendre : il est ainsi tenu de maintenir en bon état les ouvrages d'art, ainsi que le lit et les rives des fontaines et canaux, de faire les curages ordinaires, et de veiller avec toute l'attention et toute la diligence nécessaires, à ce que la dérivation et la conduite de l'eau s'opèrent régulièrement et aux époques dues, sous peine de tout dommage envers les usagers.

665. Néanmoins, si celui qui a fait la concession, établit que le manque d'eau provient d'un accident naturel ou même du fait d'autrui, sans qu'on puisse en aucune manière le lui imputer, ni directement ni indirectement, il ne sera point alors responsable des dommages éprouvés par les usagers; mais il subira seulement une réduction proportionnelle sur le prix de location, ou sur ce qui a été convenu devoir former l'équivalent de la concession, qu'il ait été payé ou non; sans préjudice de l'action en dommages-intérêts qui compète aux parties envers les auteurs de la voie de fait qui a donné lieu au manque d'eau

Dans le second des cas prévus ci-dessus, celui qui a fait la concession sera tenu, sur la demande des usagers, d'intervenir, s'il y a lieu, dans l'instance, pour agir de concert avec eux et les seconder de tous ses moyens, à l'effet qu'ils puissent obtenir les dommages auxquels donne lieu le manque d'eau.

666. Le manque d'eau doit être supporté par celui qui avait droit de la prendre et d'en jouir au temps où elle a manqué, sauf l'action en dommages, ou la diminution soit du prix de location, soit de l'équivalent convenu comme ci-dessus.

667. Entre divers usagers, le manque d'eau doit être supporté, avant tous autres, par ceux qui ont titre ou possession plus récente; et si, à cet égard, les droits des usagers sont égaux, il doit l'être par l'usager inférieur.

Le recours pour les dommages est toujours réservé contre celui qui a donné lieu au manque d'eau.

668. Dans toutes les contestations sur le possessoire sommaire, les droits et les obligations de celui qui jouit d'une servitude, comme de celui qui la doit, ou de tous autres intéressés, sont déterminés par ce qui s'est pratiqué l'année précédente; ils le sont par le mode de jouissance le plus récent, lorsqu'il s'agit de servitudes dont l'exercice exige un laps de temps excédant l'année.

SECTION IV.

Comment les servitudes s'éteignent.

669. Les servitudes cessent lorsque les choses se trouvent en tel état qu'on ne peut plus en user.

670. Elles revivent si les choses sont rétablies de manière qu'on puisse en user ; à moins qu'il ne se soit déjà écoulé un espace de temps suffisant pour faire présumer l'extinction de la servitude , ainsi qu'il est dit aux articles 673, 674 et suivans.

671. Toute servitude est éteinte, lorsque le fonds à qui elle est due et celui qui la doit sont réunis dans la même main.

672. Les servitudes que le mari a acquises au fonds dotal, celles que le propriétaire utile a acquises au fonds emphytéotique, ne s'éteignent ni par la dissolution du mariage, ni par la cessation de l'emphytéose. Cependant les servitudes que ces personnes auraient imposées sur les mêmes fonds, s'éteignent dans les cas ci-dessus exprimés.

673. La servitude est éteinte par le non usage pendant trente ans.

674. Les trente ans commencent à courir, selon les diverses espèces de servitudes, ou du jour où l'on a cessé d'en jouir, lorsqu'il s'agit de servitudes discontinues; ou du jour où il a été fait un acte contraire à la servitude, lorsqu'il s'agit de servitudes continues.

675. Le mode de la servitude peut se prescrire comme la servitude même, et de la même manière.

676. Si les ouvrages qui avaient été faits pour une prise d'eau, ont laissé des vestiges, l'existence de ces vestiges ne fait point obstacle à la prescription : pour en empêcher le cours, il faut tout à la fois et l'existence et le maintien en état de service de l'édifice construit pour la prise d'eau, ou du canal de dérivation.

677. L'usage d'une servitude dans un temps autre que celui qui a été convenu ou réglé par la possession, n'en empêche pas la prescription.

678. Si l'héritage en faveur duquel la servitude est établie, appartient à plusieurs par indivis, la jouissance de l'un empêche la prescription à l'égard de tous.

679. Si, parmi les copropriétaires, il s'en trouve un contre lequel la prescription n'ait pu courir, comme un mineur, il aura conservé le droit de tous les autres.

LIVRE TROISIÈME.

DES DIFFÉRENTES MANIÈRES DONT ON ACQUIERT LA PROPRIÉTÉ.

DISPOSITIONS GÉNÉRALES.

680. La propriété des biens s'acquiert et se transmet par succession, par donation entre-vifs et par l'effet d'autres obligations.

681. La propriété s'acquiert aussi par accession ou incorporation, et par prescription.

682. Les choses qui n'appartiennent à personne, mais dont on peut devenir propriétaire, s'acquièrent par l'occupation.

Ces choses sont :

Les animaux qui ne sont possédés par personne, et qui sont l'objet de la chasse et de la pêche; le trésor, et les choses mobilières abandonnées.

Les choses perdues peuvent aussi s'acquérir par l'occupation.

683. La faculté de chasser et de pêcher est réglée par des lois particulières.

Il n'est cependant pas permis d'entrer sur le

fonds d'autrui pour y chasser contre la défense du possesseur.

684. Tout propriétaire d'essaims d'abeilles a le droit de les suivre sur le fonds d'autrui ; mais il est tenu de réparer le dommage causé au possesseur du fonds : celui-ci peut s'en emparer et les retenir, si le propriétaire ne les a pas suivis dans les deux jours, ou a cessé de les suivre pendant un même intervalle de temps.

Le même droit appartient au propriétaire des animaux apprivoisés, sauf les cas prévus par l'article 474; mais, si on ne les réclame pas dans le terme de vingt jours, ils appartiennent à celui qui s'en est rendu maître.

685. La propriété d'un trésor appartient à celui qui le trouve dans son propre fonds ; si le trésor est trouvé dans le fonds d'autrui, il appartient pour une moitié à celui qui l'a découvert par le pur effet du hasard, et pour l'autre moitié au propriétaire du fonds.

Le trésor est toute chose cachée ou enfouie sur laquelle personne ne peut justifier sa propriété.

686. Celui qui trouve une chose est tenu de la restituer au précédent possesseur, si les signes qu'elle présente ou d'autres circonstances le lui font connaître.

Mais, s'il ne le connaît pas, et que la chose excède la valeur de deux livres, il devra sans délai en faire la consignation au Syndic de la commune où elle aura été trouvée, ou à l'autorité préposée à cet effet.

Dans les deux cas prévus par le présent article, l'inventeur qui n'aura pas fait la restitution ou la consignation prescrite, sera considéré comme détenteur frauduleux de la chose d'autrui.

687. Le Syndic ou l'autorité dont il est parlé ci-dessus, fera connaître au public la consignation qui lui aura été faite.

688. Si, dans les deux ans de la publication, le maître ne se présente pas, la chose est présumée abandonnée, et appartient à celui qui l'a trouvée. Lorsque les circonstances en auront exigé la vente, il aura droit de s'en faire remettre le prix.

689. Le maître de la chose perdue ou celui qui l'a trouvée, quand il la reprend ou qu'il en reçoit le prix, est tenu de rembourser les frais.

690. Le maître de la chose devra, si celui qui l'a trouvée l'exige, lui payer, à titre de récompense, le dixième de la somme ou de la valeur de la chose; mais, si cette somme ou cette valeur est au-dessus de deux mille livres, la récompense pour l'excédant ne sera que du vingtième.

691. Les droits sur les effets jetés à la mer, sur les objets que la mer rejette, de quelque nature qu'ils puissent être, sur les plantes et herbages qui croissent sur les rivages de la mer, sont réglés par des lois particulières.

692. Il est des choses qui n'appartiennent à personne, et dont l'usage est commun à tous.

Des lois de police règlent la manière d'en jouir.

TITRE PREMIER.

DES SUCCESSIONS.

693. Les successions sont déférées par la disposition de l'homme, ou par celle de la loi.

694. On ne peut disposer, ni de sa succession en tout ou en partie, ni de sommes ou d'objets particuliers qui y sont compris, que par testament; sauf les exceptions énoncées dans le chapitre V du titre *des Donations*.

695. A défaut de testament, c'est la loi qui règle la succession.

TITRE II.

DES SUCCESSIONS TESTAMENTAIRES.

CHAPITRE PREMIER.

DU TESTAMENT.

696. Le testament est un acte révocable de sa nature, par lequel le testateur dispose, pour le temps où il n'existera plus et conformément à ce qui est prescrit par la loi, de tout ou partie de ses biens, en faveur d'une ou de plusieurs personnes.

697. Le testament peut renfermer des dispositions, soit à titre universel, soit à titre particulier.

698. Les dispositions à titre universel sont celles par lesquelles le testateur laisse à une ou à plusieurs personnes, l'universalité de ses biens, ou une quote-part de cette universalité.

Toutes les autres dispositions sont à titre particulier.

699. Deux ou plusieurs personnes ne pourront, par un même acte, faire un testament, soit au profit d'un tiers, soit à titre de disposition réciproque.

CHAPITRE II.

DE LA CAPACITÉ DE DISPOSER ET DE RECEVOIR PAR TESTAMENT.

700. Toutes personnes peuvent disposer et recevoir par testament, excepté celles que la loi en déclare incapables.

701. Sont incapables de disposer par testament:

Ceux qui n'ont pas l'âge de seize ans accomplis;

Ceux qui ont encouru la perte des droits civils ou qui ont été privés de la jouissance de ces mêmes droits, conformément à ce qui est établi au titre *de la Jouissance et de la Privation des droits civils;*

Les interdits, sauf ce qui est réglé par l'article 704 à l'égard des prodigues, et à moins qu'il ne soit prouvé, quant aux autres interdits, qu'ils étaient sains d'esprit à l'époque du testament, et que cette preuve ne soit confirmée par les présomptions ti-

rées de l'acte et de la nature même des dispositions;

Les personnes mêmes qui n'auraient pas été inter-
dites, lorsqu'il sera prouvé qu'elles étaient en état
d'imbécillité, de démence ou de fureur; ou que, pour
toute autre cause, elles n'étaient pas saines d'esprit à
l'époque du testament.

702. L'étranger qui possède des biens dans l'État,
peut en disposer par testament, même en faveur d'un
étranger, dans les cas prévus et suivant ce qui est
réglé par l'art. 26.

Lors même qu'aux termes dudit article, l'étranger ne pourrait disposer de ses biens, il lui sera
néanmoins facultatif d'en disposer en faveur d'un sujet du Roi.

703. L'incapacité provenant de la perte des droits
civils ou de la privation de la jouissance de ces
mêmes droits, comme celle résultant de la qualité
d'étranger, vicie le testament, lors même que cette
incapacité n'existerait qu'au décès du testateur.

Si l'incapacité survenue après le testament a cessé
avant le décès du testateur, elle ne préjudicie point
à la validité du testament.

704. Si l'interdit pour cause de prodigalité teste
après que son interdiction a été provoquée, mais
avant qu'elle ait été prononcée, et qu'il laisse des
enfans ou d'autres descendans légitimes, son testament
sera sans effet, lors même que l'interdiction viendrait
à cesser avant son décès.

Quand, à défaut de postérité, le prodigue laissera

des ascendans, des frères ou sœurs ou des descendans d'eux, le testament n'aura d'effet que pour la moitié des biens dont il aurait pu disposer s'il n'avait pas été interdit.

Cependant le prodigue conserve toujours la faculté de révoquer son testament.

S'il n'y a aucune des personnes ci-dessus désignées, le prodigue peut disposer de tous ses biens par testament.

705. Sont incapables de recevoir par testament :

Ceux qui ne sont pas encore conçus, à l'exception des enfans au premier degré d'une personne déterminée et vivante à l'époque du décès du testateur ;

Ceux qui ne sont pas nés viables. Dans le doute, sont présumés viables ceux à l'égard desquels il y a preuve qu'ils sont nés vivans ; sauf ce qui est réglé pour le cas prévu au n° 3 de l'art. 153 ;

Ceux qui ont encouru la perte des droits civils, ou qui ont été privés de la jouissance de ces mêmes droits, conformément à ce qui est établi au titre *de la Jouissance et de la Privation des droits civils :* ils pourront cependant recevoir pour cause d'alimens ;

Enfin l'étranger, en conformité de ce qui est porté par les articles 26 et 27.

706. Lorsqu'il s'agit de l'incapacité des enfans non conçus, de celle qu'entraîne la perte des droits civils ou la privation de la jouissance de ces mêmes droits, et de l'incapacité résultant de la qualité d'étranger, on ne considère que l'époque du décès du testateur.

Cependant on considère aussi le temps où la condition imposée par le testateur s'accomplit, lorsqu'il s'agit de celle dont il est parlé à l'art. 825.

707. Les enfans du testateur, nés hors mariage, et dont il est fait mention en l'art. 172, ne peuvent recevoir que des alimens.

708. Les enfans naturels qui n'auront pas été légitimés avant le décès du testateur, ne pourront rien recevoir par testament au delà de ce que la loi leur accorde dans la succession *ab intestat*.

709. Sont incapables de recevoir par testament, comme indignes :

1.º Celui qui aura volontairement donné ou tenté de donner la mort au testateur, à moins que celui-ci n'ait fait son testament postérieurement au délit, et après en avoir connu l'auteur;

2.º Le majeur qui sachant qu'il est héritier du défunt, et qui instruit du meurtre commis sur sa personne, ne l'aura pas dénoncé à la justice dans les six mois à dater du jour où il en a eu connaissance, sauf le cas où le ministère public aurait poursuivi d'office. Le défaut de dénonciation ne peut être opposé à l'époux, aux ascendans et aux descendans du meurtrier, ni à ses frères ou sœurs, oncles ou tantes, neveux ou nièces, ni à ses alliés aux mêmes degrés;

5.º Celui qui a formé contre le testateur une accusation pour délit emportant peine capitale ou infamante, lorsque cette accusation aura été déclarée calomnieuse par jugement, à moins que le testateur n'ait disposé après avoir connu l'accusation et la déclaration de calomnie;

4.º Toute personne qui a empêché le testateur de faire un nouveau testament ou de révoquer celui qu'il avait fait, ou qui a supprimé, biffé ou falsifié le testament postérieur;

5.º Celui qui a contraint quelqu'un ou l'a engagé par dol à faire un testament, ou à changer celui déjà fait. Cet individu ne peut rien recevoir, ni en vertu du dernier testament, ni en vertu du testament antérieur.

710. L'héritier exclu de la succession ou du legs pour cause d'indignité, est tenu de rendre tous les fruits et revenus dont il a eu la jouissance depuis l'ouverture de la succession.

711. Si celui qui est exclu de l'hérédité pour cause d'indignité est fils ou descendant du testateur, et qu'il ait lui-même des enfans ou descendans, ces derniers, lorsqu'il y aura d'autres héritiers institués, auront droit à la part légitimaire qui aurait été due à leur auteur.

Toutefois l'exclu n'aura aucun des droits d'usufruit ou d'administration qu'il aurait pu exercer, en vertu de la puissance paternelle, sur la portion de l'hérédité dévolue à ses enfans ou descendans; il ne pourra leur succéder *ab intestat* dans les biens provenant de la succession dont il a été exclu.

712. Le tuteur ne pourra jamais profiter des dispositions testamentaires faites en sa faveur, durant son administration, par la personne soumise à son

autorité, ni de celles qu'elle aurait faites postérieurement, si elles n'ont pas été précédées d'un arrêté de compte définitif, lors même que cette personne décéderait après la tutelle et l'arrêté de compte.

713. Sont exceptés de la prohibition portée par l'article précédent les ascendans qui sont ou ont été tuteurs de leurs descendans mineurs ou prodigues.

Sont pareillement exceptés le mari ou les descendans qui seraient respectivement tuteurs de la femme ou d'un ascendant interdit pour cause de prodigalité.

714. Les membres des ordres monastiques et des corporations religieuses régulières, ne peuvent disposer par testament après l'émission des premiers vœux, même temporaires.

Ils ne peuvent rien recevoir par testament, excepté de modiques pensions viagères pour leurs menues dépenses.

715. Les membres des ordres monastiques et des corporations ci-dessus désignées, qui ont fait des vœux perpétuels, et qui, après en avoir été légitimement déliés, rentrent dans le monde, recouvreront, mais seulement pour l'avenir, la capacité de recevoir par testament, et de disposer des biens acquis postérieurement à leur rentrée dans le monde.

On observera la même règle à l'égard des religieux qui, n'ayant fait que des vœux temporaires, rentreront dans le monde six ans après l'émission de leurs premiers vœux.

S'ils y rentrent cependant avant que ce laps de temps soit écoulé, ils seront non-seulement censés rétablis dans le droit de disposer et de recevoir, mais ils pourront en outre demander l'exécution des dispositions testamentaires antérieurement faites à leur profit, et les fruits d'une année seulement.

716. L'incapacité mentionnée dans les deux articles précédens ne s'applique pas aux membres des corporations religieuses séculières, à moins qu'il ne soit autrement statué lors de l'admission de ces corporations dans les États.

717. Les personnes et corps moraux en général, dont il est fait mention en l'art. 25, peuvent recevoir par testament, sauf toutefois les modifications que des lois ou des Lettres-Patentes spéciales ont établies ou établiraient à l'avenir.

718. Toute disposition testamentaire au profit des personnes incapables, dont il est parlé aux articles 707, 708 et 712, sera nulle, quand même elle serait faite sous le nom de personnes interposées.

Seront réputés personnes interposées, les pères et mères, les enfans et descendans, et l'époux de la personne incapable.

Hors les cas d'incapacité prévus dans les articles susdits, ou s'il s'agit de personnes autres que celles désignées ci-dessus, la disposition ne sera annulée qu'autant que celui qui l'attaque prouvera qu'elle a été faite en fraude de la loi.

CHAPITRE III.

DE LA PORTION DE BIENS DONT ON PEUT DISPOSER PAR TESTAMENT, ET DE LA LÉGITIME; DE LA RÉDUCTION ET DE L'EXHÉRÉDATION.

SECTION I.

De la Portion de biens dont on peut disposer par testament, et de la Légitime.

749. Les libéralités par testament ne pourront excéder les deux tiers des biens du disposant, s'il laisse à son décès un ou deux enfans légitimes ou légitimés; et la moitié, s'il en laisse un plus grand nombre.

720. Sont compris dans l'article précédent, sous le nom d'enfans, les descendans en quelque degré que ce soit, ainsi que les enfans adoptifs et leurs descendans.

Néanmoins, les descendans ne sont comptés que pour l'enfant qu'ils représentent dans la succession du disposant.

721. On n'admet à faire nombre, pour calculer la légitime ou portion dont le testateur ne peut disposer, que les descendans qui ont la capacité d'y prendre part. Cette disposition n'empêche pas que les exhérédés ne puissent faire nombre.

L'enfant ou descendant qui aura été institué héritier, participera également avec les autres descendans à la portion qui leur est réservée par la loi.

722. Le testateur ne peut disposer que des deux tiers de ses biens, si, à défaut d'enfans ou de descendans, il laisse des ascendans.

723. Le tiers formant la légitime se divise par moitié entre le père et la mère qui survivent.

A défaut de l'un d'eux, cette légitime est déférée en entier au survivant.

724. Lorsque le testateur ne laissera ni père ni mère, mais des ascendans dans la ligne paternelle et dans la ligne maternelle, la légitime appartiendra, moitié aux ascendans d'une ligne, moitié aux ascendans de l'autre, s'ils sont tous au même degré; s'ils sont en degrés inégaux, elle appartiendra entièrement aux plus proches, sans distinction de ligne.

725. La légitime est due en toute propriété aux enfans et descendans, ou aux ascendans désignés ci-dessus, sans que le testateur puisse la soumettre à aucune charge ni condition.

726. Si le testateur ne laisse à son décès ni enfans ou descendans, ni père ni mère ou autres ascendans, il pourra disposer de tous ses biens à titre universel ou à titre particulier, sans que ses héritiers testamentaires ou *ab intestat* puissent jamais demander la réduction, à leur profit, des dispositions qu'il aurait faites.

727. L'époux qui laisse des enfans ou descendans, pourra disposer en faveur de l'autre époux de l'usufruit de la totalité de la portion disponible, et en

outre de la moitié en propriété de cette même portion; sans préjudice, à l'égard de l'époux qui a convolé, de la disposition de l'art. 149.

S'il n'y a ni enfans ni descendans, le testateur pourra laisser à son conjoint tout ce dont il pourrait disposer en faveur d'un étranger.

728. Si la disposition est d'un usufruit ou d'une rente viagère, dont la valeur excède le revenu de la quotité disponible, les héritiers au profit desquels la loi réserve une légitime, auront l'option, ou d'exécuter cette disposition, ou de faire l'abandon de la propriété de la quotité disponible.

729. La valeur en pleine propriété des biens aliénés, soit à charge de rente viagère, soit à fonds perdu, ou avec réserve d'usufruit, à l'un des successibles en ligne directe, sera imputée sur la portion disponible; et l'excédant, s'il y en a, sera rapporté à la masse.

Cette imputation et ce rapport ne pourront être demandés par ceux des autres successibles en ligne directe qui auraient consenti à ces aliénations, ni, dans aucun cas, par les successibles en ligne collatérale.

SECTION II.

De la Réduction des dispositions testamentaires.

730. Les dispositions testamentaires qui excéderont la quotité disponible, seront réductibles à cette quotité, lors de l'ouverture de la succession.

751. La réduction se détermine en formant une masse de tous les biens existans au décès du testateur.

On y réunit fictivement ceux dont il a été disposé par donations entre-vifs, d'après leur valeur à l'époque des donations, s'il s'agit d'effets mobiliers ; et, s'il s'agit d'immeubles, d'après leur état à l'époque des donations et leur valeur au temps du décès du donateur : on calcule ensuite sur tous ces biens, après en avoir déduit les dettes et les gains dotaux qui n'excèdent pas la quotité fixée par la loi, quelle est, eu égard à la qualité des héritiers que laisse le testateur, la portion dont il a pu disposer.

752. Lorsque la valeur des donations excédera ou égalera la quotité disponible, toutes les dispositions testamentaires seront sans effet.

753. Lorsque les dispositions testamentaires excéderont, soit la quotité disponible, soit la portion de cette quotité qui resterait après avoir déduit la valeur des donations entre-vifs, la réduction sera faite au marc la livre, sans aucune distinction entre les héritiers et les légataires.

754. Néanmoins, dans tous les cas où le testateur aura expressément déclaré qu'il entend que telle libéralité soit acquittée de préférence aux autres, cette préférence aura lieu; et la libéralité qui en sera l'objet, ne sera réduite qu'autant que la valeur des autres ne remplirait pas la légitime.

755. Si le legs qui doit être réduit est d'un immeuble, la réduction s'opérera au moyen de la sé-

paration d'une partie de cet immeuble égale à l'excédant de la quotité disponible, pourvu que cette séparation puisse se faire commodément.

736. Lorsque la séparation ne pourra se faire commodément, le légataire devra, si la valeur de l'immeuble légué excède de plus d'un quart celle de la portion dont le testateur pouvait disposer, le laisser en entier dans la succession, sauf le droit de demander la valeur de la portion disponible; mais si l'immeuble ne s'élève pas à une valeur excédant la portion disponible et le quart en sus, le légataire pourra le retenir, à la charge d'indemniser en argent ceux à qui la légitime serait réservée.

Le légataire qui a droit à une part légitimaire, peut aussi retenir en entier l'immeuble à lui légué, quoique sa valeur excéderait de plus d'un quart la quotité disponible, pourvu que cette valeur n'excède pas celle de la part légitimaire et de la quotité disponible.

SECTION III.

De l'Exhérédation.

737. Indépendamment des causes qui rendent un héritier indigne de succéder, les personnes au profit desquelles la loi fait la réserve d'une légitime, peuvent en être privées par une déclaration expresse du testateur, pour des motifs admis par la loi et spécifiés dans le testament.

758. L'enfant ou descendant ne peut être exhérédé que dans les cas suivans :

1.º S'il a apostasié, et n'est pas rentré dans le sein de l'Église Catholique avant le décès du testateur. Il en sera de même, s'il a abandonné la religion chrétienne, dans le cas où le testateur la professerait ;

2.º Si, sans motif légitime, il a refusé des alimens au testateur ;

3.º Si celui-ci étant en état de fureur ou de démence, il l'a abandonné sans en prendre aucun soin ;

4.º Si, pouvant le tirer de prison, il a, sans motif raisonnable, négligé de le faire ;

5.º S'il s'est rendu coupable envers son père ou sa mère, de mauvais traitemens ou de tout autre délit ;

6.º S'il se trouve dans l'un des cas prévus par les articles 109 et 110 ;

7.º Si la fille ou autre descendante mène publiquement mauvaise vie.

759. Le père ou la mère peuvent être exhérédés pour les causes exprimées dans les nᵒˢ 1 et 5 de l'article précédent ; ils peuvent l'être aussi pour les causes suivantes :

1.º S'ils ont entièrement négligé l'éducation de l'enfant qui dispose, et que, sans motif légitime, ils lui aient refusé les alimens ;

2.º S'ils ont attenté à la vie d'un de leurs enfans ;

3.º Si le père ou la mère ont attenté à la vie l'un

de l'autre, ou si l'un d'eux a outragé l'autre d'une manière atroce.

Les dispositions de cet article seront applicables à tout autre ascendant.

740. La cause d'exhérédation exprimée dans le testament doit être prouvée par l'héritier.

741. Si l'exhérédé ayant des enfans ou descendans survit au testateur, la part légitimaire à laquelle il aurait eu droit leur appartient; si au contraire le testateur lui servit, l'exhérédation ne préjudiciera point à leurs droits.

Dans le premier cas, l'exhérédé n'aura ni l'usufruit ni l'administration des biens composant la part légitimaire, et il ne pourra, quant à ces biens, succéder *ab intestat* à ses enfans et descendans, comme il est prescrit par l'art. 711.

742. Si la cause d'exhérédation n'est pas exprimée, ou qu'on ne la prouve pas, l'exhérédé n'aura droit qu'à une part légitimaire.

743. Celui qui, par l'effet de l'exhérédation, profitera de cette part, devra fournir les alimens à l'exhérédé, à moins que celui-ci n'ait d'autres moyens d'existence; il ne sera cependant pas tenu de les fournir au-delà des fruits de la part légitimaire.

CHAPITRE IV.

DE LA FORME DES TESTAMENS.

SECTION I.

Des Testamens reçus par notaire.

744. Le testament est public ou secret.

745. Le testament public est reçu par un notaire en présence de quatre témoins.

746. Le notaire doit connaître la personne du testateur ou s'assurer de son identité, et l'exprimer dans l'acte : le tout sous les peines portées par les lois sur le notariat.

747. Le testateur déclare sa volonté au notaire en présence des témoins; le notaire lui donne lecture du testament, aussi en leur présence, et fait dans l'acte mention de l'accomplissement des dispositions contenues dans le présent article.

748. Le testament doit être signé par le testateur : s'il ne sait ou ne peut signer, la cause qui l'en empêche sera énoncée dans l'acte.

Dans ce cas, le testateur devra, s'il le peut, faire sa marque au bas du testament; s'il ne le peut pas, il sera fait dans l'acte mention expresse de la cause qui l'en empêche, et de la déclaration qu'il est tenu de faire à cet égard.

749. Le testament devra être signé par le no-

taire et par deux au moins des quatre témoins; ceux qui ne savent pas signer devront faire leur marque.

750. Le testament secret peut être écrit par le testateur ou par une autre personne : s'il est écrit par le testateur, ce dernier devra le signer à la fin de la disposition; s'il est écrit en tout ou en partie par une autre personne, le testateur devra le signer à chaque feuillet.

751. Le papier qui contiendra le testament secret, ou le papier qui servira d'enveloppe, sera clos et scellé; le testateur le présentera ainsi clos et scellé, ou il le fera clore et sceller en présence du notaire et de cinq témoins dont trois au moins puissent signer.

Le testateur déclarera au notaire, en présence des témoins, que le contenu en ce papier est son testament.

Il le remettra, en présence des témoins, au notaire qui écrira l'acte de remise sur ce papier, ou sur la feuille qui servira d'enveloppe, et fera mention expresse de la déclaration du testateur.

Le notaire devra aussi énoncer que le papier lui a été remis clos et scellé, ou qu'il l'a été lors de la présentation, et il indiquera le nombre des sceaux qui y auront été apposés.

Cet acte sera signé par le testateur, par le notaire et au moins par trois des cinq témoins; ceux qui ne savent pas signer feront leur marque.

Si par l'effet d'un empêchement survenu depuis la

signature du testament, le testateur ne peut plus signer l'acte de remise, on observera ce qui est prescrit par l'art. 748.

Tout ce que dessus sera fait de suite, et sans divertir à d'autres actes.

752. Le testateur qui sait lire, mais qui ne sait pas écrire, ou qui n'a pu signer lorsqu'il a fait écrire ses dispositions, devra en outre déclarer qu'il les a lues, et faire connaître la cause pour laquelle il ne les a pas signées : il en sera fait mention expresse dans l'acte de remise.

753. Ceux qui ne savent ou ne peuvent lire, ne pourront faire aucune disposition par testament secret.

754. Les témoins des testamens publics ou secrets doivent être mâles, majeurs, sujets du Roi, ou demeurer dans les États depuis trois ans au moins, et n'avoir point encouru la perte des droits civils par suite de condamnations.

Les clercs du notaire qui a reçu le testament ne peuvent être pris pour témoins.

755. Le sourd-muet ou le muet, sans distinction entre celui qui l'était en naissant et celui qui l'est devenu depuis, pourra, s'il sait écrire, faire un testament secret, pourvu que ce testament soit entièrement écrit et signé par lui, qu'il le présente au notaire en présence des témoins, et qu'en tête de l'acte de présentation il écrive, en présence du notaire et des témoins, que le papier qu'il présente est son testament.

Le notaire déclarera dans l'acte de remise, que le testateur a écrit ces mots en présence du notaire et des témoins, et on observera au surplus tout ce qui est prescrit par l'art. 754.

756. Si celui qui est entièrement privé de l'ouïe, mais qui sait lire, veut faire un testament public, il devra, indépendamment de ce qui est prescrit par les articles 747, 748 et 749, faire lecture du testament en présence des témoins et du notaire, qui fera mention expresse de l'accomplissement de cette formalité. Si le testateur ne sait ou ne peut lire, on appellera cinq témoins, dont trois au moins devront signer le testament.

757. Le testateur pourra toujours retirer son testament secret des mains du notaire qui l'a reçu, ou qui est dépositaire de la minute dans laquelle il est inséré.

Il sera dressé procès-verbal de la remise par le notaire lui-même, en présence du testateur et de deux témoins, et en l'assistance du Juge du mandement de la résidence du notaire : le Juge devra spécialement s'assurer de l'identité de la personne du testateur.

Le procès-verbal portera la signature ou la marque du testateur et des témoins ; il sera signé par le Juge et par le notaire, et inséré au minutaire selon l'ordre de sa date. Il y sera aussi inséré une copie du procès-verbal à la place du testament que l'on aura retiré.

Si le minutaire a été déposé au bureau de l'insinuation, le verbal sera dressé par le greffier du Juge du mandement dans lequel est établi ce bureau, et il sera signé par les personnes ci-dessus désignées ainsi que par l'insinuateur. Ce verbal sera inséré dans le minutaire des actes de la judicature sujets à l'insinuation, et copie en sera portée au minutaire duquel le testament aura été extrait.

Des Testamens présentés aux Sénats ou aux Tribunaux.

758. Celui qui voudra disposer sans les formalités ci-devant prescrites, pourra présenter son testament clos et scellé, au Sénat dans le ressort duquel il se trouve.

759. Celui qui ne sait ou qui ne peut lire, n'est pas admis à faire son testament dans cette forme.

760. Le testateur devra comparaître personnellement devant le Sénat, et demander acte de la déclaration par lui faite que l'écrit qu'il présente contient ses dispositions de dernière volonté.

Si le testateur sait écrire, le testament pourra être écrit, ou par lui, ou par un autre; dans les deux cas, il devra le signer.

S'il ne sait ou ne peut écrire, il devra déclarer, dans l'acte de présentation, que le testament a été écrit par un autre, mais qu'il en a pris lecture.

761. Le Sénat s'assurera principalement de l'identité de la personne qui se présentera. Il fera dresser

acte de la présentation, lequel sera signé par le premier Président ou par celui qui en fera les fonctions, et par le secrétaire.

Cet acte sera écrit sur une feuille de papier dans laquelle on enveloppera le testament, et sur laquelle on devra ensuite apposer le sceau Royal. Après ces formalités, le testament aura la même force que s'il avait été fait dans la forme ordinaire.

762. Aussitôt que l'acte prescrit par l'article précédent sera achevé, on devra inscrire dans un registre tenu à cet effet par le secrétaire, le nom de la personne qui aura présenté son testament, et la date de la présentation : chacune de ces annotations sera de même signée par le premier Président et par le secrétaire.

763. Les testamens dont il est parlé précédemment, seront déposés et conservés au Sénat, dans des archives établies à cet effet. Ces archives seront fermées sous deux clefs différentes, dont l'une sera gardée par le premier Président, et l'autre par le secrétaire. Elles ne pourront être ouvertes qu'en présence de celui qui présidera le Sénat et de deux Sénateurs.

764. Le testament ainsi déposé ne pourra être remis à personne pendant la vie du testateur, à moins que celui-ci ne se présente lui-même pour le retirer, ou qu'il ne désigne à cet effet un procureur spécial muni de pouvoirs légitimes.

765. Le secrétaire tiendra note de cette remise dans le registre dont il est fait mention en l'article

762, en marge de l'annotation relative à la présentation.

On désignera, dans l'annotation, le jour de la remise et la personne à qui elle aura été faite : si le testament a été remis à un fondé de pouvoir, on y énoncera la date de la procuration et le nom du notaire qui l'aura reçue. Cette annotation sera signée ainsi qu'il est prescrit par le susdit article.

Le secrétaire placera et coudra dans un minutaire tenu à cet effet, le papier contenant l'acte de présentation dont il est parlé en l'art. 764, et ensemble l'acte de procuration, s'il en existe une.

766. Lorsque le décès du testateur sera connu, ou que son absence aura été déclarée conformément à l'art. 84, ou qu'il aura prononcé les vœux religieux dont il est parlé en l'art. 977, le Sénat, sur la demande de ceux qui croiraient y avoir intérêt, ou même d'office, si personne ne le requiert, ordonnera l'ouverture du testament, à moins que l'acte de présentation ne contienne la condition de ne l'ouvrir qu'après un certain temps.

L'ouverture et l'état du testament devront être constatés au moyen du procès-verbal qui sera dressé à cet effet ; il en sera en outre tenu note dans le registre mentionné en l'art. 762, suivant la forme qui y est prescrite.

Celui qui présidera le Sénat, devra viser à chaque feuillet la minute du testament. Cette minute unie à l'acte de remise, à celui de décès s'il a été exhibé, et au procès-verbal d'ouverture, sera portée et cousue dans le minutaire dont il est parlé en l'article précédent. Le secrétaire en sera dépositaire, et en donnera copie lorsqu'il en sera requis.

767. Le Sénat pourra s'assembler quel jour que ce soit pour recevoir les testamens, ou pour en faire l'ouverture.

768. Si, pour cause de maladie, le testateur ne peut se transporter au Sénat, on pourra commettre un Sénateur qui, accompagné du secrétaire, ira recevoir le testament, pourvu toutefois que le testateur se trouve dans la ville ou dans le territoire de la ville où réside le Sénat.

769. L'on ne commettra un Sénateur pour se transporter auprès du testateur, que sur l'attestation d'un médecin, de laquelle il résulte que celui qui veut disposer ne peut se présenter au Sénat sans un grave danger. Cette attestation sera conservée aux archives avec le testament qui y sera déposé.

770. Le Sénateur commis reconnaîtra la personne du testateur, et devra s'assurer s'il est sain d'esprit et en état de présenter son testament. Il se conformera pour le surplus aux dispositions de l'article 760; et il sera fait du tout mention expresse, soit dans le procès-verbal que le secrétaire dressera au moment de la remise, soit dans l'acte de consignation au Sénat.

771. Dès que le testateur aura remis son testament, cet acte aura la même force que s'il avait été présenté au Sénat, lors même que le testateur vien-

drait à mourir avant que le Sénateur en eût fait la consignation.

772. Le Sénateur commis consignera le testament le jour même qu'il l'aura reçu, ou s'il ne le peut parce que l'heure est trop avancée, il devra le consigner le lendemain. Il prendra en ce cas toutes les précautions qu'il jugera convenables.

773. Dans l'acte de consignation au Sénat, on énoncera la demande faite pour la députation d'un Sénateur, le certificat du médecin, présenté à cet effet, et le décret de commission. On y énoncera en outre toutes les autres circonstances relatives à la remise du testament, et celles qui auraient pu en retarder la consignation au Sénat. On fera aussi du tout une mention sommaire dans le registre, de la manière et dans les formes prescrites pour les autres cas de présentation de testamens.

774. Le testateur pourra également, dans les provinces où ne siége pas le Sénat, présenter en personne son testament au Tribunal de judicature-mage.

On observera en ce cas, pour la présentation, pour l'ouverture ou la restitution du testament, et pour la tenue des registres et des minutaires, les dispositions des articles 758, 759, 760, 761, 762, 763, 764, 765, 766 et 767. Tous ces actes auront lieu en l'assistance de l'Avocat fiscal qui, ainsi que le Juge-mage et le greffier, signera les actes de présentation, d'ouverture et de restitution, et les annotations qui devront être faites dans le registre mentionné en l'art. 762.

Des Notes testamentaires.

775. Dans les testamens reçus par notaires, ou présentés aux Sénats ou aux Tribunaux, le testateur pourra se réserver expressément d'ajouter aux dispositions contenues dans son testament, quelques legs particuliers faits dans des notes à part.

776. Les notes que le testateur se sera réservé de faire devront être écrites, datées et signées de sa main.

Elles pourront même être écrites par une autre personne, pourvu que le testateur les date et les signe de sa main au bas de la disposition, et y fasse une déclaration portant que ce qui est contenu dans ces notes est conforme à sa volonté.

Dans les deux cas, les notes devront encore être signées par le testateur au bas de chacune des autres pages.

777. On ne pourra révoquer dans ces notes aucune des dispositions comprises dans le testament; mais il sera facultatif d'y faire quelques legs jusqu'à concurrence du vingtième de ce dont le testateur peut disposer.

Lorsque les legs faits dans une ou plusieurs de ces notes excéderont la quotité fixée ci-dessus, ils seront tous réduits au marc la livre, à moins que le testateur n'ait déclaré qu'il entend que tel legs soit acquitté de préférence aux autres.

SECTION IV.

Des Règles particulières sur la forme de certains testamens.

778. Le testament fait dans les lieux avec lesquels toute communication sera interceptée à cause de la peste ou autre maladie contagieuse, sera valable s'il a été reçu par écrit, en présence de deux témoins, par un notaire, ou par le Juge, ou par le curé ou par le Syndic, ou par ceux qui en feront les fonctions.

Le testament sera toujours signé par celui qui l'aura reçu : si les circonstances le permettent, il sera en outre signé ou sous-marqué par le testateur et par les témoins. Néanmoins il sera valable sans la signature ou la marque du testateur et des témoins ; mais, en ce cas, on fera mention expresse de la cause qui les a empêchés de signer ou de faire leur marque.

On pourra, dans ces testamens, prendre pour témoins les personnes de l'un et de l'autre sexe, pourvu qu'elles soient saines d'esprit et qu'elles aient seize ans accomplis.

779. Si le testateur décède avant que les communications soient rétablies, ou avant les six mois dont il sera parlé en l'art. 781, le testament sera déposé le plus tôt possible dans les archives du bureau de l'insinuation du lieu où il aura été reçu.

780. Les dispositions comprises dans les deux articles précédens auront lieu, tant à l'égard de ceux qui seraient attaqués de maladies contagieuses, que de ceux qui seraient dans les lieux qui en sont infectés, encore qu'ils ne fussent pas actuellement malades.

781. Les testamens dont il est parlé ci-dessus, deviendront nuls six mois après que les communications auront été rétablies dans le lieu où le testateur se trouve, ou six mois après qu'il aura passé dans un lieu où elles ne seront point interrompues.

782. Les testamens faits sur mer, dans le cours d'un voyage, pourront être reçus, savoir :

A bord des vaisseaux et autres bâtimens de la marine Royale, par l'officier commandant le bâtiment, ou, à son défaut, par celui qui le supplée dans l'ordre du service, l'un ou l'autre conjointement avec le commissaire de marine, ou avec celui qui en fait les fonctions ;

Et à bord des bâtimens de commerce, par le *second* du navire, ou par celui qui en fait les fonctions, l'un ou l'autre conjointement avec le capitaine, le maître ou le patron, ou, à leur défaut, avec ceux qui les remplacent.

Dans tous les cas, ces testamens devront être reçus en présence de deux témoins mâles et majeurs.

783. Sur les bâtimens de la marine Royale, le testament du capitaine et celui du commissaire de marine, et sur les bâtimens de commerce, celui du capitaine, du maître ou patron, et celui du *second*,

pourront être reçus par ceux qui viennent après eux
dans l'ordre du service, en se conformant pour le
surplus aux dispositions de l'article précédent.

784. Dans tous les cas, il sera fait un double original des testamens mentionnés aux deux articles
précédens.

785. Le testament fait à bord des bâtimens de
la marine Royale ou de commerce, devra être signé
par le testateur, par ceux qui l'auront reçu et par
deux témoins.

Si le testateur ne sait ou ne peut signer, il devra faire sa marque, et s'il ne le peut, il sera fait
mention de la cause qui l'en empêche. Les témoins
qui ne savent écrire devront aussi faire leur marque, et cette circonstance sera de même mentionnée dans le testament.

786. Les testamens désignés ci-dessus ne pourront
contenir aucune disposition au profit des personnes
composant l'équipage, à moins qu'elles ne soient parentes ou alliées du testateur.

787. Les testamens faits sur mer, pendant le cours
d'un voyage, seront conservés parmi les papiers
les plus importans du bâtiment, et il en sera fait
mention dans le journal du bord et sur le rôle de
l'équipage.

788. Si le bâtiment aborde dans un port étranger, dans lequel se trouve un Consul ou un Vice-
Consul du Roi, ceux qui auront reçu le testament
seront tenus de déposer entre ses mains l'un des originaux clos et cacheté, ainsi qu'une copie de l'anno-

tation faite, comme il est dit ci-dessus, dans le journal du bord et sur le rôle de l'équipage.

Au retour du bâtiment dans les États, soit dans le port de désarmement, soit dans tout autre port, les deux originaux du testament, pareillement clos et cachetés, ou l'original qui resterait, si l'autre avait été déposé pendant le cours du voyage, seront remis à l'Autorité maritime du lieu, avec la copie de l'annotation sur le journal et sur le rôle de l'équipage.

Une déclaration de la remise ordonnée par le présent article sera délivrée à celui qui l'aura faite, et celui-ci sera tenu d'en faire mention dans le journal et dans le rôle de l'équipage, en marge de l'annotation.

789. Les Consuls ou Vice-Consuls, ainsi que les Autorités maritimes du lieu, dresseront un procès-verbal de la remise du testament, et transmettront le tout au Chef de l'Amirauté, qui ordonnera le dépôt de l'un des deux originaux dans les archives, et fera parvenir l'autre au bureau de l'insinuation du lieu du domicile du testateur, si ce lieu est connu; et, s'il ne l'est pas, au bureau de l'insinuation de Turin.

790. Le testament fait sur mer ne sera valable qu'autant que le testateur mourra en mer, ou dans les trois mois après qu'il sera descendu à terre, et dans un lieu où il aurait pu le refaire dans les formes ordinaires.

791. Les dispositions contenues dans les articles

précédens sont communes aux testamens faits par les simples passagers qui ne feront point partie de l'équipage.

792. Les testamens des militaires et des individus employés dans les armées pourront, en quelque pays que ce soit, être reçus par un major ou par tout autre officier d'un grade supérieur, ou par un auditeur des guerres destiné à suivre l'armée, ou même par un commissaire des guerres, en présence de deux témoins ayant les qualités requises par l'art. 778. Ces testamens devront être faits par écrit, et on observera, quant aux signatures, ce qui est prescrit par l'art. 785.

Les testamens de ceux qui font partie d'un corps ou d'un poste détaché de l'armée, peuvent aussi être reçus par le capitaine, ou par tout autre officier subalterne qui en a le commandement.

793. Ils pourront encore, si le testateur est malade ou blessé, être reçus par l'aumônier ou par le chirurgien de service, en présence de deux témoins, et de la manière prescrite par l'article précédent.

794. Les testamens énoncés dans les deux articles précédens devront être transmis, dans le plus bref délai possible, au quartier-général, et de là à la Secrétairerie Royale de la guerre, qui en ordonnera le dépôt aux archives de l'insinuation du bureau du domicile du testateur, et, si ce domicile n'est pas connu, aux archives de l'insinuation du bureau de Turin.

795. Les dispositions des articles 792 et 793 n'au-

ront lieu qu'en faveur de ceux qui seront en expédition militaire, tant hors du territoire de l'État que dans l'intérieur, ou qui seront en quartier ou en garnison hors du territoire, ou prisonniers chez l'ennemi, ou qui se trouveront dans une place ou dans une forteresse environnée par l'ennemi, ou enfin dans d'autres lieux dont les accès sont fermés et les communications interrompues à cause de la guerre.»

796. Le testament fait dans la forme ci-dessus établie, sera nul six mois après que le testateur sera revenu dans un lieu où il aura la faculté de disposer dans les formes ordinaires.

797. Les testamens faits en pays étranger auront leur effet dans les États, pourvu qu'on ait observé les formes prescrites par les lois en vigueur dans le lieu où ces actes auront été reçus.

Ceux néanmoins qui auront été faits à l'étranger par des sujets du Roi, et qui n'auront pas été reçus par un notaire ou par un autre officier public, n'auront aucun effet dans les États.

798. Les Consuls ou Vice-Consuls du Roi sont autorisés à recevoir, dans le pays où ils résident, les testamens publics ou secrets que des sujets voudraient y faire, pourvu qu'ils se conforment aux dispositions comprises dans les articles 746 et suivans jusqu'à l'art. 756 inclusivement, sauf toutefois en ce qui concerne la résidence des témoins dans les États du Roi.

799. Les Consuls ou Vice-Consuls transmettront

copie du testament public, ou copie de l'acte de
présentation, s'il s'agit d'un testament secret, à la
Secrétairerie d'État pour les affaires étrangères, à
l'effet d'être déposée aux archives du bureau de
l'insinuation du domicile du testateur, et si ce domicile n'est pas connu, aux archives de l'insinuation de Turin.

Les Consuls ou Vice-Consuls se conformeront en
outre, pour toutes les obligations qui leur sont imposées relativement aux testamens, à ce qui est
prescrit par les règlemens qui les concernent.

SECTION V.

Dispositions communes aux différentes espèces de testamens.

800. Les institutions et les legs faits dans un testament public, au profit du notaire, de l'officier civil, militaire, ou de marine, du Consul, Vice-Con-
sul ou de l'Ecclésiastique qui l'a reçu, ou même au
profit d'un des témoins appelés au testament, ne
produiront aucun effet. Il en sera de même des institutions ou legs faits au profit de l'époux ou des
parens ou alliés des personnes susdites jusqu'au second degré inclusivement.

801. Seront pareillement nuls les institutions ou
les legs faits dans un testament public ou secret, au
profit de celui qui l'a écrit, à moins que ces dispositions ne soient approuvées de la main même du
testateur, ou qu'elles ne le soient dans l'acte de
présentation.

802. On devra, sous peine de nullité, observer les formalités auxquelles sont soumises les différentes espèces de testamens et les notes testamentaires qui s'y rattachent, en vertu des dispositions comprises dans les articles 745, 747, 748, 749, 750, 751, 752, 754, 755, 756, 760, 770, 776, 778, 782, 783, 785, 792, 793 et 798.

CHAPITRE V.

DE L'INSTITUTION D'HÉRITIER, DES LEGS ET DU DROIT D'ACCROISSEMENT.

803. Les dispositions testamentaires à titre d'institution d'héritier ou de legs, ou sous toute autre dénomination propre à manifester la volonté du testateur, produiront leur effet, pourvu qu'elles soient conformes à ce qui est prescrit par les lois.

·804. L'héritier est celui au profit de qui le testateur a disposé à titre universel.

805. Le légataire est celui au profit de qui le testateur a disposé à titre particulier.

806. Si le testateur n'a disposé que d'une quotité de l'hérédité, ce qui reste est dévolu aux héritiers légitimes, selon l'ordre établi pour les *Successions* ab intestat.

Il en sera de même, lorsque le testateur n'aura fait que des legs particuliers.

807. Sera nulle toute disposition au profit d'une personne tellement incertaine, qu'elle ne puisse devenir certaine.

Sera pareillement nulle toute disposition faite au profit d'une personne incertaine qui serait nommée par un tiers.

Sont néanmoins permises les dispositions à titre particulier, faites au profit d'une personne à choisir par un tiers entre plusieurs personnes désignées par le testateur, ou appartenant à certaines familles ou à certains corps moraux qu'il a déterminés. Il en est de même des dispositions à titre particulier faites au profit d'un des corps moraux qu'il aura pareillement désignés.

808. Les dispositions que le testateur aura faites en général en faveur de son âme ou au profit des pauvres, et toutes autres dispositions semblables dont il n'aurait pas indiqué l'application, ou dans lesquelles il n'aurait pas déterminé l'œuvre pie ou l'établissement public qu'il a entendu avantager, seront censées faites au profit des pauvres du lieu de son domicile à l'époque de son décès, et seront dévolues à la congrégation, à la junte, ou au conseil de charité de ce lieu. Il en sera de même, si la personne chargée de déterminer l'usage, l'œuvre pie ou l'établissement public que le testateur a eu en vue, ne peut ou ne veut accepter cette charge.

809. On n'est pas admis à prouver que l'institution ou le legs fait au profit d'une personne désignée dans un testament, ne l'a été qu'en apparence, et que le testateur a réellement eu l'intention de disposer en faveur d'une autre personne, d'un corps moral ou d'un établissement qu'il n'a pas

nommé : cette disposition aura lieu nonobstant toutes les expressions contenues dans le testament, qui indiqueraient ou feraient présumer cette intention.

Néanmoins la disposition de cet article ne s'appliquera point au cas où l'institution ou les legs seraient attaqués comme faits au profit d'incapables, sous le nom de personnes interposées.

810. Toute disposition à titre universel ou particulier, fondée sur une fausse cause qui aurait seule déterminé le testateur, sera sans effet.

811. S'il ne résulte pas du testament que la cause exprimée a seule déterminé le testateur, la disposition aura son effet, lors même que la cause serait fausse, à moins qu'il ne soit prouvé par celui qui veut attaquer la disposition, que le testateur ne s'est déterminé que par le motif indiqué.

812. Si la personne de l'héritier ou du légataire a été faussement désignée, la disposition sera valable, pourvu qu'il n'y ait point d'incertitude sur la personne que le testateur a voulu nommer.

Il en sera de même, lorsqu'il y aura démonstration ou indication fausse de la chose léguée, pourvu qu'il y ait certitude sur la chose dont le testateur a voulu disposer.

813. Toute disposition qui donnera à l'héritier ou à un tiers, la faculté de déterminer la quotité du legs, sera de nul effet, à moins qu'il ne s'agisse de legs faits à titre rémunératoire, pour services rendus au testateur dans sa dernière maladie.

814. Le legs de la chose d'autrui est nul, à moins

qu'il ne soit énoncé dans le testament que le testateur savait que la chose appartenait à une autre personne : en ce cas, l'héritier aura le choix d'acquérir la chose pour en faire la délivrance au légataire, ou de lui en payer le prix.

Cependant le legs sera indistinctement valable, si la chose léguée, quoiqu'appartenant à autrui à l'époque du testament, était la propriété du testateur au temps de son décès.

815. Dans tous les cas, le legs de la chose appartenant à l'héritier ou au légataire, avec charge de la remettre à un tiers, est valable.

816. Si le testateur, l'héritier ou le légataire ne sont propriétaires que d'une portion de la chose léguée, ou n'ont qu'un simple droit sur cette chose, le legs ne sera valable que relativement à cette portion ou à ce droit, à moins qu'il ne conste de la volonté du testateur de léguer la chose en entier, conformément à l'art. 814.

817. Le legs d'une chose mobilière indéterminée, comprise dans un genre ou dans une espèce, sera indistinctement valable, quoique la chose ne se trouverait pas dans les biens du testateur lors de son décès, soit qu'il en ait existé ou non du même genre ou de la même espèce à l'époque du testament.

818. Lorsque le testateur aura légué comme lui appartenant, une chose individuellement désignée, ou comprise dans un genre ou dans une espèce déterminée, le legs sera nul, si, à l'époque de son

décès, cette chose ne se trouve pas dans sa succession.

Si, à cette époque, la chose existe dans la succession, mais qu'elle ne s'y trouve pas dans la quantité déterminée par le testateur, le légataire ne pourra rien prétendre au-delà de ce qui s'y trouve.

819. Est nul le legs d'une chose qui appartenait déjà au légataire à l'époque du testament.

S'il l'a acquise du testateur ou de tout autre depuis le testament, le prix lui en sera dû, pourvu qu'il y ait la réunion des circonstances exigées par l'art. 814, et nonobstant la disposition de l'art. 827; mais, dans les deux cas, le legs sera sans effet, si la chose est parvenue au légataire, à titre purement gratuit.

820. Toute disposition à titre universel ou particulier, peut être faite purement et simplement, ou sous condition.

821. Dans toute disposition testamentaire, les conditions impossibles, celles qui sont contraires aux lois ou aux bonnes mœurs, seront réputées non écrites.

822. Toute condition qui empêcherait quelqu'un de se marier ou de se remarier, est contraire à la loi.

Toutefois, celui à qui on aura légué un usufruit, un droit d'usage ou d'habitation, une pension ou autre redevance périodique, dans le cas où il serait célibataire ou veuf, ou pour le temps qu'il resterait tel, ne pourra en jouir que pendant la durée de son célibat ou de sa viduité.

La condition de viduité apposée dans les dispositions testamentaires de l'un des époux au profit de l'autre, sera également valable. Cette condition, quoique non exprimée, sera toujours censée apposée, lorsque le disposant aura laissé des enfans ou descendans.

823. Dans toute disposition à titre universel, la désignation du jour auquel l'institution d'héritier doit commencer ou cesser, sera pareillement réputée non écrite.

824. Toute disposition à titre universel ou à titre particulier sera nulle, si elle est faite sous la condition que l'héritier ou le légataire fera aussi dans son testament quelque avantage au testateur.

825. Toute disposition testamentaire faite sous une condition dépendant d'un événement incertain, et telle que, dans l'intention du testateur, cette disposition ne doive être exécutée qu'autant que l'événement arrivera ou n'arrivera pas, sera caduque, si l'héritier ou le légataire décède avant l'accomplissement de la condition.

826. La condition qui, dans l'intention du testateur, ne fait que suspendre l'exécution de la disposition, n'empêchera pas l'héritier institué ou le légataire d'avoir un droit acquis et transmissible à ses héritiers.

827. Toute aliénation, celle même par vente avec faculté de rachat ou par échange, que fera le testateur de tout ou de partie de la chose léguée, emportera la révocation du legs pour tout ce qui a été

aliéné, encore que l'aliénation soit nulle, et que l'objet soit rentré dans la main du testateur.

Il en sera de même, si le testateur a fait subir à la chose léguée des modifications telles qu'elle ne conserve plus ni la forme qu'elle avait précédemment, ni sa première dénomination.

828. Le legs sera caduc, si la chose léguée a totalement péri pendant la vie du testateur. Il en sera de même, si elle a péri depuis sa mort sans le fait ni la faute de l'héritier, quoique celui-ci ait été mis en demeure de la délivrer, lorsqu'elle eût également dû périr entre les mains du légataire.

829. Si plusieurs choses ont été léguées alternativement, le legs subsistera, quoiqu'il n'en resterait qu'une seule.

830. Toute disposition testamentaire sera caduque, si celui en faveur de qui elle est faite n'a pas survécu au testateur.

831. La disposition testamentaire sera caduque relativement à l'héritier institué ou au légataire qui la répudiera, ou qui se trouvera incapable de la recueillir.

832. Les dispositions, soit à titre universel, soit à titre particulier, faites par celui qui, à l'époque du testament, n'avait ni enfans ni descendans, ou ignorait d'en avoir, seront révoquées de plein droit par l'existence ou par la survenance d'un enfant ou descendant légitime, même posthume : elles seront pareillement révoquées par l'existence d'un enfant adoptif, ou légitimé soit par mariage subséquent, soit par rescrit du Roi.

Cette révocation aura lieu, lors même que l'enfant du testateur aurait déjà été conçu à l'époque du testament, ou que l'enfant naturel aurait été reconnu par le testateur avant le testament, et seulement légitimé depuis, pourvu qu'il l'ait été avant la mort du testateur.

Toutefois la révocation n'aura point lieu, si le testateur a pourvu au cas d'existence ou de survenance d'enfans ou descendans.

833. La disposition aura néanmoins son effet, si les enfans ou descendans nés depuis le testament viennent à prédécéder au testateur.

834. Le legs d'une créance, ou celui qui porte libération d'une dette, n'aura d'effet que pour la portion de cette dette ou de cette créance qui existera à l'époque du décès du testateur.

L'héritier ne sera tenu de céder au légataire, que les actions qui compétaient au testateur sur la créance léguée.

835. Le legs d'une chose ou d'une quantité à prendre dans un lieu déterminé, n'a d'effet que pour la portion qui se trouve dans le lieu désigné par le testateur.

836. Lorsque le testateur aura légué une chose ou une somme déterminée, comme étant par lui due au légataire, le legs sera valable, encore que la chose ou la somme léguée ne soit point due.

Si la dette du testateur existait réellement, le légataire acquerra une nouvelle action pour exiger sa créance, sans être obligé d'attendre l'échéance du terme fixé pour le payement, ou l'événement de la condition qui y était apposée. Toutefois le legs sera sans effet, si le testateur a acquitté la dette depuis le testament.

837. Le legs fait au créancier, sans que le testateur ait fait mention de sa dette, ne sera pas censé . en compensation de la créance.

838. Si l'héritier a été institué sous une des conditions dont il est parlé à l'art. 825, on députera un administrateur, qui prendra soin des biens de la succession jusqu'à l'accomplissement de la condition, ou jusqu'à ce qu'il soit certain qu'elle ne peut plus s'accomplir.

839. L'administration de cette succession sera confiée à celui ou à ceux des cohéritiers qui auront été institués purement et simplement, toutes les fois qu'il y aurait lieu au droit d'accroissement entre eux et l'héritier sous condition.

840. Si l'héritier sous condition n'a point de cohéritiers, ou qu'entre eux et lui il ne puisse y avoir lieu au droit d'accroissement, l'héritier présomptif légitime du testateur sera chargé de l'administration, à moins que, pour de justes motifs, le Tribunal ne juge convenable de pourvoir d'une autre manière.

841. Les dispositions des trois articles précédens s'appliqueront aussi au cas où l'héritier institué ne serait pas encore conçu, pourvu qu'il soit enfant au premier degré d'une personne vivante et déterminée, comme il est dit en l'art. 705.

842. Les administrateurs dont il est parlé dans

les articles précédens, seront soumis aux mêmes charges et auront les mêmes pouvoirs que les curateurs aux successions jacentes.

843. Tout legs pur et simple donnera au légataire, dès le jour du décès du testateur, un droit à la chose léguée, droit transmissible à ses héritiers.

844. Lorsque le legs sera d'une chose indéterminée comprise dans un certain genre ou dans une certaine espèce, l'option appartiendra à l'héritier, qui ne sera pas obligé de la donner de la meilleure qualité, et qui ne pourra l'offrir de la plus mauvaise.

845. On observera la même règle, lorsque le choix aura été laissé à l'arbitrage d'un tiers.

846. Si ce tiers est décédé, s'il refuse de faire le choix, ou qu'il en soit empêché, le Juge y procédera en se conformant à ce qui est ci-dessus prescrit.

847. Mais si l'option est réservée au légataire, celui-ci pourra choisir, parmi les choses de même espèce qui se trouveraient dans la succession, celle qui sera de la meilleure qualité; s'il ne s'en trouve aucune de la même espèce, on observera à l'égard du légataire ce qui est prescrit pour le choix laissé à l'héritier.

848. En cas de legs alternatif, l'option est censée avoir été laissée à l'héritier.

849. Si l'héritier ou le légataire n'ont pu se prévaloir de l'option dans les cas où elle leur est respectivement attribuée, ce droit passe à leurs héritiers, et l'option une fois faite est irrévocable.

Lorsqu'il n'existera dans les biens du testateur qu'une seule chose de l'espèce ou du genre légué, l'héritier ou le légataire ne pourra, quoiqu'il ait le droit d'option, prétendre d'en choisir une autre hors de ces biens, à moins que, par une disposition expresse, le testateur ne lui ait donné cette faculté.

850. Le legs portant libération de dettes, ne comprend que celles qui existaient à l'époque du testament, et non celles contractées depuis.

851. Le legs des alimens comprend la nourriture, l'habillement, l'habitation, et tout ce qui est nécessaire à l'entretien du légataire pendant sa vie; il peut même, eu égard aux circonstances, comprendre l'instruction convenable à sa condition.

852. Le légataire ne pourra se mettre en possession de la chose léguée, sans en demander la délivrance aux héritiers.

853. Il ne pourra en prétendre les fruits ou les intérêts, qu'à compter du jour où il en aura fait la demande en justice, ou du jour auquel la délivrance lui en aurait été volontairement consentie.

854. Les intérêts ou les fruits de la chose léguée courront au profit du légataire, dès le jour du décès du testateur :

1.º Lorsque le legs sera d'un fonds, d'un capital, ou de tout autre objet productif;

2.º Lorsque, s'agissant même de tout autre legs, le testateur aura expressément déclaré sa volonté à cet égard;

3.º Lorsqu'une rente viagère ou une pension aura été léguée à titre d'alimens.

855. Si le testateur a légué une quantité déterminée pour être acquittée à des époques fixes, par exemple, chaque année, chaque mois, ou en tout autre temps, la première époque courra dès le décès du testateur, et la quantité léguée sera acquise en entier au légataire pour toute la période, quoiqu'il serait décédé aussitôt après qu'elle a commencé.

Le legs ne sera cependant exigible qu'à l'échéance du terme; mais il pourra être exigé dès que le terme aura commencé, s'il a été fait à titre d'alimens.

856. Les frais nécessaires pour la délivrance du legs seront à la charge de la succession, sans néanmoins qu'il puisse en résulter de réduction dans la légitime.

Les droits de succession seront à la charge des héritiers, sauf leur recours envers les légataires, si la chose léguée y est soumise.

857. La chose léguée sera délivrée avec les accessoires nécessaires, et dans l'état où elle se trouvera au jour du décès du testateur.

858. Lorsque celui qui a légué la propriété d'un immeuble, l'a ensuite augmentée par des acquisitions, ces acquisitions, fussent-elles contiguës, ne seront pas censées, sans une nouvelle disposition, faire partie du legs.

Il en sera autrement des embellissemens, des constructions nouvelles faites sur le fonds légué, ou d'un enclos dont le testateur aurait augmenté l'enceinte.

859. Si la chose léguée est grevée d'une redevance, d'une rente foncière, d'une servitude, ou d'une autre charge qui y est inhérente, le légataire en supportera le poids.

Mais si la chose léguée est soumise à une simple rente constituée, à un cens, ou à une autre dette de l'hérédité, ou même à la dette d'un tiers, l'héritier sera tenu au payement des arrérages ou intérêts de la somme principale selon la nature de la dette, à moins que le testateur n'ait autrement disposé.

860. Dans le cas où il y aurait plusieurs héritiers, si le testateur n'a chargé aucun d'eux en particulier de l'acquittement du legs, ils seront tous personnellement tenus de l'acquitter, chacun au prorata de ce qui lui est échu dans la succession.

Ils en seront tenus hypothécairement pour le tout, jusqu'à concurrence de la valeur des immeubles de la succession, dont ils seront détenteurs.

861. Si l'un des héritiers a été particulièrement chargé de payer le legs, il sera seul personnellement tenu de l'acquitter.

Dans ce cas, le légataire ne pourra exercer son action hypothécaire que sur les immeubles laissés à l'héritier grevé, ou sur la quote-part qui lui en reviendra dans l'hérédité.

Si on a légué la chose d'un des cohéritiers, son

cohéritier ou ses cohéritiers seront tenus de l'indemniser en argent ou en fonds héréditaires, au prorata de leur part dans la succession, à moins que le testateur n'ait manifesté une volonté contraire.

862. Lorsqu'une hérédité ou un legs aura été laissé sous la condition de ne pas faire ou de ne pas donner, l'héritier ou le légataire sera tenu de donner caution, ou de fournir toute autre sûreté propre à garantir l'exécution de la volonté du testateur, dans l'intérêt de ceux auxquels l'hérédité ou le legs serait dévolu, si l'on contrevient à la condition.

863. Si un legs a été fait sous condition, ou pour n'avoir lieu qu'après un certain temps, le légataire pourra obliger celui qui sera tenu de l'acquitter à donner caution, ou à fournir à cet effet toute autre sûreté suffisante.

864. Si l'un des cohéritiers institués prédécède au testateur ou répudie l'hérédité, ou s'il se trouve incapable de la recueillir, sa portion, lorsqu'il y aura lieu à accroissement, sera dévolue à l'autre cohéritier ou aux autres cohéritiers.

865. Il y aura lieu à accroissement entre les cohéritiers, toutes les fois qu'ils auront été conjointement institués dans un même testament et par une seule et même disposition, sans que le testateur ait assigné à chacun d'eux sa part d'hérédité.

866. Les parts ne seront censées avoir été assignées, que dans le cas où le testateur aura expressément

désigné la quotité de la succession qui doit appartenir à chacun des cohéritiers. Les simples expressions *par égales parts et portions* n'excluront pas le droit d'accroissement.

867. Les cohéritiers, auxquels la portion du cohéritier qui ne participe pas à la succession sera dévolue en vertu du droit d'accroissement, supporteront toutes les obligations et charges auxquelles il aurait été soumis.

868. Le cohéritier, auquel accroîtra la portion de celui qui ne participe pas à la succession, ne pourra la répudier, s'il ne renonce en même temps à la portion héréditaire qui lui a été déférée.

869. Lorsqu'il n'y aura pas lieu à accroissement, la portion de l'héritier qui ne participera pas à la succession, sera dévolue aux héritiers légitimes du testateur.

Ceux-ci devront supporter les charges et obligations auxquelles l'héritier susdit aurait été soumis.

870. Il y aura aussi lieu à accroissement entre les légataires, dans les cas prévus par les articles 864 et 865, soit que l'un d'eux soit prédécédé au testateur, soit qu'il ait répudié le legs ou qu'il se trouve incapable de le recueillir, soit que la condition sous laquelle le legs a été fait vienne à manquer. Il y aura de même lieu à accroissement, quand une chose qui n'est pas susceptible d'être divisée sans détérioration, aura été léguée dans un même testament à plusieurs personnes, même par des dispositions distinctes.

Lorsqu'un usufruit aura été légué à plusieurs personnes, et que, d'après les règles prescrites ci-dessus, il y aura lieu à accroissement entre elles, la portion de l'usufruitier qui n'a pas profité du legs, ou qui est décédé, ou a cessé d'y participer après l'avoir accepté, accroît toujours aux autres usufruitiers.

Mais s'il n'y a pas lieu à accroissement, cette portion se consolide à la propriété.

871. Lorsqu'il n'y a pas lieu à accroissement entre les légataires, la portion de celui qui ne participera pas au legs appartiendra à l'héritier ou au légataire personnellement chargé de l'acquitter; mais si le legs est à la charge de la succession, cette portion profitera à tous les héritiers ou légataires, au prorata de leur part héréditaire.

872. Les règles établies par les articles 867 et 868, relativement aux obligations auxquelles aurait été soumis le cohéritier qui ne recueille pas, sont également applicables au colégataire qui profite du legs en vertu du droit d'accroissement, et à l'héritier à qui il appartiendrait en cas de caducité.

CHAPITRE VI.

DES SUBSTITUTIONS.

873. On peut substituer une autre personne à l'héritier institué ou au légataire, pour le cas où l'un d'eux ne recueillerait pas l'hérédité ou le legs. Cette disposition est appelée substitution vulgaire.

874. Celui dont les enfans ou descendans placés sous sa puissance paternelle ne doivent pas retomber sous celle d'un autre ascendant, peut, en les instituant héritiers ou légataires, leur substituer d'autres personnes, même pour le cas où ils viendraient à décéder avant l'âge de seize ans. Cette substitution comprend tacitement la substitution vulgaire.

Elle ne s'étendra cependant qu'aux biens dont le testateur pouvait disposer, et ne préjudiciera point à la mère ni aux autres ascendans, en ce qui concerne la part légitimaire dont l'enfant ou autre descendant n'aurait pu les priver.

Cette substitution devra être expresse, et ne sera point comprise dans la substitution vulgaire. Elle sera sans effet, si l'héritier institué décède après l'âge de seize ans accomplis, ou même si étant décédé avant cet âge, il a laissé des enfans légitimes.

Lorsque, par l'effet de cette substitution ou de la substitution vulgaire, un étranger aura été appelé à défaut des enfans institués ou des légataires, cette substitution sera considérée comme non avenue, s'il naît un enfant posthume : dans ce cas, ce dernier supportera toutes les charges imposées par le testament aux héritiers institués.

875. On peut, en se conformant aux règles ci-dessus, substituer plusieurs personnes à une seule, ou une seule personne à plusieurs.

876. Lorsque, dans une substitution, on n'a exprimé que le cas où le premier appelé ne pourrait

recueillir, ou seulement celui où il ne voudrait pas recueillir l'hérédité ou le legs, le cas non exprimé sera censé compris dans celui qui est exprimé, si le disposant n'a déclaré le contraire.

877. Les substitués supporteront les charges imposées à ceux auxquels ils sont substitués, à moins qu'il ne résulte que l'intention du testateur a été de n'y soumettre que les premiers appelés.

Toutefois, les conditions mises à l'institution de l'héritier ou au legs, ou spécialement imposées à la personne de l'héritier ou du légataire, ne seront censées répétées à l'égard du substitué que lorsque le testateur l'aura expressément déclaré.

878. Lorsque des cohéritiers ou légataires dont les parts sont inégales, auront été substitués réciproquement, la proportion établie dans les parts qui leur sont attribuées par la première disposition sera censée répétée dans la substitution.

Mais si, outre les premiers appelés, une autre personne a été comprise dans la substitution, tous ceux qui sont substitués auront une égale part à la portion vacante.

879. Toute disposition, de quelque manière qu'elle soit conçue, par laquelle l'héritier institué ou le légataire aura été chargé de conserver et de restituer à un tiers la succession ou le legs, est appelée substitution fidéicommissaire.

Cette substitution est prohibée. Il y aura cependant des majorats et des fidéicommis, dont les règles et conditions seront l'objet d'une loi spéciale,

par laquelle il sera aussi pourvu, au moyen de capitaux convenables, au sort des puînés et autres enfans.

880. La nullité de la substitution fidéicommissaire ne préjudiciera point à la validité de l'institution ou du legs auquel cette disposition est unie;
mais elle rendra caduques toutes les substitutions,
même celles du premier degré, sans excepter la
substitution vulgaire qui, dans ce cas, ne sera point
censée comprise dans la substitution fidéicommissaire.

881. La disposition par laquelle on aura laissé un
usufruit à plusieurs personnes successivement, n'aura
d'effet qu'au profit des premiers qui sont appelés
à en jouir au décès du testateur.

882. On pourra cependant, en laissant l'usufruit
de l'hérédité à une ou plusieurs personnes conjointement, instituer un ou plusieurs héritiers, faire
un ou plusieurs legs, même sous la condition que
les héritiers ou légataires survivront aux usufruitiers, et, en cas de prédécès, leur substituer vulgairement d'autres personnes. On pourra de même
instituer un ou plusieurs héritiers, ou faire des legs
sous condition, quoique la condition ne devrait se
vérifier qu'au moment du décès des héritiers ou légataires, et leur substituer vulgairement d'autres personnes, pour le cas où cette condition ne s'accom-
plirait pas.

883. On pourra également faire des legs restreints à un seul degré, mis à la charge de l'héri-

tier, en cas qu'il décède sans descendans; mais ces legs ne pourront jamais excéder le sixième de l'hérédité, s'ils ont été faits au profit d'une seule personne; et le quart, s'ils ont été faits au profit de plusieurs.

884. Seront censées faites en fraude de la prohibition portée par l'art. 879, quelles que soient les personnes au profit desquelles elles auront eu lieu, toutes dispositions qui emporteraient charge perpétuelle ou limitée à un temps, de donner à plusieurs personnes successivement l'usufruit de tout ou partie de la succession, ou de payer toute autre annuité. La charge imposée comme ci-dessus sera sans effet.

On pourra cependant imposer à quelqu'un la charge de payer annuellement un revenu destiné, à perpétuité ou pour un temps, à secourir l'indigence, à doter des filles pauvres, à récompenser la vertu ou le mérite, ou consacré à tout autre objet religieux ou d'utilité publique. Une telle disposition sera valable, lors même qu'elle serait faite au profit de personnes ayant une qualité déterminée, ou appartenant à des familles désignées.

885. Les dispositions qui seraient faites sous le nom de chapellenies laïcales, ou toutes autres fondations semblables sous la réserve du droit de nomination en faveur de certaines familles, seront nulles toutes les fois que, par la nature des charges imposées, ou, eu égard à la disproportion des fonds et des revenus qui y seront attachés, elles pourraient

être considérées comme faites en fraude de la loi.
Dans ce cas, on séparera un fonds correspondant
aux charges imposées, et le surplus restera libre dans
l'hérédité du fondateur.

CHAPITRE VII.

DE L'OUVERTURE ET DE LA PUBLICATION DES TESTAMENS.

886. Lorsque le décès du testateur sera constaté,
ou que son absence aura été déclarée suivant ce
qui est énoncé en l'art. 84, ou qu'il aura prononcé
les vœux religieux dont il est parlé en l'art. 977,
les testamens secrets seront, sur l'instance de toute
personne qui croira y avoir intérêt, ouverts et publiés par le notaire, en présence du Juge du mandement de sa résidence, à ce appelés deux au moins
des témoins qui seront intervenus à l'acte de présentation, et, à défaut de ceux-ci, deux autres témoins, à l'effet de reconnaître l'état de l'écrit contenant le testament, et, s'il est possible, les signatures.

Le Juge constatera l'état du testament, et le pa-
raphera à chaque feuille. Ce testament sera conservé dans le minutaire du notaire, avec l'acte de
présentation. Le notaire dressera procès-verbal de
tout ce qui est prescrit ci-devant. Le procès-verbal
sera signé ou sous-marqué par le requérant et par
les témoins, et signé par le Juge et par le notaire.

Le notaire ne pourra, sans l'assistance du Juge,

procéder à l'ouverture du testament, nonobstant toute autorisation qu'il pourrait avoir reçue du testateur.

887. L'ouverture des testamens déposés dans les archives des Sénats ou des Tribunaux de judicature-mage, aura lieu conformément à ce qui est prescrit par l'art. 766.

888. Le notaire qui aura reçu un testament public, devra, aussitôt qu'il aura appris le décès du testateur, et dans le plus bref délai possible, en faire connaître le contenu aux héritiers ou légataires, et à toutes autres personnes qui pourraient y avoir intérêt, en leur transmettant le précis de l'article qui peut les concerner.

Les notaires qui auront reçu des testamens secrets, et les secrétaires ou greffiers, s'il s'agit de testamens présentés aux Sénats ou aux Tribunaux de judicature-mage, seront respectivement tenus d'en faire connaître le contenu aux personnes ci-dessus désignées, aussitôt que ces testamens auront été ouverts dans les formes voulues par les articles précédens.

La même obligation est imposée aux notaires, secrétaires et greffiers, soit à l'égard des directeurs d'œuvres pies auxquelles on aura fait quelque legs dans le testament, soit envers les exécuteurs testamentaires nommés par les testateurs.

CHAPITRE VIII.

DES EXÉCUTEURS TESTAMENTAIRES.

889. Le testateur peut nommer un ou plusieurs exécuteurs testamentaires.

890. Celui qui ne peut s'obliger, ne peut être exécuteur testamentaire.

891. La femme mariée, même légitimement séparée de corps, ne peut accepter l'exécution testamentaire qu'avec le consentement de son mari : en cas de refus, elle ne le peut qu'avec l'autorisation de justice, conformément à ce qui est prescrit par les articles 150 et 154.

892. Le mineur ne peut être exécuteur testamentaire, même avec l'autorisation de son tuteur ou curateur.

893. Tout exécuteur testamentaire, sans exception, doit, dans le mois du décès du testateur, ou de la connaissance qu'il aura eue de ce décès, et avant de s'ingérer dans l'administration, passer soumission pardevant le Juge du domicile du testateur, ou pardevant celui de son propre domicile, de bien et fidèlement exécuter les dispositions du testament, et de rendre annuellement compte pardevant le Juge-mage du lieu de l'ouverture de la succession, s'il en est requis par les intéressés, ou par l'Avocat fiscal. Le Juge-mage sera tenu de renvoyer à la connaissance du Tribunal tout ce qui serait en contestation.

894. L'exécuteur testamentaire qui n'aura pas satisfait à ce qui est prescrit par l'article précédent, pourra être privé de l'administration, nonobstant toute dispense de la part du testateur. Il sera en outre tenu de tous les dommages auxquels son retard aurait donné lieu.

895. S'il y a des héritiers mineurs, interdits ou absens, ou que la succession ait été laissée, en tout ou en partie, à quelque fondation, établissement public, œuvre pie, ou autre corps administré, l'exécuteur testamentaire fera apposer les scellés.

896. Tout exécuteur testamentaire fera procéder à l'inventaire des biens de la succession : on y appellera les héritiers, et, s'il sont mineurs, interdits ou absens, leurs administrateurs.

Le Tribunal pourra dispenser l'exécuteur testamentaire de cette obligation, s'il y a quelques justes motifs et que les héritiers ne s'y opposent pas.

897. Si l'on a institué héritier un établissement public, une œuvre pie ou un autre corps administré, l'inventaire devra être fait en présence des administrateurs, ou ceux-ci dûment appelés. S'il s'agit d'une fondation ou d'une œuvre pie non encore existante, et pour l'établissement de laquelle le testateur a ordonné que ses biens seraient appliqués, l'inventaire devra être fait en l'assistance d'un curateur spécial nommé par le Juge du mandement dans lequel le défunt avait son domicile.

898. On observera, pour le surplus, les dispositions des articles 516 et suivans jusqu'à l'art. 524 inclusivement.

Lorsque le terme fixé par ces articles pour la confection de l'inventaire sera insuffisant, le Juge du domicile du défunt pourra le proroger.

899. Les exécuteurs testamentaires veilleront à ce que le testament soit exécuté, et ils pourront, en cas de contestation sur son exécution, intervenir pour en soutenir la validité.

900. L'exécuteur testamentaire devra, après avoir interpellé l'héritier, et si celui-ci ne s'y oppose pas, acquitter les legs.

En cas d'opposition de la part de l'héritier, il doit suspendre tout payement, jusqu'à ce que la contestation soit jugée définitivement.

901. A défaut de deniers suffisans pour acquitter les legs, l'exécuteur testamentaire provoquera la vente des meubles, et si ceux-ci ne suffisent pas, il se pourvoira pour faire vendre les immeubles.

902. Si les héritiers sont tous majeurs et présens, les ventes se feront dans les formes et par l'acte que les parties croiront convenables. Si, parmi eux, il y a des mineurs, des interdits, des absens ou des corps administrés, on observera, pour les ventes, les formalités prescrites par les lois relatives aux aliénations des biens qui appartiennent à ces personnes.

903. Si la succession doit être appliquée en tout ou en partie à une œuvre pie, et qu'à cet effet le testateur ait ordonné l'aliénation des meubles ou des immeubles de la succession, comme aussi toutes les fois que la vente en serait jugée nécessaire pour

l'objet qu'on a eu en vue dans la fondation, ou pour l'acquittement des charges héréditaires ou des legs, la personne chargée de l'exécution de l'œuvre pie devra se pourvoir devant l'Autorité compétente pour être autorisée à vendre. L'on observera, dans cette vente, les formalités prescrites pour l'aliénation des biens des mineurs.

904. Lorsque les héritiers offriront de consigner, entre les mains de l'exécuteur testamentaire, une somme suffisante pour le payement des legs, qu'ils prouveront de les avoir acquittés, ou qu'ils en assureront le payement de la manière et aux époques prescrites par le testateur, ils auront le droit de se faire remettre les meubles, et l'exécuteur testamentaire ne sera plus tenu de faire procéder à l'inventaire, ni d'en requérir l'achèvement.

La disposition de cet article ne sera cependant point applicable au cas où l'exécuteur testamentaire aurait été chargé de fonder un établissement, ou d'exécuter toute disposition ayant pour objet une œuvre pie, avec le produit des biens héréditaires.

905. Les pouvoirs de l'exécuteur testamentaire ne passent point à ses héritiers.

906. S'il y a plusieurs exécuteurs testamentaires qui aient accepté, un seul pourra agir au défaut des autres; mais ils seront solidairement responsables du compte du mobilier qui leur a été confié et des immeubles par eux administrés, à moins que le testateur n'ait divisé leurs fonctions, et que chacun d'eux ne se soit renfermé dans celle qui lui était attribuée.

907. Les frais faits par l'exécuteur testamentaire pour l'inventaire et le compte, et tous autres frais relatifs à ses fonctions, seront à la charge de la succession.

CHAPITRE IX.

DE LA RÉVOCATION DES TESTAMENS.

908. On ne peut renoncer, en aucune manière, à la liberté de révoquer ou de changer les dispositions faites par testament. Toute clause ou condition qui emporterait renonciation à cette liberté ou la modifierait, est réputée non écrite.

909. Les testamens pourront être révoqués, en tout ou en partie, par un testament postérieur, ou par un acte reçu par un notaire, en présence de quatre témoins, dont deux au moins devront signer, pourvu que le testateur déclare personnellement dans l'acte même, qu'il révoque, en tout ou en partie, la disposition antérieure.

910. Un testament nul ne peut être considéré comme un acte pardevant notaire, à l'effet de révoquer les testamens antérieurs.

911. Les dispositions révoquées comme il est dit ci-dessus, ne peuvent renaître qu'en vertu d'un nouveau testament.

912. Le testament postérieur qui ne révoquera pas d'une manière expresse le précédent ou les précédens, n'annulera dans ceux-ci que les dispositions qui se

trouveront incompatibles avec les nouvelles, ou qui seront contraires.

913. La révocation faite dans un testament postérieur aura tout son effet, quoique ce nouvel acte reste sans exécution par l'incapacité de l'héritier institué, ou du légataire, ou par leur renonciation à l'hoirie ou au legs.

TITRE III.

DES SUCCESSIONS AB INTESTAT.

DISPOSITIONS GÉNÉRALES.

914. La succession est déférée *ab intestat*, en tout ou en partie, lorsqu'il n'y a pas de testament, ou que celui qui existe est nul; lorsque le défunt n'a pas disposé de tout son patrimoine; lorsque les héritiers institués ne peuvent ou ne veulent accepter; enfin, lorsqu'il y a plusieurs cohéritiers entre lesquels il n'y a pas lieu à accroissement.

915. La loi défère la succession aux descendans, aux ascendans, aux parens collatéraux, aux enfans naturels, au conjoint et au Fisc, dans l'ordre et d'après les règles ci-après établies.

916. Pour régler la succession, la loi considère la proximité de parenté : elle n'a égard à la prérogative de la ligne et à l'origine des biens, que de la manière et dans les cas spécialement prévus.

917. La proximité de parenté s'établit par le nombre de générations.

918. Chaque génération forme un degré.

919. La suite des degrés forme la ligne : on appelle ligne directe la suite des degrés entre personnes qui descendent l'une de l'autre ; ligne collatérale la suite des degrés entre personnes qui ne descendent pas les unes des autres, mais qui descendent d'un auteur commun.

On distingue la ligne directe, en ligne directe descendante et ligne directe ascendante.

La première est celle qui lie le chef avec ceux qui descendent de lui ; la deuxième est celle qui lie une personne avec ceux dont elle descend.

920. En ligne directe, on compte autant de degrés qu'il y a de générations, non compris l'auteur commun.

921. En ligne collatérale, les degrés se comptent par les générations, depuis l'un des parens jusque et non compris l'auteur commun, et depuis celui-ci jusqu'à l'autre parent.

922. Les personnes incapables ou indignes de recevoir par testament, pour les causes énoncées au chap. II *de la Capacité de disposer et de recevoir par testament*, titre *des Successions testamentaires*, sont pareillement incapables ou indignes de succéder *ab intestat*.

Sont aussi incapables de succéder, comme indignes, les personnes qui auraient empêché le défunt de tester.

Les enfans et descendans de l'indigne pour les causes mentionnées ci-dessus, ne sont point exclus de la succession par la faute de leur père, lors même qu'il serait vivant, s'ils y viennent de leur chef; mais s'ils ne peuvent y être admis qu'avec le secours de la représentation, ils n'auront droit qu'à la part légitimaire qui aurait compété à l'indigne. Celui-ci ne peut, en aucun cas, réclamer l'usufruit ni l'administration des biens de cette succession; il ne peut même, quant à ses biens, succéder *ab intestat* à ses enfans ou descendans, conformément à ce qui est prescrit par les articles 711 et 744.

923. A l'égard des personnes qui appartiennent à des ordres monastiques ou à des corporations religieuses, tant régulières que séculières, leur capacité où incapacité de recueillir ou revendiquer les successions *ab intestat*, est déterminée d'après les règles établies pour les successions et dispositions testamentaires, par les articles 714, 715 et 716.

924. L'effet de la représentation est de faire entrer les représentans dans la place, dans le degré et dans les droits du représenté.

925. La représentation a lieu à l'infini dans la ligne directe descendante. Elle est admise dans tous les cas, soit que les enfans du défunt concourent avec les descendans d'un autre enfant prédécédé, soit que, tous les enfans du défunt étant décédés avant lui, les descendans de ces enfans se trouvent entre eux en degrés égaux ou inégaux, et lors même que, les enfans étant en degrés égaux, le nombre n'en serait pas le même dans chaque souche.

926. La représentation n'a pas lieu en faveur des ascendans : le plus proche exclut le plus éloigné.

927. En ligne collatérale, la représentation est admise en faveur des enfans et des descendans de frères ou sœurs du défunt, soit qu'ils viennent à sa succession concurremment avec des oncles ou tantes, soit que, tous les frères ou sœurs du défunt étant prédécédés, la succession se trouve dévolue à leurs descendans en degrés égaux ou inégaux.

928. Dans tous les cas où la représentation est admise, le partage se fait par souche.

Si une même souche a produit plusieurs branches, la subdivision se fait aussi par souche dans chaque branche, et les membres de la même branche partagent entre eux par tête.

929. On ne représente pas les personnes vivantes, à moins qu'il ne s'agisse de celles qui sont absentes ou qui ont encouru la perte des droits civils.

Leurs enfans ou descendans sont admis à les représenter dans les cas prévus et suivant les règles établies aux articles 925 et 927.

Les enfans et descendans des exclus pour cause d'indignité, ou de ceux qui ont été exhérédés, peuvent aussi les représenter, mais seulement dans les cas et suivant les règles déterminés aux articles 744, 741 et 922.

930. On peut représenter celui à la succession duquel on a renoncé.

CHAPITRE PREMIER.

DES DIVERS ORDRES DE SUCCESSIONS.

SECTION I.

Des Successions déférées aux descendans.

931. Les enfans légitimes ou leurs descendans succèdent à leurs père et mère ou autres ascendans, sans distinction de sexe, et encore qu'ils soient issus de différens mariages.

Ils succèdent par tête, quand ils sont tous au premier degré; ils succèdent par souche, lorsqu'ils viennent tous ou en partie par représentation.

932. Sont compris sous la dénomination d'enfans légitimes, les enfans légitimés par mariage subséquent ou par Rescrit du Roi, ainsi que leurs descendans, pourvu que le rescrit ait été obtenu sur la demande du père, sauf toutefois les modifications qui y seraient insérées.

933. Les enfans adoptifs et leurs descendans succèdent aussi à l'adoptant, suivant les règles ci-devant établies, même concurremment avec les enfans nés en mariage ou légitimés dès l'adoption, et avec leurs descendans; mais ils demeurent étrangers à tous les autres parens de l'adoptant.

Des Successions déférées aux ascendans.

934. Si le défunt n'a laissé ni postérité, ni frères ni sœurs du même lit, ni descendans d'eux, la succession est dévolue, par égale part, au père et à la mère; et, en cas de prédécès de l'un d'eux, elle est dévolue en entier au survivant.

935. Lorsque la personne décédée sans postérité n'a laissé ni père ni mère, ni frères ni sœurs du même lit, et que les ascendans survivans sont tous au même degré, la succession se divise par moitié entre les ascendans de la ligne paternelle et les ascendans de la ligne maternelle, sans égard à l'origine des biens, sauf dans le cas prévu par l'art. 937.

Si les ascendans ne sont pas au même degré, la succession est déférée au plus proche, sans distinction de ligne.

936. Si avec les père et mère, ou avec l'un d'eux seulement, ou, à leur défaut, avec un autre ascendant, le défunt a laissé des frères ou sœurs du même lit, ils seront tous admis à succéder par tête, de manière cependant qu'en aucun cas la portion dévolue à l'ascendant ou aux ascendans ne puisse être moindre du tiers de la succession.

Si avec les ascendans du défunt il y a aussi des descendans d'un frère ou d'une sœur du même lit prédécédés, ces descendans succéderont par droit de représentation, soit qu'ils y viennent seuls à la succession, soit qu'ils y viennent concurremment avec leur oncle ou leur tante.

937. Le père et la mère ainsi que les autres ascendans survivans recueillent, à l'exclusion de tous autres, les biens par eux donnés à leurs enfans ou descendans décédés sans postérité, lorsque ceux-ci n'en ont pas disposé, et que les objets donnés se retrouvent en nature dans la succession. Ce droit appartient au père, à la mère et aux autres ascendans, lors même qu'ils ne seraient pas appelés à succéder aux donataires, ou qu'ils auraient renoncé à la succession.

Si ces biens ont été aliénés, les ascendans recueillent le prix qui peut en être dû. Ils succèdent aussi à l'action en reprise que pouvait avoir l'enfant ou le descendant donataire.

Ils seront cependant tenus de concourir au payement des dettes et charges de la succession, en proportion des biens recueillis.

Les dispositions de cet article ne feront point obstacle à l'exécution des conventions contraires portées par l'acte de donation, et elles auront lieu sans préjudice de la part qui pourrait appartenir à l'ascendant donateur dans les autres biens de la succession.

SECTION III.

Des Successions collatérales.

938. Si la personne décédée sans postérité n'a

laissé ni père ni mère, ni autre descendant, les frères ou sœurs du même lit, ainsi que leurs enfans ou descendans, sont appelés à succéder par tête ou par souche, conformément aux articles 927 et 928.

959. A défaut de frères ou sœurs du même lit, ou d'enfans et descendans d'eux, la succession est dévolue aux frères ou sœurs consanguins et utérins du défunt, et à leurs enfans et descendans, par tête ou par souche, suivant la règle précédemment établie.

940. Si la personne morte sans postérité n'a laissé ni père, ni mère, ni ascendans, ni frères, ni sœurs, ni descendans d'eux, le parent le plus proche ou les plus proches parens sont appelés à recueillir la succession, sans distinction entre les parens de la ligne paternelle et ceux de la ligne maternelle.

941. Les parens au-delà du douzième degré ne succèdent pas.

CHAPITRE II.

DE L'EXCLUSION DES SŒURS ET DE LEURS DESCENDANS, EN FAVEUR DES FRÈRES ET DE LEURS DESCENDANS MALES, A RAISON DE CERTAINES SUCCESSIONS, ET DES DROITS DES SŒURS ET DE LEURS DESCENDANS RELATIVEMENT AUX SUCCESSIONS DONT ILS SONT EXCLUS.

942. Les dispositions relatives aux successions déférées aux descendans, aux ascendans et aux collatéraux, contenues dans les trois sections du chapitre

précédent, sont, en ce qui concerne les femmes et leurs descendans, soumises, dans les cas ci-après déterminés, aux modifications suivantes.

943. Lorsqu'il s'agit de la succession du père, ou d'un autre ascendant mâle de la ligne paternelle, la part héréditaire afférente à la femme ou à ses descendans, lors même que ceux-ci ne seraient pas ses héritiers, sera dévolue par droit de subrogation, à ses frères germains ou à leurs descendans mâles par ligne masculine : cette subrogation aura lieu d'après les règles établies pour les successions. A défaut de frères germains de la femme ou de descendans mâles de ceux-ci, la part héréditaire sera dévolue à ses frères consanguins ou à leurs descendans mâles par ligne masculine, de la manière ci-devant expliquée. La subrogation n'aura cependant point lieu au profit des frères ou descendans de frères, qui ne pourraient, eu égard à l'état qu'ils auraient embrassé, conserver ni perpétuer la famille.

944. La disposition de l'article précédent est applicable à la succession d'un frère germain ou consanguin, toutes les fois que la sœur qui serait appelée à la succession, se trouve en concours avec d'autres frères germains ou consanguins ou avec leurs descendans mâles par ligne masculine.

945. L'exclusion prononcée ci-dessus aura de même lieu dans la succession de la mère, mais seulement en faveur des frères germains et de leurs descendans mâles par ligne masculine.

946. Ceux qui, aux termes des trois articles pré-

cédens, recueillent la part de succession à laquelle
était appelée la femme ou ses descendans, sont tenus de donner en compensation une portion de
biens qui, libre de toutes dettes et charges, soit
équivalente à la part légitimaire, s'il s'agit de la
succession du père, de la mère ou d'un ascendant
mâle paternel, et au tiers de la portion virile, s'il
s'agit de la succession d'un frère : dans tous les
cas cependant il sera fait déduction de ce que la
femme ou ses descendans auraient reçu du défunt,
à titre de dot, ou de ce qui serait autrement sujet
à rapport.

Ceux qui profiteront de la subrogation, auront la
faculté de payer la part légitimaire ou le tiers de
la part virile, en argent ou en immeubles de la
succession, d'après une juste estimation. Tant que
le payement n'aura pas été fait de la manière ci-
dessus déterminée, la femme ou ses descendans seront considérés comme copropriétaires des biens de
la succession.

947. Si la femme qui demande en justice une
part légitimaire, ou le tiers de la part virile, ou
un supplément, a été, à l'occasion de son mariage,
dotée par le défunt, et qu'il soit établi que la part
légitimaire, ou le tiers de la part virile n'équivaut
pas à la dot reçue ou promise, celle-ci devra être
réduite au profit des héritiers ayant droit à la subrogation, et la femme exclue sera tenue de leur
représenter tout ce qu'elle aura reçu au-delà de la
part légitimaire ou du tiers de la part virile : il

en sera de même à l'égard de ses descendans ou ayant droit.

S'il est établi que la valeur de la part légitimaire ou du tiers de la part virile excède celle de la dot constituée, la femme aura droit à un supplément jusqu'à cette concurrence, mais seulement lorsque la dot constituée sera d'un sixième au-dessous de la part légitimaire ou du tiers de la part virile.

Dans les deux cas ci-dessus, si la femme ou ses descendans ou ayant cause viennent à succomber dans l'instance, ils seront condamnés aux dépens.

948. Si la femme ne réclame pas, la dot qui lui a été constituée ne sera point sujette à réduction, lors même qu'elle surpasserait la part légitimaire ou la part héréditaire; à moins toutefois qu'elle n'excédât la quotité dont le constituant aurait pu disposer, eu égard à la valeur de son patrimoine, soit à l'époque de la constitution dotale, soit au moment du décès, sans tenir compte de la diminution survenue dans la fortune du défunt postérieurement à cette constitution.

CHAPITRE III.

DES SUCCESSIONS IRRÉGULIÈRES.

SECTION I.

Des Droits des enfans naturels sur les biens de leurs père et mère, et de la Succession aux enfans naturels décédés sans postérité.

949. L'enfant naturel n'a aucun droit à la succession de ses père et mère, lorsque sa filiation n'est pas reconnue, déclarée ou établie conformément aux articles 180, 183 et 186.

950. L'enfant naturel dont la filiation est reconnue, déclarée, ou établie, n'a droit qu'à des alimens, lorsqu'il y a des enfans légitimes ou des descendans de ceux-ci.

951. Si le père ou la mère de l'enfant naturel ne laisse pas de postérité légitime, mais bien ses père et mère, ou l'un deux, ou tout autre ascendant, l'enfant naturel succède au quart des biens ; le surplus est dévolu aux autres successibles, suivant l'ordre établi pour les successions *ab intestat*, de manière cependant que la part des ascendans ne soit jamais moindre du tiers de la succession, conformément à l'art. 936.

Si le père ou la mère ne laisse ni postérité légitime, ni ascendans, mais bien d'autres parens, l'enfant naturel succède à la moitié des biens; l'autre moitié est dévolue aux parens, suivant l'ordre établi pour les successions *ab intestat*.

Dans l'un et l'autre cas, le conjoint survivant conserve le droit de réclamer le quart de toute la succession, en conformité de l'art. 960.

L'enfant naturel est tenu d'imputer, sur la part à laquelle il succède, tout ce qu'il a reçu du père ou de la mère, et qui serait sujet à rapport d'après les règles établies ci-après au chapitre IV, titre *des Dispositions communes aux successions testamentaires et* ab intestat.

952. L'enfant naturel a droit à la totalité des biens, lorsque son père ou sa mère ne laisse pas de parens au degré successible, ni de conjoint.

953. En cas de prédécès de l'enfant naturel, ses enfans ou descendans légitimes peuvent réclamer les droits fixés par les articles précédens.

954. L'enfant naturel, quoique reconnu, n'a aucun droit sur les biens des parens de ses père et mère, ni ces parens sur les biens de l'enfant naturel.

955. La succession de l'enfant naturel décédé sans postérité et sans époux, est dévolue en entier au père ou à la mère qui l'a reconnu, ou à l'égard duquel la filiation est déclarée ou établie, comme il est dit en l'art. 949; ou par moitié à tous les deux, s'il a été reconnu par l'un et par l'autre, ou s'il y a preuve ou déclaration de la paternité et de la maternité.

956. Si le conjoint de l'enfant naturel décédé sans postérité lui a survécu, la succession lui est déférée pour les deux tiers : l'autre tiers appartient au père ou à la mère du défunt, ou se divise entre eux par moitié suivant les cas prévus en l'article précédent.

957. Les dispositions des articles précédens ne sont pas applicables aux enfans dont il est fait mention en l'art. 172, de quelque manière que leur filiation soit établie.

La loi ne leur accorde que des alimens.

958. Ces alimens sont réglés, eu égard aux facultés du père et de la mère, au nombre et à la qualité des héritiers légitimes.

Lorsque le père ou la mère des enfans ci-dessus désignés leur auront fait apprendre un art mécanique, ou lorsque l'un d'eux lui aura assuré, de quelque manière que ce soit, des alimens de son vivant, ces enfans ne pourront élever aucune réclamation à cet égard.

SECTION II.

Des Droits du conjoint survivant et du Fisc.

959. L'époux survivant contre lequel il n'existe aucun jugement définitif de séparation, a droit à l'usufruit du quart de la succession de son conjoint décédé sans testament, lorsque celui-ci n'a pas laissé plus de trois enfans ; s'il y en a un plus grand nombre, cet usufruit n'est que d'une part égale à

celle de chacun des enfans. La propriété reste toujours acquise aux enfans légitimes nés du mariage, ou aux enfans du premier lit du conjoint prédécédé. L'usufruit cesse dans le cas où l'époux serait passé en secondes noces, à l'époque où il existerait encore quelques-uns desdits enfans.

960. Si le conjoint prédécédé n'a pas laissé d'enfans légitimes, mais d'autres parens successibles ou des enfans naturels, l'époux survivant a droit à un quart de la succession en pleine propriété.

Dans ce cas, comme dans celui de l'article précédent, le conjoint doit imputer, sur sa part héréditaire, les avantages résultant de ses conventions matrimoniales et des gains dotaux.

961. Lorsque le défunt ne laisse ni parens successibles, ni enfans naturels, sa succession appartient au conjoint qui lui survit, pourvu qu'il ne soit pas séparé par sa faute.

962. A défaut de conjoint, la succession est déférée au Fisc.

TITRE IV.

DISPOSITIONS COMMUNES AUX SUCCESSIONS TESTA-MENTAIRES ET AB INTESTAT.

CHAPITRE PREMIER.

DE L'OUVERTURE DES SUCCESSIONS TESTAMENTAIRES ET AB INTESTAT, ET DE LA CONTINUATION DE LA POSSESSION EN LA PERSONNE DE L'HÉRITIER.

963. Les successions testamentaires et *ab intestat* s'ouvrent au moment de la mort.

964. Si le testateur et l'héritier ou légataire, ou si plusieurs individus respectivement appelés par la loi à la succession *ab intestat* l'un de l'autre, périssent dans un même événement, sans qu'on puisse reconnaître lequel est décédé le premier, la présomption de survie est déterminée par les circonstances du fait, et, à leur défaut, par la force de l'âge ou du sexe.

965. Si ceux qui ont péri ensemble, étaient du même sexe et au-dessous de trente-cinq ans, le plus âgé sera présumé avoir survécu.

S'ils étaient au-dessus de trente-cinq ans, le moins âgé sera présumé avoir survécu.

Si ceux qui ont péri ensemble avaient, les uns plus de trente-cinq ans, mais moins de soixante et dix accomplis, et les autres moins de quatorze ans, les premiers seront présumés avoir survécu.

Si les uns avaient plus de soixante et dix ans, et les autres plus de sept ans, ces derniers seront présumés avoir survécu ; ils seront au contraire présumés décédés avant les premiers, s'ils avaient moins de sept ans.

966. Si ceux qui ont péri ensemble, étaient de sexe différent, et n'avaient pas plus de quatorze ans accomplis, le plus âgé sera présumé avoir survécu.

S'ils étaient tous au-dessus de quatorze ans, mais au-dessous de trente-cinq ans accomplis, la présomption de survie sera en faveur du mâle.

S'ils avaient plus de trente-cinq ans et qu'il y eût égalité d'âge, ou que la différence qui existe n'excédât pas cinq ans, le mâle sera encore présumé avoir survécu.

Lorsque la différence d'âge excédera cinq ans, le plus jeune sera présumé avoir survécu.

967. Les héritiers légitimes et testamentaires sont immédiatement et de plein droit saisis de la possession des biens, droits et actions du défunt, sous l'obligation d'acquitter toutes les charges de la succession, sans qu'ils soient tenus de prendre possession réelle de l'hoirie.

968. Néanmoins les enfans naturels et l'époux survivant, qui ont droit à une part de la succession d'une personne décédée *ab intestat*, doivent en demander la délivrance aux parens successibles.

969. Si tous les héritiers ne sont pas présens, s'il y a parmi eux des mineurs ou des interdits, le

scellé doit être apposé, dans le plus bref délai, sur tous les effets de la succession, soit à la requête des héritiers, soit à la diligence de l'Avocat fiscal près le Tribunal de judicature-mage, et même d'office par le Juge du mandement dans lequel la succession est ouverte ; à moins que le défunt n'en ait ordonné autrement, et n'ait nommé un notaire pour faire l'inventaire.

970. Les créanciers peuvent requérir l'apposition des scellés en vertu d'une permission du Juge; celui-ci ne pourra la refuser que pour de graves motifs, quand le créancier exhibera un titre exécutoire.

971. Lorsque les scellés ont été apposés, tous les créanciers peuvent former opposition à la levée, encore qu'ils n'aient ni titre exécutoire, ni permission du Juge, sauf au Tribunal à prononcer sur le mérite de l'opposition.

Les formalités pour la levée des scellés et pour la confection de l'inventaire, sont réglées par les lois sur la procédure.

972. Les enfans naturels, l'époux survivant et le Fisc, qui prétendent avoir un droit exclusif à la succession de la personne décédée *ab intestat*, seront tenus de faire apposer les scellés, et de faire procéder à l'inventaire en la forme prescrite pour l'acceptation d'une succession sous bénéfice d'inventaire. Ils doivent demander l'envoi en possession au Tribunal de judicature-mage dans le ressort duquel la succession est ouverte; le Tribunal ne pourra

l'accorder qu'après trois publications et appositions d'affiches dans les formes accoutumées, et après avoir entendu le ministère public.

975. Dans le cas de l'article précédent, les enfans naturels et le conjoint survivant seront tenus de faire emploi du prix des effets mobiliers, ou de donner des garanties suffisantes pour en assurer la restitution, au cas où il se présenterait des héritiers du défunt. Mais après trois ans, les sûretés données seront libérées.

974. Les enfans naturels, l'époux survivant et le Fisc qui n'auraient pas rempli les formalités qui leur sont respectivement prescrites, pourront être condamnés aux dommages et intérêts envers les héritiers, s'il s'en représente.

975. Si, parmi les héritiers du défunt ou en concours avec eux, il se trouve des personnes à qui la loi réserve une quotité de la succession ou part légitimaire, la possession des biens de l'hoirie sera censée transmise aux uns et aux autres, en proportion de la part de chacun.

Il en sera de même lorsque le défunt n'aura disposé que d'une part de la succession, et que le surplus sera déféré aux héritiers légitimes.

976. Si quelqu'autre personne, prétendant avoir droit sur les biens et effets de la succession, vient à se les approprier, les héritiers, auxquels la loi en transfère de plein droit la possession, seront tenus pour spoliés, et seront admis à proposer toutes les actions qui peuvent compéter au véritable possesseur.

977. La succession s'ouvre encore par l'émission des vœux, même temporaires, dans les ordres monastiques et dans les corporations religieuses régulières.

Néanmoins les religieux qui n'auront émis que des vœux temporaires, et qui en étant déliés, rentreront dans le monde, dans les six ans à compter des premiers vœux, auront droit de demander la restitution de leurs biens, et les revenus d'une année seulement.

Les héritiers auxquels pareilles successions seront déférées, devront faire procéder à l'inventaire des biens, et se conformer, pendant les six années ci-dessus fixées, aux règles d'administration prescrites à l'égard de l'héritier qui accepte une succession sous bénéfice d'inventaire. Il en sera de même toutes les fois qu'une succession s'ouvrira au profit des religieux susdits, pendant les six ans à compter de l'émission des premiers vœux dont il est parlé en l'art. 745. En cas d'aliénation de meubles ou d'immeubles, on devra toujours demander l'autorisation du Tribunal.

978. La disposition de l'article précédent n'est point applicable aux membres des corporations religieuses séculières, sauf ce qui serait statué à l'égard de l'admission de ces corporations dans les États.

CHAPITRE II.

DE L'ACCEPTATION ET DE LA RÉPUDIATION DES SUCCESSIONS.

SECTION I.

De l'Acceptation.

979. Une succession peut être acceptée purement et simplement, ou sous bénéfice d'inventaire.

980. Nul n'est tenu d'accepter une succession qui lui est échue.

981. Les femmes mariées ne peuvent pas valablement accepter une succession sans l'autorisation de leur mari ou du Juge, conformément aux dispositions des art. 130 et 134.

982. Les successions échues aux mineurs et aux interdits, ne peuvent valablement être acceptées que conformément aux dispositions du titre *de la Minorité, de la Tutelle et de l'Habilitation.*

983. Le sourd-muet qui n'est pas en tutelle, et qui sait écrire, pourra accepter une succession par lui-même, ou par un fondé de pouvoir; s'il ne sait pas écrire, l'acceptation doit être faite en l'assistance d'un curateur nommé suivant les règles établies au titre *de la Minorité, de la Tutelle et de l'Habilitation.*

984. Les successions échues aux mineurs soumis

à la puissance paternelle, seront acceptées sous bénéfice d'inventaire par le père ou par l'aïeul sous la puissance duquel ils se trouvent.

Si le père ou l'aïeul ne peut ou ne veut accepter le succession, le Tribunal, à la requête du mineur, ou sur la demande d'un parent, et même sur la réquisition d'office de l'Avocat fiscal, pourra en autoriser l'acceptation, après avoir nommé un curateur spécial au mineur, et avoir entendu le père ou l'aïeul sur les motifs de leur refus.

985. S'il s'ouvre une succession soumise à l'usufruit légal du père ou de l'aïeul, le majeur peut l'accepter avec l'autorisation de l'ascendant sous la puissance duquel il se trouve : en cas de refus, il pourra l'accepter moyennant l'autorisation du Tribunal.

986. Les successions déférées aux personnes ou corps moraux qui sont l'objet de l'article 25, ne pourront être acceptées que sous bénéfice d'inventaire, par les administrateurs qui y sont autorisés par les règlemens respectifs. Dans les cas prévus par l'art. 717, on se conformera, pour l'acceptation, à ce qui est réglé dans cet article.

987. L'effet de l'acception remonte au jour de l'ouverture de la succession.

988. L'acceptation peut être expresse ou tacite :

Elle est expresse, quand on prend le titre ou la qualité d'héritier dans un acte authentique ou privé;

Elle est tacite, quand l'héritier fait un acte qui suppose nécessairement son intention d'accepter, et qu'il n'aurait droit de faire qu'en qualité d'héritier.

989. Celui en contradictoire duquel un créancier ou un légataire de la succession a obtenu un arrêt, ou un jugement passé en force de chose jugée, par lequel une Cour suprême ou un Tribunal de judicature-mage le déclare héritier, ou le condamne expressément en cette qualité, sera, par l'effet de cet arrêt ou de ce jugement, réputé héritier envers tous les autres créanciers ou légataires de la succession.

990. Les actes purement conservatoires, de surveillance et d'administration provisoire, ne sont pas des actes d'adition d'hérédité, si l'on n'y a pas pris le titre ou la qualité d'héritier.

991. La donation, la vente ou le transport que fait de ses droits successifs un des cohéritiers, soit à un étranger, soit à tous ses cohéritiers, soit à quelqu'un d'eux, emporte de sa part acceptation de la succession.

992. Il en est de même de la renonciation, même gratuite, que fait un des héritiers au profit d'un ou de plusieurs de ses cohéritiers, ainsi que de la renonciation qu'il fait, même au profit de tous les cohéritiers indistinctement, lorsqu'il en reçoit le prix.

993. La renonciation n'emporte point acceptation de la succession, lorsqu'elle est faite gratuitement au profit de tous les cohéritiers testamentaires ou *ab intestat*, auxquels la portion du renonçant serait dévolue à son défaut.

994. Lorsque celui à qui une succession est échue, est décédé sans l'avoir répudiée ou acceptée expressément ou tacitement, il transmet à ses héritiers le droit de l'accepter ou de la répudier.

995. Si ces héritiers ne sont pas d'accord pour accepter ou pour répudier la succession, elle doit être acceptée sous bénéfice d'inventaire.

996. Les héritiers qui ont accepté la succession du défunt, peuvent néanmoins répudier la succession qui lui était échue et qu'il n'avait point encore acceptée; mais la renonciation à la succession du défunt emporte la renonciation à toute succession qui lui aurait été déférée.

997. Le majeur ne peut attaquer l'acceptation expresse ou tacite qu'il a faite d'une succession, que dans le cas où cette acceptation aurait été la suite d'un dol pratiqué envers lui. Il ne peut jamais réclamer sous prétexte de lésion, excepté seulement dans le cas où la succession se trouverait absorbée ou diminuée de plus de moitié, par la découverte d'un testament inconnu au moment de l'acceptation.

SECTION II.

De la Renonciation aux successions.

998. La renonciation à une succession ne se présume pas :

Elle ne peut être faite que par une déclaration au greffe du Tribunal de judicature-mage dans le ressort duquel la succession s'est ouverte, sur un registre particulier tenu à cet effet.

999. L'héritier qui renonce, est censé n'avoir jamais été héritier.

Néanmoins sa renonciation ne le prive pas du droit de réclamer les legs faits à son profit.

1000. Dans les successions *ab intestat*, la part du renonçant accroît à ses cohéritiers; s'il est seul, elle est dévolue au degré subséquent.

1001. On ne vient jamais par représentation d'un héritier qui a renoncé. Si le renonçant est seul héritier de son degré, ou si tous ses cohéritiers renoncent, les enfans viennent de leur chef et succèdent par tête.

1002. Dans les successions testamentaires, la part du renonçant est dévolue à ses cohéritiers, ou aux héritiers légitimes, de la manière établie par les articles 865 et 869.

1003. Les créanciers de celui qui renonce au préjudice de leurs droits, peuvent se faire autoriser en justice à accepter la succession du chef de leur débiteur, et en son lieu et place.

Dans ce cas, la renonciation n'est annulée qu'en faveur des créanciers, et jusqu'à concurrence seulement de leurs créances; elle ne l'est pas au profit de l'héritier qui a renoncé.

1004. La faculté d'accepter ou de répudier une succession se prescrit par le laps de trente ans.

1005. Tant que la prescription du droit d'accepter n'est pas acquise contre les héritiers qui ont renoncé, ils ont la faculté d'accepter encore la succession, si elle n'a pas été déjà acceptée par d'autres héritiers, sans préjudice néanmoins des droits qui peuvent être acquis à des tiers sur les biens de la succession, soit par prescription, soit par actes valablement faits avec le curateur à la succession jacente.

1006. Si cependant l'héritier testamentaire ou *ab intestat* est poursuivi en justice par un intéressé, à l'effet de déclarer s'il veut être héritier, ou s'il renonce à la succession, le Tribunal lui fixera un terme pour sa déclaration.

1007. Nonobstant la disposition des trois articles précédens, les individus appelés à la succession, qui se trouvent déjà en possession réelle des biens qui la composent, sont déchus du droit d'y renoncer, si, dans les trois mois à compter du jour de l'ouverture de cette succession, ou du jour où ils ont eu connaissance qu'elle leur était déférée, ils ne se sont pas conformés à ce qui est prescrit dans la section *du Bénéfice d'inventaire*; ils sont, dans ce cas, réputés héritiers purs et simples, lors même qu'ils déclareraient posséder les biens à tout autre titre.

La disposition du présent article s'applique même aux légitimaires qui seraient en possession d'un objet de la succession à eux légué, quoique le legs aurait été fait pour tenir lieu de la part légitimaire, ou sous la condition d'y renoncer.

1008. Les héritiers qui auraient diverti ou recelé des effets d'une succession, sont déchus de la faculté d'y renoncer : ils demeurent héritiers purs et simples, nonobstant leur renonciation.

1009. On ne peut, même par contrat de mariage, renoncer à la succession d'un homme vivant, ni aliéner les droits éventuels qu'on peut avoir à cette succession, sauf ce qui est prévu par les dispositions relatives aux renonciations à l'occasion d'entrée en religion, dont il est parlé en l'art. 1187.

Du Bénéfice d'inventaire, de ses Effets, et des Obligations de l'héritier bénéficiaire.

1010. La déclaration d'un héritier, qu'il entend ne prendre cette qualité que sous bénéfice d'inventaire, doit être faite au greffe du Tribunal de judicature-mage dans le ressort duquel la succession s'est ouverte ; elle doit être inscrite sur le registre destiné à recevoir les actes de renonciation.

Cette déclaration sera, dans les trente jours qui suivront, publiée et affichée à la porte du Tribunal de judicature-mage du lieu du domicile du défunt, et à la porte de sa dernière habitation. Il en sera inséré avis, par simple note, dans la gazette de la division, et, s'il n'en existe pas, dans celle de Turin.

1011. L'héritier peut demander à être admis au bénéfice d'inventaire, quelle que soit la défense faite à cet égard par le testateur.

1012. La déclaration de l'héritier d'accepter la succession sous bénéfice d'inventaire, n'a d'effet qu'autant qu'elle est précédée ou suivie d'un inventaire fidèle et exact des biens de la succession, dans les formes réglées par les lois sur la procédure, et dans les délais qui seront fixés ci-après.

1013. Si l'un ou plusieurs des héritiers appelés à la succession, ne veulent l'accepter que sous bénéfice d'inventaire, tandis que les autres veulent l'accepter purement et simplement, l'acceptation devra être faite sous bénéfice d'inventaire.

Il suffira, dans ce cas, que la déclaration soit faite par un seul héritier.

1014. L'héritier a trois mois pour faire inventaire, à compter du jour de l'ouverture de la succession, ou du jour où il a eu connaissance que l'hérédité lui était déférée. S'il ne peut achever l'inventaire dans ce terme, il pourra obtenir du Tribunal du lieu de l'ouverture de la succession, un nouveau délai qui n'excédera pas trois mois, à moins que des circonstances graves ne rendent nécessaire un plus long délai, comme par exemple si quelque objet de la succession se trouvait hors des États de terre ferme.

1015. Si, dans les trois mois, l'héritier n'a pas au moins commencé l'inventaire, ou si, dans les délais ci-dessus fixés ou prorogés, il ne l'a pas achevé, il sera censé avoir accepté la succession purement et simplement.

1016. L'inventaire étant achevé, l'héritier aura, du jour de la clôture, trois autres mois pour délibérer sur l'acceptation ou la répudiation de la succession; s'il n'a pas délibéré dans ces trois mois, il sera considéré comme héritier sous bénéfice d'inventaire.

1017. En cas de poursuites dirigées contre l'héritier qui n'est pas en possession réelle de la succession, et qui ne s'est point immiscé, les délais ci-devant établis pour faire inventaire et délibérer, ne courront que du jour fixé par le Tribunal.

A défaut de poursuites, l'héritier conserve le droit de faire inventaire tant que le délai pour accepter ou pour répudier la succession n'est pas prescrit. .

1018. Pendant la durée des délais pour faire inventaire et pour délibérer, l'héritier ne peut être contraint à prendre qualité, et il ne peut être obtenu contre lui de condamnation.

1019. Les mineurs et les interdits seront déchus du bénéfice d'inventaire, si, à l'expiration de l'année qui suivra la majorité, ou la mainlevée de l'interdiction, ils ne se sont pas conformés aux dispositions de la présente section. Les créanciers et autres intéressés dans l'hoirie auront cependant le droit de poursuivre le payement de leurs créances sur les biens de la succession, après l'expiration des délais ci-devant réglés pour faire inventaire et pour délibérer : ces délais, dans ce cas, ne courront que du jour du décret qui aura été rendu par le Tribunal, à la requête des créanciers.

1020. S'il existe dans la succession des objets susceptibles de dépérir ou dispendieux à conserver, l'héritier peut, dans les termes susdits, et sans qu'on puisse en induire une acceptation de sa part, se faire autoriser par justice à procéder à la vente de ces effets, de la manière que le Tribunal jugera convenable.

1021. Si l'héritier renonce à la succession avant l'expiration des délais établis ou prorogés comme il est dit ci-dessus, les frais qu'il aura légitimement faits jusqu'à la renonciation, seront à la charge de la succession.

1022. L'héritier qui s'est rendu coupable de recelé, ou qui a omis, sciemment et de mauvaise foi, de comprendre dans l'inventaire des effets de la succession, est déchu du bénéfice d'inventaire.

1023. L'effet du bénéfice d'inventaire est de donner à l'héritier l'avantage :

1.º De n'être tenu du payement des dettes de la succession que jusqu'à concurrence de la valeur des biens qu'il a recueillis, même de pouvoir se décharger du payement des dettes, en abandonnant tous les biens de la succession aux créanciers et aux légataires ;

2.º De ne pas confondre ses biens personnels avec ceux de la succession, et de conserver contre elle le droit de réclamer le payement de ses créances.

1024. L'héritier bénéficiaire est chargé d'administrer les biens de la succession, et doit rendre compte de son administration aux créanciers et aux légataires.

Il ne peut être contraint sur ses biens personnels qu'après avoir été mis en demeure de présenter son compte, et faute d'avoir satisfait à cette obligation.

Après l'apurement du compte, il ne peut être contraint sur ses biens personnels que jusqu'à concurrence seulement des sommes dont il se trouve reliquataire. Il n'est tenu que des fautes graves dans l'administration dont il est chargé.

1025. Les créanciers et les légataires pourront faire fixer un terme à l'héritier, pour la reddition du compte prescrit par l'article précédent.

1026. Si l'héritier auquel une part légitimaire serait due, a négligé de faire inventaire, il perd le droit de demander la réduction des donations et legs faits à d'autres qu'à ses cohéritiers.

1027. L'héritier bénéficiaire ne peut, à peine de déchéance du bénéfice d'inventaire, vendre les immeubles, si ce n'est dans les formes prescrites par les lois sur la procédure pour les exécutions sur ces sortes de biens. Le prix en provenant sera payé aux créanciers, suivant l'ordre de leurs priviléges et hypothèques.

1028. Pendant les cinq ans qui s'écouleront dès sa déclaration de n'accepter la succession que sous bénéfice d'inventaire, l'héritier ne pourra, sous la même peine, vendre le mobilier de la succession qu'en vertu d'une autorisation de justice, et aux enchères publiques, dans les formes prescrites pour l'exécution sur les meubles. S'il s'agit de rentes sur la dette publique, même inscrites au porteur, il sera procédé à la vente en la forme qui sera réglée par le Tribunal. Après les cinq ans, l'héritier bénéficiaire pourra aliéner le mobilier sans aucune formalité, pourvu qu'il le fasse sans fraude.

1029. Il est tenu, si les créanciers ou autres personnes intéressées l'exigent, de fournir les sûretés convenables pour la valeur du mobilier compris dans l'inventaire, pour les fruits des immeubles, et pour la portion du prix des immeubles aliénés, qui excéderait les sommes à payer aux créanciers hypothécaires. A défaut de ces sûretés, le Tribunal ordonnera d'office ce qu'il croira convenable pour garantir les droits des intéressés.

1030. S'il y a opposition de la part des créanciers ou d'autres intéressés, et qu'elle ait été notifiée à l'héritier bénéficiaire, celui-ci ne peut payer que dans l'ordre et de la manière réglés par le Tribunal.

S'il n'y a pas d'opposition, après le délai d'un mois à compter de la publication ordonnée par l'article 1040, ou de la clôture de l'inventaire si cette publication l'a précédée, il paye les créanciers et les légataires à mesure qu'ils se présentent.

1031. Les créanciers non opposans qui ne se présentent qu'après l'apurement du compte et le payement du reliquat, n'ont de recours à exercer que contre les légataires.

Cette action se prescrit par le laps de trois ans, à compter du jour de l'apurement du compte et du payement du reliquat.

1032. Les frais de scellés, s'il en a été apposé, d'inventaire et de compte, sont à la charge de la succession.

1033. Si l'héritier bénéficiaire a contesté sans motifs légitimes, il sera condamné personnellement aux frais de l'instance.

Des Successions jacentes.

1034. Lorsqu'après l'expiration des délais fixés par les articles 1014 et 1016, pour faire inventaire et pour délibérer, il ne se présente personne qui réclame une succession, qu'il n'y a pas d'héritier connu, ou que les héritiers connus y ont renoncé, cette succession est réputée jacente.

1035. Le Tribunal de judicature-mage dans le ressort duquel la succession est ouverte, nomme un curateur sur la demande des personnes intéressées, ou sur la réquisition de l'Avocat fiscal.

1036. Le curateur à une succession jacente est tenu, avant tout, d'en faire constater l'état par un inventaire : il en exerce et poursuit les droits; il répond aux demandes formées contre elle; il administre, sous la charge de faire verser le numéraire qui se trouve dans la succession, ainsi que les deniers provenant du prix des meubles ou immeubles vendus, dans la caisse des consignations judiciaires, pour la conservation des droits, et à la charge de rendre compte à qui il appartiendra.

1037. Les dispositions de la section III du présent chapitre, sur la forme de l'inventaire, sur le mode d'administration, et sur les comptes à rendre de la part de l'héritier bénéficiaire, sont, au surplus, communes aux curateurs à successions jacentes.

'CHAPITRE III.

DU PARTAGE.

1038. Nul ne peut être contraint à demeurer dans l'indivision; et le partage peut être toujours provoqué, nonobstant prohibitions ou conventions contraires.

Néanmoins, si les héritiers institués, ou l'un d'eux, étaient mineurs, le testateur pourra leur interdire la faculté de partager, jusqu'à l'expiration de l'année qui suivra la majorité du moins âgé. Le Tribunal pourra cependant, suivant l'urgence et la gravité des circonstances, permettre le partage.

On peut pareillement convenir de suspendre le partage pendant un temps limité : cette convention ne peut être obligatoire au-delà de cinq ans; mais elle peut être renouvelée.

1039. Le partage peut être demandé, même quand l'un des cohéritiers aurait joui séparément de partie des biens de la succession, s'il n'y a eu un acte de partage, ou possession suffisante pour acquérir la prescription.

1040. L'action en partage, à l'égard des mineurs ou interdits, peut être exercée par leurs tuteurs ou curateurs spécialement autorisés par un conseil de famille : à l'égard des mineurs sous la puissance paternelle, elle peut l'être par le père.

La femme mariée ne peut provoquer le partage

sans le consentement de son mari, à défaut, sans l'autorisation du Juge : les mineurs émancipés ne le peuvent sans le consentement du père ou de l'aïeul qui les a émancipés, à défaut de ceux-ci, sans l'assistance d'un curateur et sans l'autorisation préalable du conseil de famille. L'assistance du curateur et l'autorisation du conseil de famille sont pareillement nécessaires en cas de partage provoqué par un mineur habilité.

A l'égard des cohéritiers absens, l'action appartient aux personnes envoyées en possession.

1041. Si tous les cohéritiers sont présens et majeurs, le partage peut être fait dans la forme et par tel acte que les parties intéressées jugent convenables, en se conformant toutefois aux dispositions énoncées au titre *des Contrats ou des Obligations conventionnelles en général*, chapitre *de la Preuve des obligations*.

1042. Le partage pourra avoir lieu à l'amiable, même dans le cas où il y aurait, parmi les intéressés, des mineurs, interdits ou absents, pourvu, quant à ces derniers, que les parens aient été envoyés en possession de leurs biens.

Néanmoins, lorsque les personnes ci-dessus mentionnées y auront intérêt, ce partage devra être précédé d'une estimation des biens faite par experts convenus, à défaut, nommés d'office par le Juge. Il sera homologué par le Tribunal du lieu de l'ouverture de la succession, sur l'avis du conseil de famille, s'il s'agit de mineurs ou interdits dont le père ou l'aïeul est décédé : le ministère public sera toujours entendu. A défaut des formalités ci-dessus prescrites, tout partage à l'amiable sera réputé provisionnel.

1043. Lors même qu'il n'y aurait ni mineurs, ni interdits, ni absens, si les héritiers ne peuvent s'accorder sur le partage, il sera fait en justice, suivant les règles ci-après établies.

1044. Si le partage n'a pu avoir lieu conformément à ce qui est prescrit par les articles précédens, l'action en partage et les contestations qui peuvent s'élever entre les copartageans dans le cours des opérations, celles auxquelles peut donner lieu l'exécution du partage, ou celles qui auraient pour objet de le faire rescinder, sont soumises au Tribunal de judicature-mage du lieu de l'ouverture de la succession.

C'est devant ce Tribunal qu'il est procédé aux licitations et enchères : il pourra néanmoins, suivant les circonstances, adresser à cet effet un réquisitoire à un autre Tribunal, ou même déléguer un Juge de mandement.

1045. Si l'un des cohéritiers refuse de consentir au partage, ou s'il s'élève des contestations soit sur le mode d'y procéder, soit sur la manière de le terminer, le Tribunal prononce comme en matière sommaire, ou commet, s'il y a lieu, pour les opérations du partage, un des Assesseurs, sur le rapport duquel il décide les contestations.

1046. L'estimation des immeubles est faite par

experts choisis par les copartageans, ou, à défaut, nommés d'office.

Le procès-verbal des experts doit présenter les bases de l'estimation; il doit indiquer si l'objet estimé peut être commodément partagé; de quelle manière; fixer enfin, en cas de division, chacune des parts qu'on peut en former, et leur valeur.

1047. L'estimation des meubles, s'il n'y a pas eu de prisée faite dans un inventaire régulier, doit être faite par gens à ce connaissant, à juste prix et sans crue.

1048. Chacun des cohéritiers peut demander sa part en nature des meubles et immeubles de la succession : néanmoins, s'il y a des créanciers saisissans ou opposans, ou si la majorité des cohéritiers juge la vente nécessaire pour l'acquit des dettes et charges de la succession, les meubles sont vendus publiquement en la forme ordinaire.

1049. Si les immeubles ne peuvent pas se partager commodément, ils doivent être vendus aux enchères publiques.

Néanmoins, si les copartageans sont tous majeurs et qu'ils y consentent, la vente peut se faire par licitation entre eux; ils peuvent même convenir que la licitation ou les enchères soient faites devant un notaire, sur le choix duquel ils s'accordent.

1050. Si les parties ne sont pas d'accord entre elles sur les charges et conditions de la vente, celles-ci seront réglées par le Tribunal.

1051. Après que les meubles et immeubles ont

été estimés et vendus, s'il y a eu lieu, le Tribunal ou l'Assesseur commis renvoie les parties devant un notaire dont elles conviennent, ou nommé d'office si les parties ne s'accordent pas sur le choix.

On procède, devant ce notaire, aux comptes que les copartageans peuvent se devoir, à la formation de la masse générale de l'actif et du passif, à la composition des lots, et aux fournissemens à faire à chacun des copartageans.

1052. Chaque cohéritier fait rapport à la masse, suivant les règles qui seront ci-après établies, des dons qui lui ont été faits, et des sommes dont il est débiteur.

1053. Si le rapport n'est pas fait en nature, les cohéritiers à qui il est dû, prélèvent une portion égale sur la masse de la succession.

Les prélèvemens se font, autant que possible, en objets de même nature, qualité et bonté que les objets non rapportés en nature.

1054. Après ces prélèvemens, il est procédé, sur ce qui reste dans la masse, à la composition d'autant de lots égaux qu'il y a d'héritiers copartageans, ou de souches copartageantes.

1055. Dans la formation et composition des lots, on doit éviter, autant que possible, de morceler les héritages et de diviser les exploitations; et il convient de faire entrer dans chaque lot, s'il se peut, la même quantité de meubles, d'immeubles, de droits ou de créance de même nature et valeur.

1056. L'inégalité des lots en nature se compense par un retour, soit en rente, soit en argent.

1057. Les lots sont faits par l'un des cohéritiers, s'ils peuvent convenir entre eux sur le choix, et si celui qu'ils avaient choisi accepte la commission : dans le cas contraire, les lots sont faits par un expert que l'Assesseur désigne.

Ils sont ensuite tirés au sort.

1058. Avant de procéder au tirage des lots, chaque copartageant est admis à proposer ses réclamations contre leur formation.

1059. Les règles établies pour la division des masses à partager, sont également observées dans la subdivision à faire entre les souches copartageantes.

1060. Si, dans les opérations renvoyées devant un notaire, il s'élève des contestations, le notaire dressera procès-verbal des difficultés et des dires respectifs des parties, les renverra devant l'Assesseur commis pour le partage, et, au surplus, il sera procédé suivant les formes prescrites par les lois sur la procédure.

1061. Si tous les cohéritiers ne sont pas présens, ou s'il y a parmi eux des interdits ou des mineurs, même émancipés ou habilités, et si le partage n'a pas eu lieu en conformité de l'art. 1042, il doit être fait en justice, selon les règles établies aux articles 1044 et suivans, jusques et compris l'article précédent. S'il y a plusieurs mineurs qui aient des intérêts opposés dans le partage, il doit leur être donné à chacun un tuteur spécial et particulier.

1062. S'il y a lieu aux enchères, dans le cas du

précédent article, elles ne peuvent être faites qu'en justice, avec les formalités prescrites pour l'aliénation des biens des mineurs.

La simple licitation n'est pas admise.

1063. Les partages faits dans les cas prévus par l'art. 1061, et conformément aux règles respectivement établies ci-dessus, soit par le père pour ses enfans mineurs sous sa puissance, soit par les tuteurs, soit par les mineurs émancipés ou habilités, dûment assistés, soit au nom des absens ou non présens, sont définitifs : ils ne sont que provisionnels, si les règles ci-devant prescrites n'ont pas été observées.

1064. Toute personne, même parente du défunt, qui n'est pas au nombre des héritiers, et à laquelle un cohéritier aurait cédé son droit à la succession, peut être écartée du partage, soit par tous les cohéritiers, soit par un seul, en lui remboursant le prix de la cession.

1065. Après le partage, remise doit être faite à chacun des copartageans, des titres particuliers aux objets qui lui seront échus.

Les titres d'une propriété divisée restent à celui qui a la plus grande part, à la charge d'en aider ceux de ses copartageans qui y auront intérêt, quand il en sera requis.

Les titres communs à toute l'hérédité sont remis à celui que tous les héritiers ont choisi pour en être le dépositaire, à la charge d'en aider les copartageans, à toute réquisition.

S'il y a difficulté sur ce choix, il est réglé par l'Assesseur commis.

1066. Les créanciers d'un copartageant, pour éviter que le partage ne soit fait en fraude de leurs droits, peuvent s'opposer à ce qu'il y soit procédé hors de leur présence : ils ont le droit d'y intervenir à leurs frais ; mais ils ne peuvent attaquer un partage consommé, à moins toutefois qu'il n'y ait été procédé sans eux et au préjudice d'une opposition qu'ils auraient formée.

CHAPITRE IV.

DES RAPPORTS ET DES IMPUTATIONS.

1067. L'enfant ou descendant venant à la succession, même en qualité d'héritier bénéficiaire, avec ses frères ou sœurs, ou descendans d'eux, doit rapporter à ses cohéritiers tout ce qu'il a reçu du défunt, par donation, directement ou indirectement, à moins que le donateur n'ait autrement disposé.

1068. Lors même que, dans le cas prévu par l'article précédent, l'enfant ou descendant aurait été expressément dispensé du rapport, il ne pourra retenir la donation que jusqu'à concurrence de la quotité disponible : l'excédant est sujet à rapport.

1069. L'héritier qui renonce à la succession, peut cependant retenir la donation, ou réclamer le legs à lui fait, jusqu'à concurrence de la portion disponible.

1070. Les donations faites au descendant de celui qui se trouve successible à l'époque de l'ouverture de la succession, sont toujours réputées faites avec dispense du rapport.

L'ascendant venant à la succession du donateur, n'est pas tenu de les rapporter.

1071. Pareillement, le descendant venant de son chef à la succession du donateur, n'est pas tenu de rapporter le don fait à son ascendant, même quand il aurait accepté la succession de celui-ci.

Mais, s'il ne vient que par représentation, il doit rapporter ce qui avait été donné à l'ascendant, même dans le cas où il aurait répudié sa succession.

1072. Les donations faites au conjoint d'un descendant, sont réputées faites avec dispense du rapport.

Si les donations sont faites conjointement à deux époux, dont l'un seulement est descendant du donateur, la portion qui lui est donnée est seule sujette à rapport.

1073. Tout ce qui a été dépensé par le défunt en faveur de ses descendans, pour constitution de dot et trousseau, pour titre clérical, pour achat d'un office, ou pour un établissement quelconque et pour le payement de dettes, est sujet à rapport.

Si l'ascendant qui a constitué la dot, l'a payée au mari sans les garanties suffisantes, la fille ne sera tenue de rapporter que son action sur les biens du mari.

1074. Tout ce qui est laissé par testament est

dispensé du rapport, à moins que le testateur n'ait ordonné le contraire, et sauf l'exception établie à l'art. 1092.

1075. Les frais de nourriture, d'entretien, d'éducation, d'apprentissage, les frais ordinaires d'équipement, ceux de noces et les présens d'usage ne doivent pas être rapportés.

1076. Il en est de même des profits que l'héritier a pu retirer des conventions passées avec le défunt, si ces conventions ne présentaient aucun avantage indirect, lorsqu'elles ont été faites.

1077. Pareillement, il n'est pas dû de rapport pour les associations faites sans fraude entre le défunt et l'un de ses héritiers, lorsque les conditions en ont été réglées par un acte authentique.

1078. L'immeuble qui a péri par cas fortuit et sans la faute du donataire, n'est pas sujet à rapport.

1079. Les fruits et les intérêts des choses sujettes à rapport ne sont dus qu'à compter du jour de l'ouverture de la succession.

1080. Le rapport n'est dû que par l'héritier en ligne descendante à son cohéritier, conformément à la disposition de l'art. 1067; il n'est dû ni aux autres héritiers, ni aux légataires, ni aux créanciers de l'hoirie, à moins que le donateur ou le testateur ne l'ait ordonné, et sauf ce qui est prescrit par l'art. 1092.

Ainsi le donataire ou légataire de la portion disponible, qui est en même temps héritier légitimaire, ne peut demander le rapport, si ce n'est pour faire fixer sa part légitimaire : il ne peut jamais réclamer le rapport à l'effet d'augmenter la portion disponible.

1081. Le rapport se fait en nature ou en moins prenant, au choix du donataire.

1082. Le rapport n'a lieu qu'en moins prenant, quand le donataire a aliéné ou hypothéqué l'immeuble avant l'ouverture de la succession.

1083. Le rapport en moins prenant est dû de la valeur de l'immeuble à l'époque de l'ouverture de la succession.

1084. Dans tous les cas, il doit être tenu compte au donataire, des impenses qui ont amélioré la chose, eu égard à ce dont sa valeur se trouve augmentée au temps du partage.

1085. Il doit être pareillement tenu compte au donataire, des impenses nécessaires qu'il a faites pour la conservation de la chose, encore qu'elles n'aient point amélioré le fonds.

1086. Le donataire, de son côté, doit tenir compte des dégradations et détériorations qui ont diminué la valeur de l'immeuble, par son fait ou par sa faute et négligence.

1087. Dans le cas où l'immeuble a été aliéné par le donataire, les améliorations ou dégradations faites par l'acquéreur doivent être imputées conformément aux trois articles précédens.

1088. Lorsque le don d'un immeuble fait à un descendant successible avec dispense de rapport, excède la quotité disponible, le donataire peut, à son choix, ou rapporter l'immeuble en nature, ou le retenir en totalité, suivant les règles établies aux articles 755 et 756.

1089. Le cohéritier qui fait le rapport en nature d'un immeuble, peut en retenir la possession jusqu'au remboursement effectif des sommes qui lui sont dues pour impenses ou améliorations.

1090. Le rapport du mobilier ne se fait qu'en moins prenant. Il se fait sur le pied de la valeur du mobilier lors de la donation, d'après l'état estimatif annexé à l'acte ; et, à défaut de cet état, d'après une estimation par experts, à juste prix et sans crue.

1091. Le rapport de l'argent donné se fait en moins prenant dans le numéraire de la succession.

En cas d'insuffisance, le donataire peut se dispenser de rapporter du numéraire, en abandonnant, jusqu'à due concurrence, du mobilier, et à défaut de mobilier, des immeubles de la succession.

1092. Nonobstant ce qui est porté aux articles 1074 et 1080, lorsque le donataire, ou le légataire ayant droit à la portion réservée par la loi, demande la réduction des dispositions faites au profit d'un cohéritier ou d'un légataire, même étranger, en soutenant qu'elles excèdent la portion disponible, il doit imputer sur sa réserve les donations et les legs qui lui ont été faits, à moins qu'il n'en ait été formellement dispensé.

La dispense d'imputation ne pourra cependant avoir aucun effet au préjudice d'un donataire antérieur.

Tout autre objet dont le rapport ne serait pas dû d'après les règles précédemment établies, sera pareillement dispensé de l'imputation.

CHAPITRE V.

DU PAYEMENT DES DETTES.

1093. Les héritiers contribuent entre eux au payement des dettes de la succession, dans la proportion et de la manière prescrite par le testateur.

1094. Si le défunt n'a pas fait de testament, ou s'il n'a pas fait entre les cohéritiers la répartition des dettes et charges de la succession, chacun d'eux y contribue dans la proportion de sa part héréditaire.

1095. Lorsque des immeubles d'une succession sont grevés, par hypothèque spéciale, de rentes sujettes à rachat, chacun des cohéritiers peut exiger que les rentes soient remboursées et les immeubles rendus libres avant qu'il soit procédé à la formation des lots. Si les cohéritiers partagent la succession dans l'état où elle se trouve, l'immeuble grevé doit être estimé au même taux que les autres immeubles ; il est fait déduction du capital correspondant à la rente sur le prix total.

L'héritier dans le lot duquel tombe cet immeuble, demeure seul chargé du service de la rente, et il doit en garantir ses cohéritiers.

1096. Les cohéritiers sont tenus des dettes et

charges de la succession, personnellement pour leur part et portion virile, et hypothécairement pour le tout; sauf leur recours, s'il y a lieu, contre leurs cohéritiers, à raison de la part pour laquelle chacun d'eux doit y contribuer.

1097. Le cohéritier qui, par l'effet de l'hypothèque, a payé au delà de sa part de la dette commune, n'a de recours contre les autres cohéritiers que pour la part que chacun d'eux doit personnellement en supporter, même dans le cas où le cohéritier qui a payé la dette se serait fait subroger aux droits des créanciers. Le cohéritier conserve néanmoins le droit de réclamer le payement de sa créance personnelle, comme tout autre créancier, sous la déduction de la part de cette créance qui serait à sa charge comme héritier.

1098. En cas d'insolvabilité d'un des cohéritiers, sa part dans la dette hypothécaire est répartie sur tous les autres, au marc la livre.

1099. Les titres exécutoires contre le défunt sont pareillement exécutoires contre l'héritier personnellement; et néanmoins les créanciers ne pourront en poursuivre l'exécution que huit jours après la signification de ces titres à la personne ou au domicile de l'héritier.

1100. Les créanciers et légataires de la succession peuvent demander, dans tous les cas, et contre tout créancier, la séparation du patrimoine du défunt d'avec le patrimoine de l'héritier.

1101. Ce droit ne peut cependant plus être exercé, lorsqu'il y a novation dans la créance contre le défunt, par l'acceptation de l'héritier pour débiteur.

1102. Le droit de séparation se conserve sur les immeubles de la succession, moyennant l'inscription du privilége, prise dans le terme utile fixé au titre *des Priviléges et Hypothèques :* ce droit, en ce qui concerne les meubles, ne peut être exercé que tant qu'ils sont possédés par l'héritier, et il se prescrit par le laps de trois ans.

1103. Les créanciers de l'héritier ne sont point admis à demander la séparation des patrimoines contre les créanciers de la succession.

1104. Le légataire particulier n'est pas tenu du payement des dettes de la succession, sans préjudice néanmoins de l'action hypothéquaire des créanciers sur le fonds légué, et sauf le droit de séparation de patrimoine établi ci-dessus; mais le légataire qui a acquitté la dette dont l'immeuble légué était grevé, demeure subrogé aux droits du créancier contre les héritiers.

CHAPITRE VI.

DES EFFETS DU PARTAGE ET DE LA GARANTIE DES LOTS.

1105. Chaque cohéritier est censé avoir succédé seul et immédiatement à tous les effets compris dans son lot, ou à lui échus sur licitation, et n'avoir jamais eu la propriété des autres effets de la succession.

1106. Les cohéritiers demeurent respectivement garans, les uns envers les autres, des troubles et évictions seulement qui procèdent d'une cause antérieure au partage.

La garantie n'a pas lieu, si l'espèce d'éviction soufferte a été exceptée par une clause particulière et expresse de l'acte de partage; elle cesse, si c'est par sa faute que le cohéritier souffre l'éviction.

1107. Chacun des cohéritiers est personnellement obligé, en proportion de sa part héréditaire, d'indemniser son cohéritier de la perte que lui a causée l'éviction.

Si l'un des cohéritiers se trouve insolvable, la portion dont il est tenu doit être également répartie entre le garanti et tous les cohéritiers solvables.

1108. La garantie de la solvabilité du débiteur d'une rente ne peut être exercée que dans les cinq ans qui suivent le partage.

Il n'y a pas lieu à garantie à raison de l'insolvabilité du débiteur, quand elle n'est survenue que depuis le partage consommé.

CHAPITRE VII.

DE LA RESCISION EN MATIÈRE DE PARTAGE.

1109. Les partages peuvent être rescindés pour cause de violence ou de dol.

Il peut aussi y avoir lieu à la rescision, lorsqu'un

des cohéritiers établit, à son préjudice, une lésion de plus du quart. La simple omission d'un objet de la succession ne donne pas ouverture à l'action en rescision, mais seulement à un supplément à l'acte de partage.

1110. L'action en rescision est admise contre tout acte qui a pour objet de faire cesser l'indivision entre cohéritiers, encore qu'il fût qualifié de vente, d'échange et de transaction, ou de toute autre manière.

Mais après le partage, ou l'acte qui en tient lieu, l'action en rescision n'est plus admissible contre la transaction faite sur les difficultés réelles que présentait le premier acte, même quand il n'y aurait pas eu à ce sujet de procès commencé.

1111. L'action en rescision n'est pas admise contre une vente de droit successif faite sans fraude à l'un des cohéritiers, à ses risques et périls, par ses autres cohéritiers, ou par l'un d'eux.

1112. Pour juger s'il y a eu lésion, on estime les objets suivant leur état et leur valeur à l'époque du partage.

1113. Le défendeur à la demande en rescision peut en arrêter le cours et empêcher un nouveau partage, en offrant et en fournissant au demandeur le supplément de sa portion héréditaire, soit en numéraire, soit en nature.

1114. Le cohéritier qui a aliéné son lot en tout ou en partie, n'est plus recevable à intenter l'action en rescision pour dol ou violence, si l'aliénation qu'il a faite est postérieure à la découverte du dol, ou à la cessation de la violence.

CHAPITRE VIII.

DES PARTAGES FAITS PAR PÈRE, MÈRE OU AUTRES ASCENDANS, ENTRE LEURS DESCENDANS.

1115. Les père et mère et autres ascendans pourront faire, entre leurs enfans et descendans, la distribution et le partage de leurs biens, en y comprenant même la portion dont ils ne peuvent disposer.

1116. Ces partages pourront être faits par acte entre-vifs ou testamentaires, avec les formalités, conditions et règles prescrites pour les donations et testamens.

Les partages faits par acte entre-vifs ne pourront avoir pour objet que les biens présens.

1117. Si tous les biens que l'ascendant laissera au jour de son décès, n'ont pas été compris dans le partage, ceux de ces biens qui n'y auront pas été compris, seront partagés conformément à la loi.

1118. Si le partage n'est pas fait entre tous les enfans qui existeront à l'époque du décès et les descendans de ceux prédécédés, le partage sera nul pour le tout.

Il pourra en être provoqué un nouveau, soit par les enfans ou descendans qui n'y auront eu aucune part, soit par ceux entre qui le partage aurait été fait.

1119. Le partage fait par l'ascendant pourra être attaqué dans le cas où il résulterait du partage ou d'autres dispositions de cet ascendant que l'un des copartagés a été lésé dans sa part légitimaire. Si le partage a été fait par acte entre-vifs, il pourra de même être attaqué pour cause de lésion de plus du quart, en conformité de l'art. 1109.

1120. L'enfant qui, pour une des causes exprimées en l'article précédent, attaquera le partage fait par l'ascendant, devra faire l'avance des frais de l'estimation, et il les supportera en définitif, ainsi que les dépens de la contestation, s'il a été jugé que sa réclamation n'était pas fondée.

TITRE V.

DES DONATIONS ENTRE-VIFS.

1121. La donation entre-vifs est un acte spontané de libéralité, par lequel le donateur se dépouille actuellement et irrévocablement de la chose donnée, en faveur du donataire qui l'accepte.

1122. Est aussi réputé donation tout acte de libéralité ayant pour cause la reconnaissance du donateur, le mérite du donataire, les services particuliers qu'on veut récompenser, ainsi que tout autre acte de libéralité par lequel on imposerait quelque charge au donataire.

CHAPITRE PREMIER.

DE LA FORME DES DONATIONS ENTRE-VIFS.

1123. Toutes les donations entre-vifs doivent être faites par acte public; elles seront homologuées par le Juge-mage du Tribunal du domicile du donateur : néanmoins, celles qui n'excéderont pas la somme ou la valeur de mille livres, pourront être homologuées par le Juge de mandement.

Les donations qui n'auront pas été faites par acte public, ou qui n'auront pas été homologuées, seront nulles.

1124. L'homologation peut avoir lieu dans l'acte même de donation, ou par un acte postérieur.

A cet effet, le donateur devra comparaître en personne devant le Juge-mage ou celui qui en remplit les fonctions, ou devant le Juge de mandement, selon la valeur de l'objet donné. Néanmoins, s'il s'agit de donations faites par des sujets habitant hors des Etats, les donateurs pourront se faire représenter par un procureur spécialement constitué.

Le Juge-mage ou le Juge, avant d'interposer le décret d'homologation, devra non-seulement s'assurer de la volonté du donateur, mais encore s'il n'a point été engagé à faire la donation par quelque artifice, séduction ou dol.

Si la donation est faite par une femme, on entendra en outre, avant l'homologation, deux de ses parens, et, à défaut, deux amis de sa famille.

1125. Le Juge-mage ou le Juge ne pourra interposer le décret d'homologation lorsque, pour cause
de parenté ou d'alliance, il ne pourrait être Juge
entre le donateur et le donataire. Si, pour ce motif, le Juge de mandement ne peut procéder à l'homologation, elle sera demandée au Juge-mage, ou
à celui qui en remplit les fonctions.

1126. Sont exceptées de la formalité de l'homologation, les donations en vue d'un mariage certain
et déterminé, qui, avant la célébration de ce mariage, seraient faites en faveur des conjoints, ou de
leurs descendans.

S'il s'agit cependant de donations faites par une
femme, la dispense de l'homologation n'a lieu que
pour les donations à titre de dot ou d'augmentation
de dot, faites en faveur des descendans de la femme,
de ses sœurs, ou des descendans de ses frères ou
sœurs; et pour les donations à titre de gains nuptiaux, faites par l'épouse en faveur de l'époux,
pour le cas de survivance de ce dernier, pourvu
que ces gains n'excèdent pas la moitié de la dot,
en propriété, s'il n'y a point d'enfans nés du mariage, et en usufruit, s'il en existe.

1127. La donation entre-vifs n'engagera le donateur et ne produira son effet que du jour où elle
aura été acceptée en termes exprès.

L'acceptation pourra être faite ou dans l'acte
même, ou par un acte public passé postérieurement
et du vivant du donateur; mais, dans ce dernier
cas, la donation n'aura d'effet, à l'égard du dona-

teur, que du jour où l'acte d'acceptation lui aura été notifié.

1128. Si le donataire est majeur, l'acceptation doit être faite par lui, ou en son nom, par la personne fondée de sa procuration en forme authentique, portant pouvoir exprès d'accepter la donation faite, ou un pouvoir général d'accepter les donations qui auraient été ou qui pourraient lui être faites.

1129. La femme mariée ne pourra accepter une donation sans le consentement de son mari, ou, en cas de refus du mari, sans y être autorisée par la justice, conformément à ce qui est prescrit par les articles 150 et 154.

1130. La donation faite à un mineur non émancipé, ou non habilité à administrer ses biens, ou à un interdit, doit être acceptée par le père ou l'aïeul sous la puissance duquel il se trouve, ou par le tuteur, en conformité des articles 538, 559, 340 et 392.

Néanmoins la mère, même du vivant du père, et les autres ascendans, même du vivant des père et mère, quoiqu'ils ne soient pas tuteurs du mineur, peuvent accepter la donation faite à ce dernier; mais en pareil cas, l'acceptation ne peut avoir lieu qu'avec l'autorisation du conseil de famille. Les donations en faveur des enfans à naître d'une personne certaine, déterminée et vivante, seront également acceptées par le père, l'aïeul, la mère, ou par tout autre ascendant.

Le mineur émancipé ou habilité pourra accepter une donation avec le consentement de son père, ou avec l'assistance de sa mère ou d'un autre ascendant, et, à défaut, avec l'assistance de son curateur.

1151. Le fils de famille majeur ne peut accepter une donation ayant pour objet des biens qui, par l'effet de cette donation, seraient soumis à l'usufruit légal du père ou de l'aieul, sans le consentement de l'ascendant sous la puissance duquel il se trouve; en cas de refus de cet ascendant, il pourra l'accepter avec l'autorisation du Tribunal.

1152. La donation faite à un sourd-muet sera acceptée suivant le mode établi pour l'acceptation des successions.

Il en sera de même pour les donations faites aux personnes et corps moraux dont il s'agit en l'article 25.

1153. La donation dûment acceptée et homologuée sera parfaite entre les parties, et la propriété des objets sera transférée au donataire, sans qu'il soit besoin de tradition.

Les donations en vue d'un mariage certain et déterminé, faites avant sa célébration, soit par les conjoints l'un à l'autre, soit par tout autre en faveur de ceux-ci et des descendans à naître de leur mariage, ne pourront être attaquées par défaut d'acceptation.

1154. Lorsqu'il y aura donation de biens susceptibles d'hypothèque, les actes de donation et d'acceptation, la notification de l'acceptation qui aurait eu lieu par acte séparé, et le décret d'homologation, devront être transcrits au bureau de la conservation des hypothèques dans chaque arrondissement de la situation des biens.

1155. Tant que la transcription n'a pas été faite, la donation ne produit aucun effet au préjudice des tiers : ceux néanmoins qui sont tenus de faire faire la transcription et leurs ayant cause, ainsi que les ayant cause, à titre gratuit, du donateur, ne pourront pas se prévaloir du défaut de transcription.

1156. Cette transcription devra être faite à la diligence des personnes qui ont accepté la donation pour le donataire, ou à la diligence de celles qui auront consenti ou assisté à l'acceptation.

Tout donataire pourra requérir la transcription, sans qu'il soit nécessaire, à cet effet, d'aucune autorisation, consentement ou assistance.

1157. Les mineurs, les interdits, les femmes mariées et tous autres donataires ne seront point restitués contre le défaut d'acceptation ou de transcription des donations, sauf leur recours, s'il y échet, contre leurs tuteurs, maris, administrateurs, ou autres personnes chargées d'accepter la donation, ou d'en faire faire la transcription.

1158. La donation entre-vifs ne pourra comprendre que les biens présens du donateur; si elle comprend des biens à venir, elle sera nulle à cet égard.

1159. La donation de tous les biens présens sera nulle, si le donateur ne s'y réserve l'usufruit, ou une portion de biens convenable pour subvenir à ses besoins et pouvoir tester.

1140. Toute donation faite sous une condition impossible, contraire aux lois ou aux bonnes mœurs, sera nulle.

1141. La donation entre-vifs, faite sous des conditions dont l'exécution dépend de la seule volonté du donateur, sera nulle.

1142. Elle sera pareillement nulle, si elle a été faite sous la condition d'acquitter d'autres dettes ou charges que celles qui existaient à l'époque de la donation, ou qui seraient exprimées soit dans l'acte de donation, soit dans l'état qui s'y trouverait annexé.

1143. En cas que le donateur se soit réservé la liberté de disposer d'un effet compris dans la donation, ou d'une somme fixe sur les biens donnés, s'il meurt sans en avoir disposé, ledit effet ou ladite somme appartiendra aux héritiers du donateur, nonobstant toutes clauses ou stipulations contraires.

1144. Les articles 1138, 1141 et 1142 ne s'appliquent point aux donations mentionnées au chapitre V du présent titre.

1145. Toute donation d'effets mobiliers ne sera valable que pour les effets qui seront spécifiés, avec indication de leur valeur respective, dans l'acte même de donation, ou dans un état séparé signé par le donateur, par le notaire, et même par le donataire, ou par ceux qui ont accepté pour lui, s'ils sont intervenus à l'acte : cet acte sera annexé à la minute de la donation.

1146. Le donateur pourra stipuler le droit de retour des objets donnés, soit pour le cas du prédécès du donataire seul, soit pour le cas du prédécès du donataire et de ses descendans.

Ce droit ne pourra être stipulé qu'au profit du donateur seul.

1147. L'effet du droit de retour sera de résoudre toutes les aliénations des biens donnés, et de faire revenir ces biens au donateur, francs et quittes de toutes charges et hypothèques, sauf néanmoins l'hypothèque de la dot, des gains dotaux et des conventions matrimoniales, si les autres biens de l'époux donataire ne suffisent pas, et dans le cas seulement où la donation lui aura été faite par le même contrat de mariage, duquel résultent ces droits et hypothèques.

1148. Les substitutions ne sont permises par donations entre-vifs, que dans les cas et dans les limites déterminés pour les actes de dernière volonté.

La nullité de la substitution ne portera aucune atteinte à la validité de la donation.

1149. Le donateur pourra, lors même qu'il ne s'agirait pas de donations universelles prévues par l'art. 1159, réserver à son profit, ou, après lui, au profit d'une ou même de plusieurs personnes, mais non pas successivement, l'usage ou l'usufruit des biens meubles ou immeubles compris dans la donation.

1150. Lorsque la donation d'effets mobiliers aura

été faite avec réserve d'usufruit, le donataire sera tenu, à l'expiration de l'usufruit, de prendre les effets donnés qui existeront en nature, dans l'état où ils seront, et il aura action contre le donateur ou ses héritiers, pour les objets non existans, jusqu'à concurrence de la valeur qui leur aura été donnée dans l'état estimatif.

CHAPITRE II.

DE LA CAPACITÉ DE DISPOSER ET DE RECEVOIR PAR DONATION ENTRE-VIFS.

1151. Sont incapables de disposer par acte de donation entre-vifs,

Celui qui ne peut pas tester;

Le prodigue interdit, dès le jour où son interdiction a été provoquée, et le mineur, lors même qu'il serait habilité; ils pourront cependant faire, dans leur contrat de mariage, toute convention relative à la dot et aux gains nuptiaux, pourvu que ces gains n'excèdent pas la moitié de la dot, que le contrat soit passé en l'assistance, ou avec le consentement ou l'autorisation de leur père ou tuteur, et avec l'avis du conseil de famille, dans les cas où il est requis pour les fiançailles : la stipulation des gains nuptiaux sera sans effet pour tout ce qui excédera la quotité ci-dessus déterminée, à moins qu'il n'y ait eu autorisation de la justice;

La femme mariée qui dispose sans l'assistance ou

le consentement spécial de son mari, ou, à défaut, sans l'autorisation du Tribunal, suivant les règles établies par les articles 150 et 154. Ces conditions sont requises indépendamment de ce qui est porté par les articles 1124 et 1126, touchant l'homologation soit des donations faites par les femmes en général, soit en particulier de celles qu'elles auraient faites en vue de mariage.

1152. L'autorisation du Tribunal, mentionnée au dernier alinéa de l'article précédent, sera pareillement requise pour les donations faites par la femme aux parens de son mari, jusqu'au troisième degré inclusivement.

1153. Les personnes incapables de recevoir par testament, ne peuvent acquérir par donation entre-vifs, même sous le nom de personnes interposées, dans les cas déterminés et suivant ce qui est réglé au titre *des Successions testamentaires*, chapitre *de la Capacité de disposer et de recevoir par testament*.

1154. Toute donation entre-vifs au profit d'un incapable est nulle, quoiqu'elle soit déguisée sous la forme d'un contrat onéreux.

L'incapacité résultant de la perte des droits civils ou de l'exercice de ces mêmes droits, en vertu d'un jugement de condamnation, même prononcé en contumace, rend également la donation nulle, lors même que l'incapacité qui existait au temps de la donation, aurait cessé à l'époque de l'acceptation.

CHAPITRE III.

DE LA RÉDUCTION DES DONATIONS ENTRE-VIFS.

1455. Les donations entre-vifs, celles même qui, en vue de mariage, seraient faites aux époux ou aux enfans à naître, seront réductibles à la quotité disponible, suivant les règles établies au titre *des Successions testamentaires*, chapitre *de la Portion dont on peut disposer par testament*, lorsqu'à l'époque du décès du donateur elles excéderont cette quotité.

On observera, pour la réduction des donations entre-vifs, ce qui est prescrit par l'art. 728, et par les articles 730 et suivans de la section II du même chapitre, pour la réduction des dispositions testamentaires.

1456. La réduction des donations entre-vifs ne peut être demandée que par ceux au profit desquels la loi fait la réserve de la légitime, par leurs héritiers ou ayant cause.

Les donataires, les légataires ni les créanciers du défunt ne peuvent demander cette réduction, ni en profiter.

1457. Il n'y aura jamais lieu à réduire les donations entre-vifs, qu'après avoir épuisé la valeur de tous les biens compris dans les dispositions testamentaires; et lorsqu'il y aura lieu à cette réduction, elle se fera en commençant par la dernière donation, et ainsi de suite, en remontant des dernières aux plus anciennes.

1158. Le donataire restituera les fruits de ce qui excédera la portion disponible, à compter du jour du décès du donateur, si la demande judiciaire en réduction a été faite dans l'année, sinon du jour de la demande.

1159. Les immeubles à recouvrer par l'effet de la réduction, le seront sans charges de dettes ou hypothèques créées par le donataire.

1160. L'action en réduction ou revendication pourra être exercée par les héritiers contre les tiers détenteurs des immeubles faisant partie des donations et aliénés par les donataires, de la même manière et dans le même ordre que contre les donataires eux-mêmes, et discussion préalablement faite des biens de ceux-ci. Cette action devra être exercée suivant l'ordre des dates des aliénations, en commençant par la plus récente.

CHAPITRE IV.

DES EXCEPTIONS A LA RÈGLE DE L'IRRÉVOCABILITÉ DES DONATIONS ENTRE-VIFS.

1161. La donation entre-vifs ne pourra être révoquée que pour cause d'inexécution des conditions sous lesquelles elle aura été faite, pour cause d'ingratitude, et pour cause de survenance d'enfans.

1162. Dans le cas de la révocation pour cause

d'inexécution des conditions, les biens rentreront dans les mains du donateur, libres de toutes charges et hypothèques du chef du donataire, et le donateur aura, contre les tiers détenteurs des immeubles donnés, tous les droits qu'il aurait contre le donataire lui-même.

1163. La donation entre-vifs ne pourra être révoquée pour cause d'ingratitude, que dans les cas suivans :

Si le donataire a attenté à la vie du donateur;

S'il s'est rendu coupable envers lui de sévices, délits ou injures graves;

S'il lui refuse des alimens.

1164. La révocation pour cause d'inexécution des conditions, ou pour cause d'ingratitude, n'aura jamais lieu de plein droit.

1165. La demande en révocation pour cause d'ingratitude devra être formée dans l'année, à compter du jour du fait imputé par le donateur au donataire, ou du jour que ce fait aura pu être connu par le donateur.

Cette révocation ne pourra être demandée par le donateur contre les héritiers du donataire, ni par les héritiers du donateur contre le donataire, à moins que, dans ce dernier cas, l'action n'ait été intentée par le donateur, ou qu'il ne soit décédé dans l'année du fait imputé.

1166. Une copie de la demande en révocation pour cause d'ingratitude sera présentée au conservateur des hypothèques, qui devra en inscrire l'extrait en marge de la transcription de la donation, prescrite par l'art. 1154.

1167. La révocation pour cause d'ingratitude ne préjudiciera ni aux aliénations faites par le donataire, ni aux hypothèques et autres charges réelles qu'il aura pu imposer sur les biens compris dans la donation, pourvu que le tout soit antérieur à l'inscription dont il est parlé en l'article précédent.

Dans le cas de révocation, le donataire sera condamné à restituer la valeur des objets aliénés, eu égard au temps de la demande, et les fruits, à compter du jour de cette demande.

1168. Les donations faites en vue d'un mariage certain et déterminé, ne seront pas révocables pour cause d'ingratitude.

1169. Toutes donations entre-vifs faites par des personnes qui n'avaient point d'enfans ou de descendans vivans au temps de la donation, de quelque valeur que ces donations puissent être, et à quelque titre qu'elles aient été faites, et encore qu'elles fussent mutuelles ou rémunératoires, même celles qui auraient été faites en faveur de mariage, par toute autre personne que par les conjoints l'un à l'autre, demeureront révoquées de plein droit par la survenance d'un enfant légitime du donateur, même d'un posthume, ou par la légitimation d'un enfant naturel par mariage subséquent, s'il est né depuis la donation.

S'il s'agit de donations mutuelles, et qu'il survienne un enfant à l'un des donateurs, la donation faite par l'autre est également révoquée.

1170. Cette révocation aura lieu, encore que l'enfant du donateur fût conçu au temps de la donation.

1171. La donation demeurera pareillement révoquée, lors même que le donataire serait entré en possession des biens donnés, et qu'il y aurait été laissé par le donateur depuis la survenance de l'enfant; sans néanmoins que le donataire soit tenu de restituer les fruits par lui perçus, de quelque nature qu'ils soient, si ce n'est du jour de la demande judiciaire pour recouvrer la possession des biens donnés.

1172. Les biens compris dans la donation révoquée de plein droit, rentreront dans le patrimoine du donateur, libres de toutes charges et hypothèques du chef du donataire; ils demeureront néanmoins affectés subsidiairement à la restitution de la dot de la femme du donataire, sans qu'ils puissent l'être à raison des gains dotaux et des autres droits résultant des conventions matrimoniales.

1173. Les donations ainsi révoquées ne pourront revivre ou avoir de nouveau leur effet, ni par la mort de l'enfant du donateur, ni par aucun acte confirmatif; et si le donateur veut donner les mêmes biens au même donataire, soit avant ou après la mort de l'enfant par la naissance duquel la donation a été révoquée, il ne le pourra faire que par une nouvelle disposition.

1174. Toute clause ou convention par laquelle le donateur aurait renoncé à la révocation de la donation pour survenance d'enfans, sera regardée comme nulle, et ne produira aucun effet, à moins que la renonciation n'ait eu lieu dans une donation faite en vue d'un mariage certain et déterminé, antérieurement à sa célébration ; sans que cependant cette renonciation puisse porter atteinte aux droits des enfans du donateur, pour en demander la réduction.

1175. Le donataire, ses héritiers ou ayant cause, ou autres détenteurs des choses données, ne pourront opposer la prescription pour faire valoir la donation révoquée par la survenance d'enfant, qu'après une possession de trente années, qui ne pourront commencer à courir que du jour de la naissance du dernier enfant du donateur, même posthume ; et ce, sans préjudice des causes légitimes qui interrompent ou qui suspendent le cours de la prescription.

CHAPITRE V.

DES DONATIONS FAITES EN VUE DE MARIAGE AUX ÉPOUX ET AUX ENFANS A NAÎTRE, ET DES DONATIONS ENTRE ÉPOUX.

1176. Les père et mère, les autres ascendans, les parens collatéraux des époux, et même les étrangers pourront, nonobstant les dispositions de l'art. 1138, disposer en vue d'un mariage certain et déterminé, mais avant sa célébration, de tout ou partie des biens qu'ils laisseront au jour de leur décès, tant au profit desdits époux, qu'au profit des enfans à naître de leur mariage, dans le cas où le donateur survivrait à l'époux donataire.

Pareille donation, quoique faite seulement au profit des époux ou de l'un d'eux, sera toujours, dans ledit cas de survie du donateur, présumée faite au profit des enfans et descendans à naître du mariage.

1177. La donation mentionnée en l'article précédent sera irrévocable, en ce sens seulement que le donateur ne pourra plus disposer à titre gratuit des objets compris dans la donation, si ce n'est pour des sommes modiques, à titre de récompense ou autrement, à moins qu'il ne se soit réservé une plus ample faculté de disposer.

1178. La donation en vue d'un mariage certain et déterminé, et dont il est parlé aux articles précédens, pourra être faite cumulativement des biens présens et à venir, en tout ou en partie, à la charge néanmoins qu'il sera annexé à l'acte un état des biens meubles et des dettes et charges du donateur, existantes au jour de la donation; auquel cas il sera libre au donataire, lors du décès du donateur, de s'en tenir aux biens présens, en renonçant au surplus des biens du donateur.

1179. Si l'état mentionné au précédent article n'a point été annexé à l'acte contenant donation des biens présens et à venir, le donataire sera obligé d'accepter ou de répudier cette donation pour le tout.

En cas d'acceptation, il ne pourra réclamer que les biens qui se trouveront existans au jour du décès du donateur, et il sera soumis au payement de toutes les dettes et charges de la succession.

1180. Lorsque, dans une donation soit des biens présens, soit des biens à venir, faite en vue d'un mariage certain et déterminé, le donateur se sera réservé la faculté de disposer d'un des effets donnés, d'une quotité, ou d'une somme fixe à prendre sur les mêmes biens, la propriété en restera au donataire, si le donateur est décédé sans en avoir disposé.

1181. Toute donation faite en vue de mariage sera sans effet, si le mariage ne s'ensuit pas.

1182. La donation, faite à l'un des époux, des biens à venir, ou d'une partie des biens que le donateur laissera à son décès, demeurera sans effet, si celui-ci survit à l'époux donataire · et à sa postérité.

1183. Les époux pourront, par contrat de mariage, se faire réciproquement, ou l'un des deux à l'autre, donation de tout ce dont il leur est permis de disposer par testament, conformément aux articles 749 et suivans du titre *des Successions testamentaires*, section I du chapitre III, sans préjudice des dispositions portées aux articles 1124, 1126 et 1151, en ce qui concerne les femmes et les mineurs.

1184. Toute donation de biens présens, faite entre époux par contrat de mariage, ne sera point censée faite sous la condition de survie du donataire, si cette condition n'est formellement exprimée.

1185. La donation de biens à venir, ou de biens présens et à venir, faite entre époux par contrat de mariage, soit simple, soit réciproque, sera soumise aux règles ci-devant établies à l'égard des donations pareilles qui leur seront faites par un tiers ; sauf qu'elle ne sera point transmissible aux enfans issus du mariage, en cas de décès de l'époux donataire avant l'époux donateur.

1186. Les époux ne pourront, pendant le mariage, se faire aucune libéralité, si ce n'est par actes de dernière volonté, dans les formes et suivant les règles prescrites pour ces actes.

CHAPITRE VI.

DISPOSITIONS PARTICULIÈRES.

1187. Les dispositions relatives aux donations entre-vifs ne sont pas applicables aux renonciations qui ont lieu à l'occasion d'entrée en religion. Ces renonciations seront valables quoique faites par des mineurs, lesquels seront réputés majeurs, pourvu qu'ils aient atteint l'âge où il leur est permis de tester.

Ces renonciations pourront comprendre même les biens à venir que le renonçant acquerrait dans l'intervalle de temps écoulé entre sa renonciation et sa profession religieuse.

1188. Elles cesseront d'avoir effet, et seront réputées comme non avenues, si le renonçant n'a pas pris l'habit religieux dans les six mois à dater de sa renonciation.

Leur effet cessera pareillement, si le renonçant qui n'a fait que des vœux temporaires, rentre dans le monde avant l'expiration du terme fixé par l'art. 715.

TITRE VI.

DES CONTRATS OU DES OBLIGATIONS CONVENTION-NELLES EN GÉNÉRAL.

CHAPITRE PREMIER.

DISPOSITIONS PRÉLIMINAIRES.

1189. Le contrat est une convention par laquelle une ou plusieurs personnes s'obligent, envers une ou plusieurs autres, à donner, à faire ou à ne pas faire quelque chose.

1190. Le contrat est *synallagmatique* ou *bilatéral*, lorsque les contractans s'obligent réciproquement les uns envers les autres.

1191. Il est *unilatéral*, lorsqu'une ou plusieurs personnes sont obligées envers une ou plusieurs autres, sans que de la part de ces dernières il y ait d'engagement.

1192. Lorsque chacune des parties se soumet à l'accomplissement de quelque obligation, le contrat est *à titre onéreux*.

Le contrat de *bienfaisance* est celui dans lequel l'une des parties procure à l'autre un avantage gratuit.

1193. Lorsque l'équivalent consiste dans la chance de gain ou de perte pour chacune des parties, d'après un événement incertain, le contrat est *aléatoire*.

1194. Les contrats, soit qu'ils aient une dénomination propre, soit qu'ils n'en aient pas, sont soumis à des règles générales qui forment l'objet du présent titre.

Les règles particulières à certains contrats sont ci-après établies sous les titres relatifs à chacun d'eux, et les règles particulières aux transactions commerciales sont établies par les lois sur le commerce.

CHAPITRE II.

DES CONDITIONS ESSENTIELLES POUR LA VALIDITÉ DES CONVENTIONS.

1195. Les conditions essentielles pour la validité d'une convention sont :

Le consentement de la partie qui s'oblige ;

La capacité de contracter ;

Un objet certain qui forme la matière de l'engagement ;

Une cause licite dans l'obligation.

SECTION I.

Du Consentement.

1196. Il n'y a point de consentement valable, s'il n'a été donné que par erreur, ou s'il a été extorqué par violence, ou surpris par dol.

1197. L'erreur de droit ou de fait n'est une cause de nullité de la convention, que lorsqu'elle tombe sur la substance même de la chose qui en est l'objet.

Elle n'est point une cause de nullité, lorsqu'elle ne tombe que sur la personne avec laquelle on a intention de contracter, à moins que la considération de cette personne ne soit la cause principale de la convention.

1198. La violence exercée contre celui qui a contracté l'obligation est une cause de nullité, encore qu'elle ait été exercée par une personne autre que celle au profit de laquelle la convention a été faite.

1199. Le consentement est censé arraché par la violence, lorsque celle-ci est de nature à faire impression sur une personne raisonnable, et à lui inspirer une juste crainte d'exposer sa personne ou ses biens à un mal considérable et présent.

On a égard, en cette matière, à l'âge, au sexe et à la condition des personnes.

1200. La violence est une cause de nullité du

contrat, non-seulement lorsqu'elle a été exercée sur la partie contractante, mais encore lorsqu'elle l'a été sur son époux ou sur son épouse, sur ses descendans ou ses ascendans.

1201. La seule crainte révérentielle envers le père, la mère, les autres ascendans ou le mari, sans qu'il y ait eu de violence exercée, ne suffit point pour annuler le contrat.

1202. Un contrat ne peut plus être attaqué pour cause de violence, si, depuis que la violence a cessé, ce contrat a été approuvé, soit expressément, soit tacitement, ou si on a laissé passer le temps que la loi a fixé pour l'attaquer.

1203. Le dol est une cause de nullité de la convention, lorsque les manœuvres pratiquées par l'une des parties sont telles, qu'il est évident que, sans ces manœuvres, l'autre partie n'aurait pas contracté.

Le dol ne se présume pas, il doit être prouvé.

1204. La convention contractée par erreur, violence ou dol, n'est point nulle de plein droit ; elle donne seulement lieu à une action en nullité ou en rescision, dans les cas et de la manière expliqués à la section VII du chapitre V du présent titre.

1205. La lésion ne vicie les conventions que dans certains contrats, ou à l'égard de certaines personnes, ainsi qu'il sera expliqué dans la même section.

1206. On ne peut, en général, s'engager ni stipuler en son propre nom que pour soi-même.

1207. Néanmoins on peut s'obliger envers un

autre en promettant le fait d'un tiers; mais cette promesse ne donne lieu qu'à une indemnité contre celui qui s'est obligé ou qui a promis de faire ratifier, si le tiers refuse de tenir l'engagement.

1208. On peut pareillement stipuler au profit d'un tiers , lorsque telle est la condition d'une stipulation que l'on fait pour soi-même , ou d'une donation que l'on fait à un autre ; sans préjudice cependant , s'il y a lieu , des formalités prescrites pour les donations. Celui qui a fait cette stipulation ne peut plus la révoquer , si le tiers a déclaré vouloir en profiter.

1209. On est censé avoir stipulé pour soi et pour ses héritiers et ayant cause , à moins que le contraire ne soit exprimé ou ne résulte de la nature de la convention.

SECTION II.

De la Capacité des parties contractantes.

1210. Toute personne peut contracter, si elle n'en est pas déclarée incapable par la loi.

1211. Sont incapables de contracter dans les cas spécifiés par la loi :

Les mineurs,

Les interdits,

Les femmes mariées,

Et généralement tous ceux à qui la loi interdit certains contrats.

1212. Les fils de famille, quoique majeurs, ne peuvent aliéner ni hypothéquer les immeubles dont l'usufruit ou l'administration appartient à l'ascendant sous la puissance duquel ils sont placés, sans le consentement de celui-ci, ou l'autorisation du Tribunal.

1213. La nullité des contrats passés en contravention à l'article précédent, ne peut être opposée que par le fils de famille, par ses héritiers, ou par l'ascendant.

1214. Quant aux contrats passés par les fils de famille qui sont commerçans, on observera les dispositions des lois commerciales.

1215. Le mineur, l'interdit, la femme mariée et le fils de famille ne peuvent attaquer, pour cause d'incapacité, leurs engagemens, que dans les cas prévus par la loi.

Les personnes capables de s'engager ne peuvent opposer l'incapacité du mineur, de l'interdit, de la femme mariée ou du fils de famille avec qui elles ont contracté.

SECTION III.

De l'Objet et de la Matière des contrats.

1216. Tout contrat a pour objet une chose qu'une partie s'oblige à donner, ou qu'une partie s'oblige à faire ou à ne pas faire.

1217. Le simple usage ou la simple possession

d'une chose peut être, comme la chose même, l'objet du contrat.

1218. Il n'y a que les choses qui sont dans le commerce qui puissent être l'objet des conventions.

1219. Il faut que l'obligation ait pour objet une chose au moins déterminée quant à son espèce.

La quotité de la chose peut être incertaine, pourvu qu'elle puisse être déterminée.

1220. Les choses futures peuvent être l'objet d'une obligation.

On ne peut cependant renoncer à une succession non ouverte, ni faire aucune stipulation sur une pareille succession, soit avec la personne de la succession de laquelle il s'agit, soit avec des tiers, quoique du consentement de cette personne, si ce n'est dans le cas prévu par l'art. 1187.

De la Cause des contrats.

1221. L'obligation sans cause, ou sur une fausse cause, ou sur une cause illicite, ne peut avoir aucun effet.

1222. La convention n'est pas moins valable, quoique la cause n'en soit pas exprimée.

1223. Toute convention est présumée avoir une cause, à moins que la partie qui s'est obligée ne prouve le contraire.

1224. La cause est illicite quand elle est prohibée

par la loi, quand elle est contraire aux bonnes mœurs ou à l'ordre public.

CHAPITRE III.

DE L'EFFET DES OBLIGATIONS.

SECTION I.

Dispositions générales.

1225. Les conventions légalement formées tiennent lieu de lois à ceux qui les ont faites.

Elles ne peuvent être révoquées que de leur consentement mutuel, ou pour les causes que la loi autorise. Elles doivent être exécutées de bonne foi.

1226. Les conventions obligent non-seulement à ce qui y est exprimé, mais encore à toutes les suites que l'équité, l'usage ou la loi donnent à l'obligation d'après sa nature.

SECTION II.

De l'Obligation de donner.

1227. L'obligation de donner emporte celle de livrer la chose et de la conserver jusqu'à la livraison, à peine de dommages et intérêts envers le créancier.

1228. L'obligation de veiller à la conservation de la chose, soit que la convention n'ait pour objet que l'utilité de l'une des parties, soit qu'elle ait pour objet leur utilité commune, soumet celui qui en est chargé à y apporter tous les soins d'un bon père de famille.

Cette obligation est plus ou moins étendue relativement à certains contrats, dont les effets, à cet égard, sont expliqués sous les titres qui les concernent.

1229. L'obligation de livrer la chose est parfaite par le seul consentement des parties contractantes légitimement exprimé.

Elle rend le créancier propriétaire et possesseur de droit, et met la chose à ses risques, encore que la tradition n'en ait point été faite, à moins que le débiteur ne soit en demeure de la livrer; auquel cas la chose reste aux risques de ce dernier.

1230. Le débiteur est constitué en demeure, soit par une sommation ou par un autre acte équivalent, soit par l'effet de la convention, lorsqu'elle porte que, sans qu'il soit besoin d'acte et par la seule échéance du terme, le débiteur sera en demeure.

1231. Les effets de l'obligation de donner ou de livrer un immeuble sont réglés au titre *de la Vente*, et au titre *des Priviléges et Hypothèques*.

1232. Si la chose qu'on s'est obligé de donner ou de livrer à une personne, et successivement à une autre, par des actes distincts, est purement mobilière, celle des deux qui en a été mise en possession réelle est préférée et en demeure propriétaire, encore que son titre soit postérieur en date, pourvu toutefois que la possession soit de bonne foi.

De l'Obligation de faire ou de ne pas faire.

1233. Toute obligation de faire ou de ne pas faire se résout en dommages et intérêts, en cas d'inexécution de la part du débiteur.

1234. Néanmoins le créancier a le droit de demander que ce qui aurait été fait par contravention à l'engagement soit détruit; et il peut se faire autoriser à le détruire aux dépens du débiteur, sans préjudice des dommages et intérêts, s'il y a lieu.

1235. Le créancier peut aussi, en cas d'inexécution, être autorisé à faire exécuter lui-même l'obligation aux dépens du débiteur.

1236. Si l'obligation est de ne pas faire, celui qui y contrevient doit les dommages et intérêts par le seul fait de la contravention.

Des Dommages et Intérêts résultant de l'inexécution de l'obligation.

1237. Les dommages et intérêts ne sont dus que lorsque le débiteur est en demeure de remplir son obligation, ou lorsque la chose qu'il s'était obligé de donner ou de faire, ne pouvait être donnée ou faite que dans un certain temps qu'il a laissé passer.

1238. Le débiteur est condamné, s'il y a lieu, au payement des dommages et intérêts, soit à raison de l'inexécution de l'obligation, soit à raison du retard dans l'exécution, toutes les fois qu'il ne justifie pas que l'inexécution ou le retard provient d'une cause étrangère qui ne peut lui être imputée, encore qu'il n'y ait aucune mauvaise foi de sa part.

1239. Il n'y a lieu à aucuns dommages et intérêts, lorsque, par suite d'une force majeure ou d'un cas fortuit, le débiteur a été empêché de donner ou de faire ce à quoi il était obligé, ou a fait ce qui lui était interdit.

1240. Les dommages et intérêts dus au créancier sont, en général, de la perte qu'il a faite et du gain dont il a été privé, sauf les exceptions et modifications ci-après.

1241. Le débiteur n'est tenu que des dommages et intérêts qui ont été prévus ou qu'on a pu prévoir lors du contrat, lorsque ce n'est point par son dol que l'obligation n'est pas exécutée.

1242. Dans le cas même où l'inexécution de la convention résulte du dol du débiteur, les dommages et intérêts ne doivent comprendre, à l'égard de la perte éprouvée par le créancier et du gain dont il a été privé, que ce qui est une suite immédiate et directe de l'inexécution de la convention.

1243. Lorsque la convention porte que celui qui

manquera de l'exécuter payera une certaine somme
à titre de dommages et intérêts, il ne peut être al-
loué à l'autre partie une somme plus forte ni moindre,
à moins qu'il ne résulte évidemment que la somme
est énormément excessive, auquel cas le Juge pourra
la réduire.

1244. Dans les obligations qui se bornent au
payement d'une certaine somme, les dommages et
intérêts résultant du retard dans l'exécution ne con-
sistent jamais que dans la condamnation aux intérêts
fixés par la loi; sauf les règles particulières au commerce, au cautionnement et à la société.

Ces dommages et intérêts sont dus sans que le
créancier soit tenu de justifier d'aucune perte.

Ils ne sont dus que du jour de la demande judiciaire, excepté dans les cas où la loi les fait courir
de plein droit.

1245. Les intérêts échus des capitaux ne peuvent
produire des intérêts, ni par une demande judiciaire,
ni par la convention des parties.

Ces intérêts sont cependant susceptibles d'en produire d'autres lorsqu'ils ont pris le caractère d'un
capital, soit par la substitution d'une dette nouvelle et d'espèce différente à l'ancienne dette, soit
par un changement dans la personne du débiteur ou
du créancier.

1246. Les revenus échus, tels que fermages,
loyers, arrérages de rentes perpétuelles ou viagères,
produisent intérêt du jour de la demande judiciaire
ou de la convention.

La même règle s'applique aux restitutions de fruits, et aux intérêts payés par un tiers au créancier en acquit du débiteur.

De l'Interprétation des conventions.

1247. On doit dans les conventions rechercher quelle a été la commune intention des parties contractantes, plutôt que de s'arrêter au sens littéral des termes.

1248. Lorsqu'une clause est susceptible de deux sens, on doit plutôt l'entendre dans celui avec lequel elle peut avoir quelque effet, que dans le sens avec lequel elle n'en pourrait produire aucun.

1249. Les termes susceptibles de deux sens doivent être pris dans le sens qui convient le plus à la matière du contrat.

1250. Ce qui est ambigu s'interprète par ce qui est d'usage dans le pays où le contrat est passé.

1251. On doit suppléer dans le contrat les clauses qui y sont d'usage, quoiqu'elles n'y soient pas exprimées.

1252. Toutes les clauses des conventions s'interprètent les unes par les autres, en donnant à chacune le sens qui résulte de l'acte entier.

1253. Dans le doute, la convention s'interprète contre celui qui a stipulé, et en faveur de celui qui a contracté l'obligation.

1254. Quelque généraux que soient les termes dans lesquels une convention est conçue, elle ne comprend que les choses sur lesquelles il paraît que les parties se sont proposé de contracter.

1255. Lorsque dans un contrat on a exprimé un cas pour l'explication de l'obligation, on n'est pas censé avoir voulu par là restreindre l'étendue que l'engagement reçoit de droit aux cas non exprimés.

SECTION VI.

De l'Effet des conventions à l'égard des tiers.

1256. Les conventions n'ont d'effet qu'entre les parties contractantes ; elles ne nuisent point au tiers, et elles ne lui profitent que dans le cas prévu par l'art. 1208.

1257. Néanmoins les créanciers peuvent exercer tous les droits et actions de leur débiteur, à l'exception de ceux qui sont exclusivement attachés à la personne.

1258. Ils peuvent aussi, en leur nom personnel, attaquer les actes faits par leur débiteur en fraude de leurs droits.

Si les contrats sont à titre onéreux, il faut prouver qu'il y a eu fraude de la part des deux parties contractantes ; s'ils sont à titre gratuit, il suffit qu'il y ait eu fraude de la part du débiteur.

Les créanciers doivent néanmoins, quant à leurs droits énoncés au titre *des Dispositions communes aux successions etc.*, et au titre *du Contrat de mariage et des Droits respectifs des époux*, se conformer aux règles qui y sont prescrites.

CHAPITRE IV.

DES DIVERSES ESPÈCES D'OBLIGATIONS.

SECTION I.

Des Obligations conditionnelles.

§ Ier.

De la Condition en général, et de ses diverses espèces.

1259. L'obligation est *conditionnelle* lorsqu'on la fait dépendre d'un événement futur et incertain, soit en la suspendant jusqu'à ce que l'événement arrive, soit en la résiliant, selon que l'événement arrivera ou n'arrivera pas.

1260. La condition *casuelle* est celle qui dépend du hasard, et qui n'est nullement au pouvoir du créancier ni du débiteur.

1261. La condition *potestative* est celle qui fait dépendre l'exécution de la convention, d'un événement qu'il est au pouvoir de l'une ou de l'autre des parties contractantes de faire arriver ou d'empêcher.

1262. La condition *mixte* est celle qui dépend tout à la fois de la volonté d'une des parties contractantes, et de la volonté d'un tiers.

1263. Toute condition d'une chose impossible, ou contraire aux bonnes mœurs, ou prohibée par la loi, est nulle, et rend nulle la convention qui en dépend.

1264. La condition de ne pas faire une chose impossible ne rend pas nulle l'obligation contractée sous cette condition.

1265. Toute obligation est nulle, lorsqu'elle a été contractée sous une condition potestative de la part de celui qui s'oblige.

1266. Toute condition doit être accomplie de la manière que les parties ont vraisemblablement voulu et entendu qu'elle le fût.

1267. Lorsqu'une obligation est contractée sous la condition qu'un événement arrivera dans un temps fixe, cette condition est censée défaillie lorsque le temps est expiré sans que l'événement soit arrivé. S'il n'y a point de temps fixe, la condition peut toujours être accomplie; et elle n'est censée défaillie, que lorsqu'il est devenu certain que l'événement n'arrivera pas.

1268. Lorsqu'une obligation est contractée sous la condition qu'un événement n'arrivera pas dans un temps fixe, cette condition est accomplie lorsque ce temps est expiré sans que l'événement soit arrivé. Elle l'est également, si avant le terme il est certain que l'événement n'arrivera pas; et s'il n'y a pas de temps déterminé, elle n'est accomplie que lorsqu'il est certain que l'événement n'arrivera pas.

1269. La condition est réputée accomplie lorsque

c'est le débiteur, obligé sous cette condition, qui en a empêché l'accomplissement.

1270. La condition accomplie a un effet rétroactif au jour auquel l'engagement a été contracté : si le créancier est mort avant l'accomplissement de la condition, ses droits passent à son héritier.

1271. Le créancier peut, avant que la condition soit accomplie, exercer tous les actes conservatoires de son droit.

§ II.

De la Condition suspensive.

1272. L'obligation contractée sous une condition *suspensive* est celle qui dépend ou d'un événement futur et incertain, ou d'un événement actuellement arrivé, mais encore inconnu des parties.

Dans le premier cas l'obligation ne produit son effet qu'après l'événement.

Dans le second cas, l'obligation a son effet du jour où elle a été contractée.

1273. Lorsque l'obligation a été contractée sous une condition suspensive, la chose qui fait la matière de la convention demeure aux risques du débiteur qui ne s'est obligé de la livrer que dans le cas de l'événement de la condition.

Si la chose est entièrement périe sans la faute du débiteur, l'obligation est éteinte.

Si la chose est entièrement périe par la faute du débiteur, celui-ci est tenu à des dommages et intérêts envers le créancier.

Si la chose s'est détériorée sans la faute du débiteur, le créancier a le choix ou de résoudre l'obligation, ou d'exiger la chose dans l'état où elle se trouve, sans diminution du prix.

Si la chose s'est détériorée par la faute du débiteur, le créancier a le droit ou de résoudre l'obligation, ou d'exiger la chose dans l'état où elle se trouve, avec des dommages et intérêts.

§ III.

De la Condition résolutoire.

1274. La condition *résolutoire* est celle qui, lorsqu'elle s'accomplit, opère la révocation de l'obligation, et qui remet les choses au même état que si l'obligation n'avait pas existé.

Elle ne suspend point l'exécution de l'obligation ; elle oblige seulement le créancier à restituer ce qu'il a reçu, dans le cas où l'événement prévu par la condition arrive.

1275. La condition résolutoire est toujours sous-entendue dans les contrats synallagmatiques, pour le cas où l'une des parties ne satisfera point à son engagement, sauf l'exception établie au titre *de la Vente*.

Dans ce cas, le contrat n'est point résolu de plein droit. La partie envers laquelle l'engagement n'a point été exécuté, a le choix ou de forcer l'autre à l'exécution de la convention lorsqu'elle est possible, ou d'en demander la résolution avec dommages et intérêts.

La résolution doit être demandée en justice; et il peut être accordé au défendeur un délai, selon les circonstances.

Des Obligations à terme.

1276. Le *terme* diffère de la condition, en ce qu'il ne suspend point l'engagement, dont il retarde seulement l'exécution.

1277. Ce qui n'est dû qu'à terme ne peut être exigé avant l'échéance du terme; mais ce qui a été payé d'avance ne peut être répété.

1278. Le terme est toujours présumé stipulé en faveur du débiteur, à moins qu'il ne résulte de la stipulation, ou des circonstances, qu'il a aussi été convenu en faveur du créancier.

1279. Le débiteur ne peut plus réclamer le bénéfice du terme lorsqu'il est tombé en déconfiture, ou lorsque, par son fait, il a diminué les sûretés qu'il avait données par le contrat à son créancier.

Des Obligations alternatives.

1280. Le débiteur d'une obligation *alternative* est libéré par la délivrance de l'une des deux choses qui étaient comprises dans l'obligation; mais il ne peut forcer le créancier à recevoir une partie de l'une et une partie de l'autre.

1281. Le choix appartient au débiteur, s'il n'a pas été expressément accordé au créancier.

1282. L'obligation est pure et simple, quoique contractée d'une manière alternative, si l'une des deux choses promises ne pouvait être le sujet de l'obligation.

1283. L'obligation alternative devient pure et simple, si l'une des deux choses promises périt et ne peut plus être livrée, même par la faute du débiteur.

Le prix de cette chose ne peut pas être offert à sa place.

Si toutes deux sont péries, et que le débiteur soit en faute à l'égard de l'une d'elles, il doit payer le prix de celle qui a péri la dernière.

1284. Lorsque, dans les cas prévus par l'article précédent, le choix avait été déféré par la convention au créancier,

Ou l'une des choses seulement est périe; et alors, si c'est sans la faute du débiteur, le créancier doit avoir celle qui reste; si le débiteur est en faute, le créancier peut demander la chose qui reste, ou le prix de celle qui est périe :

Ou les deux choses sont péries; et alors, si le débiteur est en faute à l'égard des deux, ou même à l'égard de l'une d'elles seulement, le créancier peut demander le prix de l'une ou de l'autre, à son choix.

1285. Si les deux choses sont péries sans la faute du débiteur, et avant qu'il soit en demeure, l'obligation est éteinte, conformément à l'art. 1593.

1286. Les mêmes principes s'appliquent aux cas

ou il y a plus de deux choses comprises dans l'obligation alternative.

Des Obligations solidaires.

§ Ⅰᵉʳ.

De la Solidarité entre les créanciers.

1287. L'obligation est *solidaire* entre plusieurs créanciers, lorsque le titre donne expressément à chacun d'eux le droit de demander le payement du total de la créance, et que le payement fait à l'un d'eux libère le débiteur, encore que le bénéfice de l'obligation soit partageable et divisible entre les divers créanciers.

1288. Il est au choix du débiteur de payer à l'un ou à l'autre des créanciers solidaires, tant qu'il n'a pas été prévenu par les poursuites de l'un d'eux.

Néanmoins la remise qui n'est faite que par l'un des créanciers solidaires, ne libère le débiteur que pour la part de ce créancier.

1289. Tout acte qui interrompt la prescription à l'égard de l'un des créanciers solidaires, profite aux autres créanciers.

§ II.

De la Solidarité de la part des débiteurs.

1290. Il y a *solidarité* de la part des débiteurs, lorsqu'ils sont obligés à une même chose, de manière que chacun puisse être contraint pour la totalité, et que le payement fait par un seul libère les autres envers le créancier.

1291. L'obligation peut être solidaire, quoique l'un des débiteurs soit obligé différemment de l'autre au payement de la même chose; par exemple, si l'un n'est obligé que conditionnellement, tandis que l'engagement de l'autre est pur et simple; ou si l'un a pris un terme qui n'est point accordé à l'autre.

1292. La solidarité ne se présume point; il faut qu'elle soit expressément stipulée.

Cette règle ne cesse que dans les cas où la solidarité a lieu de plein droit, en vertu d'une disposition de la loi.

1293. Le créancier d'une obligation contractée solidairement peut s'adresser à celui des débiteurs qu'il veut choisir, sans que celui-ci puisse lui opposer le bénéfice de division.

1294. Les poursuites faites contre l'un des débiteurs n'empêchent pas le créancier d'en exercer de pareilles contre les autres.

1295. Si la chose due a péri par la faute ou pendant la demeure de l'un ou de plusieurs des débiteurs solidaires, les autres codébiteurs ne sont point déchargés de l'obligation de payer le prix de la chose; mais ceux-ci ne sont point tenus des dommages et intérêts.

Le créancier peut seulement répéter les dommages et intérêts tant contre les débiteurs par la faute desquels la chose a péri, que contre ceux qui étaient en demeure.

1296. Les poursuites faites contre l'un des débiteurs solidaires interrompent la prescription à l'égard de tous.

1297. La demande d'intérêts formée contre l'un des débiteurs solidaires, fait courir les intérêts à l'égard de tous.

1298. Le codébiteur solidaire, poursuivi par le créancier, peut opposer toutes les exceptions qui résultent de la nature de l'obligation, et toutes celles qui lui sont personnelles, ainsi que celles qui sont communes à tous les codébiteurs.

Il ne peut opposer les exceptions qui sont purement personnelles à quelques-uns des autres codébiteurs.

1299. Lorsque l'un des débiteurs devient héritier unique du créancier, ou lorsque le créancier devient l'unique héritier de l'un des débiteurs, la confusion n'éteint la créance solidaire que pour la part et portion du débiteur ou du créancier.

1300. Le créancier qui consent à la division de la dette à l'égard de l'un des codébiteurs, conserve son action solidaire contre les autres, mais sous la déduction de la part du débiteur qu'il a déchargé de la solidarité.

1301. Le créancier qui reçoit divisément la part de l'un des débiteurs, sans réserver dans la quittance la solidarité ou ses droits en général, ne renonce à la solidarité qu'à l'égard de ce débiteur.

Le créancier n'est pas censé remettre la solidarité au débiteur, lorsqu'il reçoit de lui une somme égale à la portion dont il est tenu , si la quittance ne porte pas que c'est *pour sa part.*

Il en est de même de la simple demande formée contre l'un des codébiteurs *pour sa part*, si celui-ci n'a pas acquiescé à la demande , ou s'il n'est pas intervenu un jugement de condamnation.

1502. Le créancier qui reçoit divisément et sans réserve la portion de l'un des codébiteurs dans les arrérages ou intérêts de la dette, ne perd la solidarité que pour les arrérages ou intérêts échus, et non pour ceux à échoir, ni pour le capital, à moins que le payement divisé n'ait été continué pendant dix ans consécutifs.

1503. L'obligation contractée solidairement envers le créancier se divise de plein droit entre les débiteurs, qui n'en sont tenus entre eux que chacun pour sa part et portion.

1504. Le codébiteur d'une dette solidaire, qui l'a payée en entier, ne peut répéter contre les autres que les part et portion de chacun d'eux.

Si l'un d'eux se trouve insolvable, la perte qu'occasionne son insolvabilité se répartit par contribution entre tous les autres codébiteurs solvables et celui qui a fait le payement.

1505. Dans le cas où le créancier a renoncé à l'action solidaire envers l'un des débiteurs, si l'un ou plusieurs des autres codébiteurs deviennent insolvables, la portion des insolvables sera contributoirement répartie entre tous les débiteurs , même entre ceux précédemment déchargés de la solidarité par le créancier.

1306. Si l'affaire pour laquelle la dette a été contractée solidairement ne concernait que l'un des co-
obligés solidaires, celui-ci serait tenu de toute la
dette vis-à-vis des autres codébiteurs, qui ne seraient considérés par rapport à lui que comme ses
cautions.

SECTION V.

Des Obligations divisibles et indivisibles.

1307. L'obligation est *divisible* ou *indivisible*, selon qu'elle a pour objet ou une chose qui, dans sa
livraison, ou un fait qui, dans l'exécution, est ou
n'est pas susceptible de division.

1308. L'obligation est indivisible, quoique la
chose ou le fait qui en est l'objet soit divisible par
sa nature, si le rapport sous lequel il est considéré
dans l'obligation ne le rend pas susceptible d'exécution partielle.

1309. La solidarité stipulée ne donne point à l'o-
bligation le caractère d'indivisibilité.

§ Ier.

Des Effets de l'obligation divisible.

1310. L'obligation qui est susceptible de division,
doit être exécutée entre le créancier et le débiteur,
comme si elle était indivisible.

La divisibilité n'a d'application qu'à l'égard de leurs

héritiers, qui ne peuvent demander la dette, ou qui ne sont tenus de la payer que pour les parts dont ils sont saisis, ou dont ils sont tenus comme représentant le créancier ou le débiteur.

1511. Le principe établi dans l'article précédent reçoit exception à l'égard des héritiers du débiteur,

1.º Dans le cas où la dette est hypothécaire;

2.º Lorsqu'elle est d'un corps certain;

3.º Lorsqu'il s'agit de la dette alternative de choses au choix du créancier, dont l'une est indivisible;

4.º Lorsque l'un des héritiers est chargé seul, par le titre, de l'exécution de l'obligation;

5.º Lorsqu'il résulte, soit de la nature de l'engagement, soit de la chose qui en fait l'objet, soit de la fin qu'on s'est proposée dans le contrat, que l'intention des contractans a été que la dette ne pût s'acquitter partiellement.

Dans les trois premiers cas, l'héritier qui possède la chose due ou le fonds hypothéqué à la dette, peut être poursuivi pour le tout sur la chose due ou sur le fonds hypothéqué, sauf le recours contre ses cohéritiers. Dans le quatrième cas, l'héritier seul chargé de la dette, et dans le cinquième cas, chaque héritier peut aussi être poursuivi pour le tout, sauf son recours contre ses cohéritiers.

§ II.

Des Effets de l'obligation indivisible.

1512. Chacun de ceux qui ont contracté conjointement une dette indivisible, en est tenu pour le total, encore que l'obligation n'ait pas été contractée solidairement.

1313. Il en est de même à l'égard des héritiers de celui qui a contracté une pareille obligation.

1314. Chaque héritier du créancier peut exiger en totalité l'exécution de l'obligation indivisible, en donnant une caution solvable pour la part afférente à ses cohéritiers.

Il ne peut seul faire la remise de la totalité de la dette; il ne peut recevoir seul le prix au lieu de la chose.

Si l'un des héritiers a seul remis la dette ou reçu le prix de la chose, son cohéritier ne peut demander la chose indivisible qu'en tenant compte de la portion du cohéritier qui a fait la remise ou qui a reçu le prix.

1315. L'héritier du débiteur, assigné pour la totalité de l'obligation, peut demander un délai pour mettre en cause ses cohéritiers, à moins que la dette ne soit de nature à ne pouvoir être acquittée que par l'héritier assigné, qui peut alors être condamné seul, sauf son recours en indemnité contre ses cohéritiers.

SECTION VI.

Des Obligations avec clauses pénales.

1316. La *clause pénale* est celle par laquelle une personne, pour assurer l'exécution d'une convention, s'engage à quelque chose en cas d'inexécution.

1547. La nullité de l'obligation principale entraîne celle de la clause pénale.

La nullité de celle-ci n'entraîne point celle de l'obligation principale.

1518. Le créancier, au lieu de demander la peine stipulée contre le débiteur qui est en demeure, peut poursuivre l'exécution de l'obligation principale.

1519. La clause pénale est la compensation des dommages et intérêts que le créancier souffre de l'inexécution de l'obligation principale.

Il ne peut demander en même temps le principal et la peine, à moins qu'elle n'ait été stipulée pour le simple retard.

1520. Soit que l'obligation principale contienne, soit qu'elle ne contienne pas un terme dans lequel elle doive être accomplie, la peine n'est encourue que lorsque celui qui s'est obligé soit à livrer, soit à recevoir, soit à faire, est en demeure.

1521. La peine peut être modifiée par le Juge, lorsque l'obligation principale a été exécutée en partie.

1522. Lorsque l'obligation principale, contractée avec une clause pénale, est d'une chose indivisible, la peine est encourue par la contravention d'un seul des héritiers du débiteur; et elle peut être demandée, soit en totalité contre celui qui a fait la contravention, soit contre chacun des cohéritiers pour leur part et portion, et hypothécairement pour le tout, sauf leur recours contre celui qui a fait encourir la peine.

1523. Lorsque l'obligation principale, contractée sous une peine, est divisible, la peine n'est encourue que par celui des héritiers du débiteur qui contrevient à cette obligation, et pour la part seulement dont il était tenu dans l'obligation principale, sans qu'il y ait d'action contre ceux qui l'ont exécutée.

Cette règle reçoit exception lorsque, la clause pénale ayant été ajoutée dans l'intention que le payement ne pût se faire partiellement, un cohéritier a empêché l'exécution de l'obligation pour la totalité : en ce cas, la peine entière peut être exigée contre lui, et contre les autres héritiers pour leur portion seulement, sauf leur recours.

CHAPITRE V.

DE L'EXTINCTION DES OBLIGATIONS.

1524. Les obligations s'éteignent,

Par le payement;

Par la novation;

Par la remise volontaire;

Par la compensation;

Par la confusion;

Par la perte de la chose;

Par la déclaration de nullité ou par la rescision;

Par l'effet de la condition résolutoire, qui a été expliquée au chapitre précédent;

Et par la prescription, qui fera l'objet d'un titre particulier.

Du Payement.

1325. Tout *payement* suppose une dette : ce qui a été payé sans être dû, est sujet à répétition.

La répétition n'est pas admise à l'égard des obligations naturelles qui ont été volontairement acquittées.

1326. Une obligation peut être acquittée par toute personne qui y est intéressée, telle qu'un coobligé ou une caution.

L'obligation peut même être acquittée par un tiers qui n'y est point intéressé, pourvu que ce tiers agisse au nom et en l'acquit du débiteur, ou que, s'il agit en son nom propre, il ne soit pas subrogé aux droits du créancier.

1327. L'obligation de faire ne peut être acquittée par un tiers contre le gré du créancier, lorsque ce dernier a intérêt qu'elle soit remplie par le débiteur lui-même.

1328. Pour payer valablement, il faut être propriétaire de la chose donnée en payement, et capable de l'aliéner.

Néanmoins le payement d'une somme en argent, ou autre chose qui se consomme par l'usage, ne peut être répété contre le créancier qui l'a consommée de bonne foi, quoique le payement en ait été fait par celui qui n'en était pas propriétaire, ou qui n'était pas capable de l'aliéner.

1329. Le payement doit être fait au créancier ou à quelqu'un ayant pouvoir de lui, ou qui soit autorisé par justice ou par la loi à recevoir pour lui.

Le payement fait à celui qui n'aurait pas pouvoir de recevoir pour le créancier, est valable, si celui-ci le ratifie, ou s'il en a profité.

1330. Le payement fait de bonne foi à celui qui est en possession de la créance, est valable, encore que le possesseur en soit par la suite évincé.

1331. Le payement fait au créancier n'est point valable, s'il était incapable de le recevoir, à moins que le débiteur ne prouve que la chose payée a tourné au profit du créancier.

1332. Le payement fait par le débiteur à son créancier, au préjudice d'une saisie ou d'une opposition, n'est pas valable à l'égard des créanciers saisissans ou opposans : ceux-ci peuvent, selon leur droit, le contraindre à payer de nouveau, sauf, en ce cas seulement, son recours contre le créancier.

1333. Le créancier ne peut être contraint de recevoir une autre chose que celle qui lui est due, quoique la valeur de la chose offerte soit égale ou même plus grande.

1334. Le débiteur ne peut point forcer le créancier à recevoir en partie le payement d'une dette, même divisible.

Les Juges peuvent néanmoins, en considération de la position du débiteur et du créancier, et en usant de ce pouvoir avec une grande réserve, accorder des délais modérés pour le payement, et surseoir l'exécution des poursuites, toutes choses demeurant en état.

Les délais ainsi accordés ne pourront point excéder la moitié du terme convenu, ni, dans aucun cas, celui de six mois.

1535. Le débiteur d'un corps certain et déterminé est libéré par la remise de la chose en l'état où elle se trouve lors de la livraison, pourvu que les détériorations qui y sont survenues, ne viennent point de son fait ou de sa faute, ni de celle des personnes dont il est responsable, ou qu'avant ces détériorations il ne fût pas en demeure.

1536. Si la dette est d'une chose qui ne soit déterminée que par son espèce, le débiteur ne sera pas tenu, pour être libéré, de la donner de la meilleure espèce, mais il ne pourra l'offrir de la plus mauvaise.

1537. Le paiement doit être exécuté dans le lieu désigné par la convention. Si le lieu n'y est pas désigné, le payement, lorsqu'il s'agit d'un corps certain et déterminé, doit être fait dans le lieu où était, au temps de l'obligation, la chose qui en fait l'objet.

Hors ces deux cas, le payement doit être fait au domicile du débiteur.

1538. Les frais du payement sont à la charge du débiteur.

§ II.

Du Payement avec subrogation.

1339. La *subrogation* dans les droits du créancier, au profit d'une tierce personne qui le paye, est ou *conventionnelle* ou *légale*.

1340. Cette subrogation est conventionnelle,

1.º Lorsque le créancier, recevant son payement d'une tierce personne, la subroge dans ses droits, actions, priviléges ou hypóthèques contre le débiteur. Cette subrogation doit être expresse, et faite en même temps que le payement;

2.º Lorsque le débiteur emprunte une somme à l'effet de payer sa dette, et de subroger le prêteur dans les droits du créancier. Il faut, pour que cette subrogation soit valable, que l'acte d'emprunt et la quittance soient passés devant notaire; que dans l'acte d'emprunt il soit déclaré que la somme a été empruntée pour faire le payement, et que dans la quittance il soit déclaré que le payement a été fait des deniers fournis à cet effet par le nouveau créancier. Cette subrogation s'opère sans le concours de la volonté du créancier.

1341. La subrogation a lieu de plein droit,

1.º Au profit de celui qui, étant lui-même créancier, paye un autre créancier qui lui est préférable à raison de ses priviléges ou hypothèques;

2.º Au profit de l'acquéreur d'un immeuble, qui

emploie le prix de son acquisition au payement des créanciers auxquels cet héritage était hypothéqué;

3.º Au profit de celui qui, étant tenu avec d'autres ou pour d'autres au payement de la dette, avait intérêt de l'acquitter;

4.º Au profit de l'héritier bénéficiaire qui a payé de ses deniers les dettes de la succession.

1542. La subrogation établie par les articles précédens a lieu tant contre les cautions que contre les débiteurs : elle ne peut nuire au créancier lorsqu'il n'a été payé qu'en partie; en ce cas, il peut exercer ses droits pour ce qui lui reste dû, par préférence à celui dont il n'a reçu qu'un payement partiel.

§ III

De l'imputation des payemens.

1543. Le débiteur de plusieurs dettes a le droit de déclarer, lorsqu'il paye, quelle dette il entend acquitter.

1544. Le débiteur d'une dette qui porte intérêt ou produit des arrérages, ne peut point, sans le consentement du créancier, imputer le payement qu'il fait sur le capital par préférence aux arrérages ou intérêts : le payement fait sur le capital et intérêts, mais qui n'est point intégral, s'impute d'abord sur les intérêts.

1545. Lorsque le débiteur de diverses dettes a accepté une quittance par laquelle le créancier a imputé ce qu'il a reçu sur l'une de ces dettes spécialement, le débiteur ne peut plus demander l'imputation sur une dette différente; à moins qu'il n'y ait eu dol ou surprise de la part du créancier.

1346. Lorsque la quittance ne porte aucune imputation, le payement doit être imputé sur la dette que le débiteur avait pour lors le plus d'intérêt d'acquitter entre celles qui sont pareillement échues; sinon, sur la dette échue, quoique moins onéreuse que celles qui ne le sont point.

Si les dettes sont d'égale nature, l'imputation se fait sur la plus ancienne : toutes choses égales, elle se fait proportionnellement.

§ IV.

Des Offres de payement, et de la Consignation.

1347. Lorsque le créancier refuse de recevoir son payement, le débiteur peut lui faire des offres réelles, et, au refus du créancier de les accepter, consigner la somme ou la chose offerte.

Les offres réelles, suivies d'une consignation, libèrent le débiteur; elles tiennent lieu à son égard de payement, lorsqu'elles sont valablement faites, et la chose ainsi consignée demeure aux risques du créancier.

1348. Pour que les offres réelles soient valables, il faut,

1.º Qu'elles soient faites au créancier ayant la

capacité de recevoir, ou à celui qui a pouvoir de recevoir pour lui;

2.º Qu'elles soient faites par une personne capable de payer;

5.º Qu'elles soient de la totalité de la somme exigible, des arrérages ou intérêts dus, des frais liquidés, et d'une somme pour les frais non liquidés, sauf à la parfaire;

4.º Que le terme soit échu, s'il a été stipulé en faveur du créancier;

5.º Que la condition sous laquelle la dette a été contractée soit arrivée;

6.º Que les offres soient faites au lieu dont on est convenu pour le payement, et que, s'il n'y a pas de convention spéciale sur le lieu du payement, elles soient faites ou à la personne du créancier, ou à son domicile, ou au domicile élu pour l'exécution de la convention;

7.º Que les offres soient faites par un notaire, ou par un autre officier public ayant caractère pour ces sortes d'actes.

1549. Il n'est pas nécessaire, pour la validité de la consignation, qu'elle ait été autorisée par le Juge : il suffit,

1.º Qu'elle ait été précédée d'une sommation signifiée au créancier, et contenant l'indication du jour, de l'heure, et du lieu ou la chose offerte sera déposée;

2.º Que le débiteur se soit dessaisi de la chose offerte, en la remettant dans le dépôt indiqué par

la loi pour recevoir les consignations, avec les intérêts jusqu'au jour du dépôt;

3.º Qu'il y ait eu procès-verbal dressé par l'officier public, de la nature des espèces offertes, du
refus qu'a fait le créancier de les recevoir ou de sa
non comparution, et enfin du dépôt;

4.º Qu'en cas de non comparution de la part du
créancier, le procès-verbal du dépôt lui ait été signifié, avec sommation de retirer la chose déposée.

1350. Les frais des offres réelles et de la consignation sont à la charge du créancier, si elles sont
valables.

1351. Tant que la consignation n'a point été acceptée par le créancier, le débiteur peut la retirer;
et, s'il la retire, ses codébiteurs ou ses cautions ne
sont point libérés.

1352. Lorsque le débiteur a lui-même obtenu un
jugement passé en force de chose jugée, qui a déclaré ses offres et sa consignation bonnes et valables, il ne peut plus, même du consentement du
créancier, retirer sa consignation au préjudice de
ses codébiteurs ou de ses cautions.

1353. Le créancier qui a consenti que le débiteur
retirât sa consignation, après qu'elle a été déclarée
valable par un jugement qui a acquis force de chose
jugée, ne peut plus, pour le payement de sa créance,
exercer les priviléges ou hypothèques qui y étaient
attachés : il n'a plus d'hypothèque que du jour où
l'acte par lequel il a consenti que la consignation

23

fût retirée, aura été revêtu des formes requises pour emporter l'hypothèque.

1554. Si la chose due est un corps certain qui doit être livré au lieu où il se trouve, le débiteur doit faire sommation au créancier de l'enlever, par acte notifié à sa personne ou à son domicile, ou au domicile élu pour l'exécution de la convention. Cette sommation faite, si le créancier n'enlève pas la chose, le débiteur peut obtenir de la justice la permission de la mettre en dépôt dans quelque autre lieu.

§ V.

De la Cession de biens.

1555. La cession de biens est un acte par lequel le débiteur abandonne tous ses biens à ses créanciers, lorsqu'il se trouve hors d'état de payer ses dettes.

1556. La cession de biens est *volontaire* ou *judiciaire*.

1557. La cession de biens volontaire est celle que les créanciers acceptent volontairement, et qui n'a d'effet que celui résultant des stipulations mêmes du contrat passé entre eux et le débiteur.

1558. La cession judiciaire est un bénéfice que la loi accorde au débiteur malheureux et de bonne foi, auquel il est permis, pour avoir la liberté de sa personne, de faire en justice l'abandon de tous ses biens à ses créanciers, nonobstant toute stipulation contraire.

1359. La cession se fait devant le Tribunal du domicile du débiteur, sur la présentation faite par celui-ci de l'état actif et passif de son patrimoine, et après que tous les créanciers ont été cités dans la forme ordinaire.

La citation sera décrétée par le Tribunal, et insérée dans la gazette de la division, ou, à défaut, dans celle de Turin.

1360. La cession judiciaire ne confère point la propriété aux créanciers; elle leur donne seulement le droit de faire vendre les biens à leur profit, et d'en percevoir les revenus jusqu'à la vente.

1361. Les créanciers ne peuvent refuser la cession judiciaire, si ce n'est dans les cas exceptés par la loi.

Elle opère la décharge de la contrainte par corps.

Elle ne libère le débiteur que jusqu'à concurrence de la valeur des biens abandonnés; et, dans le cas où ils auraient été insuffisans, s'il lui en survient d'autres, il est obligé de les abandonner jusqu'au parfait payement.

1362. Dans le cas de cession judiciaire, la masse des créanciers peut toutefois laisser au débiteur l'administration de ses biens, lui accorder un atermoiement, lui faire remise d'une partie de la dette, et prendre tous les arrangemens qu'elle juge convenables à l'intérêt commun.

A cet effet, il est nécessaire que la majorité des créanciers donne son consentement, et que cette majorité ait droit aux trois quarts de la totalité des sommes dues. Dans ce cas, les délibérations de la masse sont obligatoires, même pour les créanciers opposans.

Les créanciers hypothécaires ou privilégiés ne font pas nombre dans ces délibérations, qui ne peuvent point préjudicier à leurs droits.

De la Novation.

1363. La *novation* s'opère de trois manières :

1.º Lorsque le débiteur contracte envers son créancier une nouvelle dette qui est substituée à l'ancienne, laquelle est éteinte ;

2.º Lorsqu'un nouveau débiteur est substitué à l'ancien, qui est déchargé par le créancier ;

3.º Lorsque, par l'effet d'un nouvel engagement, un nouveau créancier est substitué à l'ancien, envers lequel le débiteur se trouve déchargé.

1364. La novation ne peut s'opérer qu'entre personnes capables de contracter.

1365. La novation ne se présume point ; il faut que la volonté de l'opérer résulte clairement de l'acte.

1366. La novation par la substitution d'un nouveau débiteur, peut s'opérer sans le concours du premier débiteur.

1367. La *délégation* par laquelle un débiteur donne au créancier un autre débiteur qui s'oblige envers le créancier, n'opère point de novation, si le créancier n'a expressément déclaré qu'il entendait décharger son débiteur qui a fait la délégation.

1668. Le créancier qui a déchargé le débiteur par qui a été faite la délégation, n'a point de recours contre ce débiteur, si le délégué devient insolvable, à moins que l'acte n'en contienne une réserve expresse, ou que le délégué ne fût déjà en faillite ouverte, ou tombé en déconfiture au moment de la délégation.

1369. La simple indication faite par le débiteur, d'une personne qui doit payer à sa place, n'opère point novation.

Il en est de même de la simple indication faite par le créancier, d'une personne qui doit recevoir pour lui.

1370. Les priviléges et hypothèques de l'ancienne créance ne passent point à celle qui lui est substituée, à moins que le créancier ne les ait expressément réservés.

1371. Lorsque la novation s'opère par la substitution d'un nouveau débiteur, les priviléges et hypothèques primitifs de la créance ne passent point sur les biens du nouveau débiteur.

1372. Lorsque la novation s'opère entre le créancier et l'un des débiteurs solidaires, les priviléges et hypothèques de l'ancienne créance ne peuvent être réservés que sur les biens de celui qui contracte la nouvelle dette.

1373. Par la novation faite entre le créancier et

l'un des débiteurs solidaires, les codébiteurs sont libérés.

La novation opérée à l'égard du débiteur principal libère les cautions.

Néanmoins, si le créancier a exigé, dans le premier cas, l'accession des codébiteurs, ou, dans le second, celle des cautions, l'ancienne créance subsiste, si les codébiteurs ou les cautions refusent d'accéder au nouvel engagement.

1574. Le débiteur qui a accepté la délégation, ne peut plus opposer au nouveau créancier les exceptions qu'il eût pu opposer au créancier originaire, sauf son recours contre ce dernier.

Cependant, s'il s'agit d'exceptions dérivant de la qualité de la personne, par exemple, de la qualité de fils de famille, de mineur, ou de femme mariée, le débiteur pourra les opposer, si ces qualités existaient encore à l'époque où il a consenti à la délégation.

SECTION III.

De la Remise de la dette.

1375. La remise volontaire du titre original sous signature privée fait preuve de la libération, soit au profit du débiteur à qui elle a été faite, soit au profit de ses codébiteurs solidaires.

1376. La remise ou décharge conventionnelle au profit de l'un des codébiteurs solidaires libère tous les autres, à moins que le créancier n'ait expressément réservé ses droits contre ces derniers.

Dans ce dernier cas, il ne peut plus répéter la dette que déduction faite de la part de celui auquel il a fait la remise.

1577. La remise de la chose donnée en nantissement ne suffit point pour faire présumer la remise de la dette.

1578. La remise ou décharge conventionnelle accordée au débiteur principal, libère les cautions ;

Celle accordée à la caution, ne libère pas le débiteur principal ;

Celle accordée à l'une des cautions, ne libère pas les autres.

1379. Ce que le créancier a reçu d'une caution pour la décharge de son cautionnement, doit être imputé sur la dette, et tourner à la décharge du débiteur principal et des autres cautions.

SECTION IV.

De la Compensation.

1380. Lorsque deux personnes se trouvent débitrices l'une envers l'autre, il s'opère entre elles une *compensation* qui éteint les deux dettes, de la manière et dans les cas ci-après exprimés.

1581. La compensation s'opère de plein droit par la seule force de la loi, même à l'insu des débiteurs ; les deux dettes s'éteignent réciproquement, à l'instant même où elles existent simultanément, jusqu'à concurrence de leurs quotités respectives.

1582. La compensation n'a lieu qu'entre deux dettes qui ont également pour objet une somme d'argent, ou une certaine quantité de choses fongibles de la même espèce, et qui sont également liquides et exigibles.

Les prestations en grains ou denrées, non contestées, et dont le prix est réglé par les mercuriales, peuvent se compenser avec des sommes liquides et exigibles.

1583. Le terme accordé par le Juge, ou gratuitement par le créancier, n'est point un obstacle à la compensation.

1584. La compensation a lieu, quelles que soient les causes de l'une ou de l'autre des dettes, excepté dans le cas,

1.º De la demande en restitution d'une chose dont le propriétaire a été injustement dépouillé;

2.º De la demande en restitution d'un dépôt ou d'un prêt à usage;

5.º D'une dette qui a pour cause des alimens déclarés insaisissables.

1585. La caution peut opposer la compensation de ce que le créancier doit au débiteur principal;

Mais le débiteur principal ne peut opposer la compensation de ce que le créancier doit à la caution.

Le débiteur solidaire ne peut pareillement opposer la compensation de ce que le créancier doit à son codébiteur.

1586. Le débiteur qui a accepté purement et simplement la cession qu'un créancier a faite de ses droits à un tiers, ne peut plus opposer au cessionnaire la compensation qu'il eût pu, avant l'acceptation, opposer au cédant.

A l'égard de la cession qui n'a point été acceptée par le débiteur, mais qui lui a été signifiée, elle n'empêche que la compensation des créances postérieures à cette notification.

1587. Lorsque les deux dettes ne sont pas payables au même lieu, on n'en peut opposer la compensation qu'en faisant raison des frais de transport au lieu du payement.

1588. Lorsqu'il y a plusieurs dettes compensables dues par la même personne, on suit, pour la compensation, les règles établies pour l'imputation par l'art. 1546.

1589. La compensation n'a pas lieu au préjudice des droits acquis à un tiers. Ainsi, celui qui, étant débiteur, est devenu créancier depuis la saisie-arrêt faite par un tiers entre ses mains, ne peut, au préjudice du saisissant, opposer la compensation.

1590. Celui qui a payé une dette qui était, de droit, éteinte par la compensation, ne peut plus, en exerçant la créance dont il n'a point opposé la compensation, se prévaloir, au préjudice des tiers, des priviléges ou hypothèques qui y étaient attachés, à moins qu'il n'ait eu une juste cause d'ignorer la créance qui devait compenser sa dette.

SECTION V.

De la Confusion.

1591. Lorsque les qualités de créancier et de débiteur se réunissent dans la même personne, il se fait une *confusion* de droits qui éteint la dette et la créance.

1592. La confusion qui s'opère dans la personne du débiteur principal, profite à ses cautions;

Celle qui s'opère dans la personne de la caution, n'entraîne point l'extinction de l'obligation principale;

Celle qui s'opère dans la personne de l'un des débiteurs solidaires, ne profite à ses codébiteurs que pour la portion dont il était débiteur.

SECTION VI.

De la Perte de la chose due.

1593. Lorsque le corps certain et déterminé qui était l'objet de l'obligation vient à périr, est mis hors du commerce, ou se perd de manière qu'on en ignore absolument l'existence, l'obligation est éteinte, si la chose a péri, a été mise hors du commerce, ou a été perdue sans la faute du débiteur, et avant qu'il fût en demeure.

Lors même que le débiteur est en demeure, et

s'il ne s'est pas chargé des cas fortuits, l'obligation est éteinte dans le cas où la chose fût également périe chez le créancier, si elle lui eût été livrée.

Le débiteur est tenu de prouver le cas fortuit qu'il allègue.

De quelque manière que la chose volée ait péri ou ait été perdue, sa perte ne dispense pas celui qui l'a soustraite de la restitution du prix.

1594. Lorsque la chose est périe, mise hors du commerce ou perdue sans la faute du débiteur, il est tenu, s'il a quelques droits ou actions en indemnité par rapport à cette chose, de les céder à son créancier.

SECTION VII.

De l'Action en nullité ou en rescision des conventions.

1595. L'action en nullité ou en rescision d'une convention dure dix ans, dans tous les cas où elle n'est pas limitée à un moindre temps par une loi particulière. Ce temps ne court, dans le cas de violence, que du jour où elle a cessé; dans le cas d'erreur ou de dol, du jour où ils ont été découverts; et pour les actes passés par les femmes mariées non autorisées, du jour de la dissolution du mariage.

Le temps ne court, à l'égard des actes faits par les interdits, que du jour où l'interdiction est levée; et, à l'égard de ceux faits par les mineurs, que du jour de la majorité.

1396. Cette action est transmissible aux héritiers, qui ne peuvent toutefois l'exercer que pendant la durée du terme qui restait à courir au profit de leurs auteurs, sans préjudice des dispositions relatives à l'interruption ou à la suspension des prescriptions.

1397. La simple lésion donne lieu à la rescision en faveur du mineur non habilité, contre toutes sortes de conventions; et, en faveur du mineur habilité, contre toutes conventions qui excèdent les bornes de sa capacité, ainsi qu'elle est déterminée au titre *de la Minorité*, *de la Tutelle et de l'Habilitation*.

1398. Le mineur n'est pas restituable pour cause de lésion, lorsqu'elle ne résulte que d'un événement casuel et imprévu.

1399. La simple déclaration de majorité, faite par le mineur, ne fait point obstacle à sa restitution.

1400. Le mineur commerçant, banquier ou artisan, n'est point restituable contre les engagemens qu'il a pris à raison de son commerce ou de son art.

1401. Le mineur n'est point restituable contre les conventions portées en son contrat de mariage, lorsqu'elles ont été faites dans les limites tracées par la loi, avec le consentement et en l'assistance des personnes qu'elle désigne.

1402. Il n'est point restituable contre les obligations résultant de son délit ou quasi-délit.

1403. Il n'est plus recevable à revenir contre l'engagement qu'il avait souscrit en minorité, lorsqu'il

l'a ratifié en majorité, soit que cet engagement fût
nul en sa forme, soit qu'il fût seulement sujet à
restitution.

1404. Lorsque les mineurs, les interdits ou les
femmes mariées sont admis, en ces qualités, à se
faire restituer contre leurs engagemens, le remboursement de ce qui aurait été, en conséquence de
ces engagemens, payé pendant la minorité, l'interdiction ou le mariage, ne peut en être exigé, à moins
qu'il ne soit prouvé que ce qui a été payé a tourné à
leur profit.

1405. Les majeurs ne sont restitués pour cause de
lésion que dans les cas et sous les conditions spécialement exprimés dans le présent Code.

1406. Lorsque les formalités requises à l'égard des
mineurs ou des interdits, soit pour aliénation d'immeubles, soit dans un partage de succession, ont
été remplies, ils sont, relativement à ces actes,
considérés comme s'ils les avaient faits en majorité
ou avant l'interdiction.

1407. L'exception de nullité peut être opposée par
toute personne qui est poursuivie pour l'exécution
de l'obligation, dans tous les cas où cette personne
aurait été admissible à agir par voie de nullité ou de
rescision.

Cette exception n'est point sujette à la prescription
établie par l'art. 1595.

CHAPITRE VI.

DE LA PREUVE DES OBLIGATIONS, ET DE CELLE DU PAYEMENT.

1408. Celui qui réclame l'exécution d'une obligation, doit la prouver. Réciproquement celui qui se prétend libéré, doit justifier le payement ou le fait qui a produit l'extinction de son obligation.

1409. Les règles qui concernent la preuve littérale, la preuve testimoniale, les présomptions, l'aveu de la partie et le serment, sont expliquées dans les sections suivantes.

SECTION I.

De la Preuve littérale.

1410. La preuve littérale dérive d'un acte public ou d'un titre sous seing privé.

§ Ier.

De l'Acte public.

1411. L'acte *public* est celui qui a été reçu, selon les formes prescrites, par un notaire ou par un autre officier public ayant, dans le lieu où il l'a rédigé, le pouvoir de donner à cet acte le caractère de l'authenticité.

1412. On doit faire par acte public,

1.º Les conventions portant transmission de propriété ou d'usufruit de biens immeubles ou réputés tels ; celles par lesquelles des biens de même nature sont grevés de servitudes, d'hypothèques ou d'autres charges ; les sociétés et partages qui ont pour objet des immeubles quelconques, et les baux dont le terme excède neuf ans ;

2.º Les donations, les contrats de mariage, de constitution ou d'augmentation de dot,' même en cas d'entrée en religion, les constitutions de rentes et autres actes par lesquels on s'oblige à des prestations viagères ou perpétuelles.

Les rentes sur l'Etat sont réglées par des lois particulières.

5.º Les conventions portant cession ou renonciation à des droits héréditaires ; les ventes par enchères, même de biens meubles, lorsque leur valeur excède la somme de trois cents livres ; les procurations *ad lites* ; les procurations générales *ad negotia*, et même les procurations spéciales, quand celles-ci ont pour objet l'aliénation ou l'obligation d'un immeuble, ou tout autre contrat ou acte fait ou à faire par acte public ;

4.º Les cessions de droits ou d'actions dérivant d'actes publics, ou qui ne peuvent être établis que par des actes de cette nature ; tous les contrats en général qui ne sont qu'un accessoire ou une dépendance d'autres contrats rédigés par acte public, ou qui ne peuvent être rédigés que par un acte semblable; toutes les explications, modifications ou révocations, et toutes transactions auxquelles ces contrats donneraient lieu. Il en est de même des quittances relatives aux obligations contractées par acte public, à l'exception de celles qui ne concernent que des intérêts, loyers, rentes et autres annuités.

1413. A défaut d'acte public, la preuve des contrats mentionnés dans l'article précédent n'est point admissible : ils sont considérés comme non avenus, lors même qu'on s'est soumis à les rédiger en instrument public, dans un temps déterminé et sous une clause pénale; cette clause, ainsi que l'obligation, est sans effet.

1414. Sont exceptées de la disposition énoncée en l'article précédent, les transactions sur procès, consentie pardevant les Rapporteurs ou les Juges saisis de la contestation : si elles sont souscrites ou sous-marquées par les parties ou par un fondé de pouvoir spécial, elles obligent les contractans à en passer acte authentique dans le terme fixé par l'ordonnance du Rapporteur ou du Juge, ou, à défaut de fixation, dans le terme de trois mois. En cas de refus de la part de l'une des parties, le Tribunal ou le Juge, pardevant lequel la cause est pendante, peut, sur la demande qui lui en est faite dans les trois mois qui suivent l'expiration du terme ci-dessus établi, et nonobstant la contumace de la partie opposante, ordonner que la transaction sera rédigée en instrument public. Si cette demande n'est pas formée dans les trois mois, l'ordonnance du Rapporteur ou du Juge est considérée comme non avenue.

1415. Dans les cas où la loi n'exige pas un instrument public pour la validité de la convention, l'acte qui n'est point authentique par l'incompétence ou l'incapacité de l'officier, ou par un défaut de forme, vaut comme écriture privée entre les parties, si elles l'ont signé, ou qu'à défaut de signature de la part de celles-ci ou de l'une d'elles, l'acte présente la marque et les signatures dont il est parlé ci-après en l'art. 1433.

1416. L'acte public fait pleine foi de la convention et des faits qui se sont passés en présence du notaire ou de l'officier public qui l'a reçu.

Néanmoins, en cas de plaintes en faux principal, l'exécution de l'acte argué de faux sera suspendue par le mandat de prise de corps ; et, en cas d'inscription de faux faite incidemment, les Tribunaux pourront, suivant les circonstances, suspendre provisoirement l'exécution de l'acte.

1417. L'acte, soit public, soit sous seing privé, fait foi entre les parties, même de ce qui n'y est exprimé qu'en termes énonciatifs, pourvu que l'énonciation ait un rapport direct à la disposition.

Les énonciations étrangères à la disposition ne peuvent servir que d'un commencement de preuve.

1418. Les actes et contrats passés en pays étrangers, suivant les formes qui y sont prescrites, ont la même force que celle qui est accordée dans ces pays aux actes et contrats passés dans les États.

4419. Dans toute espèce de contrats, même dans les contrats judiciaires, il est défendu au notaire ou autre officier public d'exiger ou de recevoir le serment des parties; s'il est contrevenu à cette défense, le contrat sera considéré comme surpris par dol, et en conséquence nul et de nul effet.

§ II

De l'insinuation et des actes qui y sont soumis.

4420. Les actes publics passés pardevant notaires, et renfermant soit des contrats, soit des dispositions de dernière volonté, ne peuvent être produits en justice, ni être employés à aucun autre usage, s'ils n'ont été insinués dans la forme voulue par les règlemens en vigueur.

1421. Les sentences et ordonnances rendues sur des actes non insinués ne seront exécutoires, lors même que le défaut d'insinuation n'aurait pas été opposé, qu'après l'accomplissement de cette formalité.

4422. L'*insinuation* s'opère par le dépôt que fait le notaire ou tout autre officier public, dans le terme fixé par les lois sur la matière, d'une copie de l'acte qu'il a reçu, aux archives établies pour cet objet dans chaque district ou arrondissement d'insinuation.

1423. Outre les actes mentionnés en l'art. 4412,

sont aussi soumis à la formalité de l'insinuation, les adjudications en faveur du créancier, et les adjudications sur enchère des biens immeubles ou réputés tels, même celles qui ont lieu pardevant les Tribunaux ; les testamens déposés dans les archives des Sénats et des Tribunaux, dès qu'ils sont ouverts ; les actes de tutelle, de confirmation de tuteur, d'adoption, d'émancipation, d'habilitation et de cautionnement judiciaire ; enfin les délibérations des communes ou autres corporations, donnant pouvoir de souscrire en leur nom quelque engagement, de passer quelques contrats ou quittances, ou de faire quelque autre acte soumis à l'insinuation.

1424. Sont dispensés de l'insinuation, bien que passés par instrument public,

1.º Les procurations *ad lites* ; les procurations spéciales, lors même qu'elles ont pour objet un contrat ou un acte soumis à l'insinuation ; celles qui donnent pouvoir de représenter le constituant dans les délibérations des conseils de famille, des communes ou d'autres corporations ; les actes portant consentement ou autorisation des pères, mères et autres ascendans en faveur de leurs descendans ; du mari en faveur de la femme, pour les actes à raison desquels la loi exige ce consentement ou cette autorisation ; l'acte par lequel un accusé donne caution de se représenter en justice ;

2.º Les procès-verbaux d'attestation, et les actes à cautionnement des économes établis dans les instances d'ordre.

Les procurations spéciales, ainsi que les actes portant consentement ou autorisation, et que le présent article dispense de l'insinuation, seront annexées à la minute originale de l'acte public qu'ils ont eu pour objet.

1425. Les titres sous seing privé peuvent être insinués sur la demande de l'une des parties, quoique cette formalité n'ait pas été convenue : elle a pour objet de donner à ces titres une date certaine, et d'en assurer la conservation dans les archives de l'insinuation.

Cette insinuation devra s'opérer au bureau dans l'arrondissement duquel se trouve le lieu où le contrat a été passé, ou dans lequel l'une des parties a son domicile, ou même au bureau établi dans la ville où siége le Tribunal dans le ressort duquel se trouvent situés les lieux susdits.

1426. Les contrats, actes et écrits passés en pays étranger ne peuvent être employés dans les États sans avoir été insinués, lorsque, d'après leur nature ou leur objet, ils sont assujettis à cette formalité.

Elle devra être remplie dans le terme fixé par les règlemens en vigueur, lorsque ces actes porteront transmission de propriété ou d'usufruit, à quelque titre que ce soit, d'immeubles situés dans les États.

1427. A l'égard des contrats, actes et écrits dont il est parlé dans l'article précédent, l'insinuation doit être faite :

Relativement à ceux qui renferment quelqu'une des conventions énoncées au n.º 1.er de l'art. 1412, au bureau établi dans la ville où siége le Tribunal dans le ressort duquel sont situés les biens qui forment, en tout ou en partie, l'objet de ces conventions;

Relativement aux autres, au bureau de l'une des villes où siége un Tribunal de judicature-mage.

§ III.

Des Actes sous seing privé.

1428. L'acte sous seing privé, reconnu par celui auquel on l'oppose, ou légalement tenu pour reconnu, a, entre ceux qui l'ont souscrit ou sous-marqué, comme il sera expliqué ci-après, et entre leurs héritiers et ayant cause, la même foi que l'acte public.

1429. Celui auquel on oppose un acte sous seing privé, est obligé d'avouer ou de désavouer formellement son écriture ou sa signature. Si l'acte présente seulement la marque d'une partie qui a déclaré ne savoir signer, elle est obligée d'avouer ou de nier d'avoir apposé cette marque.

Ses héritiers ou ayant cause peuvent se contenter de déclarer qu'ils ne connaissent point l'écriture ou la signature de leur auteur, et qu'ils ignorent si la marque existante au bas de l'acte y a été apposée par lui.

1430. Dans le cas où la partie désavoue son écriture, sa signature ou sa marque, et dans le cas où ses héritiers et ayant cause déclarent ne les point connaître, la vérification en est ordonnée en justice.

1451. Bien que l'acte sous seing privé ait été reconnu, ou soit tenu pour reconnu, celui auquel on l'oppose, peut attaquer la convention qu'il renferme, par tous les moyens de droit, sans qu'il soit besoin, à cet égard, d'une réserve dans l'acte de reconnaissance.

1452. Les actes sous seing privé qui contiennent des conventions synallagmatiques, doivent être faits en autant d'originaux qu'il y a de parties ayant un intérêt distinct.

Il suffit d'un original pour toutes les personnes ayant le même intérêt.

Chaque original doit contenir la mention du nombre des originaux qui en ont été faits.

Néanmoins le défaut de cette mention ne peut être opposé par celui qui a exécuté de sa part la convention portée dans l'acte.

S'il n'y a pas eu autant d'originaux que de parties contractantes, ou si mention n'a pas été faite du nombre des originaux, la convention synallagmatique peut simplement servir de commencement de preuve par écrit, lorsqu'elle est signée par les parties.

1453. Si les parties ou l'une d'elles ne savent ou ne peuvent lire ni écrire, l'acte sous seing privé n'est valable qu'autant qu'on y fait intervenir trois témoins dont deux sachent écrire et signent les ori-

ginaux, et qu'on y fait apposer la marque des contractans et du témoin qui ne savent pas signer.

Sans l'accomplissement de ces formalités, l'acte ne
fait aucune preuve.

1454. Le billet ou la promesse sous seing privé,
par lequel une seule partie s'engage envers l'autre à
lui payer une somme d'argent, ou à lui livrer une
chose appréciable, doit être écrit en entier de la
main de celui qui le souscrit; ou du moins, il faut
qu'outre sa signature il ait écrit de sa main un *bon*
ou un *approuvé* portant en toutes lettres la somme
ou la quantité de la chose.

Si celui qui s'oblige ne sait ou ne peut écrire de
sa main le *bon* ou *approuvé*, l'acte doit être souscrit
et sous-marqué, comme il est dit dans l'article précédent; le *bon* ou *approuvé* doit en outre y être
écrit par l'un des témoins signataires.

La disposition du présent article ne s'applique point
aux promesses des marchands pour les affaires de leur
commerce.

1455. Lorsque la somme exprimée au corps de
l'acte est différente de celle exprimée au *bon*, l'o-
bligation est présumée n'être que de la somme
moindre, lors même que l'acte ainsi que le *bon*
sont écrits en entier de la main de celui qui s'est
obligé, à moins qu'il ne soit prouvé de quel côté
est l'erreur.

1456. Les actes sous seing privé n'ont de date
contre les tiers que du jour où ils ont été insinués,
du jour de la mort de celui ou de l'un de ceux qui

les ont souscrits, ou du jour où leur substance est constatée dans des actes dressés par des officiers publics, tels que procès-verbaux de scellé ou d'inventaire.

1457. Les livres de marchands ne font point, contre les personnes non marchandes, preuve des fournitures qui y sont portées, sauf ce qui sera dit à l'égard du serment.

1458. Les livres des marchands font preuve contre eux; mais celui qui en veut tirer avantage ne peut les diviser en ce qu'ils contiennent de contraire à sa prétention.

1459. Les registres et papiers domestiques ne font point preuve en faveur de celui qui les a écrits. Ils font foi contre lui,

1.º Dans tous les cas où ils énoncent formellement un payement reçu;

2.º Lorsqu'ils contiennent la mention expresse que la note a été faite pour suppléer le défaut de titre ou document en faveur de celui au profit duquel ils énoncent une obligation.

1440. L'écriture mise par le créancier à la suite, en marge ou au dos d'un titre ou document qui est toujours resté en sa possession, fait foi, quoique non signée ni datée par lui, lorsqu'elle tend à établir la libération du débiteur.

Il en est de même de toute note mise par le créancier au dos, en marge ou à la suite du double d'un écrit ou d'une quittance, pourvu que ce double soit entre les mains du débiteur.

§ IV

Des Tailles.

1441. Les *tailles* corrélatives à leurs échantillons font foi entre les personnes qui sont dans l'usage de constater ainsi les fournitures qu'elles font et reçoivent en détail.

§ V

Des Copies des actes soit publics, soit sous seing privé.

1442. Les copies des actes publics font la même foi que l'original , lorsqu'elles ont été tirées sur la minute, et certifiées par le notaire ou autre officier public qui a reçu ces actes, ou par celui qui est légalement autorisé à en délivrer des copies authentiques.

1443. Il en est de même, quant à ceux de ces actes qui sont soumis à l'insinuation, des copies que l'insinuateur en délivre dans les cas prévus par les règlemens, et qu'il tire sur la copie authentique qui a été déposée aux archives de l'insinuation par le notaire ou autre officier public à qui la loi impose cette obligation.

1444. Dans les cas prévus par les articles précédens, les parties ne peuvent point demander l'apport au Tribunal, de la minute ou de la copie déposée aux archives de l'insinuation; mais elles peuvent demander que la copie produite soit collationnée sur la minute si elle existe, à défaut, sur la copie déposée aux archives de l'insinuation.

1445. A défaut de la minute et de la copie déposée à l'insinuation, les copies authentiques délivrées conformément aux articles 1442 et 1443 font pleine foi, pourvu qu'elles ne présentent ni altération, ni aucun motif de suspicion.

1446. Les copies dont il est parlé dans l'article précédent, peuvent tenir lieu de l'original, à l'effet d'en tirer d'autres copies, si elles se trouvent dans les registres des bureaux des hypothèques, ou dans d'autres registres publics. Il en est de même de celles qui étant entre les mains de quelque particulier, sont, par autorité de justice, déposées aux archives de l'insinuation, du consentement des intéressés, ou après due citation.

1447. Les copies qui, à défaut de l'original et de la copie déposée à l'insinuation, ont été tirées par des officiers publics sans qualité pour le faire, ne font aucune foi, à moins qu'il ne s'agisse de copies de titres anciens faites depuis plus de trente ans : dans ce cas, elles peuvent servir d'indication ou de commencement de preuve plus ou moins forte, suivant les circonstances.

Les copies qui sont simplement transcrites sur les registres publics, ne peuvent servir que d'un commencement de preuve par écrit.

1448. Hors les cas spécifiés dans les deux articles précédens, les copies des copies ne font aucune foi.

1449. Les copies authentiques des actes sous seing
privés, tirées des originaux que les parties ou l'une
d'elles ont déposés aux archives de l'insinuation, font
la même foi que l'original, lorsqu'elles ont été faites
par ordre de la justice, et après que les signatures
en ont été légalement reconnues, sans préjudice
cependant du droit d'en demander la collation avec
l'original.

§ VI.

Des Actes récognitifs et confirmatifs.

1450. L'acte récognitif fait preuve contre le débiteur, ses héritiers et ayant droit, à moins que ceux-
ci, par la représentation du titre primordial, ne
prouvent qu'il y a eu dans l'acte récognitif erreur
ou augmentation de la dette primitive.

S'il y a plusieurs actes récognitifs, le plus récent
doit prévaloir.

1451. L'acte de confirmation ou ratification d'une
obligation contre laquelle la loi admet l'action en
nullité ou en rescision, n'est valable que lorsqu'on y
trouve la substance de cette obligation, la mention
du motif de l'action en rescision, et la déclaration
de réparer le vice sur lequel cette action est fondée.

A défaut d'acte de confirmation ou ratification,
il suffit que l'obligation soit exécutée volontairement
en tout ou en grande partie, après l'époque à laquelle l'obligation pourrait être valablement confirmée ou ratifiée.

La confirmation, ratification ou exécution volontaire, dans les formes et à l'époque déterminées par la loi, emporte la renonciation aux moyens et exceptions que l'on pouvait opposer contre l'obligation, sans préjudice néanmoins du droit des tiers.

Les dispositions du présent article ne s'appliquent point à l'action en rescision qui est fondée sur la lésion.

1452. Le donateur ne peut réparer par aucun acte confirmatif les vices d'une donation entre-vifs, nulle en la forme; il faut qu'elle soit refaite en la forme légale.

1455. La confirmation, ratification ou exécution volontaire d'une donation ou d'une disposition testamentaire par les héritiers ou ayant droit du donateur ou du testateur, après son décès, emporte leur renonciation à opposer soit les vices de forme, soit toute autre exception.

SECTION II.

De la Preuve testimoniale.

1454. Il n'est reçu aucune preuve par témoins d'une convention dont l'objet ou la valeur excède la somme de trois cents livres, même pour dépôts volontaires; cette preuve n'est pas non plus admissible contre et outre le contenu aux actes, ni sur ce qui serait allégué avoir été dit avant, lors ou depuis les actes, encore qu'il s'agisse d'une somme ou valeur moindre de trois cents livres.

Le tout sans préjudice de ce qui est prescrit dans les lois relatives au commerce.

1455. La règle ci-dessus s'applique au cas où l'action contient, outre la demande du capital, une demande d'intérêts qui, réunis au capital, excèdent la somme de trois cents livres.

1456. Celui qui a formé une demande excédant trois cents livres, ne peut plus être admis à la preuve testimoniale, même en restreignant sa demande primitive.

1457. La preuve testimoniale, sur la demande d'une somme même moindre de trois cents livres, ne peut être admise lorsque cette somme est déclarée être le restant ou faire partie d'une créance plus forte qui n'est point prouvée par écrit.

1458. Si, dans la même instance une partie fait plusieurs demandes dont il n'y ait point de titre par écrit, et que, jointes ensemble, elles excèdent la somme de trois cents livres, la preuve par témoins n'en peut être admise, encore que la partie allègue que ces créances proviennent de différentes causes, et qu'elles se soient formées en différens temps, à moins que ces droits ne procédassent, par succession, donation ou autrement, de personnes différentes.

1459. Toutes les demandes, à quelque titre que ce soit, qui ne seront pas entièrement justifiées par écrit, seront formées par un même exploit, après lequel les autres demandes dont il n'y aura point de preuve par écrit ne seront pas reçues.

1460. Les règles ci-dessus reçoivent exception, quant aux contrats qui peuvent être passés sous seing privé, lorsqu'il y a un commencement de preuve par écrit.

On appelle ainsi tout écrit émané de celui contre lequel la demande est formée, ou de celui qu'il représente et qui rend vraisemblable le fait allégué.

1461. Elles reçoivent encore exception toutes les fois qu'il n'a pas été possible au créancier de se procurer une preuve littérale de l'obligation qui a été contractée envers lui.

Cette seconde exception s'applique,

1.º Aux obligations qui naissent des quasi-contrats, et des délits ou quasi-délits;

2.º Aux dépôts nécessaires faits en cas d'incendie, ruine, tumulte ou naufrage, et à ceux faits par les voyageurs dans les hôtelleries où ils logent, ou aux voituriers qui les conduisent, le tout suivant la qualité des personnes et les circonstances du fait;

3.º Aux obligations contractées en cas d'accidens imprévus qui n'auraient pas permis de faire des actes par écrit;

4.º Au cas où le créancier a perdu le titre qui lui servait de preuve littérale, par suite d'un cas fortuit, imprévu et résultant d'une force majeure.

SECTION III.

Des Présomptions.

1462. Les présomptions sont des conséquences que la loi ou le Juge tire d'un fait connu à un fait inconnu.

§ 1er.

Des Présomptions établies par la loi.

1463. La *présomption légale* est celle qui est attachée par une loi spéciale à certains actes ou à certains faits : tels sont,

1.º Les actes que la loi déclare nuls, comme présumés faits en fraude de ses dispositions, d'après leur seule qualité;

2.º Les cas dans lesquels la loi déclare la propriété ou la libération résulter de certaines circonstances déterminées;

3.º L'autorité que la loi attribue à la chose jugée;

4.º La force que la loi attache à l'aveu ou au serment de la partie.

1464. L'autorité de la chose jugée n'a lieu qu'à l'égard de ce qui a fait l'objet du jugement. Il faut que la chose demandée soit la même; que la demande soit fondée sur la même cause; que la demande soit entre les mêmes parties, et formée par elles et contre elles en la même qualité, sauf ce qui est prescrit par l'art. 989.

1465. La présomption légale dispense de toute preuve celui au profit duquel elle existe.

Nulle preuve n'est admise contre la présomption de la loi, lorsque, sur le fondement de cette présomption, elle annule certains actes ou dénie l'action en justice, à moins qu'elle n'ait réservé la preuve du contraire, et sauf ce qui sera dit sur *le Serment* et *l'Aveu judiciaires*.

1466. Quant aux jugemens rendus en pays étrangers, on agira de la même manière qu'on en use dans ces pays à l'égard des jugemens rendus par les Tribunaux de l'État, sans préjudice des règles et des usages suivis pour leur mise à exécution.

§ II.

Des Présomptions qui ne sont point établies par la loi.

1467. Les présomptions qui ne sont point établies par la loi, sont abandonnées à la prudence du Juge, qui ne doit admettre que des présomptions graves, précises et concordantes, et dans le cas seulement où la loi admet la preuve testimoniale, à moins que l'acte ne soit attaqué pour cause de fraude ou de dol.

SECTION IV.

De l'Aveu de la partie.

1468. L'aveu qui est opposé à une partie est *extrajudiciaire* ou *judiciaire*.

1469. L'allégation d'un aveu extrajudiciaire purement verbal est inutile toutes les fois qu'il s'agit d'une demande dont la preuve testimoniale ne serait point admissible.

1470. L'aveu judiciaire est la déclaration que fait en justice la partie ou son fondé de pouvoir spécial.

Il fait pleine foi contre celui qui l'a fait ;

Il ne peut être divisé contre lui ;

Il ne peut être révoqué, à moins qu'on ne prouve qu'il a été la suite d'une erreur de fait ; .

Il ne peut être révoqué sous prétexte d'une erreur de droit.

1471. L'aveu judiciaire cependant ne produit les effets qui lui sont attribués par l'article précédent, que lorsqu'il est fait par une personne capable de s'obliger.

L'aveu des tuteurs et administrateurs ne préjudicie aux personnes placées sous leur autorité, que lorsqu'il est fait dans les cas où la loi leur permet d'obliger ces personnes, et en suivant les formes qu'elle détermine.

SECTION V.

Du Serment.

1472. Le serment, de quelque espèce qu'il soit, doit être prêté par la personne même, et non par un fondé de pouvoir.

1473. Le serment *judiciaire* est de deux espèces :

1.º Celui qu'une partie défère à l'autre pour en faire dépendre le jugement de la cause ; il est appelé *décisoire ;*

2.º Celui qui est déféré d'office par le Juge à l'une ou à l'autre des parties.

§ Iᵉʳ.

Du Serment décisoire.

1474. Le serment décisoire peut être déféré sur quelque espèce de contestation civile que ce soit,

Il ne peut avoir pour objet un fait incriminé par la loi, une convention pour la validité de laquelle la loi requiert un instrument public, ni la dénégation d'un fait qu'un acte authentique constate s'être passé pardevant l'officier public qui l'a reçu.

1475. Il ne peut être déféré que sur un fait personnel à la partie à laquelle on le défère; il peut l'être cependant sur la simple *science* d'un fait.

1476. Il peut être déféré en tout état de cause, et encore qu'il n'existe aucun commencement de preuve de la demande ou de l'exception sur laquelle il est provoqué.

1477. Celui auquel le serment est déféré, qui le refuse ou ne consent pas à le référer à son adversaire, ou l'adversaire à qui il a été référé et qui le refuse, doit succomber dans sa demande ou dans son exception.

1478. La partie à laquelle le serment a été déféré, ne peut plus le référer, si elle a déclaré être prête à faire ce serment.

1479. Le serment ne peut être référé quand le fait qui en est l'objet n'est point celui des deux parties, mais est purement personnel à celui auquel le serment avait été déféré.

1480. Lorsque le serment déféré ou référé a été fait, l'adversaire n'est point recevable à en prouver la fausseté.

Si cependant la fausseté en a été établie par un jugement criminel, les effets civils du serment décisoire n'en subsistent pas moins, sauf à celui au préjudice duquel il a été fait, à exercer l'action en dommages et intérêts qu'il peut avoir en vertu du jugement criminel.

1481. La partie qui a déféré ou référé le serment, ne peut plus se rétracter lorsque l'adversaire a déclaré qu'il est prêt à faire ce serment.

1482. Celui qui a déféré ou référé le serment, peut en dispenser l'adversaire qui a déclaré être prêt à le faire; dans ce cas, le serment est censé fait.

1483. Le serment fait ne forme preuve qu'au profit de celui qui l'a déféré ou contre lui, et au profit de ses héritiers ou ayant cause ou contre eux.

Néanmoins, le serment déféré par l'un des créanciers solidaires au débiteur ne libère celui-ci que pour la part de ce créancier;

Le serment déféré au débiteur principal libère également les cautions;

Celui déféré à l'un des débiteurs solidaires profite aux codébiteurs ;

Et celui déféré à la caution profite au débiteur principal.

Dans ces deux derniers cas, le serment du codébiteur solidaire ou de la caution ne profite aux autres codébiteurs ou au débiteur principal, que lorsqu'il a été déféré sur la dette, et non sur le fait de la solidarité ou du cautionnement.

§ II

Du Serment déféré d'office.

1484. Le Juge peut déférer le serment à l'une des parties, ou pour en faire dépendre la décision de la cause, ou seulement pour déterminer le montant de la condamnation.

1485. Le Juge ne peut déférer d'office le serment, soit sur la demande, soit sur l'exception qui y est opposée, que sous les deux conditions suivantes : il faut,

1.º Que la demande ou l'exception ne soit pas pleinement justifiée ;

2.º Qu'elle ne soit pas totalement dénuée de preuves.

Hors ces deux cas, le Juge doit ou adjuger ou rejeter purement et simplement la demande.

1486. Le serment déféré d'office par le Juge à l'une des parties, ne peut être par elle référé à l'autre.

1487. Le serment sur la valeur de la chose demandée ne peut être déféré par le Juge au demandeur, que lorsqu'il est d'ailleurs impossible de constater autrement cette valeur.

Le Juge doit même, en ce cas, déterminer la somme jusqu'à concurrence de laquelle le demandeur en sera cru sur son serment.

TITRE VII

DES ENGAGEMENS QUI SE FORMENT SANS CONVENTION.

1488. Certains engagemens se forment sans qu'il intervienne aucune convention, ni de la part de celui qui s'oblige, ni de la part de celui envers lequel il est obligé.

Les uns résultent de l'autorité seule de la loi; les autres naissent d'un fait personnel à celui qui se trouve obligé.

Les premiers sont les engagemens formés involontairement, tels que ceux entre propriétaires voisins, ou ceux des tuteurs et des autres administrateurs qui ne peuvent refuser la fonction qui leur est déférée.

Les engagemens qui naissent d'un fait personnel a celui qui se trouve obligé, résultent ou des quasi-contrats, ou des délits ou quasi-délits;

Ils font la matière du présent titre.

CHAPITRE PREMIER.

DES QUASI-CONTRATS.

1489. Les quasi-contrats sont les faits purement volontaires de l'homme, dont il résulte un engagement quelconque envers un tiers, et quelquefois un engagement réciproque des deux parties.

1490. Lorsque volontairement on gère l'affaire d'autrui, soit que le propriétaire connaisse la gestion, soit qu'il l'ignore, celui qui gère contracte l'engagement tacite de continuer la gestion qu'il a commencée, et de l'achever jusqu'à ce que le propriétaire soit en état d'y pourvoir lui-même ; il doit se charger également de toutes les dépendances de cette même affaire.

Il se soumet à toutes les obligations qui résulteraient d'un mandat exprès que lui aurait donné le propriétaire.

1491. Il est obligé de continuer sa gestion, encore que le maître vienne à mourir avant que l'affaire soit consommée, jusqu'à ce que l'héritier ait pu en prendre la direction.

1492. Il est tenu d'apporter à son administration tous les soins d'un bon père de famille. Néanmoins les circonstances qui l'ont conduit à se charger de l'affaire, peuvent autoriser le Juge à modérer les dommages et intérêts qui résulteraient des fautes ou de la négligence du gérant.

1493. Le maître dont l'affaire a été bien administrée, doit remplir les engagemens que le gérant a contractés en son nom, l'indemniser de tous les engagemens personnels qu'il a pris, et lui rembourser toutes les dépenses utiles ou nécessaires qu'il a faites.

1494. Celui qui reçoit par erreur ou sciemment ce qui ne lui est pas dû, s'oblige à le restituer à celui de qui il l'a indûment reçu.

1495. Lorsqu'une personne qui, par erreur, se croyait débitrice, a acquitté une dette, elle a le droit de répétition contre le créancier.

Néanmoins ce droit cesse dans le cas où le créancier, par suite du payement, a de bonne foi supprimé son titre ou renoncé aux gages de sa créance, sauf le recours de celui qui a payé contre le véritable débiteur.

1496. S'il y a eu mauvaise foi de la part de celui qui a reçu, il est tenu de restituer, tant le capital que les intérêts ou les fruits, du jour du payement.

1497. Celui qui a reçu indûment une chose, est tenu de la restituer en nature, si elle existe; si elle est périe ou détériorée, il doit, dans le cas où il l'a reçue de mauvaise foi, en restituer la valeur, lors même que la perte ou la détérioration n'est arrivée que par cas fortuit; s'il l'a reçue de bonne foi, il n'est tenu à en restituer la valeur que jusqu'à concurrence de ce dont il a profité.

1498. Si celui qui a reçu de bonne foi, a vendu la chose, il ne doit que restituer le prix de la vente,

ou, céder l'action qu'il a pour en obtenir le payement,

1499. Celui auquel la chose est restituée, doit
tenir compte, même au possesseur de mauvaise foi,
de toutes les dépenses nécessaires et utiles qui ont
été faites pour la conservation de la chose.

CHAPITRE II.

DES DÉLITS ET DES QUASI-DÉLITS.

1500. Tout fait quelconque de l'homme, qui cause
à autrui un dommage, oblige celui par la faute duquel il est arrivé à le réparer.

1501. Chacun est responsable du dommage qu'il
a causé, non-seulement par son fait, mais encore
par sa négligence ou par son imprudence.

1502. On est responsable, non seulement du
dommage que l'on cause par son propre fait, mais
encore de celui qui est causé par le fait des personnes
dont on doit répondre, ou des choses que l'on a
sous sa garde.

Le père, l'aïeul ou la mère sont responsables
du dommage causé par leurs enfans mineurs habitant avec eux, dans les cas où ces enfans sont respectivement placés sous leur surveillance et direction;

Les maîtres et les commettans, du dommage causé
par leurs domestiques et préposés dans les fonctions
auxquelles ils les ont employés;

Les instituteurs et les artisans, du dommage causé par leurs élèves et apprentis pendant le temps qu'ils sont sous leur surveillance.

La responsabilité ci-dessus n'a point lieu si les père et mère, instituteurs et artisans, prouvent qu'ils n'ont pu empêcher le fait qui donne lieu à cette responsabilité.

1503. Le propriétaire d'un animal, ou celui qui s'en sert, pendant qu'il est à son usage, est responsable du dommage que l'animal a causé, soit que l'animal fût sous sa garde, soit qu'il fût égaré ou échappé.

1504. Le propriétaire d'un bâtiment est responsable du dommage causé par sa ruine, lorsqu'elle est arrivée par une suite du défaut d'entretien, ou par le vice de sa construction.

1505. Celui qui a un juste motif de craindre que son fonds, ou toute autre chose dont il est en possession, ne soit menacé d'un dommage considérable et prochain, par un bâtiment, par un arbre ou par un autre objet de même nature, qu'un autre individu posséderait dans le voisinage, peut, en exposant le fait au Juge, requérir, selon la diversité des circonstances, qu'il prescrive les mesures convenables pour obvier au danger qui est dénoncé, ou que le voisin soit condamné à fournir caution pour le payement des dommages que l'état actuel des choses pourrait occasionner.

1506. Celui qui a lieu de craindre que le nouvel œuvre qu'un individu aura entrepris sur son propre héritage ou sur celui d'un autre, ne cause du dommage à son fonds, pourra, dans l'année à compter de l'époque où l'ouvrage aura été commencé, et avant qu'il soit terminé, en faire la dénonciation au Juge, afin qu'il statue provisoirement, jusqu'à ce qu'il ait été définitivement prononcé sur les droits respectifs des parties.

1307. Le Juge, après avoir pris connaissance du fait, pourra, suivant les circonstances, faire suspendre le nouvel œuvre, ou en permettre la continuation : s'il ordonne la suspension des travaux, il exigera, s'il y échet, les sûretés convenables pour le payement des dommages que l'injonction faite à celui qui les a entrepris peut lui occasionner; si au contraire il en permet la continuation, il exigera les mêmes sûretés pour le cas de démolition ou de réduction du nouvel œuvre, et pour les dommages que pourrait supporter celui qui en a fait la dénonciation.

TITRE VIII.

DU CONTRAT DE MARIAGE ET DES DROITS RESPECTIFS DES ÉPOUX.

CHAPITRE PREMIER.

DISPOSITIONS GÉNÉRALES.

1308. Les époux peuvent faire, dans leur contrat de mariage, toutes les conventions qu'ils jugent à propos, pourvu qu'elles ne soient pas contraires aux bonnes mœurs, et, en outre, sous les modifications qui suivent.

1509. Les époux ne peuvent déroger ni aux droits résultant de la puissance maritale sur la personne de la femme et des enfans, ou qui appartiennent au mari comme chef de la famille, ni aux droits conférés au survivant des époux par le titre *de la Puissance paternelle*, et par le titre *de la Minorité, de la Tutelle et de l'Habilitation*, ni aux dispositions prohibitives du présent Code.

1510. Ils ne peuvent faire aucune convention ou renonciation dont l'objet serait de changer l'ordre légal des successions, soit par rapport à eux-mêmes dans la succession de leurs enfans ou descendans, soit par rapport à leurs enfans entre eux; sans préjudice des donations entre-vifs ou des dispositions testamentaires qui pourront avoir lieu selon les formes et dans les cas déterminés par le présent Code.

1511. Les époux ne peuvent stipuler, d'une manière générale, que leur contrat de mariage sera réglé par quelqu'une des lois, coutumes ou statuts locaux ci-devant en vigueur dans les États.

1512. Toutes conventions matrimoniales seront rédigées, avant le mariage, par acte devant notaire.

1513. Les changemens qui y seraient faits avant la célébration, doivent être constatés par acte passé dans la même forme que le contrat de mariage.

Nul changement ou contre-lettre n'est, au surplus,

valable sans la présence et le consentement simultané de toutes les personnes qui ont été parties dans le contrat de mariage.

1514. Tout changement ou contre-lettre, même revêtu des formes prescrites par l'article précédent, sera sans effet à l'égard des tiers, si, en marge ou à la suite de la minute du contrat de mariage, il n'a été fait une annotation indiquant l'acte qui contient le changement ou la contre-lettre. Cette annotation sera aussi portée sur la copie du contrat de mariage remise au bureau de l'insinuation, à la diligence du notaire qui l'aura reçu.

Le notaire et l'insinuateur ne pourront, à peine des dommages et intérêts des parties, et sous plus grande peine, s'il y a lieu, délivrer expédition du contrat de mariage, sans transcrire à la suite l'annotation ci-dessus mentionnée.

1515. Les conventions matrimoniales, de quelque nature qu'elles soient, ne peuvent recevoir aucun changement après la célébration du mariage.

1516. Le mineur habile à contracter mariage est habile à consentir toutes les conventions dont ce contrat est susceptible; et les conventions et donations qu'il y a faites sont valables, pourvu qu'elles soient restreintes aux dispositions qui lui sont permises par les art. 1151 et 1183, et qu'il ait été autorisé et assisté des personnes mentionnées auxdits articles.

CHAPITRE II.

DE LA DOT.

1517. La dot consiste dans les biens que la femme, ou tout autre pour elle, constitue expressément à ce titre, et apporte au mari pour supporter les charges du mariage.

1518. La femme qui se remarie, n'est pas, sans une convention expresse, censée apporter au nouveau mari la dot constituée à l'occasion de son précédent mariage.

1519. La constitution de dot peut comprendre tous les biens présens et à venir de la femme, ou tous ses biens présens seulement, ou une partie de ses biens présens et à venir, ou même un objet individuel.

La constitution, en termes généraux, de tous les biens de la femme, ne comprend pas les biens à venir.

1520. La dot ne peut être constituée ni augmentée par la femme, après la célébration du mariage.

La constitution ou l'augmentation de dot, qui serait faite par toute autre personne après la célébration, n'obligera les biens du mari que du jour de la constitution ou de l'augmentation : dans ce cas, il ne pourra être stipulé aucun gain dotal.

1521. Si le père et la mère qui possèdent des biens extradotaux, constituent conjointement une dot, sans

distinguer la part de chacun, elle sera censée constituée par portions égales.

Si tous les biens de la mère sont dotaux, son
obligation n'aura d'effet que conformément aux dispositions des art. 1540, 1541 et 1542.

1522. Si le survivant des père ou mère constitue une dot pour biens paternels et maternels, sans
spécifier les portions, la dot se prendra d'abord sur
les droits de la future épouse dans la succession du
père ou de la mère prédécédé, et le surplus sur les
biens du constituant.

1523. Quoique la fille dotée par ses père et mère
ait des biens à elle propres, dont l'usufruit leur appartient, la dot sera prise sur les biens des consti-
tuans, s'il n'y a stipulation contraire.

1524. Si la dot est constituée par le père seul
pour droits paternels et maternels, la mère, quoique
présente au contrat, ne sera point engagée, et la dot
demeurera en entier à la charge du père.

1525. Dans le cas où les parties ne seraient pas
d'accord sur le montant de la dot qui doit être constituée à la fille par les personnes mentionnées en
l'art. 147, elle sera fixée par le Tribunal d'après les
circonstances, de manière cependant qu'elle n'excède pas la moitié de la part légitimaire à laquelle
pourrait prétendre la fille sur le patrimoine du constituant, et sans qu'il soit nécessaire d'en venir à
une rigoureuse investigation de la valeur du patrimoine.

Mais lorsqu'une dot a été constituée, dans un

contrat de mariage ou pendant le mariage, par les personnes susdites, cette dot sera tenue pour suffisante, et l'on ne sera point admis à demander un supplément; sans préjudice néanmoins des droits qui pourront appartenir sur la succession de ces mêmes personnes, d'après la disposition des lois sur les successions.

L'action pour la constitution d'une dot, qui n'a pas été exercée par la fille, n'est pas transmissible à ses héritiers.

1526. Les personnes ci-dessus mentionnées pourront cependant constituer et payer à la fille qui contracte mariage, une dot équivalente à la part légitimaire à laquelle elle aurait droit sur leur patrimoine actuel. Dans ce cas, la part légitimaire devra, sur l'instance de celui qui constitue la dot, être fixée par le Tribunal, et réglée, d'après l'évaluation précise qui sera faite de la fortune du constituant, en contradictoire d'un curateur député à la fille, et dans les formes les plus promptes et les plus sommaires. Celui qui constitue la dot devra, à cet effet, présenter tous les titres justificatifs; et le Tribunal pourra même ordónner l'exhibition des autres documens qu'il croira nécessaires pour pouvoir déterminer avec pleine connaissance de cause la vraie valeur de la part légitimaire.

Moyennant la constitution et le payement d'une dot équivalente à la part légitimaire fixée comme il est dit ci-dessus, la fille ne pourra plus réclamer aucun droit, ni prétendre à aucun supplément sur la succession de celui qui a constitué la dot.

Néanmoins, s'il est établi que ce dernier a fait une déclaration infidèle de son patrimoine, la fille aura droit de demander une part légitimaire dans la succession du constituant, imputation faite de la dot qu'elle aura reçue.

1527. Ceux qui constituent une dot, sont tenus à la garantie des objets constitués.

1528. Les intérêts de la dot courent, de plein droit, du jour du mariage, contre ceux qui l'ont promise, encore qu'il y ait terme pour le payement, s'il n'y a stipulation contraire.

1529. Si, dans le contrat de mariage, les époux n'ont fait aucune convention particulière relativement aux gains dotaux, ils seront censés avoir stipulé en faveur de l'époux survivant, un gain réciproque égal au tiers de la valeur de la dot : ce gain lui appartiendra en toute propriété, s'il n'y a aucun descendant issu du mariage; dans le cas contraire, il n'en aura que l'usufruit.

SECTION I.

Des Droits du mari sur les biens dotaux.

1530. Le mari seul a l'administration des biens dotaux pendant le mariage.

Il a seul le droit d'en poursuivre les débiteurs et détenteurs, d'en percevoir les fruits et les intérêts, et d'exiger le remboursement des capitaux.

Cependant il peut être convenu, par le contrat

de mariage, que la femme touchera annuellement, sur ses seules quittances, une partie des revenus de la dot pour ses menues dépenses et ses besoins personnels.

1531. Le mari n'est pas tenu de fournir caution pour la réception de la dot, s'il n'y a pas été assujetti par le contrat de mariage.

Néanmoins si, après le mariage, la dot est mise en péril par quelque changement ou diminution survenus dans la fortune du mari, et que celui qui a constitué la dot ou qui en est débiteur, soit au nombre des personnes tenues de fournir des alimens, le Tribunal, sur sa demande, pourra prescrire les mesures convenables pour mettre la dot en sûreté.

1532. Si la dot ou partie de la dot consiste en objets mobiliers mis à prix par le contrat, sans déclaration que l'estimation n'en fait pas vente, le mari en devient propriétaire, et n'est débiteur que du prix donné au mobilier.

1533. L'estimation donnée à l'immeuble constitué en dot n'en transporte point la propriété au mari, s'il n'y en a déclaration expresse.

1534. L'immeuble acquis des deniers dotaux n'est pas dotal, si la condition de l'emploi n'a été stipulée par le contrat de mariage.

Il en est de même de l'immeuble donné en payement de la dot constituée en argent.

26

SECTION II.

De l'Inaliénabilité de la Dot.

1535. Les droits de la femme relatifs à la restitution de sa dot et à ses avantages matrimoniaux,
lors même que ces droits n'auraient pour objet que
des effets mobiliers, ne peuvent être aliénés ou engagés, réduits ou restreints pendant le mariage, en
faveur de qui que ce soit, ni par le mari, ni par la
femme, ni par les deux conjointement. Sont néanmoins exceptés les cas déterminés ci-après, dans
lesquels on devra préalablement obtenir l'autorisation du Tribunal de judicature-mage, et remplir en
outre, quand il s'agira de l'aliénation d'immeubles
dotaux, les formalités prescrites pour celle des biens
des mineurs.

1536. Dans le partage d'un patrimoine grevé d'hypothèques générales pour sûreté de la dot ou d'autres
droits résultant du mariage, la femme ou la veuve
d'un copartageant peut être obligée de restreindre son
hypothèque à la portion échue à son mari ou aux
héritiers de celui-ci, pourvu que cette portion lui
offre une garantie suffisante.

La femme, lorsqu'elle trouve la même garantie,
peut aussi être obligée de consentir au transport de
son hypothèque sur les immeubles qui, dans le partage, parviennent à son mari ou aux héritiers de
celui-ci, dans tous les cas où le fonds spécialement

hypothéqué à la dot et aux droits dérivant du mariage tombe au lot de l'un des autres copartageans.

1537. On peut aliéner une partie de la dot pour faire de grosses réparations indispensables pour la conservation de l'immeuble dotal.

1538. L'immeuble dotal peut aussi être aliéné, lorsqu'il se trouve indivis avec des tiers, et qu'il est reconnu impartageable.

Dans ce cas, le prix en provenant restera dotal, et il en sera fait emploi comme tel au profit de la femme.

1539. L'immeuble dotal peut être échangé ou même vendu du consentement de la femme, pourvu qu'il y ait utilité évidente pour celle-ci.

Il ne peut cependant être échangé que contre un autre immeuble dont la valeur, pour les quatre cinquièmes au moins, soit égale à celle du fonds dotal; en ce cas, il sera suppléé à la plus-value de celui-ci : toutefois l'échange n'aura lieu qu'après autorisation judiciaire, et estimation faite par experts nommés d'office par le Tribunal.

L'immeuble reçu en échange sera dotal; l'excédant du prix, s'il y en a, le sera aussi, et il en sera fait emploi comme tel.

Il sera également fait emploi, comme dotal, du prix résultant de la vente de l'immeuble dotal.

1540. Le Tribunal de judicature-mage pourra en outre, après avoir ouï le mari, autoriser la femme à aliéner subsidiairement la dot, mais à concurrence de la moitié seulement,

1.º Lorsque cette aliénation est indispensable pour fournir des alimens à la femme, au mari ou à leurs enfans, ou pour subvenir aux dépenses qu'exigent leurs infirmités ;

2.º Pour tirer de prison la femme elle-même ou son mari, son père, sa mère ou ses enfans, lorsque la détention aura été prononcée comme peine subsidiaire en cas de non payement d'amende ;

3.º Pour fournir une dot congrue à ses filles, ou pour procurer un établissement convenable à son mari ou à ses enfans.

Dans les cas prévus par les numéros 2 et 3, l'aliénation ne pourra jamais avoir lieu sans le consentement du mari.

1541. Si les circonstances et les causes énoncées ci-dessus sont tellement urgentes et graves, que l'aliénation de toute la dot soit nécessaire, la femme devra recourir au Sénat pour en obtenir l'autorisation.

1542. La femme, durant le mariage, lors même qu'elle ne posséderait aucuns biens extradotaux, ou qu'ils seraient insuffisans, peut toutefois, sans les formalités ci-dessus, mais du consentement du mari, et, à défaut, avec l'autorisation du Tribunal, conformément aux dispositions des articles 130 et 134, constituer en dot à ses filles, sur sa dot ou sur ses immeubles dotaux, une somme ou un immeuble, avec promesse qu'après sa mort la somme leur sera payée ou l'immeuble délivré, sans intérêts ou fruits jusqu'à cette époque. Cette constitution ne pourra cependant excéder le quart de la dot, lorsque la femme aura moins de quatre filles, ni le tiers, si elles sont en plus grand nombre.

1543. Si, hors les cas ci-dessus exceptés, la femme ou le mari, ou tous les deux conjointement, aliènent ou obligent la dot, l'aliénation ou l'obligation qu'ils auront consentie sera nulle, sans qu'on puisse à cet égard opposer aucune prescription pour le temps qui a couru pendant la durée du mariage.

Le mari lui-même pourra faire révoquer l'aliénation ou l'obligation pendant le mariage. Pareil droit appartiendra à la femme, lorsqu'elle aura obtenu la séparation de biens. Cependant le mari qui aura fait l'aliénation ou consenti à l'obligation, ou qui aura concouru à ces actes, sera tenu des dommages et intérêts envers la partie avec laquelle il a contracté, s'il n'a pas déclaré dans le contrat que le bien vendu ou obligé était dotal.

1544. Les immeubles dotaux sont imprescriptibles pendant le mariage, à moins que la prescription n'ait commencé à courir auparavant.

1545. Le mari est tenu, à l'égard des biens dotaux, de toutes les obligations de l'usufruitier. Il est responsable, envers sa femme ou les héritiers de celle-ci, de toutes prescriptions acquises et détériorations survenues par sa négligence.

SECTION III.

De la Séparation de la dot des biens du mari.

1546. Si la femme se trouve en péril de perdre

sa dot, ou que le désordre des affaires du mari donne lieu de craindre que les biens de celui-ci ne soient pas suffisans pour la remplir de ses droits, elle peut demander la séparation, soit de ses biens dotaux, soit de la quotité des biens de son mari, qui serait jugée nécessaire pour la sûreté de sa dot et des droits qui lui sont acquis en vertu de son contrat de mariage.

1547. La séparation de biens est nulle, si elle n'a, été prononcée en justice; la demande peut en être faite dans une instance particulière contre le mari. Le jugement qui prononce la séparation de biens, remonte, quant à ses effets, au jour de la demande.

1548. Le Tribunal, en prononçant la séparation, devra, par le même jugement, ordonner qu'il soit fait à la femme une assignation réelle sur les biens, suivant l'estimation qui sera faite par des experts nommés d'office.

Pour cette assignation, l'estimation des biens devra se faire largement; mais s'il y a des créanciers opposans, on pourra prononcer la séparation en donnant aux biens leur vraie valeur.

L'assignation devra se faire en immeubles, à défaut, ou en cas d'insuffisance, elle aura lieu en meubles.

Dans ce dernier cas, les meubles, à l'exception de ceux que le Tribunal jugerait convenable de conserver, seront vendus aux enchères publiques; le prix en provenant deviendra dotal, et il en sera fait emploi comme tel.

1549. Les frais du jugement de séparation et d'assignation réelle sont à la charge du mari.

1550. Si le mari ne possède pas des biens suffisans pour l'assignation dont il est parlé ci-dessus, la femme peut, avec l'autorisation du Tribunal, agir subsidiairement contre les tiers détenteurs des biens du mari, en commençant par le dernier acquéreur qui n'aurait pas des droits de priorité sur les biens affectés à la dot.

1551. La séparation de la dot et des droits dotaux prononcée pendant le mariage, dans le cas prévu par l'article précédent, s'opère, à l'égard du tiers détenteur, en délivrant à la femme une quantité suffisante de biens suivant leur vraie valeur. Le tiers possesseur a cependant la faculté d'offrir en argent le montant de la dot et des reprises dotales, ou de requérir la subhastation des biens, pour le prix en provenant être employé à mettre la femme hors d'intérêt.

Si le tiers détenteur opte pour le payement en argent, il en sera fait emploi, aux risques et périls de celui-ci, pour la sûreté de la dot et des droits dotaux.

Le tiers possesseur pourra aussi être admis à retenir le fonds, en donnant des garanties pour le payement des intérêts annuels de la dot et des droits dotaux durant la séparation.

1552. Lors même que le jugement qui aura prononcé la séparation de biens, aura été exécuté, il ne préjudiciera point aux hypothèques ni aux autres droits des créanciers, si la séparation a été faite en fraude de leurs droits.

1553. Les créanciers personnels de la femme ne peuvent demander la séparation de biens.

1554. La femme a l'administration et la jouissance des biens qui ont été séparés pour sa dot et ses droits dotaux ; elle doit cependant contribuer aux charges du ménage et à l'éducation des enfans communs, ou les supporter entièrement.

1555. La femme définitivement séparée de corps pourra aussi, suivant les circonstances, obtenir du Tribunal la séparation de sa dot et de ses autres droits dotaux, lors même que la fortune du mari en garantirait la conservation.

SECTION IV.

De la Restitution de la dot.

1556. Si la dot consiste en immeubles, ou en meubles non estimés par le contrat de mariage, ou bien mis à prix avec déclaration que l'estimation n'en ôte pas la propriété à la femme, le mari ou ses héritiers peuvent être contraints de la restituer sans délai après la dissolution du mariage.

1557. Si la dot consiste en une somme d'argent, ou eu meubles mis à prix par le contrat, sans déclaration que l'estimation n'en rend pas le mari propriétaire, la restitution n'en peut être exigée qu'un an après la dissolution du mariage.

1558. Si les meubles dont la propriété reste à la femme, ont dépéri par l'usage et sans la faute du mari, il ne sera tenu de rendre que ceux qui resteront, et dans l'état où ils se trouveront.

Et néanmoins la femme pourra, dans tous les cas, retirer les linges et hardes à son usage journalier, sauf à précompter leur valeur, lorsque ces linges et hardes auront été primitivement constitués avec estimation.

1559. Si la dot qui n'a pas été estimée dans le contrat, comprend des créances ou capitaux qui ont péri ou souffert des retranchemens, sans qu'on puisse l'imputer à la négligence du mari, il en sera quitte en restituant les contrats.

Cependant, lorsque des créances ou capitaux ont été assignés, en tout ou en partie, pour la constitution d'une dot estimée dans le contrat, si ces créances ou capitaux ont péri ou souffert des retranchemens, le mari est tenu à la restitution de toute la valeur qui leur a été donnée.

1560. Si un usufruit a été constitué en dot, le mari ou ses héritiers ne sont obligés, à la dissolution du mariage, que de restituer le droit d'usufruit, et non les fruits perçus ou échus durant le mariage.

1561. Si le mariage a duré dix ans depuis l'échéance des termes pris pour le payement de la dot, la femme, si elle-même n'est débitrice, ou ses héritiers, pourront, après la dissolution du mariage, la répéter contre le mari ou contre les héritiers de celui-ci, sans être tenus de prouver qu'il l'a reçue, à moins qu'on ne justifiât de diligences inutilement par lui faites pour s'en procurer le payement.

1562. Si le mariage est dissous par la mort de la femme, les intérêts ou les fruits de la dot à restituer courent de plein droit au profit de ses héritiers depuis le jour de la dissolution.

Si c'est par la mort du mari, la femme a le choix d'exiger les intérêts ou les fruits de sa dot pendant l'an du deuil, ou de se faire fournir des alimens pendant ledit temps aux dépens de la succession du mari ; mais, dans les deux cas, l'habitation durant cette année et les habits de deuil doivent en outre lui être fournis sur la succession.

1563. A la dissolution du mariage, les revenus de la dot, soit qu'elle consiste en immeubles, en argent, ou dans un droit d'usufruit, se partagent entre le conjoint survivant et les héritiers de l'époux prédécédé, à proportion du temps de la durée du mariage pendant la dernière année.

L'année commence à partir du jour où le mariage a été célébré.

1564. Si, durant le mariage, l'immeuble dotal a été affermé par le mari seul, on observera, pour la durée du bail, les règles établies par les articles 506 et 507.

1565. Le père et les autres ascendans ne sont pas tenus à la restitution de la dot et des droits dotaux de la femme de leur descendant, s'ils n'en ont pris l'engagement ; néanmoins, s'ils ont eux-mêmes retiré la dot, ou consenti expressément qu'elle fût payée à leur descendant, ils sont tenus solidairement avec l'époux à en faire la restitution.

Des Biens paraphernaux.

1566. Tous les biens de la femme qui n'ont pas été constitués en dot, sont paraphernaux.

1567. Si tous les biens de la femme sont paraphernaux, et s'il n'y a pas de convention dans le contrat pour lui faire supporter une portion des charges du mariage, la femme y contribue jusqu'à concurrence du tiers de ses revenus.

1568. La femme conserve non-seulement la propriété, mais encore l'administration et la jouissance de ses biens paraphernaux, en se conformant, quant à l'exercice de ses droits, aux dispositions de la section III, chapitre II, au titre *des Fiançailles et du Mariage.*

1569. Si la femme donne sa procuration au mari pour administrer ses biens paraphernaux, avec charge de lui rendre compte des fruits, il sera tenu vis-à-vis d'elle comme tout mandataire.

1570. Si le mari a joui des biens paraphernaux de sa femme, sans mandat, et néanmoins sans opposition de sa part, ou même en vertu d'un mandat qui ne le soumet point à la restitution des fruits, le mari ou ses héritiers ne sont tenus, à la

dissolution du mariage, ou à la première demande
de la femme, qu'à la représentation des fruits existans, sans être comptables de ceux qui ont été consommés jusqu'alors.

1571. Si le mari a joui des biens paraphernaux
malgré l'opposition constatée de sa femme, il est,
ainsi que ses héritiers, comptable envers elle de tous
les fruits tant existans que consommés.

1572. Le mari qui jouit des biens paraphernaux,
est tenu de toutes les obligations de l'usufruitier.

CHAPITRE III.

DE LA COMMUNAUTÉ DE BIENS ENTRE ÉPOUX.

1573. Il n'est pas permis aux époux de contracter
une communauté universelle de biens, autre que celle
des acquêts : celle-ci peut être stipulée quoiqu'il y ait
une constitution dotale.

Cette convention doit être faite dans le contrat de
mariage ; il ne peut être convenu qu'elle commencera
à une autre époque qu'à celle de la célébration du
mariage.

1574. Il est permis aux époux de régler cette communauté par des conventions spéciales, pourvu
qu'elles ne soient pas contraires aux articles 1308,
1509, 1310 et 1511 ; à défaut de stipulation spéciale, la communauté sera réglée par les dispositions
du titre *de la Société* : dans tous les cas néanmoins,
on observera les modifications et les autres dispositions énoncées dans les articles suivans.

1575. On ne peut faire entrer en communauté ni l'actif ni le passif actuel des conjoints, ni les biens qui peuvent leur échoir, pendant sa durée, par succession, legs ou donation. La communauté comprendra cependant la jouissance de leurs biens tant meubles qu'immeubles, présens et futurs.

1576. Cette communauté a pour effet de rendre communes et divisibles les acquisitions faites pendant sa durée, par les époux ensemble ou séparément, soit que ces acquisitions proviennent de l'industrie commune, soit qu'elles proviennent des épargnes sur les fruits et revenus des biens appartenant aux époux. On devra toujours distraire des acquêts les dettes de la communauté.

1577. Les époux, avant le mariage, feront dresser un état authentique des biens meubles qui leur appartiendront à cette époque; la même formalité sera remplie à l'égard des biens meubles qui pourront leur échoir durant la communauté, aux titres énoncés ci-dessus. A défaut de l'état susdit ou d'un autre acte authentique, les biens meubles seront considérés comme acquêts de la communauté.

1578. Le mari peut seul administrer les biens de la communauté, et exercer en justice les actions qui la concernent : il ne peut néanmoins aliéner ou hypothéquer qu'à titre onéreux les biens dont la propriété tombe dans la communauté.

1579. Les baux que le mari seul a faits des biens appartenant à sa femme, et dont la communauté a la jouissance, s'ils ont été consentis pour un temps qui excède neuf ans, ou s'ils ont été faits par anticipation, seront réglés d'après les dispositions des articles 506 et 507, relatives aux baux passés par l'usufruitier.

1580. On ne considérera pas comme une libéralité soumise aux règles des donations, soit pour la substance, soit pour la forme, la convention par laquelle il sera stipulé que les époux participeront aux acquêts dans une proportion inégale, ou que le survivant en prélèvera une part à titre de préciput.

Cependant les époux ne pourront stipuler que l'un d'eux supportera, dans le passif de la communauté, une part excédant celle qui lui sera attribuée dans l'actif.

1581. La communauté ne peut être dissoute que par la mort de l'un des époux; par la perte des droits civils, ou par la privation de la jouissance de ces mêmes droits, conformément aux dispositions du titre *de la Jouissance et de la Privation des droits civils*; par la déclaration d'absence; par la séparation définitive de corps; et par la séparation de biens prononcée en justice.

1582. La séparation judiciaire de biens ne pourra être prononcée que dans le cas d'une mauvaise administration de la communauté, ou lorsque le désordre des affaires du mari met les intérêts de la femme en péril.

On appliquera à cette séparation les dispositions des articles 1547, 1552 et 1555.

1583. Si, après la dissolution de la communauté les époux veulent la rétablir, ils pourront le faire par un acte public : dans ce cas, la communauté reprend son effet, comme s'il n'y avait point eu de séparation, sans préjudice néanmoins des droits acquis aux tiers pendant la durée de celle-ci.

Toute convention par laquelle les époux rétablissent leur communauté sous des conditions différentes de celles qui la réglaient antérieurement, est nulle.

1584. Après la dissolution de la communauté, la femme ou ses héritiers auront toujours la faculté d'y renoncer, ou de l'accepter sous bénéfice d'inventaire, en se conformant à ce qui est prescrit pour la renonciation aux successions, ou pour leur acceptation sous bénéfice d'inventaire, par le titre *des Dispositions communes aux successions*, et sous les peines y énoncées.

1585. Les époux ou leurs héritiers, et dans le cas même de renonciation ou d'acceptation sous bénéfice d'inventaire, la femme ou ses héritiers pourront, lors du partage de la communauté, nonobstant la disposition de l'art. 1577, prélever les biens meubles qu'ils justifieront, par tous moyens de preuves admis d'après le titre *des Contrats ou des Obligations*, etc., leur avoir appartenu avant l'établissement de la communauté, ou leur être parvenus pendant sa durée, à titre de succession, legs ou donation.

La femme ou ses héritiers seront de même admis

à faire usage de la preuve testimoniale, lorsqu'il s'agira de meubles qui lui sont parvenus à l'un des titres sus-énoncés.

Ils pourront aussi demander le remboursement de la valeur des meubles qui appartiennent à la femme, et qui, exclus de la communauté d'après les dispositions précédentes, ne se trouveraient plus en nature à l'époque du partage : dans ce cas, la femme ou ses héritiers pourront en établir la valeur par la commune renommée.

1586. Le prélèvement autorisé par l'article précédent ne pourra être exercé au préjudice des tiers qui, à défaut d'acte d'état ou autre titre authentique de propriété, auraient contracté avec le mari comme administrateur de la communauté, sauf le recours de la femme ou de ses héritiers sur la part de la communauté afférente au mari, et même sur ses biens personnels.

1587. Le mari ou ses héritiers pourront, dans le partage, retenir les immeubles acquis à la communauté, en payant une juste indemnité à la femme ou à ses héritiers.

TITRE IX.

DE LA VENTE.

CHAPITRE PREMIER.

DE LA NATURE ET DE LA FORME DE LA VENTE.

1588. La vente est une convention par laquelle l'un s'oblige à livrer une chose, et l'autre à la payer.

1589. Elle est parfaite entre les parties, et la propriété est acquise de droit à l'acheteur à l'égard du vendeur, dès qu'on est convenu, dans les formes prescrites par la loi, de la chose et du prix, quoique la chose n'ait pas encore été livrée ni le prix payé.

1590. La vente peut être faite purement et simplement, ou sous une condition soit suspensive, soit résolutoire.

Elle peut aussi avoir pour objet deux ou plusieurs choses alternatives.

Dans tous ces cas, son effet est réglé par les principes généraux des conventions.

1591. Lorsque des marchandises ne sont pas vendues en bloc, mais au poids, au compte ou à la mesure, la vente n'est point parfaite, en ce sens que les choses vendues sont aux risques du vendeur jusqu'à ce qu'elles soient pesées, comptées ou mesurées ;

mais l'acheteur peut en demander ou la délivrance, ou des dommages-intérêts, s'il y a lieu, en cas d'inexécution de l'engagement.

1592. Si au contraire les marchandises ont été vendues en bloc, la vente est parfaite immédiatement.

La vente est censée faite en bloc, lorsqu'elle a lieu pour un prix unique et certain, sans avoir égard au poids, au compte ou à la mesure, ou même lorsqu'on y a seulement égard pour fixer la quotité du prix.

1593. A l'égard du vin, de l'huile, et des autres choses que l'on est dans l'usage de goûter avant d'en faire l'achat, il n'y a point de vente tant que l'acheteur ne les a pas goûtées et agréées.

1594. La vente faite à l'essai est toujours présumée faite sous une condition suspensive.

1595. La promesse de vente vaut vente, lorsqu'il y a consentement réciproque des deux parties sur la chose et sur le prix.

S'il s'agit d'immeubles, la promesse de vente doit être passée par acte public, comme la vente elle-même.

1596. Si la promesse de vendre a été faite avec des arrhes, chacun des contractans est maître de s'en départir ;

Celui qui les a données, en les perdant,

Et celui qui les a reçues, en restituant le double.

1597. Le prix de la vente doit être déterminé et désigné par les parties.

1598. Il peut cependant être laissé à l'arbitrage d'un tiers nommé par les parties dans l'acte de vente. On peut aussi stipuler que ce tiers sera choisi d'un commun accord postérieurement à la vente, pourvu qu'il soit expressément convenu que, à défaut de s'accorder sur le choix, il sera désigné par le Juge. Si le tiers nommé dans l'acte ne veut ou ne peut faire l'estimation, la vente est nulle.

1599. On peut encore, pour la fixation du prix, s'en rapporter à celui résultant des mercuriales d'un lieu ou d'un marché certain et déterminé.

1600. Les frais d'actes et autres accessoires à la vente sont à la charge de l'acheteur, sauf conventions contraires.

CHAPITRE II.

QUI PEUT ACHETER OU VENDRE.

1601. Tous ceux auxquels la loi ne l'interdit pas, peuvent acheter ou vendre.

1602. Le contrat de vente ne peut avoir lieu entre époux que dans les cas suivans :

Celui où la femme cède des biens au mari en paye-ment de la somme qu'elle lui doit à titre de dot;

Celui où la vente ou cession a pour cause l'acquit-tement d'une dette envers l'époux acquéreur, ou l'emploi d'une somme dont ce dernier est reconnu propriétaire;

Sauf, dans ces cas, le droit des héritiers des

parties contractantes, s'il y a avantage indirect pour l'époux.

1603. Ne peuvent devenir acquéreurs, ni se rendre adjudicataires, même aux enchères, ni par eux-mêmes, ni par personnes interposées, sous peine de nullité du contrat,

Les tuteurs, des biens de ceux dont ils ont la tutelle ;

L'ascendant qui a accordé l'émancipation, et le curateur, des biens du mineur respectivement émancipé ou habilité ;

Les mandataires, des biens qu'ils sont chargés de vendre ;

Les administrateurs, de ceux des communes ou des établissemens publics confiés à leurs soins, à moins que, eu égard à des circonstances particulières, ils n'aient été autorisés, dans l'acte même qui permet de vendre, à concourir aux enchères ;

Les officiers publics, des biens dont les ventes se font sous leur autorité, ou par leur ministère.

1604. Les membres de la Magistrature et des Tribunaux, les officiers du ministère public, les Juges, greffiers et huissiers des Tribunaux, les avocats, procureurs et notaires ne peuvent se rendre cessionnaires des procès, actions et droits litigieux dont la connaissance appartient au Tribunal dans le ressort duquel ils exercent leurs fonctions, à peine de nullité, et des dépens, dommages et intérêts.

Sont exceptés de la présente disposition, les contrats dans lesquels il s'agit d'actions héréditaires entre cohéritiers, ou de cession en payement de créance, ou pour la garantie des biens qu'ils possèdent.

Les avocats et les procureurs ne peuvent en outre, ni par eux-mêmes, ni par personnes interposées, faire avec leurs cliens aucun traité ni contrat de vente, de donation, d'échange, ni autres semblables, sur les choses qui sont l'objet des procès dans lesquels ils prêtent leur ministère, sous peine de nullité, et des dépens, dommages et intérêts.

CHAPITRE III.

DES CHOSES QUI PEUVENT ÊTRE VENDUES.

1605. Tout ce qui est dans le commerce peut être vendu, lorsque des lois particulières n'en ont pas prohibé l'aliénation.

1606. La vente de la chose d'autrui est nulle : elle peut donner lieu à des dommages-intérêts, lorsque l'acheteur a ignoré que la chose fût à autrui.

1607. On ne peut vendre la succession d'une personne vivante, même de son consentement.

1608. Si, au moment de la vente, la chose était périe en totalité, la vente serait nulle.

Si une partie seulement de la chose est périe, il est au choix de l'acquéreur d'abandonner la vente, ou de demander la partie conservée, en faisant déterminer le prix par la ventilation

CHAPITRE IV.

DES OBLIGATIONS DU VENDEUR.

SECTION I.

Dispositions générales.

1609. Le vendeur est tenu d'expliquer clairement ce à quoi il s'oblige.

Tout pacte obscur ou ambigu s'interprète contre le vendeur.

1610. Il a deux obligations principales, celle de délivrer et celle de garantir la chose qu'il vend.

SECTION II.

De la Délivrance ou Tradition de la chose.

1611. La délivrance est le transport de la chose vendue en la puissance et possession de l'acheteur.

1612. L'obligation de délivrer les immeubles est remplie de la part du vendeur lorsqu'il a remis les clefs, s'il s'agit d'un bâtiment, ou lorsqu'il a remis les titres de la propriété vendue.

1613. La délivrance des effets mobiliers s'opère,

Ou par la tradition réelle,

Ou par la remise des clefs des bâtimens qui les contiennent,

Ou même par le seul consentement des parties, si le transport ne peut pas s'en faire au moment de la vente, ou si l'acheteur les avait déjà en son pouvoir à un autre titre.

1614. La tradition des droits incorporels se fait, ou par la remise des titres, ou par l'usage que l'acquéreur en fait du consentement du vendeur.

1615. Les frais de la délivrance sont à la charge du vendeur, et ceux de l'enlèvement à la charge de l'acheteur, s'il n'y a eu stipulation contraire.

1616. La délivrance doit se faire au lieu où était, au temps de la vente, la chose qui en fait l'objet, s'il n'en a été autrement convenu.

1617. Si le vendeur manque à faire la délivrance dans le temps convenu entre les parties, l'acquéreur pourra, à son choix, demander la résolution de la vente, ou sa mise en possession, si le retard ne vient que du fait du vendeur.

1618. Dans tous les cas, le vendeur doit être condamné aux dommages et intérêts, s'il résulte un préjudice pour l'acquéreur, du défaut de délivrance au terme convenu.

1619. Le vendeur n'est pas tenu de délivrer la chose, si l'acheteur n'en paye pas le prix, et que le vendeur ne lui ait pas accordé un délai pour le payement.

1620. Il ne sera pas non plus obligé à la délivrance, quand même il aurait accordé un délai pour le payement, si, depuis la vente, l'acheteur est tombé en faillite ou en état de déconfiture, en sorte que le vendeur se trouve en danger imminent de perdre le prix ; à moins que l'acheteur ne lui donne caution de payer au terme convenu.

1621. La chose doit être délivrée en l'état où elle se trouve au moment de la vente.

Depuis ce jour, tous les fruits appartiennent à l'acquéreur.

1622. L'obligation de délivrer la chose comprend ses accessoires et tout ce qui a été destiné à son usage perpétuel.

1623. Le vendeur est tenu de délivrer la contenance telle qu'elle est portée au contrat, sous les modifications ci-après exprimées.

1624. Si la vente d'un immeuble a été faite avec indication de la contenance, à raison de tant la mesure, le vendeur est obligé de délivrer à l'acquéreur, s'il l'exige, la quantité indiquée au contrat ;

Et si la chose ne lui est pas possible, ou si l'acquéreur ne l'exige pas, le vendeur est obligé de souffrir une diminution proportionnelle du prix.

1625. Si au contraire, dans le cas de l'article précédent, il se trouve une contenance plus grande que celle exprimée au contrat, l'acquéreur doit fournir le supplément du prix ; il peut cependant se désister du contrat, si l'excédant est d'un vingtième au-dessus de la contenance déclarée.

1626. Dans tous les autres cas,

Soit que la vente soit faite d'un corps certain et limité,

Soit qu'elle ait pour objet des fonds distincts et séparés,

Soit qu'elle commence par la mesure, ou par la désignation de l'objet vendu, suivie de la mesure,

L'expression de cette mesure ne donne lieu à aucun supplément de prix, en faveur du vendeur, pour l'excédant de mesure, ni en faveur de l'acquéreur, à aucune diminution du prix pour moindre mesure, qu'autant que la différence de la mesure réelle à celle exprimée au contrat est d'un vingtième en plus ou en moins, eu égard à la valeur de la totalité des objets vendus, s'il n'y a stipulation contraire.

1627. Dans le cas où, suivant l'article précédent, il y a lieu à augmentation de prix pour excédant de mesure, l'acquéreur a le choix, ou de se désister du contrat, ou de fournir le supplément du prix, et ce avec les intérêts s'il a gardé l'immeuble.

1628. Dans tous les cas où l'acquéreur se prévaut du droit de se désister du contrat, le vendeur est tenu de lui restituer, outre le prix, s'il l'a reçu, les frais de ce contrat.

1629. L'action en supplément de prix de la part du vendeur, et celle en diminution de prix ou en résiliation du contrat de la part de l'acquéreur, doivent être intentées dans l'année, à compter du jour du contrat, à peine de déchéance.

1630. S'il a été vendu deux fonds par le même contrat, et pour un seul et même prix, avec désignation de la mesure de chacun, et qu'il se trouve moins de contenance en l'un et plus en l'autre, on fait compensation jusqu'à due concurrence ; et l'action, soit en supplément, soit en diminution du prix, n'a lieu que suivant les règles ci-dessus établies.

4631. La question de savoir sur lequel, du vendeur ou de l'acquéreur, doit tomber la perte ou la détérioration de la chose vendue avant la délivrance, est jugée d'après les règles prescrites au titre *des Contrats ou des Obligations conventionnelles en général.*

SECTION III.

De la Garantie.

1632. La garantie que le vendeur doit à l'acquéreur, a deux objets : le premier est la possession paisible de la chose vendue ; le second, les défauts cachés de cette chose ou les vices rédhibitoires.

§ 1er

De la Garantie en cas d'éviction.

1633. Quoique, lors de la vente, il n'ait été fait aucune stipulation sur la garantie, le vendeur est obligé de droit à garantir l'acquéreur de l'éviction qu'il souffre dans la totalité ou partie de l'objet vendu, ou des charges prétendues sur cet objet, et non déclarées dans l'acte.

1634. Les parties peuvent, par des conventions

particulières, ajouter à cette obligation de droit ou en diminuer l'effet ; elles peuvent même convenir que le vendeur ne sera soumis à aucune garantie.

1635. Quoiqu'il soit dit que le vendeur ne sera soumis à aucune garantie, il demeure cependant tenu de celle qui résulte d'un fait qui lui est personnel : toute convention contraire est nulle.

1636. Dans le même cas de stipulation de non garantie, le vendeur, en cas d'éviction, est tenu à la restitution du prix, à moins que l'acquéreur n'ait connu, lors de la vente, le danger de l'éviction, ou qu'il n'ait acheté à ses périls et risques.

1637. Lorsque la garantie a été promise, ou qu'il n'a rien été stipulé à ce sujet, si l'acquéreur est évincé, il a droit de demander contre le vendeur,

1.º La restitution du prix ;

2.º Celle des fruits, lorsqu'il est obligé de les rendre au propriétaire qui l'évince ;

3.º Les frais faits sur la demande en garantie de l'acheteur, et ceux faits par le demandeur originaire ;

4.º Enfin, les dommages et intérêts, ainsi que les frais et loyaux coûts du contrat.

1638. Lorsqu'à l'époque de l'éviction, la chose vendue se trouve diminuée de valeur ou considérablement détériorée, soit par la négligence de l'acheteur, soit par des accidens de force majeure, le vendeur n'en est pas moins tenu de restituer la totalité du prix.

1639. Mais si l'acquéreur a tiré profit des dégradations par lui faites, le vendeur a droit de retenir sur le prix une somme égale à ce profit.

1640. Si la chose vendue se trouve avoir augmenté de prix à l'époque de l'éviction, indépendamment même du fait de l'acquéreur, le vendeur est tenu de lui payer ce qu'elle vaut au-dessus du prix de la vente.

1641. Le vendeur est tenu de rembourser ou de faire rembourser à l'acquéreur, par celui qui l'évince, toutes les réparations et améliorations utiles qu'il aura faites au fonds.

1642. Si le vendeur avait vendu de mauvaise foi le fonds d'autrui, il sera obligé de rembourser à l'acquéreur toutes les dépenses, même voluptuaires, que celui-ci aura faites au fonds.

1643. Si l'acquéreur n'est évincé que d'une partie de la chose, et qu'elle soit de telle conséquence, relativement au tout, que l'acquéreur n'eût point acheté sans la partie dont il a été évincé, il peut faire résilier la vente.

1644. Si, dans le cas de l'éviction d'une partie du fonds vendu, la vente n'est pas résiliée, la valeur de la partie dont l'acquéreur se trouve évincé lui est remboursée suivant l'estimation à l'époque de l'éviction, et non proportionnellement au prix total de la vente, soit que la chose vendue ait augmenté ou diminué de valeur.

1645. Si l'héritage vendu se trouve grevé, sans qu'il en ait été fait de déclaration, de servitudes non apparentes, et qu'elles soient de telle importance qu'il y ait lieu de présumer que l'acquéreur n'aurait pas acheté s'il en avait été instruit, il peut demander la résiliation du contrat, si mieux il n'aime se contenter d'une indemnité.

1646. Les autres questions auxquelles peuvent donner lieu les dommages et intérêts résultant pour l'acquéreur de l'inexécution de la vente, doivent être décidées suivant les règles générales établies au titre *des Contrats ou des Obligations conventionnelles en général.*

1647. La garantie pour cause d'éviction cesse lorsque l'acquéreur s'est laissé condamner par un jugement en dernier ressort, ou dont l'appel n'est plus recevable, sans appeler son vendeur, si celui-ci prouve qu'il existait des moyens suffisans pour faire rejeter la demande.

§ II.

De la Garantie des défauts de la chose vendue.

1648. Le vendeur est tenu de la garantie à raison des défauts cachés de la chose vendue, qui la rendent impropre à l'usage auquel on la destine, ou qui diminuent tellement cet usage, que l'acheteur ne l'aurait pas acquise, ou n'en aurait donné qu'un moindre prix, s'il les avait connus.

1649. Le vendeur n'est pas tenu des vices apparens, et dont l'acheteur a pu se convaincre lui-même.

1650. Il est tenu des vices cachés, quand même

il ne les aurait pas connus, à moins que, dans ce cas, il n'ait stipulé qu'il ne sera obligé à aucune garantie.

1651. Dans le cas des articles 1648 et 1650, l'acheteur a le choix de rendre la chose et de se faire restituer le prix, ou de garder la chose et de se faire rendre une partie du prix, telle qu'elle sera arbitrée par experts.

1652. Si le vendeur connaissait les vices de la chose, il est tenu, outre la restitution du prix qu'il en a reçu, de tous les dommages et intérêts envers l'acheteur.

1653. Si le vendeur ignorait les vices de la chose, il ne sera tenu qu'à la restitution du prix, et à rembourser à l'acquéreur les frais occasionnés par la vente.

1654. Si la chose qui avait des vices a péri par suite de sa mauvaise qualité, la perte est pour le vendeur, qui sera tenu envers l'acheteur à la restitution du prix, et aux autres dédommagemens dont il s'agit dans les deux articles précédens.

Mais la perte arrivée par cas fortuit sera pour le compte de l'acheteur.

1655. L'action résultant des vices rédhibitoires doit être intentée par l'acquéreur dans le terme de quarante jours à dater de la délivrance, s'il s'agit de bestiaux, et dans le terme de trois mois, s'il s'agit d'autres effets mobiliers : néanmoins, on devra se conformer aux usages particuliers qui admettraient des délais plus ou moins longs.

1656. L'action rédhibitoire n'a pas lieu dans les ventes faites par autorité de justice.

CHAPITRE V.

DES OBLIGATIONS DE L'ACHETEUR.

1657. La principale obligation de l'acheteur est de payer le prix au jour et au lieu réglés par la vente.

1658. S'il n'a rien été réglé à cet égard lors de la vente, l'acheteur doit payer au lieu et dans le temps où doit se faire la délivrance.

1659. L'acheteur doit l'intérêt du prix de la vente jusqu'au payement du capital, dans les trois cas suivans :

S'il a été ainsi convenu lors de la vente ;

Si la chose vendue et livrée produit des fruits ou autres revenus ;

Si l'acheteur a été sommé de payer.

Dans ce dernier cas, l'intérêt ne court que depuis la sommation.

1660. Si l'acheteur est troublé ou a juste sujet de craindre d'être troublé par une action, soit hypothécaire, soit en revendication, il peut suspendre le payement du prix jusqu'à ce que le vendeur ait fait cesser le trouble ; à moins que celui-ci ne préfère donner caution, ou qu'il n'ait été stipulé que l'acheteur payera, nonobstant un trouble quelconque.

1661. Le vendeur d'un immeuble ne peut demander la résolution de la vente pour cause de non-payement du prix.

Toute stipulation contraire sera considérée comme non écrite.

1662. En matière de vente de denrées et d'autres effets mobiliers, la résolution de la vente a lieu de plein droit au profit du vendeur, lorsque l'acheteur ne s'est pas présenté pour recevoir la chose avant l'expiration du terme stipulé pour sa délivrance, ou lorsqu'il s'est présenté sans faire simultanément l'offre du prix; à moins qu'il n'eût été convenu d'un plus long terme pour le payement.

CHAPITRE VI.

DE LA NULLITÉ ET DE LA RÉSOLUTION DE LA VENTE.

1663. Indépendamment des causes de nullité ou de résolution déjà expliquées dans ce titre, et de celles qui sont communes à toutes les conventions, le contrat de vente peut être résolu par l'exercice de la faculté de rachat, et par la vilité du prix.

SECTION I.

Du Rachat conventionnel.

1664. Le rachat conventionnel est un acte par lequel le vendeur se réserve de reprendre la chose vendue, moyennant la restitution du prix principal, et le remboursement dont il est parlé à l'art. 1678.

1665. La faculté de rachat ne peut être stipulée pour un terme excédant cinq années.

Si elle a été stipulée pour un temps plus long, elle est réduite à ce terme.

1666. Le terme fixé est de rigueur : néanmoins si, avant son échéance, le vendeur demande qu'il soit prorogé, le Tribunal, après avoir entendu sommairement l'acheteur, ayant égard à la modicité du prix ou à d'autres justes motifs, pourra accorder un nouveau délai dans lequel le rachat sera exercé. Ce délai ne pourra excéder la moitié du terme convenu, ni, dans aucun cas, être accordé pour plus d'une année à partir de ce dernier terme.

On n'admettra aucune autre demande de prorogation ni de restitution en entier.

1667. Faute par le vendeur d'avoir exercé l'action de rachat, dans le terme préscrit, l'acquéreur demeure propriétaire irrévocable.

1668. Le délai court contre toutes personnes, même contre le mineur, sauf, s'il y a lieu, le recours contre qui de droit.

1669. Le vendeur à pacte de rachat peut exercer son action contre un second acquéreur, quand même le rachat convenu n'aurait pas été déclaré dans le second contrat.

1670. L'acquéreur à pacte de rachat exerce tous les droits de son vendeur ; il peut prescrire tant contre le véritable maître, que contre ceux qui

pretendraient des droits ou hypothéques sur la chose
vendue.

1671. Il peut opposer le bénéfice de la discussion
aux créanciers de son vendeur.

1672. Si l'acquéreur à pacte de rachat d'une partie indivise d'un héritage s'est rendu adjudicataire de
la totalité sur une licitation provoquée contre lui,
il peut obliger le vendeur à retirer le tout lorsque
celui-ci veut user du pacte.

1673. Si plusieurs ont vendu conjointement et par
un seul contrat un héritage commun entre eux, chacun ne peut exercer l'action en réméré que pour la
part qu'il y avait.

1674. Il en est de même, si celui qui a vendu
seul un héritage a laissé plusieurs héritiers.

Chacun de ces cohéritiers ne peut user de la faculté de rachat que pour la part qu'il prend dans la
succession.

1675. Mais, dans le cas des deux articles précédens, l'acquéreur peut exiger que tous les coven-
deurs ou tous les cohéritiers soient mis en cause,
afin de se concilier entre eux pour la reprise de
l'héritage entier; et, s'ils ne se concilient pas, il
sera renvoyé de la demande.

Toutefois, si plusieurs des cohéritiers ou des co-
vendeurs, ou l'un d'eux, ne veulent pas se prévaloir du pacte de rachat, les autres, et même un seul
d'entre eux, pourront l'exercer pour le tout à leur
profit particulier.

1676. Si la vente d'un héritage appartenant à

plusieurs n'a pas été faite conjointement et de tout l'héritage ensemble, et que chacun n'ait vendu que la part qu'il y avait, ils peuvent exercer séparément l'action en réméré sur la portion qui leur appartenait ;

Et l'acquéreur ne peut forcer celui qui l'exercera de cette manière, à retirer le tout.

1677. Si l'acquéreur a laissé plusieurs héritiers, l'action en réméré ne peut être exercée contre chacun d'eux que pour sa part, dans le cas où elle est encore indivise, et dans celui où la chose vendue a été partagée entre eux.

Mais s'il y a eu partage de l'hérédité, et que la chose vendue soit échue au lot de l'un des héritiers, l'action en réméré peut être intentée contre lui pour le tout.

1678. Le vendeur qui use du pacte de rachat, doit rembourser non-seulement le prix principal, mais encore les frais et loyaux coûts de la vente, les dépenses faites pour les réparations nécessaires, et celles qui ont augmenté la valeur du fonds, jusqu'à concurrence de cette augmentation. Il ne peut entrer en possession qu'après avoir satisfait à toutes ces obligations.

Lorsque le vendeur rentre dans son héritage par l'effet du pacte de rachat, il le reprend exempt de toutes les charges et hypothèques dont l'acquéreur l'aurait grevé : il est cependant tenu d'exécuter les baux faits sans fraude par l'acquéreur, pourvu qu'ils n'excèdent pas le terme de trois ans.

De la Rescision de la vente pour cause de lésion.

1679. Si le vendeur a été lésé d'outre moitié dans le prix d'un immeuble, il a le droit de demander la rescision de la vente, quand même il aurait expressément renoncé, dans le contrat, à la faculté de demander cette rescision, et qu'il aurait déclaré donner la plus-value.

1680. Pour savoir s'il y a lésion d'outre moitié, il faut estimer l'immeuble suivant son état et sa valeur au moment de la vente.

1681. La demande n'est plus recevable après l'expiration de cinq années, à compter du jour de la vente.

Ce délai court contre les femmes mariées, et contre les absens, les interdits, et les mineurs venant du chef d'un majeur qui a vendu.

Ce délai court aussi et n'est pas suspendu pendant la durée du temps stipulé pour le rachat.

1682. La preuve de la lésion ne pourra être admise que par jugement, et dans le cas seulement où les faits articulés seraient assez vraisemblables et assez graves pour faire présumer la lésion.

1683. Cette preuve ne pourra se faire que par un rapport de trois experts. Cependant, s'il y a contestation sur l'état de l'immeuble au moment de la vente, à raison des changemens qui seraient survenus, le

Tribunal, avant que l'opération des experts soit terminée, pourra admettre les preuves qu'il jugera convenables pour faire constater cet état.

1684. Les trois experts seront nommés d'office, à moins que les parties ne se soient accordées pour les nommer tous les trois conjointement.

1685. Les experts seront tenus de dresser un seul procès-verbal commun, et de ne former qu'un seul avis à la pluralité des voix.

S'il y avait des avis différens, le procès-verbal en contiendra les motifs, sans qu'il soit permis de faire connaître de quel avis chaque expert a été.

1686. Dans le cas où l'action en rescision est admise, l'acheteur a le choix, ou de rendre la chose en retirant le prix qu'il en a payé, ou de garder le fonds en payant le supplément du juste prix.

Le tiers possesseur a le même droit, sauf son recours contre son vendeur.

1687. Si l'acquéreur préfère garder la chose en fournissant le supplément réglé par l'article précédent, il doit l'intérêt du supplément, du jour de la demande en rescision,

S'il préfère la rendre et en recevoir le prix, il doit les fruits du jour de la demande.

L'intérêt du prix qu'il a payé lui est aussi compté du jour de la même demande, ou du jour du payement, s'il n'a touché aucuns fruits.

1688. La rescision pour lésion n'a pas lieu en faveur de l'acheteur.

1689. Elle n'a pas lieu non plus dans les ventes

qui se font aux enchères publiques, par autorité de justice.

1690. Les règles expliquées dans la section précédente pour les cas où plusieurs ont vendu conjointement ou séparément, et pour celui où le vendeur ou l'acheteur a laissé plusieurs héritiers, sont pareillement observées pour l'exercice de l'action en rescision.

CHAPITRE VII.

DE LA LICITATION ET DES ENCHÈRES.

1691. Si une chose commune à plusieurs ne peut être partagée commodément et sans perte;

Ou si, dans un partage fait de gré à gré de biens communs, il s'en trouve quelques-uns qu'aucun des copartageans ne puisse ou ne veuille prendre;

La vente s'en fait par licitation, ou aux enchères, et le prix en est partagé entre les copropriétaires.

1692. Chacun des copropriétaires est le maître de demander que la vente ait lieu aux enchères, et l'on procédera toujours à la vente de cette manière, si l'un des copropriétaires est mineur ou interdit.

1693. Le mode et les formalités à observer pour la licitation et pour les enchères sont expliqués au titre *des Successions* et dans les lois sur la procédure.

CHAPITRE VIII.

DU TRANSPORT DES CRÉANCES ET AUTRES DROITS INCORPORELS.

1694. La vente ou cession d'une créance, d'un droit ou d'une action, est parfaite, et la propriété est acquise de droit à l'acheteur ou cessionnaire, dès qu'on est convenu de la créance ou du droit, et du prix, quoique la délivrance n'ait pas encore été opérée.

La délivrance s'opère par la remise du titre justificatif de la créance ou du droit cédé.

1695. On observera, pour cette espèce de vente ou cession, les règles établies au titre VI, chapitre VI, section Ire de ce livre.

1696. Le cessionnaire n'est saisi à l'égard des tiers que lorsque la signification de la cession a été faite au débiteur, ou que celui-ci a accepté la cession par un acte authentique.

1697. Si, avant que le cédant ou le cessionnaire eût signifié le transport au débiteur, celui-ci avait payé le cédant, il sera valablement libéré.

1698. La vente ou cession d'une créance comprend les accessoires de la créance, tels que cautions, priviléges et hypothèques : elle ne comprend pas cependant les rentes et intérêts échus, à moins qu'il n'y ait convention à cet égard.

1699. Celui qui vend une créance ou autre droit

incorporel, doit en garantir l'existence au temps du transport, quoiqu'il soit fait sans garantie.

1700. Il ne répond de la solvabilité du débiteur que lorsqu'il s'y est engagé, et jusqu'à concurrence seulement du prix qu'il a retiré de la créance cédée.

1701. Lorsque le cédant a promis la garantie de la solvabilité du débiteur, sans qu'il ait été convenu de la durée de cette garantie, elle ne s'étend pas au delà d'une année, à compter de l'acte de cession de la créance, si déjà le terme stipulé pour le payement est expiré.

Si le terme n'est pas encore expiré, la garantie cesse un an après l'échéance.

Si la créance consiste dans des constitutions de rentes perpétuelles, la garantie n'a plus lieu après dix ans dès le jour de la date de la cession.

1702. Celui qui vend une hérédité sans en spécifier en détail les objets, n'est tenu de garantir que sa qualité d'héritier.

1703. S'il avait déjà profité des fruits de quelque fonds, ou reçu le montant de quelque créance appartenant à cette hérédité, ou vendu quelques effets de la succession, il est tenu de les rembourser à l'acquéreur, s'il ne les a expressément réservés lors de la vente.

1704. L'acquéreur doit de son côté rembourser au vendeur ce que celui-ci a payé pour les dettes et charges de la succession, et lui faire raison de tout ce dont il était créancier, s'il n'y a stipulation contraire.

1705. Celui contre lequel ou a cédé un droit litigieux, peut s'en faire tenir quitte par le cessionnaire, en lui remboursant le prix réel de la cession, avec les frais et loyaux coûts, et avec les intérêts, à compter du jour où le cessionnaire a payé le prix de la cession à lui faite.

1706. La chose est censée litigieuse dès qu'il y a procès et contestation sur le fond du droit.

1707. La disposition portée en l'art. 1705 cesse,

1.º Dans le cas où la cession a été faite à un cohéritier ou copropriétaire du droit cédé;

2.º Lorsqu'elle a été faite à un créancier en payement de ce qui lui est dû;

3.º Lorsqu'elle a été faite au possesseur de l'héritage sujet au droit litigieux.

TITRE X.

DE L'ÉCHANGE.

1708. L'échange est un contrat par lequel les parties se donnent respectivement une chose pour une autre.

1709. L'échange s'opère par le seul consentement, de la même manière que la vente, et il est soumis aux formalités requises pour celle-ci.

1710. Si l'un des copermutans a déjà reçu la chose à lui donnée en échange, et qu'il prouve ensuite que l'autre contractant n'est pas propriétaire de cette chose, il ne peut pas être forcé à livrer celle qu'il a promise en contre-échange, mais seulement à rendre celle qu'il a reçue.

1711. Le copermutant qui est évincé de la chose qu'il a reçue en échange, a le droit de conclure à des dommages et intérêts, ou de répéter sa chose.

1712. La rescision pour cause de lésion n'a pas lieu dans le contrat d'échange.

Si cependant il a été convenu que l'un des copermutans serait obligé de payer une soulte en argent, supérieure à la valeur de l'immeuble qu'il a donné en échange, ce contrat sera considéré comme une vente, et celui qui aura reçu la soulte, pourra en conséquence demander la rescision pour cause de lésion.

1715. Toutes les autres règles prescrites pour le contrat de vente s'appliquent d'ailleurs à l'échange.

TITRE XI.

DU CONTRAT DE LOUAGE.

CHAPITRE PREMIER.

DISPOSITIONS GÉNÉRALES.

1714. Il y a deux sortes de contrats de louage :
Celui des choses,
Et celui d'ouvrage.

1715. Le louage des choses est un contrat par lequel l'une des parties s'oblige à faire jouir l'autre d'une chose pendant un certain temps, et moyennant un certain prix que celle-ci s'oblige de lui payer

1716. Le louage d'ouvrage est un contrat par lequel l'une des parties s'engage à faire quelque chose pour l'autre, moyennant un prix convenu entre elles.

1717. Ces deux genres de louage se divisent en plusieurs espèces particulières :

On appelle *bail à loyer*, le louage des maisons et celui des meubles ;

Bail à ferme ou *à métairie*, celui des héritages ruraux ;

Loyer, le louage du travail ou du service ;

Bail à cheptel, celui des animaux dont le profit se partage entre le propriétaire et celui à qui il les confie ;

Devis, *marché* ou *prix fait*, l'entreprise d'un ouvrage moyennant un prix déterminé, lors même que la matière est fournie par celui pour qui l'ouvrage se fait.

Ces trois dernières espèces ont des règles particulières.

1718. Est réputé bail, toute concession temporaire d'immeubles moyennant la prestation d'une redevance annuelle, à quelque titre qu'elle soit faite.

Cette concession ne transfère aucun domaine au concessionnaire, nonobstant toute clause contraire, qui sera considérée comme non écrite.

1719. Les baux d'immeubles ne peuvent être stipulés pour un terme qui excède trente ans. Si le terme convenu est plus long, il est censé limité à cette durée, à partir du jour où le bail a reçu son exécution : toute clause contraire est comme non avenue.

S'il s'agit cependant du bail d'une maison servant à l'habitation, on pourra convenir qu'il durera pendant la vie du locataire, et même deux années après.

1720. Sont exceptés de la disposition de l'article précédent, les baux de terrains en friche et absolument incultes, passés sous condition qu'on les défrichera et qu'on les mettra en culture. Ces baux pourront être stipulés pour plus de trente ans, mais leur durée ne pourra excéder cent ans.

CHAPITRE II.

DU LOUAGE DES CHOSES.

1721. On peut louer toutes sortes de biens meubles ou immeubles.

SECTION I.

Des Règles communes aux baux des maisons et des biens ruraux.

1722. On peut louer par acte public, par écrit

sous seing privé, ou même verbalement, conformément aux règles du chapitre *de la Preuve des obligations*, titre *des Contrats ou des Obligations conventionnelles en général.*

1723. Si le bail fait sans écrit n'a encore reçu aucune exécution, et que l'une des parties le nie, la preuve ne peut être reçue par témoins, quelque modique qu'en soit le prix, et quoiqu'on allègue qu'il y a eu des arrhes données.

Le serment peut seulement être déféré à celui qui nie le bail.

1724. Lorsqu'il y aura contestation sur le prix du bail verbal dont l'exécution a commencé, et qu'il n'existera point de quittance, le propriétaire en sera cru sur son serment, si mieux n'aime le locataire demander l'estimation par experts; auquel cas les frais de l'expertise restent à sa charge, si l'estimation excède le prix qu'il a déclaré.

1725. Le preneur a le droit de sous-louer, et même de céder son bail à un autre, si cette faculté ne lui a pas été interdite.

Elle peut être interdite pour le tout ou partie.

Cette clause est toujours de rigueur.

1726. Les baux des biens des mineurs ne peuvent, sans l'autorisation spéciale du Tribunal, être consentis pour un terme qui excède neuf ans.

1727. Le bailleur est obligé, par la nature du contrat, et sans qu'il soit besoin d'aucune stipulation particulière,

1.º De délivrer au preneur la chose louée;

2.º D'entretenir cette chose en état de servir à l'usage pour lequel elle a été louée;

3.º D'en faire jouir paisiblement le preneur pendant la durée du bail.

1728. Le bailleur est tenu de délivrer la chose en bon état de réparations de toute espèce.

Il doit y faire, pendant la durée du bail, toutes les réparations qui peuvent devenir nécessaires, sauf les réparations locatives ou de menu entretien, qui, d'après l'usage, sont à la charge du preneur.

1729. Il est dû garantie au preneur pour tous les vices ou défauts de la chose louée qui en empêchent l'usage, quand même le bailleur ne les aurait pas connus lors du bail.

S'il résulte de ces vices ou défauts quelque perte pour le preneur, le bailleur est tenu de l'indemniser.

1730. Si, pendant la durée du bail, la chose louée est détruite en totalité par cas fortuit, le bail est résilié de plein droit; si elle n'est détruite qu'en partie, le preneur peut, suivant les circonstances, demander, ou une diminution du prix, ou la résiliation même du bail. Dans l'un et l'autre cas, il n'y a lieu à aucun dédommagement.

1731. Le bailleur ne peut, pendant la durée du bail, changer la forme de la chose louée.

1732. Si, durant le bail, la chose louée a besoin de réparations urgentes et qui ne puissent être différées jusqu'à sa fin, le preneur doit les souffrir, quelque incommodité qu'elles lui causent, et quoiqu'il soit privé, pendant qu'elles se font, d'une partie de la chose louée.

Mais, si ces réparations durent plus de vingt jours, le prix du bail sera diminué à proportion du temps et de la partie de la chose louée dont il aura été privé.

Si les réparations sont de telle nature qu'elles rendent inhabitable ce qui est nécessaire au logement du preneur et de sa famille, il pourra, suivant les circonstances, y avoir lieu à la résiliation du bail.

1755. Le bailleur n'est pas tenu de garantir le preneur du trouble que des tiers apportent par des voies de fait à sa jouissance, sans prétendre d'ailleurs aucun droit sur la chose louée ; sauf au preneur à les poursuivre en son nom personnel.

1754. Si, au contraire, le locataire ou le fermier ont été troublés dans leur jouissance par suite d'une action concernant la propriété du fonds, ils ont droit à une diminution proportionnée sur le prix du bail à loyer ou à ferme, pourvu que le trouble et l'empêchement aient été dénoncés au propriétaire.

1755. Si ceux qui ont commis les voies de fait, prétendent avoir quelque droit sur la chose louée, ou si le preneur est lui-même cité en justice pour se voir condamner au délaissement de la totalité ou de partie de cette chose, ou à souffrir l'exercice de quelque servitude, il doit appeler le bailleur en garantie, et doit être mis hors d'instance, s'il l'exige, en nommant le bailleur pour lequel il possède.

1736. Le preneur est tenu de deux obligations principales :

1.º D'user de la chose louée en bon père de famille, et suivant la destination qui lui a été donnée par le bail, ou suivant celle présumée d'après les circonstances, à défaut de convention;

2.º De payer le prix du bail aux termes convenus.

1737. Si le preneur emploie la chose louée à un autre usage que celui auquel elle a été destinée, ou de manière qu'il puisse en résulter un dommage pour le bailleur, celui-ci peut, suivant les circonstances, faire résilier le bail.

1738. S'il a été fait un état des lieux entre le bailleur et le preneur, celui-ci doit rendre la chose telle qu'il l'a reçue, suivant cet état, excepté ce qui a péri ou a été dégradé par vétusté ou force majeure.

1739. S'il n'a pas été fait d'état des lieux, le preneur est présumé avoir reçu la chose louée en bon état de réparations locatives, et doit la rendre telle, sauf la preuve contraire.

1740. Il répond des dégradations ou des pertes qui arrivent pendant sa jouissance, à moins qu'il ne prouve qu'elles ont eu lieu sans sa faute.

1741. Il répond aussi des dégradations et des pertes arrivées par le fait des personnes de sa maison ou de ses sous-locataires.

1742. Il répond de l'incendie, à moins qu'il ne prouve,

Que l'incendie est arrivé par cas fortuit ou force majeure, ou par vice de construction, ou malgré la surveillance qu'un père de famille soigneux a coutume d'exercer,

Ou que le feu a été communiqué par une maison voisine.

1743. S'il y a plusieurs locataires, tous sont responsables de l'incendie, ainsi que le bailleur, s'il habite le même corps de logis, chacun proportionnellement à la valeur de la partie qu'il occupe;

A moins qu'ils ne prouvent que l'incendie a commencé dans l'habitation de l'un d'eux, auquel cas celui-là seul en est tenu;

Ou que quelques-uns ne prouvent que l'incendie n'a pu commencer chez eux, auquel cas ceux-là n'en sont pas tenus.

1744. Le bail cesse de plein droit à l'expiration du terme fixé, lorsqu'il a été fait par écrit, sans qu'il soit nécessaire de donner congé.

1745. Si, à l'expiration des baux écrits, le preneur reste et est laissé en possession, il s'opère un nouveau bail, dont l'effet est réglé par l'article relatif aux locations faites sans écrit.

1746. Lorsqu'il y a un congé signifié, le preneur, quoiqu'il ait continué sa jouissance, ne peut invoquer la tacite réconduction.

1747. Dans le cas des deux articles précédens, la caution donnée pour le bail ne s'étend pas aux obligations résultant de la prolongation.

1748. Le contrat de louage se résout par la

perte entière de la chose louée, et par le défaut respectif du bailleur et du preneur, de remplir leurs
engagemens.

1749. Le contrat de louage n'est point résolu par
la mort du bailleur, ni par celle du preneur.

1750. Si le bailleur vend la chose louée, l'acquéreur ne peut expulser le fermier ou le locataire qui
a un bail authentique ou dont la date est certaine,
à moins qu'il ne se soit réservé ce droit par le contrat du bail.

1751. S'il a été convenu, lors du bail, qu'en cas
de vente l'acquéreur pourrait expulser le fermier ou
locataire, et qu'il n'ait été fait aucune stipulation
sur les dommages et intérêts, le bailleur est tenu
d'indemniser le fermier ou le locataire de la manière suivante.

1752. S'il s'agit d'une maison, appartement ou
boutique, le bailleur paye, à titre de dommages et
intérêts, au locataire qui doit être expulsé, une
somme égale au prix du loyer pendant le temps qui,
suivant l'usage des lieux, est accordé entre le congé
et la sortie.

1753. S'il s'agit de biens ruraux, l'indemnité que
le bailleur doit payer au fermier, est du tiers du prix
du bail pour tout le temps qui reste à courir.

1754. L'indemnité se réglera par experts, s'il
s'agit de manufactures, usines ou autres établissemens qui exigent de grandes avances.

1755. L'acquéreur qui veut user de la faculté
réservée par le bail, d'expulser le fermier ou loca-

taire en cas de vente, est en outre tenu d'avertir le
locataire au temps d'avance usité dans le lieu pour
les congés...

Il doit aussi avertir le fermier de biens ruraux, au
moins un an à l'avance.

1756. Les fermiers ou les locataires ne peuvent
être expulsés qu'ils ne soient payés par le bailleur,
ou, à son défaut, par le nouvel acquéreur, des
dommages et intérêts ci-dessus expliqués.

1757. Si le bail n'est pas fait par acte authentique,
ou n'a point de date certaine, l'acquéreur peut expulser le fermier, sans qu'il soit tenu envers lui à des
dommages et intérêts; sauf le recours de celui-ci
contre le bailleur, pour cet objet.

1758. L'acquéreur à pacte de rachat ne peut user
de la faculté d'expulser le preneur, jusqu'à ce que,
par l'expiration du délai fixé pour le réméré, il devienne propriétaire incommutable.

SECTION II.

Des Règles particulières aux baux à loyer.

1759. Le locataire qui ne garnit pas la maison
de meubles suffisans, peut être expulsé, à moins
qu'il ne donne des sûretés capables de répondre du
loyer.

1760. Le sous-locataire n'est tenu envers le propriétaire que jusqu'à concurrence du prix de sa
sous-location dont il peut être débiteur au moment de

la saisie, et sans qu'il puisse opposer des payemens faits par anticipation.

Les payemens faits par le sous-locataire, soit en vertu d'une stipulation portée en son bail, soit en conséquence de l'usage des lieux, ne sont pas réputés faits par anticipation.

1761. Les réparations locatives ou de menu entretien dont le locataire est tenu, s'il n'y a clause contraire, sont celles désignées comme telles par l'usage des lieux, et, entre autres, les réparations à faire,

Aux âtres, contre-cœurs, chambranles et tablettes des cheminées;

Au recrépiment du bas des murailles des appartemens et autres lieux d'habitation, à la hauteur d'un mètre;

Aux pavés et carreaux des chambres, lorsqu'il y en a seulement quelques-uns de cassés;

Aux vitres, à moins qu'elles ne soient cassées par la grêle ou autres accidens extraordinaires et de force majeure, dont le locataire ne peut être tenu;

Aux portes, croisées, planches de cloison ou de fermeture de boutiques, gonds, targettes et serrures.

1762. Aucune des réparations réputées locatives n'est à la charge des locataires, quand elles sont occasionnées par vétusté ou par force majeure.

1763. Le curement des puits et celui des fosses d'aisance sont à la charge du bailleur.

1764. Le bail des meubles fournis pour garnir une

maison entière, un corps de logis, une boutique, ou tous autres appartemens, est censé fait pour la durée ordinaire des baux de maisons, corps de logis, boutiques ou autres appartemens, selon l'usage des lieux.

1765. Le bail d'un appartement meublé est censé fait à l'année, quand il a été fait à tant par an;

Au mois, quand il a été fait à tant par mois;

Au jour, s'il a été fait à tant par jour;

Si rien ne constate que le bail soit fait à tant par an, par mois ou par jour, la location est censée faite suivant l'usage des lieux.

1766. Si le bail a été fait sans écrit, l'une des parties ne pourra donner congé à l'autre qu'en observant les délais fixés par l'usage des lieux.

1767. Si le locataire d'une maison ou d'un appartement continue sa jouissance après l'expiration du bail par écrit, sans opposition de la part du bailleur, il sera censé les occuper aux mêmes conditions, pour le terme fixé par l'usage des lieux, et ne pourra plus en sortir ni en être expulsé qu'après un congé donné suivant le délai fixé par l'usage des lieux.

1768. En cas de résiliation par la faute du locataire, celui-ci est tenu de payer le prix du bail pendant le temps nécessaire à la relocation, sans préjudice des dommages et intérêts qui ont pu résulter de l'abus.

1769. Le bailleur ne peut résoudre la location, encore qu'il déclare vouloir occuper par lui-même la maison louée, s'il n'y a eu convention contraire.

1770. S'il a été convenu dans le contrat de louage que le bailleur pourrait venir occuper la maison, il est tenu de signifier d'avance un congé aux époques déterminées par l'usage des lieux.

SECTION III.

Des Règles particulières aux baux à ferme.

1771. Si, dans un bail à ferme, on donne aux fonds une contenance moindre ou plus grande que celle qu'ils ont réellement, il n'y a lieu à diminution ou à augmentation de prix pour le fermier, que dans les cas et suivant les règles exprimées au titre *de la Vente.*

1772. Si le preneur d'un héritage rural ne le garnit pas de bestiaux et des ustensiles nécessaires à son exploitation, s'il abandonne la culture, s'il ne cultive pas en bon père de famille, s'il emploie la chose louée à un autre usage que celui auquel elle a été destinée, ou, en général, s'il n'exécute pas les clauses du bail, et qu'il en résulte un dommage pour le bailleur, celui-ci peut, suivant les circonstances, faire résilier le bail.

Dans tous ces cas, le preneur est tenu des dommages et intérêts résultant de l'inexécution du bail.

1773. Tout preneur de bien rural est tenu d'engranger dans les lieux à ce destinés d'après le bail.

1774. Le preneur d'un bien rural est tenu, sous

peine de tous dépens, dommages et intérêts, d'avertir le propriétaire des usurpations qui peuvent être commises sur les fonds.

Cet avertissement doit être donné dans le même délai que celui qui est réglé en cas d'assignation suivant la distance des lieux.

1775. Si le bail est fait pour plusieurs années, et que, pendant la durée du bail, la totalité ou la moitié d'une récolte au moins soit enlevée par des cas fortuits, le fermier peut demander une remise sur le prix de sa location, à moins qu'il ne soit indemnisé par les récoltes précédentes.

S'il n'est pas indemnisé, l'estimation de la remise ne peut avoir lieu qu'à la fin du bail, auquel temps il se fait une compensation de toutes les années de jouissance;

Et cependant le Juge peut provisoirement dispenser le preneur de payer une partie du prix en raison de la perte soufferte.

1776. Si le bail n'est que d'une année, et que la perte soit de la totalité des fruits, ou au moins de la moitié, le preneur sera déchargé d'une partie proportionnelle du prix de la location.

Il ne pourra prétendre aucune remise, si la perte est moindre de moitié.

1777. Le fermier ne peut obtenir de remise, lorsque la perte des fruits arrive après qu'ils sont séparés de la terre, à moins que le bail ne donne au propriétaire une quotité de la récolte en nature; auquel cas, le propriétaire doit supporter sa part de la perte, pourvu que le preneur ne fût pas en demeure de lui délivrer sa portion de récolte.

Le fermier ne peut également demander une remise, lorsque la cause du dommage était existante et connue à l'époque où le bail a été passé.

1778. Le preneur peut être chargé des cas fortuits par une stipulation expresse.

1779. Cette stipulation ne s'entend que des cas fortuits ordinaires, tels que grêle, feu du ciel, gelée ou coulure.

Elle ne s'entend point des cas fortuits extraordinaires, tels que les ravages de la guerre ou une inondation, auxquels le pays n'est pas ordinairement sujet, à moins que le preneur n'ait été chargé de tous les cas fortuits prévus ou imprévus.

1780. Le bail, sans écrit, d'un fonds rural, est censé fait pour le temps qui est nécessaire afin que le preneur recueille tous les fruits de l'héritage affermé.

Ainsi le bail à ferme d'un pré, d'une vigne, et de tout autre fonds dont les fruits se recueillent en entier dans le cours de l'année, est censé fait pour un an.

Le bail des terres labourables, lorsqu'elles se divisent par soles ou saisons, est censé fait pour autant d'années qu'il y a de soles.

1781. Le bail des héritages ruraux, quoique fait sans écrit, cesse de plein droit à l'expiration du temps pour lequel il est censé fait, selon l'article précédent.

1782. Si, à l'expiration des baux ruraux écrits, le preneur reste et est laissé en possession, il s'opère un nouveau bail dont l'effet est réglé par l'art. 1780.

1783. Le fermier sortant doit laisser à celui qui lui succède dans la culture les logemens et les emplacemens convenables et autres facilités pour les travaux de l'année suivante : réciproquement, le fermier entrant doit procurer à celui qui sort les logemens et les emplacemens convenables et autres facilités pour la consommation des fourrages, et pour les récoltes restant à faire.

Dans l'un et l'autre cas, on doit se conformer à l'usage des lieux.

1784. Le fermier sortant doit aussi laisser les pailles, fourrages et engrais de l'année, s'il les a reçus lors de son entrée en jouissance; et quand même il ne les aurait pas reçus, le propriétaire pourra les retenir suivant l'estimation.

SECTION IV.

Du Bail à métairie.

1785. Celui qui prend à bail un bien rural, sous l'obligation d'en partager les fruits avec le bailleur, s'appelle *colon partiaire;* et le contrat qui renferme leurs conventions, est désigné sous le nom de *bail à métairie.*

Ce contrat est soumis aux règles générales établies pour la location des choses, et en particulier pour la location des héritages ruraux, sous les modifications suivantes.

1786. La perte, par cas fortuit, de la totalité ou d'une partie des fruits à partager, est supportée proportionnellement par le propriétaire et le colon partiaire; elle ne donne lieu à aucune action en indemnité de l'un envers l'autre.

1787. Le colon partiaire ne peut ni sous-louer, ni céder, si la faculté ne lui en a été expressément accordée par le bail.

En cas de contravention, le propriétaire a droit de rentrer en jouissance, et le colon est condamné aux dommages et intérêts résultant de l'inexécution du bail.

1788. Le colon partiaire ne peut vendre le foin, la paille, le fumier, ni faire des transports pour autrui, sans le consentement du propriétaire.

1789. Le bail à métairie ne cesse point de plein droit, de quelque manière qu'il ait été contracté : le propriétaire doit donner, ou le colon partiaire prendre congé à l'époque fixée par la coutume.

1790. Ce bail peut aussi être résilié en tout temps, s'il existe de justes motifs, par exemple, si le propriétaire ou le colon partiaire manque à ses engagemens, si une maladie habituelle met celui-ci dans l'impossibilité de cultiver les terres, ou pour autres causes semblables, dont l'importance et la légitimité sont abandonnées à l'appréciation du Tribunal.

1791. Le décès du colon partiaire résout le bail

à l'expiration de l'année agricole courante ; si cependant ce décès a eu lieu dans les quatre derniers mois, il est loisible aux enfans et aux autres héritiers du défunt, qui habitaient avec lui, de continuer le bail, même pour l'année suivante. A défaut d'héritiers qui aient habité avec le défunt, ou s'ils ne peuvent ou ne veulent continuer le bail, le même droit appartiendra à la veuve du colon partiaire.

Mais si les héritiers ou la veuve ne cultivent pas l'héritage en bon père de famille, le bailleur pourra, soit pour le temps qui reste à s'écouler de l'année agricole courante, soit pour l'année suivante, le faire cultiver lui-même, et il aura le droit de prélever les frais de culture sur la portion des fruits afférente aux héritiers ou à la veuve.

1792. Les cas non prévus par les dispositions précédentes, ou par les clauses expresses du contrat, seront réglés par les coutumes locales.

A défaut de coutumes ou de conventions expresses, on observera les règles suivantes.

1793. Le colon partiaire doit fournir les bestiaux nécessaires à la culture et à l'engraissement des terres, la provision de fourrage convenable pour hiverner le bétail, et les instrumens aratoires qu'exige l'exploitation de la ferme.

Le nombre des bestiaux doit être proportionné au fourrage que peut produire le fonds affermé.

1794. Les semences sont fournies en commun par le bailleur et par le colon partiaire.

1795. Celui-ci est seul chargé des dépenses qu'occasionnent la culture des terres et la récolte des fruits.

1796. Les plantations ordinaires, celles qu'on fait, par exemple, en remplacement des arbres morts, fortuitement abattus, ou devenus stériles pendant la durée du bail à métairie, sont à la charge du colon partiaire; mais c'est au propriétaire de fournir les plants ainsi que les fascines, liens et tuteurs destinés à les diriger et à les soutenir.

Toutefois, il n'est dû aucune indemnité au colon, lorsque les plants sont tirés d'une pépinière dépendant de l'héritage affermé.

1797. Le curage des fossés établis, soit dans l'intérieur des terres, soit le long des routes publiques ou communales, et les travaux ordinaires que l'administration locale est en usage d'ordonner pour la conservation des routes, sont à la charge du colon.

Celui-ci est en outre tenu de faire les charriages ordinaires, soit pour les réparations des fonds et de la maison fermière, soit pour le transport des fruits dans la maison du maître.

1798. Le colon partiaire ne peut récolter, battre les blés ni vendanger, sans en avoir averti le propriétaire.

1799. Tous les fruits du fonds, soit naturels, soit industriels, se divisent par moitié entre le propriétaire et le colon.

La coupe des bois nécessaires pour l'échalassement des vignes et pour les autres besoins de la ferme, est à la charge du colon partiaire. Le surplus des bois taillis appartient au propriétaire, qui supporte les frais occasionnés par la coupe de ces bois. Les troncs des arbres morts ou abattus sont aussi réservés au propriétaire.

Le colon partiaire est tenu des travaux qu'exigent la taille de la vigne et des arbres, ainsi que l'ébranchement des arbres morts ou abattus; il ne peut se servir de ces bois que pour ce qui est nécessaire à l'exploitation du fonds, ou à son propre usage : l'excédant appartient au propriétaire.

1800. Le bail à métairie, consenti sans fixation de terme, est censé fait pour une année seulement. L'année commence et finit le onze de novembre.

Si le mois de mars s'écoule sans qu'on ait donné congé de part ni d'autre, le bail est réputé renouvelé pour une année.

CHAPITRE III.

DU LOUAGE D'OUVRAGE ET D'INDUSTRIE.

1801. Il y a trois espèces principales de louage d'ouvrage et d'industrie :

1.º Le louage des gens de travail qui s'engagent au service de quelqu'un;

2.º Celui des voituriers, tant par terre que par

eau, qui se chargent du transport des personnes ou des marchandises et effets;

5.º Celui des entrepreneurs d'ouvrages par suite de devis ou marchés.

Du louage des domestiques et ouvriers.

1802. On ne peut engager ses services qu'à temps, ou pour une entreprise déterminée.

1803. Le maître est cru sur son affirmation assermentée,

Pour la quotité des gages;

Pour le payement du salaire de l'année échue;

Et pour les à-comptes donnés pour l'année courante.

1804. On observera en outre, à l'égard des domestiques et des ouvriers, les lois et les règlemens de police qui les concernent.

Des Voituriers par terre et par eau.

1805. Les voituriers par terre et par eau sont assujettis, pour la garde et la conservation des choses qui leur sont confiées, aux mêmes obligations que les aubergistes, dont il est parlé au titre *du Dépôt et du Séquestre.*

1806. Ils répondent non-seulement de ce qu'ils

ont déjà reçu dans leur bâtiment ou voiture, mais encore de ce qui leur a été remis sur le port ou dans l'entrepôt, pour être placé dans leur bâtiment ou voiture.

1807. Ils sont responsables de la perte et des avaries des choses qui leur sont confiées, à moins qu'ils ne prouvent qu'elles ont été perdues ou avariées par cas fortuit ou force majeure.

1808. Les entrepreneurs de voitures publiques par terre et par eau, et ceux des roulages publics, doivent tenir registre de l'argent, des effets et des paquets dont ils se chargent.

1809. Les entrepreneurs et directeurs de voitures et roulages publics, les maîtres de barques et navires sont en outre assujettis à des règlemens particuliers, qui font la loi entre eux et les personnes avec lesquelles ils contractent.

SECTION III.

Des Devis et des Marchés.

1810. Lorsqu'on charge quelqu'un de faire un ouvrage, on peut convenir qu'il fournira seulement son travail ou son industrie, ou bien qu'il fournira aussi la matière.

1811. Si, dans le cas où l'ouvrier fournit la matière, la chose vient à périr, de quelque manière que ce soit, avant d'être livrée, la perte en est pour l'ouvrier, à moins que le maître ne fût en demeure de recevoir la chose.

1812. Dans le cas où l'ouvrier fournit seulement son travail ou son industrie, si la chose vient à périr, l'ouvrier n'est tenu que de sa faute.

1813. Si, dans le cas de l'article précédent, la chose vient à périr, quoique sans aucune faute de la part de l'ouvrier, avant que l'ouvrage ait été reçu, et sans que le maître fût en demeure de le vérifier, l'ouvrier n'a point de salaire à réclamer, à moins que la chose n'ait péri par le vice de la matière.

1814. S'il s'agit d'un ouvrage à plusieurs pièces ou à la mesure, la vérification peut s'en faire par parties : elle est censée faite pour toutes les parties payées, si le maître paye l'ouvrier en proportion de l'ouvrage fait.

1815. Si, dans les dix ans à compter du jour où un édifice ou tout autre gros ouvrage construit à prix fait a été achevé, l'édifice ou l'ouvrage vient à périr en tout ou en partie, ou menace évidemment ruine par le vice de la construction, même par le vice du sol, les architecte et entrepreneur en sont responsables.

1816. Lorsqu'un architecte ou un entrepreneur s'est chargé de la construction à forfait d'un bâtiment, d'après un plan arrêté et convenu avec le propriétaire du sol, il ne peut demander aucune augmentation de prix, ni sous le prétexte de l'augmentation de la main-d'œuvre ou des matériaux, ni sous celui de changemens ou d'augmentations faits sur ce plan, si ces changemens ou augmentations n'ont pas été autorisés par écrit, et le prix convenu avec le propriétaire.

1817. Le maître peut résilier, par sa seule volonté, le marché à forfait, quoique l'ouvrage soit déjà commencé, en dédommageant l'entrepreneur de toutes ses dépenses, de tous ses travaux, et de tout ce qu'il aurait pu gagner dans cette entreprise.

1818. Le contrat de louage d'ouvrage est dissous par la mort de l'ouvrier, de l'architecte ou de l'entrepreneur.

1819. Mais le propriétaire est tenu de payer, en proportion du prix porté par la convention, à leurs héritiers, la valeur des ouvrages faits et celle des matériaux préparés, lors seulement que ces travaux ou ces matériaux peuvent lui être utiles.

1820. L'entrepreneur répond du fait des personnes qu'il emploie.

1821. Les maçons, charpentiers et autres ouvriers qui ont été employés à la construction d'un bâtiment ou d'autres ouvrages faits à l'entreprise, n'ont d'action contre celui pour lequel les ouvrages ont été faits, que jusqu'à concurrence de ce dont il se trouve débiteur envers l'entrepreneur, au moment où leur action est intentée.

1822. Les maçons, charpentiers, serruriers et autres ouvriers qui font directement des marchés à prix faits, sont astreints aux règles prescrites dans la présente section : ils sont considérés comme entrepreneurs dans la partie qu'ils traitent.

CHAPITRE IV.

DU BAIL A CHEPTEL.

SECTION I.

Dispositions générales.

1823. Le bail *à cheptel* est un contrat par lequel l'une des parties donne à l'autre un fonds de bétail pour le garder, le nourrir et le soigner, sous les conditions convenues entre elles.

1824. Il y a plusieurs sortes de cheptels :

Le cheptel simple ou ordinaire,

Le cheptel à moitié,

Le cheptel donné au fermier ou au colon partiaire.

Il y a encore une quatrième espèce de contrat improprement appelé *cheptel.*

1825. On peut donner à cheptel toute espèce d'animaux susceptibles de croît ou de profit pour l'agriculture ou le commerce.

1826. A défaut de conventions particulières, ces contrats se règlent par les principes qui suivent.

SECTION II.

Du Cheptel simple.

1827. Le bail à cheptel simple est un contrat par lequel on donne à un autre des bestiaux à garder, nourrir et soigner, à condition que le preneur profitera de la moitié de l'augmentation. L'augmentation consiste tant dans le croît que dans la plus-value des bestiaux à la fin du bail.

1828. L'estimation donnée au cheptel dans le bail n'en transporte pas la propriété au preneur ; elle n'a d'autre objet que de fixer la perte ou le profit qui pourra se trouver à l'expiration du bail.

1829. Le preneur doit les soins d'un bon père de famille à la conservation du cheptel.

1830. Il n'est tenu du cas fortuit, que lorsqu'il a été précédé de quelque faute de sa part, sans laquelle la perte ne serait pas arrivée.

1831. En cas de contestation, le preneur est tenu de prouver le cas fortuit, et le bailleur est tenu de prouver la faute qu'il impute au preneur.

1832. Le preneur qui est déchargé par le cas fortuit, est toujours tenu de rendre compte des peaux des bêtes.

1833. Si le cheptel périt en entier, ou s'il a perdu de sa valeur primitive sans la faute du preneur, la perte en est pour le bailleur.

1834. Le preneur profite seul du laitage, du fumier et du travail des animaux donnés à cheptel.

La laine et le croît se partagent.

1835. On ne peut stipuler,

Que le preneur supportera plus de la moitié de la perte du cheptel, lorsqu'elle arrive par cas fortuit et sans sa faute ;

Ou qu'il supportera, dans la perte, une part plus grande que dans le profit;

Ou que le bailleur prélèvera, à la fin du bail, quelque chose de plus que le cheptel qu'il a fourni.

Toute convention semblable est nulle.

1836. Le preneur ne peut disposer d'aucune bête du troupeau, soit du fonds, soit du croît, sans le consentement du bailleur, qui ne peut lui-même en disposer sans le consentement du preneur.

1837. Lorsque le cheptel est donné au fermier d'autrui, il doit être notifié au propriétaire de qui ce fermier tient; sans quoi il peut le saisir, et le faire vendre pour ce que son fermier lui doit.

1838. Le preneur ne pourra tondre sans en prévenir le bailleur.

1839. S'il n'y a pas de temps fixé par la convention pour la durée du cheptel, il est censé fait pour trois ans.

1840. Le bailleur peut en demander plus tôt la résolution, si le preneur ne remplit pas ses obligations.

1841. A la fin du bail, ou lors de sa résolution, il se fait une nouvelle estimation du cheptel.

Le bailleur peut prélever des bêtes de chaque espèce, jusqu'à concurrence de la première estimation : l'excédant se partage.

S'il n'existe pas assez de bêtes pour remplir la première estimation, le bailleur prend ce qui reste, sans que le preneur soit tenu de concourir à la perte.

SECTION III.

Du Cheptel à moitié.

1842. Le cheptel à moitié est une société dans laquelle chacun des contractans fournit la moitié des bestiaux, qui demeurent communs pour le profit ou pour la perte.

1843. Le preneur profite seul, comme dans le cheptel simple, des laitages, du fumier et des travaux des bêtes.

Le bailleur n'a droit qu'à la moitié des laines et du croît.

1844. Toutes les autres règles du cheptel simple s'appliquent au cheptel à moitié.

SECTION IV.

Du Cheptel donné par le propriétaire à son fermier ou au colon partiaire.

§ Ier.

Du Cheptel donné au fermier.

1845. Ce cheptel (aussi appelé *cheptel de fer*) est celui par lequel le propriétaire d'une métairie la donne à ferme, à la charge qu'à l'expiration du bail, le fermier laissera des bestiaux d'une valeur égale au prix de l'estimation de ceux qu'il aura reçus.

1846. L'estimation du cheptel donné au fermier

ne lui en transfère pas la propriété, mais néanmoins le met à ses risques.

1847. Tous les profits appartiennent au fermier pendant la durée de son bail, s'il n'y a convention contraire.

1848. Dans les cheptels donnés au fermier, le fumier ne devient point sa propriété particulière, mais appartient à la métairie, à l'exploitation de laquelle il doit être uniquement employé.

1849. La perte, même totale et par cas fortuit, est en entier pour le fermier, s'il n'y a convention contraire.

1850. A la fin du bail, le fermier ne peut retenir le cheptel en en payant l'estimation originaire; il doit en laisser un de valeur pareille à celui qu'il a reçu.

S'il y a du déficit, il doit le payer; et c'est seulement l'excédant qui lui appartient.

§ II.

Du Cheptel donné au colon partiaire.

1851. On peut stipuler que le colon délaissera au bailleur sa part de la toison à un prix inférieur à la valeur ordinaire;

Que le bailleur aura une plus grande part du profit;

Qu'il aura la moitié des laitages.

1852. Ce cheptel finit avec le bail.

1853. Il est d'ailleurs soumis à toutes les règles du cheptel simple.

SECTION V.

Du Contrat improprement appelé cheptel.

1834. Lorsqu'une ou plusieurs vaches sont données pour les garder et les nourrir, le bailleur en conserve la propriété ; il a seulement le profit des veaux qui en naissent.

TITRE XII.

DU CONTRAT DE SOCIÉTÉ.

CHAPITRE PREMIER.

DISPOSITIONS GÉNÉRALES.

1835. La société est un contrat par lequel deux ou plusieurs personnes conviennent de mettre quelque chose en commun, dans la vue de partager le bénéfice qui pourra en résulter.

1836. Toute société doit avoir un objet licite, et être contractée pour l'intérêt commun des parties.

Chaque associé doit y apporter ou de l'argent, ou d'autres biens, ou son industrie.

CHAPITRE II.

DES DIVERSES ESPÈCES DE SOCIÉTÉS.

1857. Les sociétés sont universelles où particulières.

SECTION I.

Des Sociétés universelles.

1858. On distingue deux sortes de sociétés universelles, la société de tous biens présens, et la société universelle de gains.

1859. La société de tous biens présens est celle par laquelle les parties mettent en commun tous les biens meubles et immeubles qu'elles possèdent actuellement, et les profits qu'elles pourront en tirer.

Elles peuvent aussi y comprendre toute autre espèce de gains; mais les biens qui pourraient leur avenir par succession, donation ou legs, n'entrent dans cette société que pour la jouissance : toute stipulation tendant à y faire entrer la propriété de ces biens est prohibée.

1860. La société universelle de gains renferme tout ce que les parties acquerront par leur industrie, à quelque titre que ce soit, pendant le cours de la société. Les biens meubles et immeubles que chacun des associés possède au temps du contrat, ne sont pas compris dans la société ; ils n'y entrent que pour la jouissance seulement.

1861. La simple convention de société universelle, faite sans autre explication, n'emporte que la société universelle de gains.

1862. Nulle société universelle ne peut avoir lieu qu'entre personnes respectivement capables de se donner ou de recevoir l'une de l'autre, et auxquelles il n'est point défendu de s'avantager réciproquement au préjudice d'autres personnes.

SECTION II.

De la Société particulière.

1863. La société particulière est celle qui ne s'applique qu'à certaines choses déterminées, ou à leur usage, ou aux fruits à en percevoir.

1864. Le contrat par lequel plusieurs personnes s'associent, soit pour une entreprise désignée, soit pour l'exercice de quelque métier ou profession, est aussi une société particulière.

1865. Une société particulière entre futurs époux ou entre conjoints, ne pourra être contractée qu'avec l'autorisation du Juge-mage ou du Tribunal, qui s'assurera non-seulement de la pleine et entière volonté de la femme, mais veillera encore à ce qu'on ne porte aucune atteinte aux lois et aux autres dispositions prohibitives du présent Code.

CHAPITRE III.

DES ENGAGEMENS DES ASSOCIÉS ENTRE EUX ET A L'ÉGARD DES TIERS.

SECTION I.

Des Engagemens des associés entre eux.

1866. La société commence à l'instant même du contrat, s'il ne désigne une autre époque.

1867. S'il n'y pas de convention sur la durée de la société, elle est censée contractée pour toute la vie des associés, sous la modification portée en l'article 1892; si cependant la société a pour objet une affaire dont la durée soit limitée, elle n'est censée contractée que pour le temps que doit durer cette affaire.

1868. Chaque associé est débiteur envers la société, de tout ce qu'il a promis d'y apporter.

Lorsque cet apport consiste en un corps certain, et que la société en est évincée, l'associé qui a fait l'apport, en est garant envers la société de la même manière qu'un vendeur l'est envers son acheteur.

1869. L'associé qui devait apporter une somme dans la société, et qui ne l'a point fait, devient, de plein droit et sans demande, débiteur des intérêts de cette somme, à compter du jour où elle devait être payée.

Il en est de même à l'égard des sommes qu'il a prises dans la caisse sociale, à compter du jour où il les en a tirées pour son profit particulier.

Le tout sans préjudice de plus amples dommages-intérêts, s'il y a lieu.

1870. Les associés qui se sont soumis à apporter leur industrie à la société, lui doivent compte de tous les gains qu'ils ont faits par l'espèce d'industrie qui est l'objet de cette société.

1871. Lorsque l'un des associés est , pour son compte particulier, créancier d'une somme exigible envers une personne qui se trouve aussi devoir à la société une somme également exigible, l'imputation de ce qu'il reçoit de ce débiteur doit se faire sur la créance de la société et sur la sienne, dans la proportion des deux créances, encore qu'il eût par sa quittance dirigé l'imputation intégrale sur sa créance particulière; mais s'il a exprimé dans sa quittance que l'imputation serait faite en entier sur la créance de la société , cette stipulation sera exécutée.

1872. Lorsqu'un des associés a reçu sa part entière de la créance commune, et que le débiteur est depuis devenu insolvable, cet associé est tenu de rapporter à la masse ce qu'il a reçu, encore qu'il eût spécialement donné quittance *pour sa part.*

1873. Chaque associé est tenu envers la société, des dommages qu'il lui a causés par sa faute, sans pouvoir compenser avec ces dommages les profits que son industrie lui aurait procurés dans d'autres affaires.

1874. Si les choses dont la jouissance seulement a été mise dans la société, sont des corps certains et déterminés qui ne se consomment point par l'usage, elles sont aux risques de l'associé propriétaire.

Si ces choses se consomment par l'usage, si elles se détériorent en les gardant, si elles ont été destinées à être vendues, ou si elles ont été mises dans la société sur une estimation portée par un inventaire, elles sont aux risques de la société.

Si la chose a été estimée, l'associé ne peut répéter que le montant de son estimation.

1875. Un associé a action contre la société, non-seulement à raison des sommes qu'il a déboursées pour elle, mais encore à raison des obligations qu'il a contractées de bonne foi pour les affaires de la société, et des risques inséparables de sa gestion.

1876. Lorsque l'acte de société ne détermine point la part de chaque associé dans les bénéfices ou pertes, la part de chacun est en proportion de sa mise dans le fonds de la société.

A l'égard de celui qui n'a apporté que son industrie, sa part dans les bénéfices ou dans les pertes est réglée comme celle de l'associé qui a le moins apporté.

1877. Si les associés sont convenus de s'en rapporter à l'un d'eux, ou à un tiers, pour le règlement des parts, ce règlement ne peut être attaqué s'il n'est évidemment contraire à l'équité.

Nulle réclamation n'est admise à ce sujet, s'il s'est écoulé plus de trois mois depuis que la partie qui se prétend lésée a eu connaissance du règlement, ou si ce règlement a reçu de sa part un commencement d'exécution.

1878. La convention qui donnerait à l'un des associés la totalité des bénéfices, est nulle.

Il en est de même de la stipulation qui affranchirait de toute contribution aux pertes, les sommes ou effets mis dans le fonds de la société par un ou plusieurs des associés.

1879. L'associé chargé de l'administration par une clause spéciale du contrat de société, peut faire, nonobstant l'opposition des autres associés, tous les actes qui dépendent de son administration, pourvu que ce soit sans fraude.

Ce pouvoir ne peut être révoqué sans cause légitime, tant que la société dure; mais s'il n'a été donné que par acte postérieur au contrat de société, il est révocable comme un simple mandat.

1880. Lorsque plusieurs associés sont chargés d'administrer, sans que leurs fonctions soient déterminées, ou sans qu'il ait été exprimé que l'un ne pourrait agir sans l'autre, ils peuvent faire chacun séparément tous les actes de cette administration.

1881. S'il a été stipulé que l'un des administrateurs ne pourra rien faire sans l'autre, un seul ne peut, sans une nouvelle convention, agir en l'absence de l'autre, lors même que celui-ci serait dans l'impossibilité actuelle de concourir aux actes d'administration ; à moins cependant qu'il n'y ait urgence, et que l'omission n'entraîne pour la société un préjudice grave et irréparable.

1882. A défaut de stipulations spéciales sur le mode d'administration, l'on suit les règles suivantes :

1.º Les associés sont censés s'être donné réciproquement le pouvoir d'administrer l'un pour l'autre. Ce que chacun fait est valable même pour la part de ses associés, sans qu'il ait pris leur consentement; sauf le droit qu'ont ces derniers, ou l'un d'eux, de s'opposer à l'opération avant qu'elle soit conclue ;

2.º Chaque associé peut se servir des choses appartenant à la société, pourvu qu'il les emploie à leur destination fixée par l'usage, et qu'il ne s'en serve pas contre l'intérêt de la société, ou de manière à empêcher ses associés d'en user selon leur droit ;

3.º Chaque associé a le droit d'obliger ses associés à faire avec lui les dépenses qui sont nécessaires pour la conservation des choses de la société;

4.º L'un des associés ne peut faire d'innovations sur les immeubles dépendant de la société, même quand il les soutiendrait avantageuses à cette société, si les autres associés n'y consentent.

1883. L'associé qui n'est point administrateur, ne peut aliéner ni engager les choses même mobilières qui dépendent de la société.

1884. Chaque associé peut, sans le consentement de ses associés, s'associer une tierce personne relativement à la part qu'il a dans la société : il ne peut pas, sans ce consentement, l'associer à la société, lors même qu'il en aurait l'administration.

SECTION II.

Des Engagemens des associés à l'égard des tiers.

1885. Dans les sociétés autres que celles de commerce, les associés ne sont pas tenus solidairement des dettes sociales, et l'un des associés ne peut obliger les autres, si ceux-ci ne lui en ont conféré le pouvoir.

1886. Les associés sont tenus envers le créancier avec lequel ils ont contracté, chacun pour une somme et part égales, encore que la part de l'un d'eux dans la société fût moindre, si l'acte n'a pas spécialement restreint l'obligation de celui-ci sur le pied de cette dernière part.

1887. La stipulation que l'obligation est contractée pour le compte de la société, ne lie que l'associé contractant et non les autres, à moins que ceux-ci ne lui aient donné pouvoir, ou que la chose n'ait tourné au profit de la société.

CHAPITRE IV.

DES DIFFÉRENTES MANIÈRES DONT FINIT LA SOCIÉTÉ.

1888. La société finit,

1.º Par l'expiration du temps pour lequel elle a été contractée;

2.º Par l'extinction de la chose, ou la consommation de la négociation ;

3.º Par la mort de quelqu'un des associés ;

4.º Par la perte des droits civils mentionnés en l'art. 44, par l'interdiction ou la déconfiture de l'un des associés ;

5.º Par la volonté qu'un seul ou plusieurs expriment de ne plus continuer la société.

1889. La propagation d'une société contractée pour un temps limité ne peut être établie que par les moyens admis pour la preuve du contrat de société.

1890. Lorsque l'un des associés a promis de mettre en commun la propriété d'une chose, la perte survenue avant que la mise en soit effectuée, opère la dissolution de la société par rapport à tous les associés.

La société est également dissoute dans tous les cas par la perte de la chose, lorsque la jouissance seule a été mise en commun, et que la propriété en est restée dans la main de l'associé.

Mais la société n'est pas rompue par la perte de la chose dont la propriété a déjà été apportée à la société.

1891. S'il a été stipulé qu'en cas de mort de l'un des associés, la société continuerait avec son héritier, ou seulement entre les associés survivans, ces dispositions seront suivies : au second cas, l'héritier du décédé n'a droit qu'au partage de la société, eu égard à la situation de cette société lors du décès, et ne participe aux droits ultérieurs qu'autant qu'ils sont une suite nécessaire de ce qui s'est fait avant la mort de l'associé auquel il succède.

1892. La dissolution de la société par la volonté de l'une des parties ne s'applique qu'aux sociétés dont la durée est illimitée, et s'opère par une renonciation notifiée à tous les associés, pourvu que cette renonciation soit de bonne foi, et non faite à contre-temps.

1893. La renonciation n'est pas de bonne foi lorsque l'associé renonce pour s'approprier à lui seul le profit que les associés s'étaient proposé de retirer en commun.

Elle est faite à contre-temps lorsque les choses ne sont plus entières, et qu'il importe à la société que sa dissolution soit différée.'

1894. La dissolution de la société à terme ne peut être demandée par l'un des associés avant le terme convenu, qu'autant qu'il y en a de justes motifs, comme lorsqu'un autre associé manque à ses engagemens, ou qu'une infirmité habituelle le rend inhabile aux affaires de la société, ou autres cas semblables, dont la légitimité et la gravité sont laissées à l'arbitrage et à la prudence du Juge.

1895. Les règles concernant le partage des successions, la forme de ce partage, et les obligations qui en résultent entre les cohéritiers, s'appliquent aux partages entre associés.

DISPOSITION RELATIVE AUX SOCIÉTÉS DE COMMERCE.

1896. Les dispositions du présent titre ne s'appliquent aux sociétés de commerce que dans les points qui n'ont rien de contraire aux lois et aux usages du commerce.

TITRE XIII.

DU PRÊT.

1897. Il y a deux sortes de prêts :

Celui des choses dont on peut user sans les consommer,

Et celui des choses qui se consomment par l'usage qu'on en fait.

La première espèce s'appelle *prêt à usage* ou *commodat* ;

La deuxième s'appelle *prêt de consommation*, ou simplement *prêt*.

CHAPITRE PREMIER.

DU PRÊT A USAGE OU COMMODAT.

SECTION I.

De la Nature du Prêt à usage.

1898. Le prêt à usage ou commodat est un contrat par lequel l'une des parties livre une chose à l'autre pour s'en servir pendant un certain temps, ou en faire usage d'une manière déterminée, à la charge par le preneur de la rendre après s'en être servi.

1899. Ce prêt est essentiellement gratuit.

1900. Le prêteur demeure propriétaire de la chose prêtée.

1901. Tout ce qui est dans le commerce, et qui ne se consomme pas par l'usage, peut être l'objet de cette convention.

1902. Les engagemens qui se forment par le commodat, passent aux héritiers de celui qui prête, et aux héritiers de celui qui emprunte.

Mais si l'on n'a prêté qu'en considération de l'emprunteur, et à lui personnellement, alors ses héritiers ne peuvent continuer de jouir de la chose prêtée.

SECTION II.

Des Engagemens de l'emprunteur.

1903. L'emprunteur est tenu de veiller, en bon père de famille, à la garde et à la conservation de la chose prêtée. Il ne peut s'en servir qu'à l'usage déterminé par sa nature ou par la convention; le tout à peine de dommages-intérêts, s'il y a lieu.

1904. Si l'emprunteur emploie la chose à un autre usage, ou pour un temps plus long qu'il ne le devait, il sera tenu de la perte arrivée, même par cas fortuit.

1905. Si la chose prêtée périt par un cas fortuit dont l'emprunteur aurait pu la garantir en employant la sienne propre, ou si, ne pouvant conserver que l'une des deux, il a préféré la sienne, il est tenu de la perte de l'autre.

1906. Si la chose a été estimée en la prêtant, la perte qui arrrive, même par cas fortuit, est pour l'emprunteur, s'il n'y a convention contraire.

1907. Si la chose se détériore par le seul effet de l'usage pour lequel elle a été empruntée, et sans aucune faute de la part de l'emprunteur, il n'est pas tenu de la détérioration.

1908. Si, pour user de la chose, l'emprunteur a fait quelque dépense, il ne peut pas la répéter.

1909. Si plusieurs ont conjointement emprunté la même chose, ils en sont solidairement responsables envers le prêteur.

SECTION III.

Des engagemens de celui qui prête à usage.

1910. Le prêteur ne peut retirer la chose prêtée qu'après le terme convenu, ou, à défaut de convention, qu'après qu'elle a servi à l'usage pour lequel elle a été empruntée.

1911. Néanmoins, si, pendant ce délai, ou avant que le besoin de l'emprunteur ait cessé, il survient au prêteur un besoin pressant et imprévu de sa chose, le Juge peut, suivant les circonstances, obliger l'emprunteur à la lui rendre.

1912. Si, pendant la durée du prêt, l'emprunteur a été obligé, pour la conservation de la chose, à quelque dépense extraordinaire, nécessaire, et tellement urgente qu'il n'ait pas pu en prévenir le prêteur, celui-ci sera tenu de la lui rembourser.

1913. Lorsque la chose prêtée a des défauts tels qu'elle puisse causer du préjudice à celui qui s'en sert, le prêteur est responsable, s'il connaissait les défauts et n'en a pas averti l'emprunteur.

CHAPITRE II.

DU PRÊT DE CONSOMMATION, OU SIMPLE PRÊT.

SECTION I.

De la Nature du prêt de consommation.

1914. Le prêt de consommation est un contrat par lequel l'une des parties livre à l'autre une certaine quantité de choses qui se consomment par l'usage, à la charge par cette dernière de lui en rendre autant de même espèce et qualité.

1915. Par l'effet de ce prêt, l'emprunteur devient le propriétaire de la chose prêtée ; et c'est pour lui qu'elle périt, de quelque manière que cette perte arrive.

1916. L'obligation qui résulte d'un prêt en argent, n'est toujours que de la somme numérique énoncée au contrat.

S'il y a eu augmentation ou diminution d'espèces

avant l'époque du payement, le débiteur doit rendre
la somme numérique prêtée, et ne doit rendre cette
somme que dans les espèces ayant cours au moment
du payement.

1917. La règle portée en l'article précédent n'a
pas lieu, si le prêt consiste en monnaies d'or ou
d'argent, avec stipulation de les rendre dans les
mêmes espèces et dans la même quantité.

S'il y a eu altération dans la valeur intrinsèque
de ces monnaies, ou qu'on ne puisse s'en procurer,
ou qu'elles soient hors de cours, on doit rendre
l'équivalent de la valeur intrinsèque qu'elles avaient
au temps où le prêt a été effectué.

1918. Si ce sont des lingots ou des denrées qui
ont été prêtés, quelle que soit l'augmentation ou
la diminution de leur prix, le débiteur ne doit rendre, dans tous les cas, que la même quantité et
qualité.

SECTION II.

Du Prêt fait au fils de famille.

1919. Le prêt fait à un fils de famille, même
majeur, sans la participation ni le consentement
de son père ou de l'ascendant sous la puissance
duquel il se trouve, est nul, lors même qu'on l'aurait déguisé sous la forme d'un autre contrat, ou
qu'on aurait employé tout autre moyen pour éluder
la présente loi.

1920. Le prêteur ne peut exiger le remboursement de la somme prêtée, ni du fils de famille, ni
de son père ou de l'ascendant dont il est parlé ci-
dessus, ni de leurs héritiers respectifs, non plus que
des cautions intervenues au contrat.

1921. L'émancipation du fils de famille, de quelque manière qu'elle ait lieu, ne rend pas l'obligation valide.

1922. Cependant, si le fils de famille a payé la
somme qui lui a été prêtée, il ne peut en demander la restitution.

S'il n'a payé qu'une partie de la somme, il n'est
pas tenu à payer le surplus.

1923. Si le père a approuvé ou ratifié l'obligation, ou s'il paye une portion quelconque du capital ou des intérêts sans faire aucune réserve, l'obligation ne peut plus être rescindée.

Il en est de même si le fils, après la cessation
de la puissance paternelle, ratifie l'obligation, ou
s'il l'exécute même en partie et sans réserve, comme
il est dit ci-dessus.

Néanmoins cette ratification ou ce payement ne
nuit point au père encore vivant, ni aux cautions.

1924. La disposition de l'art. 1919 cesse dans les
cas suivans :

1.º Si le fils qui emprunte possède des biens personnels, dont l'usufruit ou l'administration n'appartient point au père, ou à l'ascendant sous la puissance duquel il se trouve; mais, dans ce cas, l'obligation n'est valable que jusqu'à concurrence de la
valeur de ces biens.

2.º S'il vit séparé de son père et qu'il administre lui-même ses affaires, quoique les cinq années requises pour l'émancipation tacite, conformément à l'article 242, ne soient point encore expirées.

1925. La disposition de l'art. 1919 cesse également, si le prêt est fait au fils de famille éloigné de la maison paternelle, pour des objets qui lui sont nécessaires et que le père aurait été obligé de fournir; ou si le prêt a été fait dans l'intérêt du père lui-même : en ce cas, l'obligation est valable jusqu'à concurrence de ce qui sera prouvé avoir tourné au profit de ce dernier.

SECTION III.

Des Obligations du prêteur.

1926. Dans le prêt de consommation, le prêteur est tenu de la responsabilité établie par l'art. 1915 pour le prêt à usage.

1927. Le prêteur ne peut pas redemander les choses prêtées, avant le terme convenu.

1928. S'il n'a pas été fixé de terme pour la restitution, le Juge peut accorder à l'emprunteur un délai suivant les circonstances.

1929. S'il a été seulement convenu que l'emprunteur payerait quand il le pourrait, ou quand il en aurait les moyens, le Juge lui fixera un terme de payement suivant les circonstances.

SECTION IV.

Des Engagemens de l'emprunteur.

1930. L'emprunteur est tenu de rendre les choses prêtées, en même quantité et qualité, et au terme convenu.

1931. S'il est dans l'impossibilité d'y satisfaire, il est tenu d'en payer la valeur eu égard au temps et au lieu où la chose devait être rendue d'après la convention.

Si ce temps et ce lieu n'ont pas été réglés, le payement se fait au prix du temps et du lieu où l'emprunt a été fait.

1932. Si l'emprunteur ne rend pas les choses prêtées ou leur valeur au terme convenu, il en doit l'intérêt du jour de la demande en justice.

CHAPITRE III.

DU PRÊT A INTÉRÊT.

1933. Il est permis de stipuler des intérêts pour simple prêt, soit d'argent, soit de denrées, ou autres choses mobilières.

1934. L'emprunteur qui a payé des intérêts qui n'étaient pas stipulés, ne peut ni les répéter ni les imputer sur le capital.

1935. La quittance du capital, donnée sans réserve des intérêts, en fait présumer le payement, et en opère la libération.

1936. L'intérêt ne peut excéder le taux fixé par la loi, sauf dans les cas où la loi le permet.

L'intérêt stipulé à un taux plus élevé sera réduit au taux légal.

S'il a été payé un intérêt plus fort que celui fixé par la loi, l'excédant s'imputera année par année sur le capital.

1937. Les contrats ayant pour objet des marchandises ou autres choses mobilières qui, sous une dénomination quelconque, auraient été faits en contravention à l'article précédent, et au moyen desquels le prêteur retirerait un gain excédant le capital et les intérêts permis par la loi, seront réduits par le Juge d'après l'équité; ils pourront même, suivant les circonstances, être annulés, sans préjudice des peines portées contre l'usure par les lois pénales.

TITRE XIV.

DE LA RENTE.

1938. On peut stipuler une prestation annuelle ou rente, soit en argent, soit en denrées, moyennant la cessation d'un immeuble, ou le payement d'un capital que le cédant ou celui qui fournit les fonds s'interdit d'exiger.

1939. La rente peut être constituée en perpétuelle ou en viager.

Les règles concernant les rentes viagères sont établies au titre *des Contrats aléatoires.*

1940. La rente constituée pour le prix de l'aliénation d'un immeuble, ou comme condition de la cession d'un fonds, à quelque titre que ce soit, même gratuit, se nomme *rente foncière.*

1941. La concession d'immeuble, dont il est parlé à l'article précédent, en transfère la pleine propriété au cessionnaire, nonobstant toute clause contraire, même celle de la réserve du domaine : ces clauses seront considérées comme non écrites.

Toute concession faite à titre onéreux, sous une dénomination quelconque, comme d'emphytéose, d'abergement ou autres semblables, est soumise aux règles établies pour le contrat de vente. Si la concession est à titre gratuit, on y appliquera les règles concernant les donations.

1942. La rente constituée moyennant un capital prend le nom de *rente simple* ou de *cens;* elle doit être garantie par une hypothèque spéciale sur un fonds certain et déterminé; à défaut, le capital demeure exigible.

Le montant de la rente annuelle ne peut excéder le taux de l'intérêt fixé par la loi au temps du contrat.

1943. La rente constituée conformément aux deux articles précédens, est essentiellement rachetable au gré du débiteur, nonobstant toute stipulation contraire.

On peut néanmoins stipuler que le rachat ne

pourra être exercé durant la vie du créancier, ou avant un terme qui sera fixé. Ce terme ne pourra excéder soixante ans pour les rentes foncières, et dix ans pour les autres rentes. On peut aussi convenir que le débiteur ne pourra exercer le rachat sans avoir averti le créancier au terme d'avance qui sera déterminé, et qui ne peut excéder une année.

S'il a été stipulé de plus longs termes, ils seront respectivement réduits à ceux fixés ci-dessus.

1944. Le rachat de la rente simple s'opère par le remboursement du capital en argent qui a été payé pour la constitution de la rente; le rachat d'une rente foncière, par le payement d'un capital en argent correspondant à la rente annuelle, ou à sa valeur, si elle consiste en denrées, en prenant pour base le prix moyen de celles-ci pendant les dix dernières années, à moins que dans le contrat il n'ait été stipulé un capital moindre : dans ce cas, le débiteur sera libéré de la rente par le payement du capital convenu.

1945. Indépendamment des cas prévus par le contrat, le débiteur d'une rente annuelle peut être contraint au rachat,

1.º Si, après une sommation légale, il se trouve en retard de payer la rente pendant deux années consécutives ;

2.º S'il manque à fournir au créancier les sûretés promises par le contrat ;

3.º Si les sûretés fournies venant à manquer, il ne les remplace pas par d'autres d'une valeur égale ;

4.º Si, par l'effet d'aliénation ou de partage, le fonds sur lequel la rente a été constituée ou hypothéquée, vient à être divisé entre plus de trois personnes.

1946. Le capital de la rente devient aussi exigible en cas de faillite ou de déconfiture du débiteur.

Néanmoins, s'il s'agit d'une rente foncière, et que le débiteur, avant sa faillite ou sa déconfiture, ait aliéné le fonds affecté au service de la rente, le créancier ne pourra exercer le rachat lorsque le possesseur du fonds déclarera qu'il est prêt à servir la rente, et présentera à cet effet des sûretés suffisantes.

1947. Dans les cas mentionnés aux deux articles précédens, et dans tous ceux où l'on aurait contrevenu à ce qui a été réglé dans le contrat, le créancier pourra seulement contraindre le débiteur au rachat de la rente, sans avoir le droit de revendiquer l'immeuble qu'il a cédé, nonobstant toute stipulation ou réserve contraire, qui sera considérée comme non avenue.

1948. Les articles 1943, 1944, 1945 et 1946 sont applicables à toute autre prestation annuelle établie à perpétuité par quelque titre que ce soit, même de dernière volonté, à l'exception cependant des rentes constituées qui auraient pour cause une concession d'eau faite par le Domaine.

TITRE XV.

DU DÉPÔT ET DU SÉQUESTRE.

CHAPITRE PREMIER.

DU DÉPOT EN GÉNÉRAL ET DE SES DIVERSES ESPÈCES.

1949. Le *dépôt*, en général, est un acte par lequel on reçoit la chose d'autrui, à la charge de la garder et de la restituer en nature.

1950. Il y a deux espèces de dépôt;

Le *dépôt* proprement dit, et le *séquestre*.

CHAPITRE II.

DU DÉPOT PROPREMENT DIT.

SECTION I.

De la Nature et de l'Essence du contrat de dépôt.

1951. Le dépôt proprement dit est un contrat essentiellement gratuit.

1952. Il ne peut avoir pour objet que des choses mobilières.

1953. Il n'est parfait que par la tradition réelle ou feinte de la chose déposée.

La tradition feinte suffit, quand le dépositaire se

trouve déjà nanti, à quelque autre titre, de la chose que l'on consent à lui laisser à titre de dépôt.

1954. Le dépôt est volontaire ou nécessaire.

Du Dépôt volontaire.

1955. Le dépôt volontaire se forme par le consentement réciproque de là personne qui fait le dépôt et de celle qui le reçoit.

1956. Le dépôt volontaire ne peut régulièrement être fait que par le propriétaire de la chose déposée, ou de son consentement exprès ou tacite.

1957. Le dépôt volontaire doit être prouvé par écrit. La preuve testimoniale n'en est point reçue pour valeur excédant trois cents livres.

1958. Lôrsque le dépôt, étant au-dessus de trois cents livres, n'est point prouvé par écrit, celui qui est attaqué comme dépositaire en est cru sur sa déclaration, soit pour le fait même du dépôt, soit pour la chose qui en faisait l'objet, soit pour le fait de sa restitution, sauf les règles établies aux articles 1474 et 1476.

1959. Le dépôt volontaire ne peut avoir lieu qu'entre personnes capables de contracter.

Néanmoins, si une personne capable de contracter accepte le dépôt fait par une personne incapable, elle est tenue de toutes les obligations d'un véritable dépositaire ; elle peut être poursuivie par le tuteur

ou administrateur de la personne qui a fait le dépôt.

1960. Si le dépôt a été fait par une personne
capable à une personne qui ne l'est pas, la personne
qui a fait le dépôt n'a que l'action en revendication
de la chose déposée, tant qu'elle existe dans la main
du dépositaire, ou une action en restitution jusqu'à
concurrence de ce qui a tourné au profit de ce
dernier.

SECTION III.

Des Obligations du dépositaire.

1961. Le dépositaire doit apporter, dans la garde
de la chose déposée, les mêmes soins qu'il apporte
dans la garde des choses qui lui appartiennent.

1962. La disposition de l'article précédent doit
être appliquée avec plus de rigueur,

1.º Si le dépositaire s'est offert lui-même pour
recevoir le dépôt ;

2.º S'il a stipulé un salaire pour la garde du
dépôt ;

5.º Si le dépôt a été fait uniquement dans l'intérêt du dépositaire ;

4.º S'il a été convenu expressément que le dépositaire répondrait de toute espèce de faute.

1965. Le dépositaire n'est tenu, en aucun cas,
des accidens de force majeure, à moins qu'il n'ait
été mis en demeure de restituer la chose déposée.

1964. Il ne peut se servir de la chose déposée

sans la permission expresse ou présumée du déposant.

1965. Il ne doit point chercher à connaître quelles sont les choses qui ont été déposées entre ses mains, si elles lui ont été confiées dans un coffre fermé ou sous une enveloppe cachetée.

1966. Le dépositaire doit rendre la chose même qu'il a reçue.

Ainsi, le dépôt des sommes monnayées doit être rendu dans les mêmes espèces qu'il a été fait, soit dans le cas d'augmentation, soit dans le cas de diminution de leur valeur.

1967. Le dépositaire n'est tenu de rendre la chose déposée que dans l'état où elle se trouve au moment de la restitution. Les détériorations qui ne sont pas survenues par sa faute, sont à la charge du déposant.

1968. Le dépositaire auquel la chose a été enlevée par une force majeure, et qui a reçu un prix ou quelque chose à la place, doit restituer ce qu'il a reçu en échange.

1969. L'héritier du dépositaire, qui a vendu de bonne foi la chose dont il ignorait le dépôt, n'est tenu que de rendre le prix qu'il a reçu, ou de céder son action contre l'acheteur, s'il n'a pas touché le prix.

1970. Si la chose déposée a produit des fruits qui aient été perçus par le dépositaire, il est obligé de les restituer. Il ne doit aucun intérêt de l'argent déposé, si ce n'est du jour où il a été mis en demeure de faire la restitution.

1971. Le dépositaire ne doit restituer la chose déposée qu'à celui qui la lui a confiée, ou à celui au nom duquel le dépôt a été fait, ou à celui qui a été indiqué pour le recevoir.

1972. Il ne peut pas exiger de celui qui a fait le dépôt, la preuve qu'il était propriétaire de la chose déposée.

Néanmoins, s'il découvre que la chose a été volée, et quel en est le véritable propriétaire, il doit dénoncer à celui-ci le dépôt qui lui a été fait, avec sommation de le réclamer dans un délai déterminé et suffisant. Si celui auquel la dénonciation a été faite néglige de réclamer le dépôt, le dépositaire est valablement déchargé par la tradition qu'il en fait à celui duquel il l'a reçu.

1973. En cas de mort de celui qui a fait le dépôt, ou de la perte des droits civils encourue d'après la disposition de l'art. 44, la chose déposée ne peut être rendue qu'aux héritiers, ou aux personnes mentionnées en l'art. 49.

S'il y en a plusieurs, elle doit être rendue à chacun d'eux pour leur part et portion.

Si la chose déposée est indivisible, ils doivent s'accorder entre eux pour la recevoir.

1974. Si la personne qui a fait le dépôt, a changé d'état: par exemple, si la femme, libre au moment où le dépôt a été fait, s'est mariée depuis et se trouve en puissance de mari; si le majeur déposant se trouve frappé d'interdiction ; dans tous ces cas et autres semblables, le dépôt ne peut être restitué qu'à celui qui a l'administration des droits et des biens du déposant.

1975. Si le dépôt a été fait par un tuteur, par un mari ou par un administrateur, dans l'une de ces qualités, il ne peut être restitué qu'à la personne que ce tuteur, ce mari ou cet administrateur représentaient, si leur administration est finie.

1976. Si le contrat de dépôt désigne le lieu dans lequel la restitution doit être faite, le dépositaire est tenu d'y porter la chose déposée. S'il y a des frais de transport, ils sont à la charge du déposant.

1977. Si le contrat ne désigne point le lieu de la restitution, elle doit être faite dans le lieu même du dépôt.

1978. Le dépôt doit être remis au déposant aussitôt qu'il le réclame, lors même que le contrat aurait fixé un délai déterminé pour la restitution ; à moins qu'il n'existe, entre les mains du dépositaire, une saisie-arrêt ou une opposition à la restitution et au déplacement de la chose déposée.

De son côté, le dépositaire peut contraindre celui qui a fait le dépôt à le retirer ; si ce dernier prétend que la restitution est intempestive, le Juge prononce sur le mérite de cette opposition.

1979. Le dépositaire infidèle n'est point admis au bénéfice de la cession de biens.

1980. Toutes les obligations du dépositaire cessent, s'il vient à découvrir et à prouver qu'il est lui-même propriétaire de la chose déposée.

Des Obligations de la personne par laquelle le dépôt a été fait.

1981. La personne qui a fait le dépôt est tenue de rembourser au dépositaire les dépenses qu'il a faites pour la conservation de la chose déposée, et de l'indemniser de toutes les pertes que le dépôt peut lui avoir occasionnées.

1982. Le dépositaire peut retenir la chose déposée jusqu'à l'entier payement de ce qui lui est dû à raison du dépôt.

SECTION V.

Du Dépôt nécessaire.

1983. Le dépôt nécessaire est celui qui a été forcé par quelque accident, tel qu'un incendie, une ruine, un pillage, un naufrage ou autre événement imprévu.

1984. La preuve par témoins peut être reçue pour le dépôt nécessaire, même quand il s'agit d'une valeur au-dessus de trois cents livres.

1985. Le dépôt nécessaire est d'ailleurs régi par toutes les règles du dépôt volontaire.

1986. Les aubergistes ou hôteliers sont responsables, comme dépositaires, des effets apportés par le voyageur qui loge chez eux : le dépôt de ces sortes d'effets doit être regardé comme un dépôt nécessaire.

1987. Ils sont responsables du vol ou du dommage des effets du voyageur, soit que le vol ait été fait ou que le dommage ait été causé par les domestiques ou préposés de l'hôtellerie, ou par des étrangers allant et venant dans l'hôtellerie.

1988. Ils ne sont pas responsables de vols faits à main armée ou autrement avec force majeure, ni de ceux qui sont le résultat d'une négligence grave du propriétaire.

CHAPITRE III.

DU SÉQUESTRE.

SECTION I.

Des diverses espèces de Séquestre.

1989. Le séquestre est ou conventionnel ou judiciaire.

SECTION II.

Du Séquestre conventionnel.

1990. Le séquestre conventionnel est le dépôt fait par une ou plusieurs personnes, d'une chose contentieuse, entre les mains d'un tiers qui s'oblige de la rendre, après la contestation terminée, à la personne qui sera jugée devoir l'obtenir.

1991. Le séquestre peut n'être pas gratuit.

1992. Lorsqu'il est gratuit, il est soumis aux règles du dépôt proprement dit, sauf les différences ci-après énoncées.

1993. Le séquestre peut avoir pour objet, non-seulement des effets mobiliers, mais même des immeubles.

1994. Le dépositaire chargé du séquestre ne peut être déchargé avant la contestation terminée que du consentement de toutes les parties intéressées, ou pour une cause jugée légitime.

SECTION III.

Du Séquestre ou Dépôt judiciaire.

1995. Le Juge peut ordonner le séquestre,

1.º Des meubles saisis sur un débiteur ;

2.º D'un immeuble ou d'une chose mobilière dont la propriété ou la possession est litigieuse entre deux ou plusieurs personnes ;

3.º Des choses qu'un débiteur offre pour sa libération.

1996. L'établissement d'un gardien judiciaire produit, entre le saisissant et le gardien, des obligations réciproques. Le gardien doit apporter, pour la conservation des effets saisis, les soins d'un bon père de famille.

Il doit les représenter, soit pour satisfaire, par la vente, le créancier saisissant, soit pour les restituer à la partie contre laquelle les exécutions ont été faites en cas de mainlevée de la saisie.

L'obligation du saisissant consiste à payer au gardien le salaire fixé par la loi, ou, à défaut, déterminé par le Juge.

1997. Le séquestre judiciaire est donné, soit à une personne dont les parties intéressées sont convenues entre elles, soit à une personne nommée d'office par le Juge.

Dans l'un et l'autre cas, celui auquel la chose a été confiée, est soumis à toutes les obligations qu'emporte le séquestre conventionnel.

TITRE XVI.

DES CONTRATS ALÉATOIRES.

1098. Le contrat aléatoire est une convention réciproque dont les effets, quant aux avantages et aux pertes, soit pour toutes les parties, soit pour l'une ou plusieurs d'entre elles, dépendent d'un événement incertain.

Tels sont,

Le contrat d'assurance,

Le prêt à grosse aventure,

Le jeu et le pari,

Le contrat de rente viagère.

Les deux premiers sont régis par les lois maritimes et autres relatives à ces contrats.

CHAPITRE PREMIER.

DU JEU ET DU PARI.

1999. La loi n'accorde aucune action pour une dette du jeu ou pour le payement d'un pari.

2000. Les jeux propres à exercer au fait des armes, les courses à pied ou à cheval, les courses de chariots, le jeu de paume et autres jeux semblables qui tiennent à l'adresse et à l'exercice du corps, sont exceptés de la disposition précédente.

Néanmoins, le Tribunal peut rejeter l'action, quand la demande lui paraît excessive.

2001. Dans aucun cas, le perdant ne peut répéter ce qu'il a volontairement payé, à moins qu'il n'y ait eu, de la part du gagnant, dol, surpercherie ou escroquerie, ou que le perdant ne fût mineur.

CHAPITRE II.

DU CONTRAT DE RENTE VIAGÈRE.

SECTION I.

Des Conditions requises pour la validité du contrat de rente viagère.

2002. La rente viagère peut être constituée à titre onéreux, moyennant une somme d'argent, ou pour une chose mobilière appréciable, ou pour un immeuble.

2003. Elle peut être aussi constituée, à titre purement gratuit, par donation ou pour testament. Elle doit être alors revêtue des formes requises par la loi.

2004. Dans le cas de l'article précédent, la rente viagère est réductible, si elle excède ce dont il est permis de disposer; elle est nulle, si elle est au profit d'une personne incapable de recevoir.

2005. La rente viagère peut être constituée, soit sur la tête de celui qui en fournit le prix, soit sur la tête d'un tiers qui n'a aucun droit d'en jouir.

2006. Elle peut être constituée sur une ou plusieurs têtes.

2007. Elle peut être constituée au profit d'un tiers, quoique le prix en soit fourni par une autre personne.

Dans ce dernier cas, quoiqu'elle ait les caractères d'une libéralité, elle n'est point assujettie aux formes requises pour les donations, sauf les cas de réduction et de nullité énoncés dans l'art. 2004.

2008. Tout contrat de rente viagère créée sur la tête d'une personne qui était morte au jour du contrat, ne produit aucun effet.

2009. Il en est de même du contrat par lequel la rente a été créée sur la tête d'une personne qui décède dans les quarante jours de la date du contrat.

2010. La rente viagère peut être constituée au taux qu'il plaît aux parties contractantes de fixer, pourvu qu'il soit supérieur au revenu que peut produire la chose cédée pour prix de la rente.

Des Effets du contrat de rente viagère entre les parties contractantes.

2011. Celui au profit duquel la rente viagère a été constituée moyennant un prix, peut demander la résiliation du contrat, si le constituant ne lui donne pas les sûretés stipulées pour son exécution.

2012. Le seul défaut de payement des arrérages de la rente n'autorise point celui en faveur de qui elle est constituée, à demander le remboursement du capital, ou à rentrer dans le fonds par lui aliéné : il n'a que le droit de saisir et de faire vendre les biens de son débiteur, et de faire ordonner, si ce dernier n'y consent pas, que, sur le produit de la vente, il soit fait emploi d'une somme suffisante pour le service des arrérages.

2013. Le constituant ne peut se libérer du payement de la rente, en offrant de rembourser le capital, et en renonçant à la répétition des arrérages payés; il est tenu de servir la rente pendant toute la vie de la personne ou des personnes sur la tête desquelles la rente a été constituée, quelle que soit la durée de la vie de ces personnes, et quelque onéreux qu'ait pu devenir le service de la rente.

2014. La rente viagère n'est acquise au propriétaire que dans la proportion du nombre de jours qu'il a vécu.

Néanmoins, s'il a été convenu qu'elle serait payée d'avance, le terme qui a dû être payé, est acquis du jour où le payement a dû en être fait.

2015. La rente viagère ne peut être stipulée insaisissable, que lorsqu'elle a été constituée à titre gratuit.

2016. La rente viagère ne s'éteint pas par la perte des droits civils du propriétaire; le payement doit en être continué, pendant toute sa vie, en faveur des personnes indiquées par la loi.

2017. Le propriétaire d'une rente viagère n'en peut demander les arrérages qu'en justifiant de son existence, ou de celle de la personne sur la tête de laquelle elle a été constituée.

TITRE XVII.

DU MANDAT.

CHAPITRE PREMIER.

DE LA NATURE DU MANDAT.

2018. Le mandat ou procuration est un acte par lequel une personne donne à une autre le pouvoir de faire quelque chose pour le mandant et en son nom.

Le contrat ne se forme que par l'acceptation du mandataire.

L'acceptation du mandat peut n'être que tacite, et résulter de l'exécution qui lui a été donnée par le mandataire.

2019. Le mandat est gratuit, s'il n'y a convention contraire.

2020. Il est ou spécial et pour une affaire ou certaines affaires seulement, ou général et pour toutes les affaires du mandat.

2021. Le mandat conçu en termes généraux n'embrasse que les actes d'administration.

S'il s'agit d'aliéner ou hypothéquer, ou de quelque autre acte de propriété, le mandat doit être exprès.

2022. Le mandataire ne peut rien faire au-delà de ce qui est porté dans son mandat : le pouvoir de transiger ne renferme pas celui de compromettre.

2023. Les femmes et les mineurs émancipés peuvent être choisis pour mandataires; mais le mandant n'a d'action contre le mandataire mineur que d'après les règles générales relatives aux obligations des mineurs, et contre la femme mariée et qui a accepté le mandat sans autorisation de son mari, que d'après les règles établies au titre des *Fiançailles et du Mariage.*

CHAPITRE II.

DES OBLIGATIONS DU MANDATAIRE.

2024. Le mandataire est tenu d'accomplir le mandat tant qu'il en demeure chargé, et répond des dommages-intérêts qui pourraient résulter de son inexécution.

Il est tenu de même d'achever la chose commencée au décès du mandant, s'il y a péril en la demeure.

2025. Le mandataire répond non-seulement du dol, mais encore de la faute qu'il commet dans sa gestion.

Néanmoins, la responsabilité relative à la faute est appliquée moins rigoureusement à celui dont le mandat est gratuit qu'à celui qui reçoit un salaire.

2026. Tout mandataire est tenu de rendre compte de sa gestion, et de faire raison au mandant de tout ce qu'il a reçu en vertu de sa procuration, quand même ce qu'il aurait reçu n'eût point été dû au mandant.

2027. Le mandataire répond de celui qu'il s'est substitué dans la gestion,

1.º Quand il n'a pas reçu le pouvoir de se substituer quelqu'un;

2.º Quand ce pouvoir lui a été conféré sans désignation d'une personne, et que celle dont il a fait choix était notoirement incapable ou insolvable.

Dans tous les cas, le mandant peut agir directement contre la personne que le mandataire s'est substituée.

2028. Quand il y a plusieurs fondés de pouvoir ou mandataires constitués par le même acte, il n'y a de solidarité entre eux qu'autant qu'elle est exprimée.

2029. Le mandataire doit l'intérêt des sommes qu'il a employées à son usage, à dater de cet emploi, et de celles dont il est reliquataire, à compter du jour qu'il est mis en demeure.

2030. Le mandataire qui a donné à la partie avec laquelle il contracte en cette qualité, une suffisante connaissance de ses pouvoirs, n'est tenu d'aucune garantie pour ce qui a été fait au-delà, s'il ne s'y est personnellement soumis.

CHAPITRE III.

DES OBLIGATIONS DU MANDANT.

2031. Le mandant est tenu d'exécuter les engagemens contractés par le mandataire, conformément aux pouvoirs qui lui ont été donnés.

Il n'est tenu de ce qui a pu être fait au-delà, qu'autant qu'il l'a ratifié expressément ou tacitement.

2032. Le mandant doit rembourser au mandataire les avances et frais que celui-ci a faits pour l'exécution du mandat, et lui payer ses salaires, lorsqu'il en a été promis.

S'il n'y a aucune faute imputable au mandataire, le mandant ne peut se dispenser de faire ces remboursement et payement, lors même que l'affaire n'aurait pas réussi; ni faire réduire le montant des frais et avances, sous le prétexte qu'ils pouvaient être moindres.

2033. Le mandant doit aussi indemniser le mandataire des pertes que celui a essuyées à l'occasion de sa gestion, sans imprudence qui lui soit imputable.

2034. L'intérêt des avances faites par le mandataire lui est dû par le mandant, à dater du jour des avances constatées.

2035. Lorsque le mandataire a été constitué par plusieurs personnes pour une affaire commune, chacune d'elles est tenue solidairement envers lui de tous les effets du mandat.

CHAPITRE IV.

DES DIFFÉRENTES MANIÈRES DONT LE MANDAT FINIT.

2036. Le mandat finit,

Par la révocation du mandataire,

Par la renonciation de celui-ci au mandat,

Par la mort, ou par la perte des droits civils, par l'interdiction ou la déconfiture, soit du mandant, soit du mandataire.

2037. Le mandant peut révoquer sa procuration quand bon lui semble, et contraindre, s'il y a lieu, le mandataire à lui remettre l'écrit qui renferme la preuve du mandat.

2038. La révocation notifiée au seul mandataire ne peut être opposée aux tiers qui ont traité dans l'ignorance de cette révocation, sauf au mandant son recours contre le mandataire.

2039. La constitution d'un nouveau mandataire pour la même affaire, vaut révocation du premier, à compter du jour où elle a été notifiée à celui-ci.

2040. Le mandataire peut renoncer au mandat, en notifiant au mandant sa renonciation.

Néanmoins, si cette renonciation préjudicie au mandant, il devra être indemnisé par le mandataire, à moins que celui-ci ne se trouve dans l'impossibilité de continuer le mandat, sans en éprouver lui-même un préjudice considérable.

2041. Si le mandataire ignore la mort du mandant, ou l'une des autres causes qui font cesser le mandat, ce qu'il a fait dans cette ignorance est valide.

2042. Dans les cas ci-dessus, les engagemens du mandataire sont exécutés à l'égard des tiers qui sont de bonne foi.

2043. En cas de mort du mandataire, ses héritiers doivent en donner avis au mandant, et pourvoir, en attendant, à ce que les circonstances exigent pour l'intérêt de celui-ci.

TITRE XVIII.

DU CAUTIONNEMENT.

CHAPITRE PREMIER.

DE LA NATURE ET DE L'ÉTENDUE DU CAUTIONNEMENT.

2044. Celui qui se rend caution d'une obligation, se soumet envers le créancier à satisfaire à cette obligation, si le débiteur n'y satisfait pas lui-même.

2045. Le cautionnement ne peut exister que sur une obligation valable.

On peut néanmoins cautionner une obligation, encore qu'elle pût être annulée par une exception purement personnelle à l'obligé, par exemple, dans le cas de minorité; sans préjudice néanmoins de la disposition de l'art. 1920, à l'égard du prêt fait au fils de famille.

2046. Le cautionnement ne peut excéder ce qui est dû par le débiteur, ni être contracté sous des conditions plus onéreuses.

Il peut être contracté pour une partie de la dette seulement, et sous des conditions moins onéreuses.

Le cautionnement qui excède la dette, ou qui est contracté sous des conditions plus onéreuses, n'est point nul : il est seulement réductible à la mesure de l'obligation principale.

2047. On peut se rendre caution sans ordre de celui pour lequel on s'oblige, et même à son insu.

On peut aussi se rendre caution, non-seulement du débiteur principal, mais encore de celui qui l'a cautionné.

2048. Le cautionnement ne se présume point; il doit être exprès, et on ne peut pas l'étendre au-delà des limites dans lesquelles il a été contracté.

2049. Le cautionnement indéfini d'une obligation principale s'étend à tous les accessoires de la dette, même aux frais de la première demande, et à tous ceux postérieurs à la dénonciation qui en est faite à la caution.

2050. Les engagemens des cautions passent à leurs héritiers, à l'exception de la contrainte par corps,

33

si l'engagement était tel que la caution y fût obligée.

2031. Le débiteur obligé à fournir une caution doit en présenter une qui ait la capacité de contracter, qui ait un bien suffisant pour répondre de l'objet de l'obligation, et dont le domicile soit dans le ressort du Sénat où elle doit être donnée.

2032. La solvabilité d'une caution ne s'estime qu'eu égard à ses propriétés susceptibles d'hypothèque, excepté en matière de commerce, ou lorsque la dette est modique.

On n'a point égard aux propriétés litigieuses, ou dont la discussion deviendrait trop difficile par l'éloignement de leur situation.

2033. Lorsque la caution reçue par le créancier, volontairement ou en justice, est ensuite devenue insolvable, il doit en être donné une autre.

Cette règle reçoit exception dans le cas seulement où la caution n'a été donnée qu'en vertu d'une convention par laquelle le créancier a exigé une telle personne pour caution.

2034. Les femmes ne peuvent être cautions, ni se rendre responsables, en aucune manière, des obligations d'autrui, sans l'autorisation du Tribunal de judicature-mage qui, avant de l'accorder, devra s'assurer si la femme jouit d'une entière liberté, si elle n'est point entraînée par dol ou par captation à s'obliger comme caution, et si cet engagement a une cause juste et raisonnable.

En ce qui concerne les femmes mariées, le Tribuoal devra en outre s'assurer que le cautionnement a lieu non-seulement pour des motifs légitimes, mais encore dans l'intérêt de la famille.

2055. Les formalités prescrites par l'article précédent doivent être observées sous peine de nullité.

2056. La femme, marchande publique, n'est point soumise à ces formalités pour les actes relatifs à son commerce.

CHAPITRE II.

DE L'EFFET DU CAUTIONNEMENT.

SECTION I.

De l'Effet du cautionnement entre le créancier et la caution.

2057. La caution n'est obligée envers le créancier à le payer qu'à défaut du débiteur principal, qui doit être préalablement discuté dans ses biens, à moins que la caution n'ait renoncé au bénéfice de discussion, ou à moins qu'elle ne se soit obligée solidairement avec le débiteur; auquel cas, l'effet de son engagement se règle par les principes qui ont été établis pour les dettes solidaires.

2058. Le créancier n'est obligé de discuter le débiteur principal que lorsque la caution le requiert sur les premières poursuites dirigées contre elle.

2059. La caution qui requiert la discussion, doit indiquer au créancier les biens du débiteur principal, et avancer les deniers suffisans pour faire la discussion.

Elle ne doit indiquer ni des biens du débiteur principal situés hors du ressort du Sénat du lieu où le payement doit être fait, ni des biens litigieux, ni ceux hypothéqués à la dette, qui ne sont plus en la possession du débiteur.

2060. Toutes les fois que la caution a fait l'indication de biens autorisée par l'article précédent, et qu'elle a fourni les deniers suffisans pour la discussion, le créancier est, jusqu'à concurrence des biens indiqués, responsable, à l'égard de la caution, de l'insolvabilité du débiteur principal survenue par le retard dans les poursuites.

2061. Lorsque plusieurs personnes se sont rendues cautions d'un même débiteur pour une même dette, elles sont obligées chacune à toute la dette.

2062. Néanmoins chacune d'elles peut, à moins qu'elle n'ait renoncé au bénéfice de division, exiger que le créancier divise préalablement son action, et la réduise à la part et portion de chaque caution.

Lorsque, dans le temps où une des cautions a fait prononcer la division, il y en avait d'insolvables, cette caution est tenue proportionnellement de ces insolvabilités; mais elle ne peut plus être recherchée à raison des insolvabilités survenues depuis la division.

2063. Si le créancier a divisé lui-même et volontairement son action, il ne peut revenir contre cette division, quoiqu'il y eût, même antérieurement

au temps où il l'a ainsi consentie, des cautions insolvables.

2064. La caution de la caution n'est tenue envers le créancier que dans le cas d'insolvabilité du
débiteur principal et de toutes les cautions, ou lorsque le débiteur et les cautions sont déchargés de
la dette au moyen d'exceptions qui leur sont personnelles.

SECTION II.

De l'Effet du cautionnement entre le débiteur et la
caution.

2065. La caution qui a payé, a son recours contre
le débiteur principal, soit que le cautionnement ait
été donné au su ou à l'insu du débiteur.

Ce recours a lieu tant pour le principal que pour
les intérêts et les frais; néanmoins, la caution n'a
de recours que pour les frais par elle faits depuis
qu'elle a dénoncé au débiteur principal les poursuites dirigées contre elle.

Elle a un recours pour les intérêts de tout ce
qu'elle a payé pour le débiteur, lors même que la
dette ne produirait pas des intérêts.

Elle a aussi recours pour les dommages, s'il y
a lieu.

Toutefois, si la créance ne produisait pas des intérêts en faveur du créancier, ils ne courent, au
profit de la caution, que du jour où elle aura notifié le payement.

2066. La caution qui a payé la dette, est subrogée à tous les droits qu'avait le créancier contre le débiteur.

2067. Lorsqu'il y a plusieurs débiteurs principaux solidaires d'une même dette, la caution qui les a tous cautionnés, a, contre chacun d'eux, lé recours pour la répétition du total de ce qu'elle a payé.

2068. La caution qui a payé une première fois, n'a point de recours contre le débiteur principal qui a payé une seconde fois, lorsqu'elle ne l'a point averti du payement par elle fait; sauf son action en répétition contre le créancier.

Lorsque la caution aura payé sans être poursuivie et sans avoir averti le débiteur principal, elle n'aura point de recours contre lui dans le cas où, au moment du payement, ce débiteur aurait eu des moyens pour faire déclarer la dette éteinte; sauf son action en répétition contre le créancier.

2069. La caution, même avant d'avoir payé, peut agir contre le débiteur pour être par lui relevée de son engagement,

1.º Lorsqu'elle est poursuivie en justice pour le payement;

2.º Lorsque le débiteur a fait faillite, ou est en déconfiture;

3.º Lorsque le débiteur s'est obligé de lui rapporter sa décharge dans un certain temps;

4.º Lorsque la dette est devenue exigible par l'échéance du terme sous lequel elle avait été contractée;

5.° Au bout de dix années, lorsque l'obligation principale n'a point de terme fixe d'échéance, à moins que l'obligation principale, telle qu'une tutelle, ne soit pas de nature à pouvoir être éteinte avant un temps déterminé.

SECTION III.

De l'Effet du cautionnement entre les cofidéjusseurs.

2070. Lorsque plusieurs personnes ont cautionné un même débiteur pour une même dette, la caution qui a acquitté la dette, a recours contre les autres cautions, chacune pour sa part et portion.

Mais ce recours n'a lieu que lorsque la caution a payé dans l'un des cas énoncés en l'article précédent.

CHAPITRE III.

DE L'EXTINCTION DU CAUTIONNEMENT.

2071. L'obligation qui résulte du cautionnement, s'éteint par les mêmes causes que les autres obligations.

2072. La confusion qui s'opère dans la personne du débiteur principal et de sa caution, lorsqu'ils deviennent héritiers l'un de l'autre, n'éteint point l'action du créancier contre celui qui s'est rendu caution de la caution.

2073. La caution peut opposer au créancier toutes

les exceptions qui appartiennent au débiteur principal, et qui sont inhérentes à la dette ;

Mais elle ne peut opposer les exceptions qui sont purement personnelles au débiteur ; sans préjudice néanmoins de la disposition de l'art. 1920, à l'égard du prêt fait au fils de famille.

2074. La caution même solidaire est déchargée, lorsque la subrogation aux droits, hypothèques et priviléges du créancier ne peut plus, par le fait de ce créancier, s'opérer en faveur de la caution.

2075. Si le créancier décharge une des cautions sans le consentement des autres, cette décharge profite à celle-ci à concurrence de la part de la caution libérée.

2076. L'acceptation volontaire que le créancier a faite d'un immeuble ou d'un effet quelconque en payement de la dette principale, décharge la caution, encore que le créancier vienne à en être évincé.

2077. La simple prorogation de terme, accordée par le créancier au débiteur principal, ne décharge point la caution qui peut, en ce cas, poursuivre le débiteur pour le forcer au payement.

2078. La caution qui a limité son engagement au terme accordé au débiteur principal, demeure obligée au delà du terme fixé et durant tout le temps nécessaire pour contraindre le débiteur au payement, pourvu que, dans les deux mois de l'échéance, des poursuites aient été commencées par le créancier, et qu'elles aient été activement continuées.

CHAPITRE IV.

DE LA CAUTION LÉGALE ET DE LA CAUTION JUDICIAIRE.

2079. Toutes les fois qu'une personne est obligée, par la loi ou par une condamnation, à fournir une caution, la caution offerte doit remplir les conditions prescrites par les articles 2051 et 2052.

Lorsqu'il s'agit d'un cautionnement judiciaire, pour une dette emportant la contrainte par corps, la caution doit en outre être contraignable par corps.

2080. Celui qui ne peut pas trouver une caution, est reçu à donner à sa place un gage ou autre sûreté jugée suffisante pour la garantie de la créance.

2081. La caution judiciaire ne peut point demander la discussion du débiteur principal.

2082. Celui qui a seulement cautionné la caution judiciaire, peut demander la discussion de la caution.

TITRE XIX.

DES TRANSACTIONS.

2083. La transaction est un contrat par lequel les parties terminent une contestation née, ou préviennent une contestation à naître.

2084. Pour transiger, il faut avoir la capacité de disposer des objets compris dans la transaction.

Le tuteur ne peut transiger pour le mineur ou l'interdit, que conformément à l'art. 344; et il ne peut transiger avec le mineur devenu majeur, sur le compte de la tutelle, que conformément à l'art. 349.

Les communes et établissemens publics ne peuvent transiger qu'en se conformant à la disposition de l'art. 436.

2085. On peut transiger sur l'intérêt civil qui résulte d'un délit.

La transaction n'empêche pas la poursuite du ministère public.

2086. On peut ajouter à une transaction la stipulation d'une peine contre celui qui manquera de l'exécuter.

Cette peine tiendra lieu des dommages-intérêts résultant du retard, sans préjudice de l'exécution de la transaction, qui sortira son effet.

Les Tribunaux cependant peuvent diminuer la peine, lorsqu'il est évident qu'elle est énormément excessive.

2087. Les transactions se renferment dans leur objet: la renonciation qui y est faite à tous droits, actions et prétentions, ne s'entend que de ce qui est relatif au différend qui y a donné lieu.

2088. Les transactions ne règlent que les différends qui s'y trouvent compris, soit que les parties aient manifesté leur intention par des expressions spéciales ou générales, soit que l'on reconnaisse cette intention par une suite nécessaire de ce qui est exprimé.

2089. Si celui qui avait transigé sur un droit qu'il avait de son chef, acquiert ensuite un droit semblable du chef d'une autre personne, il n'est point, quant au droit nouvellement acquis, lié par la transaction antérieure.

2090. La transaction faite par l'un des intéressés ne lie point les autres intéressés, et ne peut être opposée par eux.

2091. Les transactions ont, entre les parties, l'autorité de la chose jugée en dernier ressort.

Elles ne peuvent être attaquées pour cause d'erreur de droit, ni pour cause de lésion.

2092. Néanmoins une transaction peut être rescindée, lorsqu'il y a erreur dans la personne ou sur l'objet de la contestation.

Elle peut l'être dans tous les cas où il y a dol ou violence.

2093. Il y a également lieu à l'action en rescision contre une transaction, lorsqu'elle a été faite en exécution d'un titre nul, à moins que les parties n'aient expressément traité sur la nullité.

2094. La transaction faite sur pièces qui depuis ont été reconnues fausses, est entièrement nulle.

2095. La transaction sur un procès terminé par un jugement passé en force de chose jugée, dont les parties ou l'une d'elles n'avaient point connaissance, est nulle.

Si le jugement ignoré des parties était susceptible d'appel, la transaction sera valable.

2096. Lorsque les parties ont transigé généralement sur toutes les affaires qu'elles pouvaient avoir ensemble, les titres qui leur étaient alors inconnus, et qui auraient été postérieurement découverts, ne sont point une cause de rescision, à moins qu'ils n'aient été retenus par le fait de l'une des parties;

Mais la transaction serait nulle, si elle n'avait qu'un objet sur lequel il serait constaté, par des titres nouvellement découverts, que l'une des parties n'avait aucun droit.

2097. L'erreur de calcul dans une transaction doit être réparée.

2098. On ne peut transiger, sans l'approbation du Tribunal compétent, sur les provisions ou pensions alimentaires non encore exigibles, adjugées en justice, non plus que sur celles acquises en vertu d'un testament, d'une donation ou d'un autre acte.

TITRE XX.

DE LA CONTRAINTE PAR CORPS EN MATIÈRE CIVILE.

2099. La contrainte par corps en matière civile ne peut avoir lieu que dans les cas où la loi l'ordonne ou la permet.

2100. La contrainte par corps a lieu en vertu de la loi, et le Juge est dans l'obligation de la prononcer,

1.º Contre celui qui aliène ou hypothèque des biens immeubles qu'il sait appartenir à autrui, ou qui les présente comme libres, quoiqu'ils soient déjà obligés, ou qui déclare des hypothèques ou des charges moindres que celles dont il sait que ces immeubles sont grevés;

2.º Pour dépôt nécessaire;

3.º Pour le délaissement, ordonné par justice, d'un fonds dont le propriétaire ou le possesseur a été dépouillé par voie de fait; pour la restitution des fruits qui en ont été perçus pendant l'indue possession, et pour le payement des dommages et intérêts adjugés au propriétaire, après que la liquidation en a été faite;

4.º Pour la répétition des deniers consignés entre les mains de personnes publiques établies à cet effet;

5.º Pour la représentation des choses remises en dépôt aux séquestres, commissaires et autres gardiens;

6.º Contre les cautions d'un débiteur contraignable par corps à raison de sa dette, lorsqu'elles se sont expressément soumises à cette contrainte;

7.º Contre tous les officiers publics, pour la représentation de leurs minutes, quand elle est ordonnée, et pour l'expédition de la copie des actes à ceux qui ont droit de la requérir;

8.º Contre les notaires, procureurs, secrétaires ou greffiers des Tribunaux, et contre les huissiers pour la restitution des titres et documens à eux confiés, et des deniers par eux reçus pour leurs cliens, par suite de leurs fonctions;

9.º Contre l'adjudicataire qui, faute de payement,

donne lieu à la revente sur folle enchère, pour la
somme à concurrence de laquelle le prix de la précédente adjudication excède celui de la nouvelle, ainsi
que pour les dépens.

2101. Sont soumis à la contrainte par corps, comme
il est dit ci-dessus, pour raison du reliquat de leurs
comptes, déficit ou débet constatés à leur charge,
et dont ils ont été déclarés responsables,

1.º Les comptables de deniers publics ou d'effets
mobiliers publics, et même leurs cautions;

2.º Leurs agents ou préposés qui ont personnellement géré ou fait la recette;

5.º Toutes personnes qui ont perçu des deniers
publics dont elles n'ont point effectué le versement
ou l'emploi, ou qui, ayant reçu des effets mobiliers appartenant à l'État, ne les représentent pas,
ou ne justifient pas de l'emploi qui leur avait été
prescrit;

4.º Tous ceux, en général, qui sont déclarés responsables pour les causes mentionnées ci-dessus.

2102. Sont compris dans la disposition de l'article
précédent, les comptables chargés, moyennant un
traitement ou une remise, de la perception des deniers,
ou de la garde et de l'emploi des effets mobiliers
appartenant aux communes, aux hospices et autres
établissemens publics, ainsi que leurs agens ou préposés ayant personnellement administré ou fait la
recette, comme il est dit ci-dessus.

2103. Sont également soumis à la contrainte par
corps,

1.º Tous entrepreneurs, fournisseurs et soumissionnaires qui ont passé des marchés ou traités intéressant l'État, les communes, les établissemens de bienfaisance et autres établissemens publics, et qui sont déclarés débiteurs par suite de leurs entreprises;

2.º Leurs cautions, toutes les fois qu'il s'agira de marchés ou traités intéressant l'État; et, par rapport à tous autres contrats, lorsqu'elles se seront expressément soumises à la contrainte par corps;

5.º Leurs agens ou préposés qui ont personnellement géré l'entreprise.

2104. Sont pareillement soumis à la contrainte par corps, tous les débiteurs et cautions de droits de douanes, d'octrois ou d'autres contributions indirectes, qui ont obtenu un crédit, et qui n'ont pas acquitté à échéance le montant de leurs soumissions ou obligations.

2105. Le jugement qui interviendra au profit d'un sujet contre un étranger non domicilié dans les États, emportera la contrainte par corps, à moins que la somme principale de la condamnation ne soit inférieure à trois cents livres.

2106. Avant le jugement de condamnation, mais après l'échéance du terme fixé pour l'exigibilité de la dette, le Juge-mage du Tribunal dans le ressort duquel se trouvera l'étranger non domicilié, pourra, s'il y a de suffisans motifs, ordonner son arrestation provisoire, sur la requête du créancier sujet du Roi.

Dans ce cas, le créancier sera tenu de se pourvoir en condamnation, dans la huitaine de l'arrestation du débiteur, faute de quoi celui-ci pourra demander son élargissement.

2107. L'arrestation provisoire n'aura pas lieu ou cessera, si l'étranger justifie qu'il possède, sur le territoire de l'État, un établissement de commerce ou des immeubles, le tout d'une valeur suffisante pour assurer le payement de la dette ; ou s'il fournit pour caution une personne domiciliée dans l'État et reconnue solvable.

2108. Le Juge, d'après les circonstances du fait, peut prononcer la contrainte par corps dans les cas ci-après :

1.º Contre les fermiers, pour le payement des fermages des biens ruraux, lorsqu'elle aura été formellement stipulée dans l'acte de bail fait par instrument public ;

2.º Contre les fermiers et les colons partiaires, faute par eux de représenter, à la fin du bail, le cheptel de bétail, les semences, les engrais et les instrumens aratoires qui leur ont été confiés, à moins qu'ils ne justifient que le déficit de ces objets ne procède point de leur fait ;

5.º Contre celui qui, déclaré tenu de présenter un compte, est en retard de le produire ; dans ce cas, la contrainte par corps aura lieu faute du payement de la somme qui sera arbitrée par le Tribunal ;

4.º Contre ceux qui, par un jugement rendu au

pétitoire et passé en force de chose jugée, ont été condamnés à désemparer un fonds, et qui refusent d'obéir ; la contrainte par corps sera alors prononcée par un second jugement.

2109. Hors les cas déterminés par les articles précédens, ou qui pourraient l'être à l'avenir par une loi formelle, il est défendu à tous Juges de prononcer la contrainte par corps, à tous notaires et autres officiers publics de recevoir des actes dans lesquels elle serait stipulée, et à tous sujets de consentir pareils actes, encore qu'ils eussent été passés en pays étranger : le tout à peine de nullité, dépens, dommages et intérêts.

2110. Hors le cas prévu par l'art. 2106, la contrainte par corps ne peut avoir lieu qu'en vertu d'un jugement.

2111. Le jugement de condamnation doit fixer la durée de la contrainte par corps : elle sera de six mois au moins, et ne pourra excéder cinq ans.

2112. La contrainte par corps ne peut être prononcée,

1.º Pour une somme moindre de trois cents livres ;

2.º Contre les mineurs ;

3.º Contre les septuagénaires et les femmes, sauf dans les cas prévus à l'art. 2100, n.º 1er : ces dernières cependant n'y seront point soumises durant le mariage, si ce n'est à raison des biens dont elles ont la libre administration, et pour les engagemens qui concernent ces biens. Les femmes en seront aussi exemptes à l'égard des obligations que leurs maris auraient contractées solidairement avec elles.

Il suffit que la soixante et dixième année soit commencée pour jouir de la faveur accordée aux septuagénaires. Le débiteur qui atteint cet âge durant sa détention, doit être rendu à la liberté.

2113. La contrainte par corps n'est jamais prononcée contre le débiteur, au profit,

1.º De son mari ou de sa femme;

2.º De ses ascendans, descendans, frères ou sœurs, ou alliés au même degré, ni de ses oncles ou tantes, neveux ou nièces.

2114. En aucun cas, la contrainte par corps ne pourra être exécutée contre le mari et contre la femme simultanément pour la même dette.

2115. Le débiteur incarcéré pour une dette civile, pourra obtenir son élargissement en payant le tiers du principal de la dette et les accessoires, et en donnant pour le surplus une caution acceptée par le créancier, èt, à défaut, déclarée suffisante par le Tribunal de judicature-mage du ressort dans lequel le débiteur se trouve détenu.

2116. La caution sera tenue, dans ce cas, de s'obliger solidairement avec le débiteur, à payer, dans un délai qui ne pourra excéder une année, les deux tiers qui resteront dus.

2117. A l'expiration du délai prescrit par l'article précédent, le créancier, s'il n'est pas intégralement payé, pourra exercer de nouveau la contrainte par corps contre le débiteur principal, sans préjudice de ses droits contre la caution.

2118. Le débiteur qui aura obtenu son élargissement après l'expiration des délais fixés par l'art. 2111, ne pourra plus être détenu ou arrêté pour dettes contractées antérieurement à son arrestation, et échues au moment de son élargissement, à moins que ces dettes ne donnent lieu à une contrainte plus longue que celle qu'il aura déjà subie, et qui, dans ce dernier cas, lui sera toujours comptée pour la durée de la nouvelle incarcération.

2119. Dans les affaires où les Tribunaux statuent en dernier ressort, la disposition de leur jugement relative à la contrainte par corps, sera sujette à l'appel; cet appel ne sera pas suspensif.

Dans les autres jugemens, l'appel suspend la contrainte par corps, à moins que le jugement ne soit déclaré provisoirement exécutoire en donnant caution.

2120. L'exécution du jugement qui ordonne la contrainte par corps, n'empêche ni ne suspend les poursuites et les exécutions sur les biens.

2121. Toutes les fois qu'il y a lieu à la contrainte par corps, le créancier est tenu de faire chaque mois l'avance de la somme destinée à pourvoir aux alimens du débiteur; à défaut de consignation, le Juge-mage du Tribunal dans le ressort duquel le débiteur est détenu, ordonnera son élargissement.

2122. Le débiteur élargi faute de consignation

pour les alimens, ne pourra plus être incarcéré pour la même dette.

2123. Il n'est point dérogé aux lois particulières qui autorisent la contrainte par corps dans les matières de commerce.

TITRE XXI.

DU NANTISSEMENT.

2124. Le nantissement est un contrat par lequel un débiteur remet une chose à son créancier pour sûreté de la dette.

2125. Le nantissement d'une chose mobilière s'appelle *gage*.

Celui d'une chose immobilière s'appelle *antichrèse*.

CHAPITRE PREMIER.

DU GAGE.

2126. Le gage confère au créancier le droit de se faire payer sur la chose qui en est l'objet, par privilége et préférence aux autres créanciers.

2127. Ce privilége n'a lieu qu'autant qu'il y a un acte public ou sous seing privé, avec date certaine, contenant la déclaration de la somme due, ainsi que l'espèce et la nature des choses remises en gage, ou un état annexé de leur qualité, poids et mesure.

La rédaction de l'acte par écrit n'est néanmoins prescrite qu'en matière excédant la valeur de trois cents livres.

2128. Le privilége énoncé en l'article précédent ne s'établit sur les meubles incorporels, tels que les créances mobilières, que par acte public ou sous seing privé, ayant date certaine, et signifié au débiteur de la créance donnée en gage.

2129. Dans tous les cas, le privilége ne subsiste sur le gage, qu'autant que ce gage a été mis et est resté en la possession du créancier, ou d'un tiers convenu entre les parties.

2130. Le gage peut être donné par un tiers pour le débiteur.

2131. Le créancier ne peut, à défaut de payement, disposer du gage; sauf à lui à faire ordonner en justice que ce gage lui demeurera en payement et jusqu'à due concurrence, d'après une estimation faite par experts, ou qu'il sera vendu aux enchères.

Toute clause qui autoriserait le créancier à s'approprier le gage, ou à en disposer sans les formalités ci-dessus, est nulle.

2132. Jusqu'à l'expropriation du débiteur, s'il y a lieu, il reste propriétaire du gage, qui n'est, dans la main du créancier, qu'un dépôt assurant le privilége de celui-ci.

2133. Le créancier répond, selon les règles établies au titre *des Contrats ou des Obligations conventionnelles en général*, de la perte ou détérioration du gage qui serait survenue par sa négligence.

De son côté, le débiteur doit tenir compte au créancier, des dépenses utiles et nécessaires que celui-ci a faites pour la conservation du gage.

2154. S'il s'agit d'une créance donnée en gage, et que cette créance porte intérêts, le créancier impute ces intérêts sur ceux qui peuvent lui être dus.

Si la dette pour sûreté de laquelle la créance a été donnée en gage, ne porte point elle-même intérêts, l'imputation se fait sur le capital de la dette.

2155. Si le créancier abuse du gage, le débiteur peut en requérir la mise sous séquestre.

2156. Le débiteur ne peut réclamer la restitution du gage qu'après avoir entièrement payé, tant en principal qu'intérêts et frais, la dette pour sûreté de laquelle le gage a été donné.

S'il existait, de la part du même débiteur envers le même créancier, une autre dette contractée postérieurement à la mise en gage, et devenue exigible avant le payement de la première dette, le créancier ne pourra être tenu de se dessaisir du gage avant d'être entièrement payé de l'une et de l'autre dette, lors même qu'il n'y aurait eu aucune stipulation pour affecter le gage au payement de la seconde.

2157. Le gage est indivisible nonobstant la divisibilité de la dette entre les héritiers du débiteur ou ceux du créancier.

L'héritier du débiteur, qui a payé sa portion de la dette, ne peut demander la restitution de sa portion dans le gage, tant que la dette n'est pas entièrement acquittée.

Réciproquement, l'héritier du créancier, qui a reçu sa portion de la dette, ne peut remettre le gage au préjudice de ceux de ses cohéritiers qui ne sont pas payés.

2138. Les dispositions précédentes ne dérogent point aux lois et aux règlemens particuliers concernant les matières de commerce et les établissemens autorisés à prêter sur gage.

CHAPITRE II.

DE L'ANTICHRÈSE.

2139. L'antichrèse ne s'établit que par acte public.

Le créancier n'acquiert par ce contrat que la faculté de percevoir les fruits de l'immeuble, à la charge de les imputer annuellement sur les intérêts, s'il lui en est dû, et ensuite sur le capital de sa créance.

Il en sera de même dans le cas où les parties auraient expressément stipulé que les fruits se compenseront avec les intérêts, et l'on ne pourra jamais excéder le taux légal de l'intérêt, quelle que soit la convention faite à cet égard.

Cette disposition s'applique même à la vente faite sous faculté de rachat, toutes les fois que le vendeur reste en possession de la chose en qualité de fermier ou de locataire. Pendant le terme du rachat, l'acquéreur ne peut recevoir, à titre de loyer ou de fermage, aucune somme excédant le taux légal de l'intérêt annuel.

2140. Le créancier est tenu, s'il n'en est autrement convenu, de payer les contributions et les charges annuelles de l'immeuble qu'il tient en antichrèse.

Il doit également, sous peine des dommages et intérêts, pourvoir à l'entretien et aux réparations utiles et nécessaires de l'immeuble, sauf à prélever sur les fruits toutes les dépenses relatives à ces divers objets.

2141. Le débiteur ne peut, avant l'entier acquittement de la dette, réclamer la jouissance de l'immeuble qu'il a remis en antichrèse.

Mais le créancier qui veut se décharger des obligations exprimées en l'article précédent, peut toujours, à moins qu'il n'ait renoncé à ce droit, contraindre le débiteur à reprendre la jouissance de son immeuble.

2142. Le créancier ne devient point propriétaire de l'immeuble, par le seul défaut de payement au terme convenu; toute clause contraire est nulle : faute de payement, il peut poursuivre l'expropriation de son débiteur par les voies légales.

2143. Les dispositions des articles 2130 et 2137, s'appliquent à l'antichrèse comme au gage.

2144. Tout ce qui est statué au présent chapitre ne préjudicie point aux droits que des tiers pourraient avoir sur le fonds de l'immeuble remis à titre d'antichrèse.

Si le créancier, muni à ce titre, a d'ailleurs sur le fonds des priviléges ou hypothèques légalement établis et conservés, il les exerce à son ordre et comme tout autre créancier.

TITRE XXII.

DES PRIVILÉGES ET HYPOTHÈQUES.

CHAPITRE PREMIER.

DISPOSITIONS GÉNÉRALES.

2145. Quiconque s'est obligé personnellement, est tenu de remplir ses engagemens sur tous ses biens mobiliers et immobiliers, présens et futurs.

2146. La clause du constitut possessoire est toujours censée apposée dans tous les contrats et dans toutes les dispositions de dernière volonté, qui seraient faits par acte public, et même par écrits privés, dans les cas où la loi les autorise. Cette clause n'a d'autre effet que de soumettre les biens du débiteur à l'action possessoire, tant qu'il en est détenteur, afin que le créancier puisse être payé sur ces mêmes biens, au moyen des exécutions autorisées par la loi.

2147. Les biens du débiteur sont le gage commun de ses créanciers; et le prix s'en distribue entre eux par contribution, à moins qu'il n'y ait entre les créanciers des causes légitimes de préférence.

2148. Les causes légitimes de préférence sont les priviléges et les hypothèques.

2149. Il n'est rien innové, par le présent titre, aux dispositions des lois sur le commerce maritime concernant les navires et les bâtimens de mer.

CHAPITRE II.

DES PRIVILÉGES.

2150. Le privilége est un droit que la qualité de la créance donne à un créancier, d'être préféré aux autres créanciers, même hypothécaires.

2151. Entre les créanciers privilégiés, la préférence se règle par les différentes qualités des priviléges.

2152. Les créanciers privilégiés qui sont dans le même rang, sont payés par concurrence.

2153. Les priviléges sont constitués sur les meubles ou sur les immeubles, ou s'étendent à la fois sur les meubles et les immeubles.

2154. Le Fisc, indépendamment des priviléges qui peuvent lui appartenir comme à tout particulier, en a encore pour des causes spéciales.

Ces priviléges, ainsi que les hypothèques qui lui sont attribuées pour de semblables causes, sont l'objet du chapitre IV du présent titre.

SECTION I.

Des Priviléges sur les meubles.

2155. Les priviléges sur les meubles sont ou généraux, ou particuliers sur certains meubles.

Les premiers affectent tous les biens meubles du débiteur, les seconds ne s'appliquent qu'à quelques meubles seulement.

§ Ier

Des Priviléges généraux sur les meubles.

2156. Les créances privilégiées sur la généralité des meubles sont celles ci-après exprimées, et s'exercent dans l'ordre suivant :

1.º Les frais de justice, savoir : les frais de scellés, d'inventaire, et tous autres faits dans l'intérêt commun des créanciers;

2.º Les frais funéraires, suivant l'usage des lieux;

3.º Les frais de la dernière maladie, pourvu qu'on n'y comprenne jamais ceux faits plus d'une année avant le jour du décès;

4.º Les frais indispensables pour les premiers habits de deuil de la veuve et pour les alimens qui lui sont nécessaires pendant les dix mois qui suivront immédiatement le décès du mari, pourvu toutefois que la dot, et les autres droits de la veuve, dérivant du contrat de mariage, restent confondus pendant tout ce temps dans la masse des biens du défunt ;

5.º Les salaires dus aux domestiques et autres individus attachés au service de la famille, pour une année ;

6.º Les fournitures de subsistances et de marchandises pour les alimens et habillemens du débiteur et de sa famille, faites, pendant les six derniers mois, par des marchands en détail, et pendant la dernière année, par des marchands en gros ou par des maîtres de pension.

§ II.

Des Privilèges sur certains meubles.

2157. Sont préférés sur certains meubles,

1.º Les loyers et fermages des immeubles, sur les fruits de la récolte de l'année ; sur les denrées qui se trouvent dans les maisons et bâtimens dépendant des fonds ruraux, si ces denrées proviennent de ces fonds ; et sur le prix de tout ce qui sert à garnir la maison louée ou la ferme, et de tout ce qui sert à l'exploitation de la ferme ; savoir, pour l'année courante et les deux années précédentes, comme aussi pour tout ce qui est à échoir, si les baux sont reçus par acte public, ou si, étant sous seing privé, ils ont une date certaine ; et seulement pour l'année courante et la suivante, s'il n'y a pas de bail par acte public, ou si, étant sous seing privé, il n'a pas une date certaine. Dans ces deux cas, les autres créanciers ont le droit de relouer la maison ou la ferme, au premier cas, pour le restant du bail, et au second, pour une année à partir de l'expiration de l'année courante; et de faire leur profit des loyers et fermages, à la charge toutefois de payer au propriétaire tout ce qui lui serait encore dû, comme ci-dessus, par privilége, et de lui fournir en outre des sûretés pour les loyers et fermages non encore échus;

Le même privilége a lieu en faveur du bailleur, pour les dommages causés aux bâtimens loués et à la ferme, pour les réparations locatives, pour la restitution des objets affectés à l'exploitation des fonds, et pour tout ce qui concerne l'exécution du bail;

Sont toutefois préférés à la créance du bailleur, sur les fruits de la récolte de l'année, les sommes dues pour semences et pour culture et récolte de la même année; sur les meubles qui garnissent les maisons louées, les créances des ouvriers pour réparations locatives faites à ces maisons pendant les six mois précédens; et, sur la valeur des ustensiles, les créances pour prix de ces mêmes ustensiles, pourvu que la vente en ait eu lieu pendant la dernière année;

Le privilége accordé ci-dessus au bailleur sur les meubles qui garnissent la maison louée ou la ferme, s'étend non-seulement sur les meubles appartenant au locataire ou au fermier et au sous-locataire ou sous-fermier, mais encore à ceux qui sont la pro-

priété d'autres personnes, tant qu'ils se trouvent
dans la maison louée ou dans la ferme; à moins
qu'il ne s'agisse d'effets dérobés, ou qu'on ne prouve
que le bailleur était informé, au moment où ces
effets y ont été transportés, qu'ils appartenaient à
d'autres qu'au locataire ou au fermier;

Le privilége sur les fruits existans a lieu lors
même que les fruits appartiennent au sous-fermier;

Le privilége sur le prix de tout ce qui garnit la
maison louée ou la ferme et de tout ce qui sert à
l'exploitation de la ferme, lorsque ces choses appartiennent au sous-locataire ou sous-fermier, n'a lieu
que jusqu'à concurrence de ce qu'il doit, sans avoir
égard à ce qui aurait été payé d'avance;

Le bailleur peut saisir les meubles du preneur,
sous-locataire ou sous-fermier, qui garnissent sa
maison ou dont sa ferme est fournie, lorsque ces
meubles ont été transportés ailleurs sans son consentement; et il conserve sur eux son privilége,
pourvu qu'il ait exercé l'action en revendication,
savoir : lorsqu'il s'agit du mobilier dont la ferme
était fournie, dans le délai de quarante jours, et
dans celui de quinzaine, s'il s'agit des meubles garnissant une maison; sauf toutefois les droits acquis
à des tiers, depuis le transport qui en a été fait;

2.º La créance, sur le gage dont le créancier
est saisi;

5.º Les frais faits pour la conservation ou l'amélioration des meubles que retiennent encore ceux
qui ont fait ces frais;

4.º Le prix d'effets mobiliers vendus pendant l'année précédente, s'ils sont encore entre les mains ou au pouvoir du débiteur.

Si la vente a été faite sans terme, le vendeur peut même revendiquer ces effets tant qu'ils sont en la possession de l'acheteur, ou en empêcher la revente, pourvu que la demande en revendication soit exercée dans la quinzaine dès la livraison, et que les effets se trouvent dans l'état où ils étaient quand cette livraison a été faite.

Le privilége du vendeur et la faculté de revendiquer ne s'exercent toutefois que sans préjudice des droits du propriétaire de la maison ou de la ferme; à moins qu'il ne soit prouvé que le propriétaire avait connaissance, à l'époque où les meubles garnissant sa maison ou sa ferme y ont été transportés, que le prix en était encore dû;

Il n'est rien innové aux lois et usages du commerce sur la revendication.

5.º Les fournitures faites par un aubergiste, ainsi que le salaire qui lui est dû, sur les effets du voyageur, qui ont été transportés et se trouvent encore dans son auberge;

6.º Les frais de transport, sur les effets transportés, encore retenus par le conducteur, ou qui même auraient été livrés par celui-ci dans les vingt-quatre heures qui ont précédé, pourvu qu'ils se trouvent encore entre les mains de celui à qui on en a fait la remise.

En cas de concours entre plusieurs créanciers

privilégiés, les priviléges mentionnés aux n.ºs 3, 5 et 6 primeront celui du vendeur; et s'il y a concours entre les priviléges énoncés aux n.ºs 5 et 6, celui désigné au n.º 6 obtiendra la préférence;

7.º Les créances qui résulteraient des prévarications et des abus commis par les fonctionnaires publics, dans l'exercice de leurs fonctions, sur les fonds de leurs cautionnemens et sur les intérêts qui en peuvent être dus;

8.º Les créances des communes, corporations et établissemens publics, pour fait dépendant des fonctions attribuées à leurs officiers, sur les cautionnemens en numéraire auxquels ceux-ci seraient soumis.

Ceux qui, par acte authentique, auront fourni les sommes nécessaires pour les cautionnemens dont il est parlé dans le présent numéro et dans le précédent, exerceront aussi un privilége sur ces cautionnemens, mais après les créances ci-dessus désignées.

SECTION II.

Des Priviléges sur les immeubles.

2158. Les créanciers privilégiés sur les immeubles, et dont les priviléges s'exercent dans l'ordre suivant, sont :

1.º Les entrepreneurs, architectes et autres qui ont travaillé ou donné leurs soins à la construction, à la réparation ou à l'amélioration d'un immeuble, ou fourni des matériaux pour le même objet, pourvu

néanmoins que, par un expert nommé d'office par
le Tribunal de judicature-mage dans le ressort duquel l'immeuble est situé, il ait été dressé préalablement un procès-verbal, à l'effet de constater l'état
des lieux relativement aux ouvrages que le propriétaire a déclaré avoir dessein de faire exécuter, et
que les ouvrages aient été, dans les trois mois au
plus de leur perfection, reçus par un expert également nommé d'office;

Mais le montant du privilége ne peut excéder les
valeurs constatées par le second procès-verbal, et il
se réduit à la plus-value existante à l'époque de
l'aliénation de l'immeuble, et résultant des travaux
qui y ont été faits;

2.º Le vendeur ou tout autre qui aliène, sur les
immeubles aliénés, pour le prix ou pour le retour
en cas d'échange, et pour l'exécution des charges
imposées par l'acte d'aliénation;

S'il y a plusieurs aliénations successives, dont le
prix soit dû en tout ou en partie, le premier qui
a aliéné est préféré au second, le deuxième au troisième, et ainsi de suite;

5.º Les cohéritiers, les associés et autres copartageans, sur les immeubles de la succession ou de
la société, ou sur ceux qui ont fait l'objet de la
division, pour la garantie, en cas d'éviction, des
partages faits entre eux et des soultes ou retours
de lots;

S'il y a plusieurs partages successifs, on observera, entre les cohéritiers et les associés, la règle établie au numéro précédent;

4.º Ceux qui ont prêté les deniers pour payer les créanciers désignés dans les numéros précédens. Ils exerceront respectivement et dans l'ordre ci-dessus établi, leur privilége sur l'immeuble, pourvu qu'il soit authentiquement constaté, par l'acte d'emprunt, que la somme était destinée à cet emploi, et, par la quittance des créanciers, que ce payement a été fait des deniers empruntés.

2159. Le tiers possesseur aura également un privilége sur l'immeuble dont il a été exproprié, pour les réparations et améliorations qu'il y aura faites; et si, à l'époque du délaissement ou de l'àdjudication qui aura eu lieu contre lui, il y a une différence entre la somme représentant la valeur effective des améliorations et celle qui aura été réellement dépensée pour cet objet, le privilége ne s'exercera que jusqu'à concurrence de la moindre de ces sommes : son rang, par rapport aux autres priviléges, sera le même que celui attribué au privilége mentionné au n.º 1er de l'article précédent.

SECTION III.

Des Priviléges qui s'étendent sur les meubles et sur les immeubles.

2160. Les priviléges qui s'étendent sur les meubles et sur les immeubles, sont les priviléges généraux énoncés en l'art. 2156. Ils ne s'exercent néanmoins sur les immeubles qu'à défaut de meubles, et à la charge d'observer entre eux l'ordre établi pour les priviléges généraux sur les meubles.

2161. Lorsque ces priviléges s'exerceront sur les meubles, le privilége pour les frais de justice, énoncé au n.º 1.er, de l'art. 2156, sera préféré à tous les priviléges spéciaux mentionnés en l'art. 2157, mais seulement pour les frais qui peuvent concerner les meubles soumis au privilége spécial.

Les autres priviléges généraux, dont il est parlé en l'art. 2156, sont pareillement préférés aux priviléges spéciaux du bailleur et du vendeur, mentionnés aux n.os 1 et 4 de l'art. 2157; mais ils n'ont rang qu'après les autres priviléges énoncés au dit article.

2162. Lorsqu'à défaut de mobilier, les priviléges généraux mentionnés en l'art. 2156 s'exercent sur les immeubles, ceux de ces priviléges qui sont désignés aux n.os 1, 2 et 5 du même article, sont préférés aux priviléges spéciaux dont il est parlé aux articles 2158 et 2159; les autres priviléges généraux ne prennent rang qu'après ces derniers.

CHAPITRE III.

DES HYPOTHÈQUES.

2163. L'hypothèque est un droit réel sur les immeubles affectés à l'acquittement d'une obligation.

Elle est, de sa nature, indivisible, et subsiste en entier sur tous les immeubles affectés, sur chacun et sur chaque portion de ces immeubles.

Elle les suit, dans quelques mains qu'ils passent.

2164. L'hypothèque n'a lieu que dans les cas et suivant les formes autorisés par la loi.

2165. Elle est ou légale, ou judiciaire, ou conventionnelle.

2166. L'hypothèque légale, est celle qui résulte de la loi;

L'hypothèque judiciaire, est celle qui résulte des jugemens, ou des actes judiciaires;

L'hypothèque conventionnelle, est celle qui dépend des conventions, et de la forme extérieure des actes et des contrats.

2167. L'hypothèque ne peut avoir lieu sur les meubles.

2168. Sont seuls susceptibles d'hypothèque,

1.º Les biens immobiliers qui sont dans le commerce, et leurs accessoires réputés immeubles;

2.º L'usufruit des mêmes biens et accessoires pendant le temps de sa durée;

3.º La propriété directe ou utile des biens concédés à titre d'emphytéose avant que le présent Code soit exécutoire;

4.º Les *places* considérées comme immeubles, à teneur de l'art. 407;

5.º Les rentes sur l'Etat, de la manière établie par les lois relatives à la dette publique.

SECTION I.

De l'Hypothèque légale.

2169. Les communes, corporations et établissemens publics auront une hypothèque légale sur les
biens de leurs trésoriers, percepteurs et autres administrateurs tenus de rendre compte à raison d'un
maniement de deniers, ou de toute autre comptabilité matérielle. Cette hypothèque datera du jour
de leur nomination, ou de celui de l'approbation de
leur nomination, si celle-ci y est soumise.

2170. La femme a une hypothèque légale sur les
biens du mari et des ascendans de celui-ci, expressément ou tacitement obligés pour la dot, pour
l'exécution des conventions matrimoniales, et pour
les gains dotaux.

Cette hypothèque a lieu sur les biens du mari,
du moment où la dot est constituée, quoique le
payement n'en serait fait que dans la suite; et sur
les biens des ascendans, du moment où ils se sont
obligés expressément ou tacitement, conformément
à l'art. 1565;

En ce qui concerne les sommes dotales provenant de succession ou donation, l'hypothèque n'a
lieu que du jour de l'ouverture de la succession,
ou de celui où la donation a eu son effet.

2171. La femme a aussi une hypothèque légale
sur les biens du mari, pour les biens et capitaux

non dotaux à elle appartenant, qui auraient été aliénés ou exigés par le mari, ou même aliénés ou exigés par elle en présence et du consentement du mari, si, dans ce dernier cas, il ne résulte pas de l'emploi des deniers.

Cette hypothèque a lieu du jour de l'aliénation des biens ou du recouvrement des capitaux.

Elle ne s'étend pas aux créances que des tiers auraient eues contre le mari, et qui seraient ensuite parvenues à la femme par succession ou autrement.

2172. Le fils de famille a une hypothèque légale sur les biens de l'ascendant sous la puissance duquel il se trouve. Cette hypothèque a lieu pour la comptabilité dérivant de l'administration qui appartient à l'ascendant, et elle est acquise du jour où les biens qui doivent être administrés, sont parvenus au fils de famille.

2173. Les enfans et autres descendans ont pareillement une hypothèque légale, pour les droits de réversibilité énoncés en l'art. 146, sur les biens de ceux de leurs ascendans qui se seraient remariés.

Cette hypothèque a lieu dès le jour du décès du premier époux.

2174. Les mineurs et interdits ont aussi, du jour de l'acceptation de la tutelle, une hypothèque légale sur les biens de leur tuteur, à raison de sa gestion.

Lorsque la mère tutrice se remarie, la même hypothèque, dans les cas mentionnés aux articles 253 et 254, s'étend, du jour du mariage, aux biens du nouveau mari.

2175. Mais s'il s'agit d'administrateurs qui, conformément à l'art. 277, seraient délégués pour exercer les fonctions de tuteurs des enfans admis dans les hospices, le Tribunal de judicature-mage, dans le ressort duquel se trouve cet établissement, pourra, sur la demande du conseil de tutelle et pour de justes causes, dispenser ces tuteurs de l'hypothèque mentionnée en l'article précédent.

2176. L'hypothèque légale peut s'exercer sur tous les immeubles présens et à venir du débiteur, sous les modifications qui seront ci-après exprimées.

SECTION II.

De l'Hypothèque judiciaire.

2177. L'hypothèque judiciaire résulte des jugemens et ordonnances même par défaut, définitifs ou provisoires, portant condamnation ou obligation quelconque.

2178. Elle résulte aussi des reconnaissances ou vérifications faites en jugement, des signatures ou souscriptions apposées à un acte obligatoire sous seing privé. Lorsque cependant le terme accordé au débiteur ne serait pas encore expiré, l'hypothèque aura seulement effet du jour de l'échéance de ce terme, nonobstant toute stipulation contraire.

2179. Pareille hypothèque résulte également des ordonnances des Tribunaux, portant nomination d'un économe, d'un séquestre ou de tout autre agent comptable. Elle grève leurs biens pour tous les faits relatifs à leur gestion ; à moins que, pour de justes causes, les Tribunaux ne les aient dispensés de cette hypothèque.

2480. Les décisions arbitrales, dans les cas où la loi les autorise, n'emportent hypothèque qu'autant qu'elles sont revêtues de l'ordonnance judiciaire d'exécution.

2481. Les jugemens rendus en pays étranger ne conféreront aucune hypothèque sur les biens situés dans les États, à moins qu'il n'y ait à cet égard une disposition expresse dans les traités politiques.

2482. Toutefois les jugemens légalement prononcés par les Consuls du Roi, dans les pays où ils exercent leurs fonctions, conféreront hypothèque sur les biens situés dans les États, de la même manière que les jugemens rendus par les Tribunaux de l'intérieur.

2483. L'hypothèque judiciaire peut s'exercer sur tous les immeubles présens et futurs du débiteur, sous les modifications exprimées ci-après.

SECTION III.

De l'Hypothèque conventionnelle.

2484. Les hypothèques conventionnelles ne peuvent être consenties que par ceux qui ont la capacité d'aliéner les immeubles qu'ils y soumettent.

2485. Les biens appartenant à des personnes qui

n'ont pas la capacité d'aliéner, ou à des absens, tant que les biens de ces derniers ne sont possédés qu'en vertu de l'envoi en possession provisoire, ne peuvent être grevés d'hypothèque conventionnelle que pour les causes et avec les autorisations requises par la loi.

2186. Ceux qui n'ont sur l'immeuble qu'un droit suspendu par une condition, ou résoluble dans certains cas, ou sujet à rescision, ne peuvent consentir qu'une hypothèque soumise aux mêmes conditions ou à la même rescision.

2187. L'hypothèque conventionnelle ne peut être consentie que par un acte public passé devant notaire, ou devant toute autre personne que la loi autorise à recevoir un acte semblable.

2188. Les actes authentiques passés en pays étranger ne donnent aucune hypothèque sur les biens situés dans les États, à moins qu'il n'y ait à cet égard une disposition expresse dans les traités politiques.

Toutefois les contrats passés devant les Consuls du Roi auront, quant à l'hypothèque, la même force que ceux passés devant notaire dans les États.

2189. Celui qui consent une hypothèque conventionnelle, est tenu de déclarer spécialement, soit dans le titre authentique constitutif de la créance, soit dans un acte authentique postérieur, la nature et la situation, avec l'indication du canton et du numéro du cadastre, ou de deux au moins des confins de l'immeuble appartenent actuellement au débiteur, sur lequel il consent l'hypothèque.

Relativement aux *places* réputées immeubles, on devra indiquer leur qualité et le lieu de leur exercice.

2190. Les biens à venir ne peuvent pas être soumis à l'hypothèque conventionnelle.

2191. En cas que l'immeuble ou les immeubles présens, assujettis à l'hypothèque, eussent péri, ou éprouvé des dégradations telles qu'ils fussent devenus insuffisans pour la sûreté du créancier, celui-ci pourra agir pour obtenir un supplément d'hypothèque, et, à défaut, poursuivre son remboursement.

2192. L'hypothèque acquise s'étend à toutes les améliorations survenues à l'immeuble hypothéqué.

2193. L'hypothèque conventionnelle n'est valable qu'autant que la somme pour laquelle elle est consentie, est certaine et déterminée. Si la créance résultant de l'obligation est conditionnelle pour son existence, ou indéterminée dans sa valeur, l'hypothèque pourra être consentie; mais le créancier ne pourra requérir l'inscription dont il sera parlé ci-après, que jusqu'à concurrence d'une valeur estimative par lui déclarée expressément, et, en cas d'excès, le débiteur aura droit de faire opérer la radiation partielle, conformément à ce qui est établi par l'art. 2280.

CHAPITRE IV.

DES PRIVILÉGES ET DES HYPOTHÈQUES QUI COMPÉTENT
AU FISC ROYAL POUR DES CAUSES PARTICULIÈRES.

2194. Le Fisc a privilége,

1.º Pour la perception des impôts directs et in-directs, dans lesquels sont comprises les impositions communales;

2.º Pour la rentrée des frais de justice en matière criminelle, correctionnelle et de police;

5.º Pour les sommes dues par les comptables, à raison de leur administration;

4.º Pour les sommes dues, et pour les malver-sations commises par les fonctionnaires publics tenus de fournir un cautionnement.

Ce privilége est réglé par les dispositions sui-vantes.

2195. Le privilége du Fisc pour les impôts s'exerce,

1.º Pour la contribution personnelle et mobilière de l'année courante et de la précédente, tant en principal qu'en centimes additionnels, sur tous les meubles du redevable, après toutefois les priviléges énoncés aux trois premiers numéros de l'article 2156;

2.º Pour la contribution foncière de l'année cou-rante et de la précédente, aussi en principal et en centimes additionnels, sur tous les immeubles du redevable, situés dans le territoire de la commune dans laquelle la contribution est due, et sur les récoltes, fruits, loyers et revenus des mêmes immeubles; sans préjudice des moyens d'exécution autorisés par la loi contre les fermiers, locataires et autres détenteurs des fruits de ces immeubles;

5.º Pour les droits de gabelle, insinuation, émolumens et autres contributions indirectes, sur les biens meubles et immeubles qui en ont été respectivement l'objet.

Le privilége énoncé en ce numéro et au précédent a la préférence sur tout autre.

2196. Le Fisc a privilége, après les créances mentionnées aux articles 2156 et 2157, sur tous les biens meubles du condamné, pour le recouvrement des frais de justice en matière criminelle, correctionnelle et de police. Les droits dus aux officiers de justice sont compris dans ces frais.

Il a aussi, sur les immeubles du condamné, une hypothèque qui prendra rang du jour de l'inscription.

Cette inscription peut être prise même avant le jugement, pourvu que le mandat d'arrêt ait déjà été délivré. Elle profite aux parties lésées, dont l'hypothèque n'aura de rang qu'après celle du Fisc, pour les dommages-intérêts auxquels l'accusé pourrait être condamné; sans préjudice de l'inscription qu'elles peuvent prendre, comme ci-dessus, dans leur propre intérêt.

Les frais pour le recouvrement desquels il est accordé au Fisc un privilége sur les meubles et une hypothèque sur les immeubles, ne seront colloqués qu'après les frais faits pour la défense de l'accusé, lesquels seront taxés par le Tribunal qui aura prononcé le jugement.

2197. Le privilége du Fisc, pour cause de comptabilité, s'exerce, après les priviléges énoncés aux articles 2156 et 2157, sur tous les biens meubles des trésoriers, percepteurs, receveurs et autres comptables de deniers publics, et sur ceux des fermiers des gabelles et octrois publics. Ce privilége, s'exerce de même sur les biens meubles des sous-fermiers reconnus et approuvés par l'Administration des finances, à concurrence du prix fixé par l'acte de sous-bail.

Le Fisc a le même privilége sur les meubles de la femme existans dans la maison du mari, ainsi que sur les créances consenties à son profit postérieurement à la nomination du mari, ou à la date du bail ou du sous-bail ; à moins qu'on ne prouve qu'elle était antérieurement propriétaire des meubles, ou qu'ils lui sont parvenus, par succession ou par donation, de toute autre personne que du mari, ou que la créance a été constituée ou les meubles acquis des deniers mêmes de la femme.

2198. Le privilége énoncé en l'article précédent a pareillement lieu sur les immeubles acquis à titre onéreux, soit par le mari, soit par la femme, postérieurement à la nomination du comptable, ou dès la date du bail ou du sous-bail, et même sur les immeubles acquis auparavant, à concurrence seulement du prix qui en aurait été payé dès-lors ; à moins qu'on ne prouve dans les deux cas, en ce qui concerne les immeubles acquis par la femme, que le prix en a été payé avec les deniers qui lui appartenaient.

Ce privilége ne s'exercera qu'après ceux énoncés aux articles 2156, 2158 et 2159, et ne préjudiciera point aux créanciers des précédens propriétaires, qui auront satisfait à ce que la loi prescrit pour la conservation de leurs droits.

2199. Le Fisc a encore une hypothèque légale, dès la date respective de la nomination et de l'acte de bail, sur les immeubles que le comptable et le fermier avaient à cette époque, et sur ceux qui dès lors leur sont parvenus à titre gratuit ; il aura pareillement hypothèque sur les immeubles du sous-fermier, dans les cas et de la manière établis par l'art. 2197.

2200. Le Fisc a un privilége, à raison des dettes et malversations des fonctionnaires publics, sur les fonds des cautionnemens fournis en argent comptant par ces fonctionnaires, et sur les rentes de la dette publique affectée à leur cautionnement conformément aux lois qui y sont relatives, ainsi que sur les intérêts qui seraient arréragés.

Le Fisc a la préférence sur tout autre créancier, même sur les parties lésées, si le cautionnement est fourni principalement dans son intérêt ; dans les autres cas, il concourt seulement avec les parties lésées, à moins que la loi n'ait autrement disposé.

Les dommages-intérêts adjugés aux parties seront toujours payés de préférence aux amendes.

2201. Si le cautionnement des fonctionnaires publics a été fourni en biens immeubles , le Fisc aura sur ces biens une hypothèque qui prendra naissance dès l'acte par lequel le cautionnement aura été consenti.

Le bénéfice de cette hypothèque s'étendra aux parties lésées, toutefois dans l'ordre établi par l'article précédent.

CHAPITRE V.

COMMENT SE CONSERVENT LES PRIVILÉGES , ET DU RANG QUE LES HYPOTHÈQUES ONT ENTRE ELLES.

SECTION I.

Comment se conservent les Priviléges.

2202. Les priviléges ne produisent d'effet à l'égard des immeubles , qu'autant qu'ils sont rendus publics par inscription sur les registres du conservateur des hypothèques , de la manière et dans les termes prescrits par la loi.

2203. Les priviléges sur les meubles ne sont pas soumis à l'inscription.

2204. Sont exceptés de la formalité de l'inscription les priviléges pour les créances énoncées en l'art. 2156 , quoiqu'ils s'étendent aussi sur les immeubles.

Les priviléges pour les impôts, dont il est parlé aux n.ᵒˢ 2 et 5 de l'art. 2195, en sont pareillement affranchis.

2205. Le vendeur ou tout autre qui aliène, devra, pour conserver son privilége, l'inscrire dans le terme de trois mois dès la date de l'acte d'aliénation.

2206. Les cohéritiers, associés ou copartageans conservent leur privilége sur les biens de chaque lot, ou sur les biens licités entre eux, pour les soulte et retour des lots, ou pour le prix de la licitation, ainsi que pour l'éviction et la garantie des lots, par l'inscription faite, à leur diligence, dans les trois mois à dater de l'acte de partage ou de l'adjudication par licitation.

2207. Les architectes, entrepreneurs et autres personnes mentionnées au n.ᵒ 1.ᵉʳ de l'art. 2158, conservent, par l'inscription faite, 1.ᵒ du procès-verbal qui constate l'état des lieux, 2.ᵒ du procès-verbal de réception, leurs priviléges pour tous les ouvrages et fournitures faites dès la date de l'inscription du premier procès-verbal, pourvu que l'inscription du second procès-verbal ait lieu dans les trois mois à compter de sa date.

2208. Ceux qui auront prêté des deniers dans les cas prévus par le n.ᵒ 4 de l'art. 2158, ne sont tenus d'inscrire, pour la conservation de leur privilége, que de la manière prescrite à l'égard des créanciers qui ont été payés avec ces deniers. Ils peuvent se prévaloir de l'inscription prise par les créanciers susdits, ou même en requérir une en leur nom, à la charge de la prendre dans les termes ci-dessus fixés pour ces créanciers.

2209. Le tiers possesseur dont il est parlé en l'art. 2159, devra, pour la conservation du privilége qui lui est accordé à raison des réparations ou améliorations qu'il aurait faites, prendre inscription dans le mois à dater du jour du délaissement, et avant que l'adjudication ait eu lieu contre lui.

2210. Le privilége que l'art. 2098 attribue au Fisc sur les biens acquis à titre onéreux par les comptables, fermiers ou sous-fermiers, ou par leurs femmes, se conserve par l'inscription sur chacun des fonds acquis. Cette inscription doit être faite dans le délai de trois mois, à compter du jour de l'acquisition, s'il s'agit de fonds parvenus aux personnes susdites après la nomination à l'emploi, et dans le même délai, à dater de la nomination s'il s'agit de tous autres fonds.

Les comptables, fermiers et sous-fermiers désignés dans le présent article, ainsi que les agens du Fisc, devront faire faire cette inscription dans la forme et de la manière prescrites par la loi.

2211. Les créanciers et légataires d'un individu conservent, à l'égard des créanciers de ses héritiers ou représentans, le privilége de la séparation du patrimoine du défunt, sur les immeubles de la succession, conformément à l'art. 1102, par l'inscription faite

36

sur chacun de ces immeubles, dans les trois mois à compter de l'ouverture de la succession.

Lorsque l'inscription de l'hypothèque légale mentionnée aux art. 860 et 862, aura été prise dans les trois mois dès l'ouverture de la succession, elle produira, en faveur des légataires, le même effet que l'inscription du privilége de séparation.

Si les créanciers hypothécaires du défunt ont inscrit leur hypothèque avant son décès ou dans les trois mois suivans, l'inscription qu'ils auront prise opérera, en ce qui concerne les biens soumis à l'hypothèque, le même effet que l'inscription du privilége de séparation.

2242. Les cessionnaires de ces diverses créances privilégiées exercent les mêmes droits que les cédans, en leur lieu et place.

2243. Les hypothèques qui, dans les termes fixés par les articles précédens de la présente section, seraient établies sur les immeubles soumis à des priviléges, ne peuvent en aucun cas nuire à l'exercice de ces priviléges, pourvu qu'ils aient été inscrits dans les termes susdits.

Les priviléges non dispensés de l'obligation de l'inscription, qui ne seraient pas inscrits dans les délais ci-dessus fixés, se convertissent en simple hypothèque, qui n'a d'effet que dès la date de l'inscription.

Du Rang que les Hypothèques ont entre elles, et des personnes auxquelles est imposée l'obligation d'inscrire les Hypothèques légales.

2214. Entre les créanciers, l'hypothèque soit légale, soit judiciaire, soit conventionnelle, n'a de rang que du jour de l'inscription prise par le créancier, ou par un tiers en son nom, sur les registres du conservateur, dans la forme et de la manière prescrites par la loi.

2215. Les hypothèques légales ont rang du jour où la loi leur a donné naissance, suivant ce qui est établi pour chacune d'elles, dans la section I du chapitre III et dans le chapitre IV, articles 2199 et 2201 du présent titre, pourvu qu'elles aient été inscrites dans les trois mois suivans.

L'hypothèque légale du Fisc sur les biens du condamné a rang dès le jour indiqué au premier alinéa de l'art. 2196.

En ce qui concerne les biens futurs que le débiteur pourrait acquérir hors de l'arrondissement du bureau du conservateur des hypothèques où l'inscription a été prise, le terme de trois mois accordé pour inscrire l'hypothèque légale ne courra que du jour où les biens auront été acquis au débiteur.

2216. Toutes les autres hypothèques n'ont de rang que dès la date de l'inscription.

Il en est de même de celles mentionnées dans l'article précédent, lorsque leur inscription ne se fait qu'après l'échéance des termes établis.

2217. L'hypothèque qui résulte des reconnaissances ou vérifications faites en jugement d'un acte sous seing privé, et dont il est fait mention en l'art. 2178, ne pourra être valablement inscrite avant l'échéance du terme accordé au débiteur.

2218. L'inscription ne produit aucun effet, si elle n'a pas été prise avant les dix jours qui précèdent immédiatement la faillite ou la cession de biens.

Sont exceptées les inscriptions des priviléges et hypothèques acquis antérieurement, et à l'égard desquels le temps accordé pour leur conserver l'antériorité ne serait pas encore expiré.

2219. Les comptables, fermiers ou sous-fermiers devront faire inscrire l'hypothèque légale mentionnée en l'article 2199, avant d'être admis à l'exercice de leurs fonctions, ou avant d'avoir pris possession.

Pareille obligation est imposée aux fonctionnaires publics, pour l'inscription de l'hypothèque qui affecte les immeubles donnés en cautionnement, en conformité de l'art. 2201.

2220. Les trésoriers et les autres comptables des communes, des corporations et des établissemens publics, dont il est parlé en l'art. 2169, sont également tenus, sous peine de destitution, de faire inscrire, avant d'entrer en fonctions, l'hypothèque légale à laquelle leurs biens sont soumis.

Les administrateurs des communes, corporations et établissemens publics, veilleront à ce qu'aucun des comptables ci-dessus désignés n'exerce ses fonctions avant d'avoir satisfait à l'obligation d'inscrire : à défaut, l'inscription devra être prise à la réquisition des administrateurs eux-mêmes.

2221. L'inscription de l'hypothèque légale accordée par l'art. 2470 à la femme mariée, devra être prise par les ascendans ou autres personnes qui, étant tenues de la doter, lui auront constitué une dot, ainsi que par le mari et par ceux qui se seraient obligés conjointement avec lui. Si les personnes qui ont constitué la dot, ne remplissent pas cette obligation, elles devront en constituer une autre, et payer la dot ou la portion de la dot dont la perte aura eu lieu par suite d'omission ou de retard dans l'inscription. Les maris qui ne se conformeront pas à la présente disposition, seront punis d'une amende qui pourra être portée jusqu'à mille livres.

2222. En ce qui concerne l'hypothèque pour sommes dotales provenant de succession ou donation, mentionnées au 2.me alinéa de l'art. 2470, et l'hypothèque qui a lieu en cas de l'aliénation des biens ou du recouvrement des capitaux dont il est parlé en l'art. 2471, le mari est tenu, sous peine de l'amende établie par l'article précédent, de prendre inscription sur ses propres biens, à concurrence desdites sommes dotales, du prix des biens ou du capital exigé. Cette inscription devra être prise dans les deux mois à compter de l'ouverture de la succession, ou du jour que la donation a eu son effet, ou de celui auquel l'aliénation ou le recouvrement a eu lieu.

2223. Il est également ordonné aux tuteurs des mineurs et des interdits, de faire inscrire, sur leurs propres biens, et dans les deux mois à compter du jour où ils ont accepté la tutelle, l'hypothèque légale mentionnée à l'art. 2174, sous peine de l'amende portée par les articles précédens.

Si la tutrice se remarie, le nouveau mari sera tenu, sous la même peine, de prendre pareille inscription sur ses propres biens, dans le terme de deux mois, à dater du jour de la célébration du mariage, ou de la nouvelle admission de la femme à la tutelle.

Le conseil de famille et spécialement le Juge qui le préside, veilleront à ce que l'inscription soit prise : à cet effet, à la première assemblée du conseil, on devra s'assurer si cette obligation a été remplie, et en faire rapporter la preuve; en cas d'omission, on prendra les mesures convenables pour que l'inscription soit faite sans délai.

Le protuteur en particulier est tenu, sous peine des dommages, de veiller à ce que cette inscription soit prise, et, au besoin, de la faire faire lui-même.

2224. L'hypothèque légale accordée par l'art. 2172 aux enfans de famille sur les biens de l'ascendant à la puissance duquel ils sont soumis, devra, sous la peine portée par les articles précédens, être inscrite, à la diligence de cet ascendant, dans le terme de deux mois, à dater du jour où l'hypothèque a pris naissance.

2225. Les inscriptions prises, comme il est dit ci-dessus, par l'ascendant qui exerce la puissance paternelle et par la mère tutrice, suffiront, sans autre indication, pour conserver aussi l'hypothèque légale pour les droits de réversibilité auxquels donnerait lieu le second ou subséquent mariage de ces ascendans.

2226. Le notaire qui recevra un acte portant constitution de dot ou autre convention matrimoniale, ou quelqu'un des actes d'aliénation ou de recouvrement de capitaux, dont il est parlé à l'art. 2174; celui qui procédera à l'inventaire des biens d'un fils de famille soumis à la puissance paternelle, et le greffier de mandement, qui recevra l'acte de prestation de serment d'un tuteur, devront, dans le cas où l'hypothèque n'aurait pas été légitimement restreinte à des biens certains et déterminés, faire déclarer par le mari, par les personnes obligées conjointement avec lui pour la dot, par le tuteur ou par l'ascendant qui a la puissance paternelle, la situation de leurs biens immeubles, et se les faire désigner d'une manière générique.

Le notaire ou le greffier devront en outre faire mention dans l'acte, de la déclaration qui, sur leur interpellation, aura été faite par les personnes susdites, de ne posséder d'autres immeubles que ceux qu'elles auront désignés.

Dans les deux mois qui suivront, ils seront tenus de faire faire les inscriptions relatives aux biens déclarés.

2227. Si la mère remariée conserve la tutelle des enfans d'un autre lit, le notaire qui recevra l'acte de mariage, aura les mêmes obligations à remplir relativement aux biens du nouveau mari.

2228. Les secrétaires des communes, corporations ou autres établissemens publics, qui auront dressé le verbal de nomination d'un trésorier ou autre comptable dont il est parlé à l'art. 2169, sont pareillement tenus de requérir inscription contre ceux-ci, dans les deux mois de la nomination. Ils ne délivreront copie du verbal, qu'après que le trésorier ou comptable aura déclaré quelle est la situation des immeubles qui lui appartiennent, et les aura désignés d'une manière générique; à moins que l'hypothèque n'ait été, comme il est dit ci-dessus, restreinte à des biens certains et déterminés. Cette déclaration sera annexée au verbal même de nomination.

2229. Les notaires, secrétaires ou greffiers qui ne se seront pas conformés à ce qui est prescrit par les articles 2226, 2227 et 2228, seront punis d'une amende qui pourra être portée à mille livres; ils pourront en outre être suspendus, même destitués, suivant les circonstances, et, dans tous les cas, ils seront tenus des dommages envers les parties intéressées.

2230. Si l'une des autres personnes respectivement

chargées de faire faire les inscriptions des hypothèques légales énoncées aux articles précédens, a
omis de remplir cette obligation, elle sera tenue,
indépendamment des peines établies ci-dessus, à tous
les dommages-intérêts.

Ces peines ne seront point encourues par les personnes ci-dessus mentionnées, non plus que par les
notaires, secrétaires ou greffiers, lorsque l'hypothèque
légale aura été conservée moyennant l'inscription prise
en temps utile par l'une de ces personnes ou par
toute autre.

2231. A défaut par les personnes mentionnées aux
articles 2219, 2220, 2221, 2222, 2223, 2224, 2226
et 2228, de faire faire les inscriptions ordonnées,
elles seront requises d'office par l'Avocat fiscal près
le Tribunal de judicature-mage du domicile de ces
mêmes personnes, ou du lieu de la situation des
biens; et par les Intendans des provinces, s'il s'agit
de comptables de communes. Cette réquisition devra
être faite aussitôt que l'Avocat fiscal ou l'Intendant
sera informé, de quelque manière que ce soit, que
l'inscription a été omise.

L'Avocat général et le Procureur général veilleront
à l'accomplissement de cette obligation.

2232. Les parens, alliés et amis soit de la famille
du mari, soit de celle de la femme, ceux des mineurs, des fils de famille et des autres personnes qui
n'ont pas la libre administration de leurs biens, lors
même qu'ils ne seraient pas intervenus au contrat
de mariage, à l'acte de nomination du tuteur, ou

à tout autre acte qui donnerait lieu à l'obligation d'inscrire, pourront veiller à ce que l'inscription soit prise en temps utile, et, au besoin, la prendre eux-mêmes.

L'inscription pourra aussi être requise, sans aucune autorisation, par la femme, par les mineurs, par les fils de famille et par les autres personnes qui n'ont pas la libre administration de leurs biens.

2233. L'hypothèque qui, aux termes de l'article 2179, affecte les biens des économes, séquestres et autres comptables, devra être inscrite à leur diligence; elle pourra l'être aussi à la réquisition de tout intéressé.

2234. On ne pourra convenir qu'il ne sera pris aucune inscription des hypothèques légales énoncées en la section I du chapitre III du présent titre.

CHAPITRE VI.

DU MODE DE L'INSCRIPTION DES PRIVILÉGES ET HYPOTHÈQUES.

2235. L'inscription doit être faite au bureau de conservation des hypothèques dans l'arrondissement duquel sont situés les biens soumis au privilége ou à l'hypothèque.

L'inscription de l'hypothèque sur les *places* réputées immeubles conformément à l'art. 407, doit être prise dans l'arrondissement où ces places sont établies.

2236. Les hypothèques inscrites le même jour concourent également entre elles, sans distinction de l'heure à laquelle les inscriptions ont été faites.

2237. L'inscription pour un capital produisant intérêt ou toute autre annuité, donne droit à la collocation de ces intérêts ou annuités au même rang que le capital, pour deux années et pour l'année courante; sans préjudice des inscriptions particulières à prendre, portant hypothèques à compter de leur date, pour les autres arrérages qui seraient dus.

L'inscription pour le capital servira aussi pour faire colloquer au même rang les frais de l'acte, ceux de l'inscription et ceux de production en justice, ainsi que les frais ordinaires d'ajournement et de jugement contre le débiteur.

2238. Les inscriptions conservent le privilége et l'hypothéque pendant quinze années à compter de leur date; leur effet cesse, si elles n'ont été renouvelées avant l'expiration de ce délai, sauf toutefois les exceptions ci-après.

2239. L'inscription conserve l'hypothèque légale de la femme pendant sa vie, sans que cette inscription ait besoin d'être renouvelée. La dispense du renouvellement a également lieu en faveur des héritiers de la femme, s'ils sont ses descendans, mais seulement pendant leur minorité, ou la durée de l'usufruit accordé à l'ascendant sur les droits et créances pour la conservation desquels l'hypothèque légale a été inscrite, et encore pendant l'année suivante; et, quant à ses autres héritiers, pendant une année à compter de l'ouverture de la succession.

2240. Sont pareillement exemptes du renouvellement,

L'inscription de l'hypothèque légale des mineurs et interdits, pour raison de la gestion du tuteur et du beau-père faisant fonction du cotuteur;

Celle prise dans l'intérêt du fils de famille, pour la gestion de l'ascendant à la puissance duquel il est soumis;

Celle prise en faveur des communes, corporations et établissemens publics, pour la gestion de leurs trésoriers et autres agens comptables;

Enfin l'inscription du privilége et de l'hypothèque légale du Fisc, pour raison de la gestion des comptables, fermiers et sous-fermiers, ou des fonctionnaires publics soumis à un cautionnement.

Cette exemption a lieu pour toute la durée des gestions à raison desquelles ces priviléges et ces hypothèques légales sont établies, et encore pendant l'année suivante.

En ce qui concerne les conservateurs des hypothèques, la dispense du renouvellement aura lieu pendant les quinze ans qui suivront immédiatement la cessation de leurs fonctions.

2241. Les inscriptions mentionnées dans les deux articles précédens conservent leur effet, pourvu qu'elles soient renouvelées avant l'échéance du délai fixé ci-dessus pour chaque inscription.

2242. Le renouvellement de l'inscription ne sera

plus nécessaire lorsque, avant l'échéance des quinze ans dès le jour de sa date ou du renouvellement, la vente des biens affectés à l'hypothèque aura eu lieu par expropriation forcée, ou que, par l'expiration du délai accordé aux créanciers pour requérir une nouvelle vente, le prix de l'immeuble se trouvera définitivement fixé.

2245. Pour opérer l'inscription, le créancier présente ou fait présenter par un tiers le titre qui produit le privilége ou l'hypothèque, et deux bordereaux écrits sur papier timbré, un desquels pourra être rédigé au bas du titre même.

Ces bordereaux devront contenir,

1.º Les nom, prénom, domicile du créancier et du débiteur, et leur profession, s'ils en ont une ; on y énoncera aussi le nom du père du debiteur, si le titre constitutif de l'hypothèque en fait mention ;

2.º L'élection d'un domicile, de la part du créancier, dans l'arrondissement du bureau où se fait l'inscription ;

5.º La date et la nature du titre, et le nom du notaire qui aura reçu l'acte ;

4.º Le montant du capital dû, ou la somme déclarée dans le cas prévu par l'art. 2193;

5.º Les intérêts ou annuités que produit la créance ;

6.º L'époque de l'exigibilité ;

7.º La nature et la situation des biens sur lesquels on entend conserver le privilége ou l'hypothèque, avec les indications prescrites par l'art. 2189.

2244. Il sera permis au créancier, ou, s'il n'a pas capacité, à son administrateur, ainsi qu'à ses représentans ou cessionnaires par acte authentique, de changer l'élection de domicile faite dans l'inscription, en y substituant l'élection d'un autre domicile dans l'arrondissement du même bureau. Il suffira, pour opérer ce changement, que l'annotation se fasse en marge de l'inscription et des deux bordereaux originaux.

2245. Si les priviléges et hypothéques légales du Fisc, si les hypothèques légales mentionnées aux articles 2169, 2170, 2171, 2172, 2173 et 2174, celles dérivant des ordonnances énoncées en l'art. 2179, ou toutes autres hypothèques judiciaires, ont pour objet des créances conditionnelles, éventuelles ou indéterminées, l'on ne sera point obligé de déclarer dans les bordereaux le montant de ces créances.

2246. L'indication des biens ne sera pas nécessaire dans le cas des hypothèques légales ou judiciaires.

Lorsque ces hypothèques n'auront pas été restreintes ou réduites sur certains biens, une seule inscription frappera tous les immeubles compris dans l'arrondissement du bureau, lors même qu'ils ne parviendraient au débiteur qu'après l'inscription. Si, au contraire, les mêmes hypothèques ont été restreintes ou réduites sur certains biens, ils devront être indiqués dans les bordereaux, avec la date et la nature de l'acte portant désignation des biens ou réduction de l'hypothèque.

2247. Lorsque l'hypothèque légale existe indépendamment d'un acte authentique, l'inscription qui devra être prise, indiquera la cause qui donne lieu à cette hypothèque.

2248. Les, hypothèques judiciaires qui dérivent d'un jugement, pourront être inscrites, lors même que le jugement serait sujet à l'opposition ou à appel.

2249. Lorsque la décision rendue sur instance d'appel ou sur opposition, sera conforme en tout ou en partie au premier jugement, l'hypothèque qui résulte de ce jugement, aura son effet jusqu'à concurrence de ce qui est déterminé par le jugement définitif.

2250. Les inscriptions à faire sur les biens d'une personne décédée, pourront être faites sous la simple désignation du défunt, dans la forme prescrite pour les autres inscriptions, et sans qu'il soit nécessaire d'indiquer l'héritier.

2251. Si, à l'époque de l'inscription, l'immeuble ou les immeubles sur lesquels on entend conserver l'hypothèque, sont possédés par des tiers détenteurs, la seule désignation du débiteur sera également suffisante.

2252. Lors même qu'on établirait, par le titre de créance, que la somme due est plus forte que celle énoncée dans le bordereau, l'inscription n'est valable que pour la somme exprimée dans le bordereau.

Si la somme énoncée est plus forte que celle qui

est réellement due, l'inscription est valable pour cette dernière somme.

2253. Le conservateur des hypothèques inscrira le contenu aux bordereaux sur le registre des hypothèques : au pied d'un de ces bordereaux il expédiera un certificat par lui signé, dans lequel il énoncera l'exhibition du titre et des bordereaux, le nom de celui qui les a présentés, le jour et le numéro d'ordre de l'inscription, le feuillet et la case du registre, le bureau où elle a été faite et la somme reçue, en distinguant les droits dus au trésor et pour le timbre, de ceux qui lui sont dus à lui-même; il restituera ce bordereau et le titre, conservant l'autre bordereau dans les archives.

2254. Si, avant l'échéance du délai fixé pour l'insinuation, le créancier veut faire inscrire l'hypothèque résultant d'un titre non encore insinué, l'inscription pourra se faire sur la simple présentation des deux bordereaux, pourvu qu'ils soient certifiés et signés par le notaire, le secrétaire ou le greffier qui aura reçu l'acte, en y énonçant qu'il n'est pas insinué.

Il sera fait mention de cette circonstance dans l'inscription et dans le certificat du conservateur, qui devra immédiatement expédier une copie du bordereau à l'insinuateur du bureau dans l'arrondissement duquel l'acte a été reçu, pour en assurer l'insinuation.

Le conservateur qui aura reçu avis de l'insinuation de l'acte, en fera, sur la demande des parties, ou même d'office, l'annotation en marge de l'inscription et au bas du certificat qu'il en expédiera. Cette annotation devra être signée et datée par le conservateur.

En ce qui concerne les actes passés en pays étranger, et conférant hypothèque sur les biens situés dans l'État, l'hypothèque ne pourra être inscrite et ne produira aucun effet, tant que ces actes n'auront pas été insinués.

2255. Il sera également permis de faire inscrire l'hypothèque résultant d'un jugement, lors même qu'il n'aurait pas encore été soumis à l'émolument, sur la simple exhibition des deux bordereaux certifiés et signés par les secrétaires ou greffiers des Cours suprêmes ou des Tribunaux, et contenant la déclaration qu'il n'a pas encore été satisfait à l'obligation de l'émolument.

Il sera fait mention de cette circonstance dans l'inscription et dans le certificat.

Les conservateurs seront en outre soumis, à l'égard du receveur de l'émolument, aux obligations qui leur sont imposées par l'article précédent envers les insinuateurs.

2256. Le notaire, secrétaire ou greffier qui aura reçu un des actes mentionnés aux articles 2226, 2227 et 2228, devra, dans le terme fixé par ces articles, et sous les peines qui y sont établies, présenter au conservateur du bureau dans l'arrondissement duquel il réside, les bordereaux prescrits, par lui signés et certifiés, avec indication de l'insinua-

tion qui aura été faite du même acte. Ces bordereaux devront être exhibés en autant de doubles
originaux qu'il y aura de bureaux de conservation
des hypothèques dans les arrondissemens desquels
seront situés les biens hypothéqués, outre le bureau
dans l'arrondissement duquel la personne obligée a
sa demeure.

Le conservateur délivrera un reçu des bordereaux
présentés, et il sera tenu d'inscrire le privilége et
l'hypothèque légale, toutes les fois que les biens déclarés, ou une partie seulement de ces biens, seront
situés dans l'arrondissement de son bureau, ou que
la personne obligée y demeurera ; il devra en outre,
s'il en est le cas, transmettre immédiatement aux
conservateurs des hypothèques des autres arrondissemens, les bordereaux à double original qui lui auront
été présentés, pour que l'inscription ait lieu sans retard dans leur bureau respectif.

Dans le cas où celui qui a contracté l'obligation
donnant naissance au privilége ou à l'hypothèque
légale, aurait déclaré qu'il ne possède aucun immeuble, le conservateur ne fera opérer l'inscription
qu'au bureau dans l'arrondissement duquel la personne
obligée demeure.

Les bordereaux au pied desquels les inscriptions
seront certifiées, devront être renvoyés par les
conservateurs à qui ils auront été transmis, au
conservateur qui les leur a fait passer, et restitués
ensuite par celui-ci au notaire, secrétaire ou greffier.

2237. Le notaire, secrétaire ou greffier ne sera pas tenu d'avancer les droits de l'inscription prise en exécution de l'article précédent. Cette disposition est commune aux personnes indiquées aux articles 2231 et 2252, en ce qui concerne les inscriptions auxquelles ces articles sont relatifs.

Le recouvrement de ces droits ainsi que des frais auxquels peut donner lieu l'inscription, se fera en conformité des lois et règlemens en vigueur.

2238. Les actions auxquelles les inscriptions peuvent donner lieu contre les créanciers, sont intentées devant le Tribunal compétent, par exploits faits à leur personne, ou au dernier des domiciles élus sur le registre; et ce, nonobstant le décès, soit des créanciers, soit des personnes chez lesquelles ils auront fait élection de domicile. Il en sera de même par rapport à toutes autres notifications relatives à ces inscriptions.

S'il n'y a pas eu, relativement à l'inscription, élection de domicile dans l'arrondissement du bureau des hypothèques, les citations et notifications susdites pourront se faire au bureau même où l'inscription a été prise.

Si cependant le débiteur est dans le cas d'intenter une instance contre son créancier pour la réduction de l'hypothèque, ou pour la radiation totale ou partielle de l'inscription, le créancier devra être cité personnellement à son domicile réel, dans les formes ordinaires.

CHAPITRE VII.

DE LA RÉDUCTION DES PRIVILÉGES ET HYPOTHÈQUES, ET DE LA RADIATION DES INSCRIPTIONS.

SECTION I.

De la Réduction des Priviléges et Hypothèques.

2259. La réduction des priviléges et hypothèques s'opère soit en restreignant ou déterminant le montant de la somme pour laquelle l'inscription a été prise, soit en réduisant l'inscription elle-même sur certains biens déterminés.

2260. Les priviléges et hypothèques légales du Fisc sur les immeubles des comptables, fermiers et sous-fermiers, pourront être restreints à une somme fixe ou à des biens certains et déterminés, en conformité des règlemens. La réduction de ces priviléges et hypothèques sera prononcée par la Chambre des comptes, ou le Procureur général.

2261. L'hypothèque légale énoncée par l'art. 2169 pourra être restreinte à une somme certaine et déterminée, ou aux biens qui seront indiqués comme suffisans dans les délibérations prises à cet effet par les administrateurs des communes, corporations ou établissemens publics, moyennant toutefois l'approbation à laquelle pourraient être soumises ces délibérations.

2262. L'hypothèque légale des mineurs et interdits sur les biens du tuteur, pourra être réduite par une délibération du conseil de famille. La réduction s'opérera, soit en restreignant le montant de la somme, soit en déterminant spécialement les biens qui resteront sujets à l'hypothèque : en ce dernier cas, la délibération du conseil de famille devra contenir l'indication et la désignation des biens jugés suffisans pour la sûreté de l'hypothèque. La réduction aura lieu sur ce simple acte, pourvu qu'il précède l'acceptation de la tutelle.

2263. Le privilége et l'hypothèque légale des créanciers et légataires sur les biens du défunt, pourront, s'ils sont mineurs ou interdits, être restreints aux biens désignés par le père ou par le tuteur; mais ce dernier devra être autorisé par le conseil de famille.

2264. La femme, du consentement de son père, ou de l'ascendant qui exerce la puissance paternelle, et, à défaut, avec l'autorisation du Juge de mandement, qui ne l'accordera qu'après avoir ouï quatre des plus proches parens ou amis de la famille, pourra, avant le mariage, consentir que l'hypothèque légale soit restreinte sur des immeubles suffisans pour la conservation de ses droits. Ces immeubles devront être indiqués dans le contrat dotal ou autre acte authentique, ainsi que dans l'avis donné devant le Juge par les parens ou amis.

Si la femme est sous tutelle, on exigera aussi le consentement du tuteur.

2265. La réduction des hypothèques établies en faveur de la femme et des mineurs ou interdits, et énoncées aux articles 2170, 2171 et 2174, pourra être accordée, même après le mariage et après l'acceptation de la tutelle : on recourra, à cet effet, au Tribunal de judicature-mage du domicile du mari ou du tuteur, qui ne prononcera qu'après avoir ouï la femme, le protuteur et les autres intéressés, et avoir pris l'avis du conseil de famille en ce qui concerne les mineurs ou interdits, et, quant à la femme, celui de quatre des plus proches parens ou amis de la famille. L'avocat fiscal devra toujours être entendu en ses conclusions.

La réduction des hypothèques légales établies en faveur des enfans de famille, sur les biens de leur ascendant, pourra pareillement avoir lieu, en observant les formalités prescrites pour réduire les hypothèques de la femme.

2266. L'hypothèque judiciaire sur les biens des économes, des séquestres, et de tous autres agens comptables dont il est parlé en l'art. 2179, ainsi que toutes hypothèques judiciaires pour sûreté de créances conditionnelles, éventuelles ou indéterminées, pourront, ouïs les intéressés, être restreintes par le Tribunal à une somme fixe ou à des biens certains et déterminés : ces biens devront être indiqués, soit dans l'ordonnance même de nomination, ou dans le jugement qui a prononcé sur la créance, soit dans une ordonnance ou dans un jugement postérieurs, rendus par le même Tribunal.

2267. Pour la réduction énoncée aux articles précédens, l'on considérera comme suffisans les biens qui devront rester grevés, lorsque leur valeur excédera d'un tiers en fonds libres le montant des créances et accessoires légaux.

Pour établir cette valeur, on aura égard au revenu déterminé par la contribution foncière et à celui résultant des baux passés à une époque non suspecte, ou d'expertises faites dans un temps rapproché, et d'informations convenables.

Pour les créances dérivant de comptabilité ou d'administration, et dont le montant n'est pas encore déterminé, l'on pourra réduire l'hypothèque jusqu'à concurrence de trois ans du produit ou revenu qui forme l'objet de la comptabilité, ou à concurrence de telle autre somme qui sera jugée suffisante.

L'excès, dans ces cas, est arbitré par les Juges, d'après les circonstances, les probabilités des chances et les présomptions de fait, de manière à concilier les droits vraisemblables du créancier avec l'intérêt du crédit raisonnable à conserver au débiteur. Dans ce cas, comme dans tous ceux où il s'agira de créances conditionnelles, éventuelles ou indéterminées, la réduction à une somme fixe aura lieu, sans préjudice des nouvelles inscriptions qui pourront être prises utilement du jour de leur date, lorsque l'événement aura porté la créance à une somme plus forte.

2268. Les frais faits pour obtenir la réduction

des hypothèques, seront à la charge du requérant ;
cependant, en cas de contestations téméraires de la
part de ceux qui auraient pu la consentir, ils retom-
beront à leur charge.

Le Juge pourra aussi déclarer que ces frais ne
seront pas à la charge du réclamant, si on ne peut
lui imputer de n'avoir pas demandé la réduction dans
l'acte même qui donne naissance à l'hypothèque, et
il pourra de même les diviser entre le créancier et
le débiteur, selon les circonstances.

2269. Du jour où la réduction consentie ou prononcée de la manière et dans les termes sus-énoncés,
aura été annotée en marge de l'inscription, suivant
le mode établi par l'art. 2284, ou du jour qu'une
nouvelle inscription aura été prise, en remplacement de la précédente, sur les biens spécialement
grevés, les immeubles affranchis deviendront libres,
comme s'ils n'eussent jamais été soumis à l'hypothèque.

SECTION II.

De la Radiation des inscriptions.

2270. La radiation des inscriptions est volontaire
ou forcée.

2271. La radiation est volontaire, lorsqu'elle est
consentie par les parties intéressées et ayant capacité à cet effet.

Elle s'effectue sur la présentation de l'acte authentique portant le consentement du créancier.

2272. Celui qui n'a pas la capacité de libérer seul le débiteur, ne peut donner son consentement à la radiation de l'inscription qu'en l'assistance des personnes dont l'intervention est requise pour opérer la libération.

2273. Le tuteur, le père qui a l'administration légitime des biens de ses enfans mineurs, et tous autres administrateurs, lors même qu'ils ont la capacité d'exiger et de libérer, ne peuvent consentir à la radiation de l'inscription prise pour sûreté d'une créance, s'ils ne reçoivent en même temps le payement de ce qui est dû.

2274. A la majorité ou à la cessation de l'interdiction, la radiation de l'inscription prise contre le tuteur, ne peut être consentie par l'individu qui était sous sa tutelle, ou par ses héritiers, si elle n'a été précédée d'un arrêté de compte, conformément à ce qui est prescrit par l'art. 349.

2275. Les inscriptions prises en vertu des contrats passés avec les Administrations générales, pour baux, entreprises, fournitures et autres objets de pure administration, seront radiées après l'extinction des obligations, du consentement du Chef de l'Administration générale, et moyennant les autorisations prescrites par les règlemens.

2276. Si l'acte par lequel on consent à la radiation, porte la condition qu'il sera donné une autre hypothèque, ou qu'il sera fait emploi de la somme, la radiation n'aura lieu qu'en fournissant au conservateur la preuve qu'on a satisfait aux conditions imposées.

2277. La radiation est forcée, lorsque les Tribunaux l'ont ordonnée par jugement ou ordonnance passés en force de chose jugée.

2278. La radiation doit être ordonnée en cas d'extinction du privilége ou de l'hypothèque, ou lorsque l'inscription est' nulle.

L'inscription est nulle, lorsqu'elle a été faite sans être fondée ni sur la loi, ni sur un titre conférant privilége ou hypothèque, ou lorsqu'elle l'a été avant l'époque fixée par l'art. 2217, ou après celle indiquée par l'art. 2218.

L'omission dans le titre constitutif de créance ou dans les deux bordereaux, de quelqu'une des indications prescrites, ou les erreurs qui y auraient été commises, ne donneront lieu à la nullité de l'inscription que dans le cas où il y aurait incertitude absolue sur la personne du créancier ou du débiteur, ou sur les biens grevés, ou sur la nature et le montant du droit qu'on a voulu conserver.

En cas d'autres omissions ou erreurs, on pourra en ordonner la rectification aux frais du créancier.

2279. L'art. 2276 sera applicable au cas de radiation forcée, si le jugement ou l'ordonnance contient quelque condition de même nature.

2280. La radiation partielle sera ordonnée, lorsque l'évaluation faite par le créancier et portée dans l'inscription, sera jugée excessive.

2281. En cas de radiation totale ou partielle, celui qui la requiert, doit déposer au bureau du conservateur l'acte portant consentement, ou une copie du jugement ou de l'ordonnance passés en force de chose jugée.

La radiation ou la rectification d'une inscription se fera en marge de cette inscription, avec indication du titre par lequel on y a consenti ou qui l'a ordonné, ainsi que la date à laquelle elle s'effectue; elle sera signée par le conservateur.

2282. La demande pour la radiation totale ou partielle, ou pour la rectification d'une inscription, sera portée au Tribunal de judicature-mage dans le ressort duquel l'inscription a été faite.

Lorsqu'une inscription aura été prise dans plusieurs bureaux, en vertu d'un seul et même titre, la demande en radiation ou rectification pourra être portée devant le Tribunal de judicature-mage dans le ressort duquel est située la partie la plus considérable des biens hypothéqués, en prenant pour base le montant de l'impôt foncier; ou devant celui dans le ressort duquel se trouve une portion des biens hypothéqués, si le créancier y a de plus son domicile.

Néanmoins, dans les cas énoncés aux art. 2265 et 2266, la demande en radiation ou rectification d'inscription sera, ainsi que celle en réduction d'hypothèque, portée devant le Tribunal qui y est respectivement désigné.

Lorsque l'inscription aura été prise pour sûreté d'une hypothèque conditionnelle, éventuelle ou indéterminée, sur la validité ou liquidation de laquelle le débiteur et le créancier sont en instance, ou doi-

vent être jugés dans un autre Tribunal, la demande
pour la radiation totale ou partielle, ou pour la
rectification, sera portée devant le Tribunal qui doit
connaître de la cause principale.

CHAPITRE VIII.

DE L'EFFET DES PRIVILÉGES ET DES HYPOTHÈQUES.

2283. Le créancier ayant privilége inscrit ou exempt
d'inscription, ou une hypothèque inscrite sur un
immeuble, conserve ses droits sur l'immeuble, en
quelques mains qu'il passe, pour être colloqué et
payé suivant l'ordre de sa créance ou de son inscription.

2284. Si le tiers détenteur ne remplit pas les formalités établies au chapitre X du présent titre pour
purger sa propriété, il demeure obligé, comme détenteur, à toutes les dettes hypothécaires et privilégiées, et jouit des termes et délais accordés au
débiteur originaire.

2285. Le tiers détenteur est tenu, dans le même
cas, ou de payer tous les capitaux exigibles et les
accessoires pour lesquels le créancier a un privilége
ou une hypothèque, à quelque somme qu'ils puissent monter, ou de délaisser, sans aucune réserve,
l'immeuble soumis au privilége ou à l'hypothèque.

2286. Faute par le tiers détenteur de satisfaire
pleinement à l'une de ces obligations, chaque créancier ayant privilége ou hypothèque en conformité

des dispositions précédentes, a droit de faire vendre l'immeuble hypothéqué, après les délais établis par les articles 2309, 2310 et 2311, et après que le commandement fait au débiteur aura été notifié au tiers détenteur, avec sommation de payer la dette exigible ou de délaisser le fonds.

2287. Néanmoins, le tiers détenteur qui a fait transcrire son contrat d'acquisition, et qui n'a pas été appelé pour assister à l'instance qui a précédé la condamnation du débiteur, est admis, dans le cas où cette condamnation est postérieure à la transcription, à opposer au créancier toutes les exceptions que le débiteur aurait eu le droit de faire à l'époque où l'aliénation a eu lieu, si d'ailleurs celui-ci ne les a pas encore opposées, et si elles ne lui sont pas purement personnelles.

Il pourra aussi, dans tous les cas, opposer les exceptions que le débiteur aurait encore le droit d'élever après la condamnation.

Ces exceptions toutefois ne suspendront point le cours des délais établis pour purger l'immeuble.

2288. Le tiers détenteur qui n'est pas personnellement obligé à la dette, peut pareillement s'opposer à la vente du fonds hypothéqué qu'il possède, s'il est demeuré d'autres immeubles hypothéqués à la même dette, dans la possession du principal ou des principaux obligés, et en requérir la discussion préalable suivant les règles établies au titre *du Cautionnement* : pendant cette discussion, il est sursis à la vente de l'héritage hypothéqué.

2289. L'exception de discussion ne peut être opposée au créancier privilégié ou ayant hypothèque spéciale sur l'immeuble.

2290. Le délaissement par hypothèque peut être fait par tous les tiers détenteurs qui ne sont pas personnellement obligés à la dette, et qui ont la capacité d'aliéner, ou qui sont dûment autorisés à cet effet.

2291. Il peut l'être, même après que le tiers détenteur a reconnu l'obligation ou subi condamnation en cette qualité seulement. Le délaissement n'empêche pas que, jusqu'à l'adjudication, le tiers détenteur ne puisse reprendre l'immeuble, en payant toute la dette conformément à l'art. 2285, et les frais.

2292. Le délaissement par hypothèque s'opère par acte fait au greffe du Tribunal de la situation des biens; il en est délivré certificat par le greffier.

Sur la demande de toute partie intéressée, le Tribunal nomme un administrateur à l'immeuble délaissé, en contradictoire. duquel la vente sera faite ou poursuivie dans les formes réglées pour les expropriations.

2293. Les détériorations qui procèdent du fait ou de la négligence du tiers détenteur, au préjudice des créanciers hypothécaires ou privilégiés, donnent lieu contre lui à une action en indemnité.

Il peut demander le remboursement des frais faits pour améliorations ou réparations, conformément aux articles 2159 et 2209.

2294. Les fruits de l'immeuble hypothéqué ne sont dus par le tiers détenteur qu'à compter du jour de la sommation de payer ou de délaisser, et si les poursuites commencées ont été abandonnées pendant trois ans, à compter de la nouvelle sommation qui sera faite.

2295. Les servitudes et les droits réels que le tiers détenteur avait sur l'immeuble avant sa possession, renaissent après le délaissement ou après l'adjudication faite sur lui.

Ses créanciers personnels, après tous ceux qui sont inscrits sur les précédens propriétaires, exercent leur hypothèque à leur rang, sur le bien délaissé ou exproprié.

Néanmoins, les créanciers des précédens propriétaires, qui n'auraient inscrit leur hypothèque que depuis l'aliénation, sont primés par les créanciers de l'acquéreur, qui auraient pris inscription avant eux, sans préjudice toutefois de l'effet attribué par la loi à certaines inscriptions qui, étant prises dans les termes qu'elle a fixés, remontent à une date antérieure.

2296. Si l'acquéreur qui a stipulé, pour le cas d'éviction, une hypothèque conventionnelle sur le fonds par lui acquis, et dont il a payé le prix en tout ou en partie, a pris inscription contre celui qui l'a aliéné, il pourra exercer son hypothèque du jour où il aura délaissé l'immeuble, ou qu'il en aura été exproprié, et il sera colloqué à la date de son inscription comme tout autre créancier hypothécaire du précédent propriétaire, mais seulement pour le remboursement du prix qu'il aura réellement payé avant d'avoir fait inscrire.

2297. Le tiers détenteur qui a payé la dette, délaissé l'immeuble, ou subi l'expropriation, a une action en indemnité contre son auteur.

Il a pareillement une action par subrogation contre le tiers détenteur d'autres immeubles hypothéqués à la même dette; il ne peut cependant agir que contre ceux dont les acquisitions sont postérieures en date à la sienne.

CHAPITRE IX.

DE L'EXTINCTION DES PRIVILÉGES ET HYPOTHÈQUES.

2298. Les priviléges et hypothèques s'éteignent par l'extinction de la créance, sans préjudice toutefois de la subrogation en faveur de celui qui aura fourni l'argent avec lequel s'est fait le payement, ainsi que de toute autre subrogation établie par la loi.

2299. Le privilége et l'hypothèque renaissent avec la créance, lorsque le payemeent se trouve annulé pour avoir été fait en biens dont le créancier a été ensuite évincé, ou pour toute autre cause.

Si cependant l'inscription, dans le cas prévu par cet article, ou en cas de subrogation, a été rayée, ou n'a pas été renouvelée dans le terme fixé par la loi, le créancier ou celui qui lui sera subrogé

ne prendront rang que du jour de la nouvelle inscription.

2300. Le privilége et l'hypothèque s'éteignent par
la renonciation expresse du créancier.

2301. Ils s'éteignent pareillement par la prescription. Quant aux biens qui sont au pouvoir du
débiteur, cette prescription ne peut s'acquérir que
par le temps requis pour prescrire la créance elle-
même, et, quant aux biens possédés par un tiers,
elle s'acquiert par le seul laps de trente ans, en
conformité toutefois de ce qui est réglé au titre *de
la Prescription.*

Les inscriptions des créances ne suffisent pas pour
interrompre la prescription.

Le créancier peut cependant, pour en arrêter
le cours, agir judiciairement en déclaration de privilége et d'hypothèque, contre le tiers détenteur des
biens.

2302. Les priviléges et les hypothèques s'éteignent
enfin au moyen de l'accomplissement des formalités
établies pour purger les propriétés en faveur des tiers
détenteurs.

CHAPITRE X.

DU MODE DE PURGER LES PROPRIÉTÉS DES PRIVILÉGES ET HYPOTHÈQUES.

2303. Si le tiers détenteur d'un immeuble en
vertu d'un acte translatif de propriété, veut le purger

des priviléges et hypothèques, il devra déposer son titre au bureau de la conservation des hypothèques de chaque arrondissement de la situation des biens, pour y être sommairement transcrit de la manière ci-après désignée.

Extrait sommaire de la transcription sera inséré dans la gazette de la division, et, à défaut, dans celle de Turin.

La seule transcription et introduction de l'instance de purgation ne suspendront point le payement du prix dans les termes et de la manière convenus, sauf ce qui est établi par l'art. 1660.

2304. Pour le dépôt du titre et pour la transcription, le nouveau possesseur devra présenter une copie authentique du titre dûment insinué, et s'il ne contient pas la désignation des biens, il devra en outre présenter une note désignant la nature et la situation de ces biens, avec les numéros du cadastre, ou toute autre indication suffisante pour les faire reconnaître. La copie du titre ainsi que la note susdite seront retenues au bureau. Le conservateur annotera immédiatement, sur le registre destiné à cet effet, le jour du dépôt et de la transcription, la date et la nature de l'acte, le nom du notaire, la date de l'insinuation, le nom des parties contractantes, la nature et la situation des biens, avec les autres désignations qui se trouvent dans l'acte ou dans la note, le prix porté par le titre, ou la valeur déclarée par le requérant, soit pour les charges qui n'y sont pas évaluées, soit pour les actes à titre lucratif, enfin les clauses et conditions non susceptibles d'évaluation.

Le conservateur devra en expédier certificat, en y ajoutant le numéro d'ordre apposé sur le registre, celui du registre lui-même, et en indiquant aussi les droits reçus pour la transcription, et le nom de celui qui a présenté le titre.

2305. La transcription du titre de propriété ne transmet au nouveau possesseur que les droits qu'avait le précédent propriétaire sur l'immeuble acquis : le nouveau possesseur ne demeure soumis qu'aux charges pour lesquelles aucune inscription n'est nécessaire, et à celles qui ont été établies avant l'aliénation, et inscrites au plus tard dans les trente jours de la date de la transcription, ou dans les trois mois prescrits par les articles 2205, 2206, 2210, 2211 et 2215, pour les priviléges et hypothèques qui y sont énoncés.

2306. Après l'échéance des trois mois, à compter de l'insertion dans la gazette de l'extrait de la transcription, si le nouveau propriétaire veut se garantir de l'effet des poursuites autorisées dans le chapitre VIII du présent titre, il devra notifier, par le ministère d'un huissier ou d'un sergent nommé par le Juge-mage, aux créanciers inscrits, au domicile qu'ils auront élu, ainsi qu'au précédent propriétaire,

1.º La date et la nature de son titre ;

2.º La nature et la situation des biens, avec les numéros du cadastre ou autres désignations énoncées dans l'acte ou dans la note qui s'y réfère et dont il est parlé à l'art. 2304;

3.º Le prix stipulé, ou la valeur déclarée, s'il s'agit d'immeubles donnés, ou si, pour tout autre motif, le prix demeure indéterminé;

4.º Copie du certificat de la transcription du titre au bureau de la conservation des hypothèques;

5.º Un tableau sur trois colonnes, de toutes les inscriptions prises contre les précédens propriétaires et existantes sur lesdits biens, suivant le certificat qui aura été délivré par le conservateur des hypothèques, après l'échéance des trois mois à dater de la transcription.

Dans la première colonne on indiquera la date et la nature du privilége ou de l'hypothèque;

Dans la seconde, le nom du créancier;

Dans la troisième, le montant des créances inscrites.

2307. Dans l'acte de notification, le nouveau propriétaire déclarera qu'il est prêt à acquitter sur-le-champ toutes les dettes jusqu'à concurrence du prix stipulé ou de la valeur déclarée, sans distinction des dettes exigibles ou non exigibles; mais, quant à ces dernières, dans le cas où le Tribunal l'ordonnera, et comme il sera prescrit.

Le nouveau propriétaire devra, dans le même acte de notification, élire domicile dans la ville où siège le Tribunal dans le ressort duquel s'effectue le payement de la plus grande partie de l'impôt foncier auquel sont soumis les biens que l'on veut purger.

Extrait sommaire de cette notification sera insérée dans la gazette de la division, et, à défaut, dans celle de Turin. Cette insertion tiendra lieu de notification quant aux créanciers non inscrits et ayant privilége exempt de l'inscription.

2308. Dans les quarante jours qui suivront la notification et l'insertion dans la gazette, ainsi qu'il est prescrit par l'article précédent, chaque créancier inscrit pourra demander que les biens soient mis aux enchères et adjugés au plus offrant; à la charge,

1.º Que cette réquisition sera signifiée, par le ministère d'un huissier ou sergent nommé par le Juge-mage, au nouveau propriétaire, à son domicile réel ou à celui qu'il aura élu dans la notification dont il est parlé dans l'art. 2307, ainsi qu'au précédent propriétaire;

2.º Que la réquisition contiendra soumission du requérant, de porter ou faire porter le prix à un dixième en sus de celui qui aura été stipulé, ou de la valeur déclarée par le nouveau propriétaire;

3.º Que l'original et les copies de cette réquisition seront signés par le requérant, ou par son fondé de procuration expresse, lequel, en ce cas, est tenu de donner copie de sa procuration;

4.º Qu'il offrira caution jusqu'à concurrence du prix augmenté et de tous les frais, avec indication du nom et de la demeure de celui qui se rend caution.

L'omission de l'une des conditions ci-dessus prescrites emporte la nullité de la réquisition.

2309. Le nouvel acquéreur pourra, même après que les créanciers auront commencé à diriger des poursuites contre lui, se prévaloir des dispositions des articles 2306 et 2307, à l'effet de purger les biens des priviléges et hypothèques dont ils sont grevés, pourvu que, dans le cas où il n'aurait pas encore fait transcrire son titre, ni fait insérer l'extrait de cette transcription dans la gazette, il remplisse cette formalité dans les vingt jours à compter de la première sommation à lui faite à la requête d'un des créanciers, conformément à l'article 2286, et que, dans les trente jours à compter de l'échéance des trois mois dès l'insertion dans la gazette, il fasse procéder aux notifications prescrites par les articles 2306 et 2307.

2310. Si, à l'époque où l'un des créanciers s'est pourvu en conformité de l'art. 2286, la transcription du titre et l'insertion de l'extrait dans la gazette ont déjà eu lieu, et qu'en outre les trois mois dès cette insertion soient échus, le possesseur devra, dans les deux mois à compter de la première sommation faite à la requête de l'un des créanciers conformément à l'art. 2286, faire faire les notifications prescrites par les articles 2306 et 2307.

2311. Si la première sommation à faire en conformité de l'art. 2286, a eu lieu dès l'insertion dans la gazette, mais avant l'échéance des trois mois, le possesseur pourra laisser écouler ce terme, mais, dans le mois qui suivra, il devra avoir rempli les formalités prescrites par les articles 2306 et 2307.

2312. A défaut par les créanciers d'avoir requis la mise aux enchères dans les délais et les formes prescrits, la valeur de l'immeuble demeure définitivement fixée au prix stipulé dans le contrat, ou déclaré par le nouveau propriétaire, lequel est, en conséquence, libéré de tout privilége et hypothèque, en payant ledit prix aux créanciers qui seront en ordre de recevoir, ou en le consignant.

Les termes susdits ne pourront jamais être prorogés.

2313. En cas de réquisition pour la revente aux enchères, on observera, tant pour les actes préparatoires que pour la vente elle-même, les formes prescrites par les lois sur la procédure.

2314. L'adjudicataire sera tenu, au delà du prix de son adjudication, de restituer au précédent acquéreur les frais du contrat, ceux de transcription au bureau des hypothèques, ceux des certificats délivrés par le conservateur, ceux de notification et d'insertion dans la gazette, comme aussi de payer les frais faits pour parvenir à la revente et à l'adjudication.

2315. Dans le cas des enchères sus-énoncées ou d'expropriation forcée, l'adjudicataire n'est point tenu de faire transcrire l'acte d'adjudication, ni d'observer les autres formalités prescrites ci-dessus : les biens subhastés lui parviennent libres de tout privilége ou hypothèque, en payant le prix aux créanciers qui seront en ordre de recevoir, ou en le consignant.

Du jour de l'adjudication, les créanciers des précédens propriétaires ne pourront plus prendre inscription sur l'immeuble subhasté : est cependant exceptée l'inscription du privilége dérivant de l'adjudication.

2316. Le désistement du créancier requérant la mise aux enchères ne peut, lors même qu'il payerait le montant de la soumission, empêcher la subhastation, si ce n'est du consentement exprès de tous les autres créanciers hypothécaires.

2317. L'acquéreur qui se sera rendu adjudicataire, aura son recours tel que de droit contre le vendeur, pour le remboursement de ce qui excède le prix stipulé dans son titre, et pour l'intérêt de cet excédant, à compter du jour de chaque payement.

2318. Pour purger des priviléges et des hypothèques légales du Fisc, les immeubles des comptables, fermiers et sous-fermiers qui ont cessé de l'être, on devra faire la notification prescrite par les articles 2306 et 2307, à l'Avocat Fiscal, lequel, dans les trois mois à compter du jour de cette notification, sera tenu de déposer au greffe du Tribunal, dans le ressort duquel les biens sont situés, un certificat établissant la situation du comptable. Si le certificat n'est pas déposé dans ce terme, ou qu'il y soit attesté que le comptable n'est pas débiteur, le Juge-mage ordonnera sans autre formalité la radiation de l'inscription prise sur l'immeuble que l'on veut purger.

2319. Dans le cas où le titre du nouveau propriétaire comprendrait des meubles et des immeubles,
ou plusieurs immeubles, les uns hypothéqués, les
autres non hypothéqués, ou grevés d'inscriptions
différentes, situés dans le même ou dans divers arrondissemens de bureaux, aliénés pour un seul et
même prix, ou pour des prix distincts et séparés,
soumis ou non à la même exploitation, le prix de
chaque immeuble frappé d'inscriptions particulières
et séparées; sera déclaré dans la notification du nouveau propriétaire, par ventilation du prix total
exprimé dans le titre.

Le créancier surenchérisseur ne pourra, en aucun
cas, être contraint d'étendre sa soumission ni sur
le mobilier, ni sur d'autres immeubles que ceux qui
sont hypothéqués à sa créance; sauf le recours du
nouveau propriétaire contre ses auteurs, pour l'indemnité du dommage qu'il éprouverait, soit de la
division des objets de son acquisition, soit de celle
des exploitations.

CHAPITRE XI.

DE LA PUBLICITÉ DES REGISTRES ET DE LA RESPONSABI-
LITÉ DES CONSERVATEURS.

2520. Les conservateurs des hypothèques sont tenus
de délivrer à tous ceux qui le requièrent, copie des
transcriptions faites sur leurs registres et celle des
inscriptions encore subsistantes, ou certificat qu'il
n'en existe aucune.

Les parties pourront même demander à prendre
simplement connaissance de ces registres, sans
expédition de copies ou de certificats, pourvu qu'elles
se présentent assistées d'un avocat, d'un procureur
ou d'un notaire, aux heures que le conservateur
aura fixées pour chaque jour, et il ne sera permis
à personne de prendre lui-même copie des inscriptions, dépôts, enregistremens ou autres notes.

2321. Les conservateurs sont responsables des
dommages résultant,

1.º De l'omission sur les registres, des inscriptions requises, et des transcriptions des actes de
mutation et de l'ordonnance d'expropriation forcée;

2.º Du défaut de mention dans leurs certificats,
d'une ou de plusieurs des inscriptions existantes, à
moins que, dans ce dernier cas, l'erreur ne provienne de désignations insuffisantes qui ne pourraient
leur être imputées;

2.º Des erreurs commises, soit dans les inscriptions, soit dans les certificats, lorsque les parties
ont éprouvé quelque préjudice par suite de la différence qui en résulterait entre les inscriptions et
certificats susdits, et les bordereaux et titres remis
au bureau.

Le simple examen que les parties font des registres, n'impose aucune responsabilité au conservateur.

2322. L'immeuble à l'égard duquel le conservateur aurait omis dans ses certificats une ou plusieurs des charges inscrites, en demeure, sauf la

responsabilité du conservateur, affranchi dans les mains du nouveau possesseur, pourvu que le certificat ait été expédié après l'échéance des trente jours qui suivent la date de la transcription du titre, faite conformément à l'art. 2304, ou après l'expiration des trois mois fixés pour les inscriptions dont il est parlé à l'art. 2305; sans préjudice néanmoins du droit du créancier de se faire colloquer suivant l'ordre de sa créance, tant que le prix n'a pas été payé, ou tant que l'ordre fait entre les créanciers n'a pas été homologué définitivement.

2323. Les conservateurs ne peuvent, dans aucun cas, pas même sous prétexte de défauts dans les bordereaux, refuser ou retarder de recevoir le dépôt des titres qui leur seront présentés, ni de faire les inscriptions ou enregistremens requis, ni même d'expédier les copies ou certificats demandés, sous peine des dommages et intérêts' des parties; à l'effet de quoi, tous procès-verbaux qu'elles seraient dans le cas de requérir, seront, à la diligence de celles-ci, dressés sur le champ, par un notaire ou par un huissier assistés de deux témoins.

2324. Le nombre des registres qui doivent exister dans chaque bureau de conservation des hypothèques, et le mode suivant lequel ils doivent être tenus, sont déterminés par les lois et les règlemens qui les concernent. Il y aura cependant, indépendamment du registre des inscriptions et de celui des transcriptions, un registre général, c'est-à-dire d'ordre, où l'on annotera chaque jour, au moment de sa réception, tout titre qui sera remis, soit pour l'inscription, soit pour la transcription.

Ce registre, divisé en autant de cases, indiquera le numéro d'ordre; le jour de la demande; la personne qui l'aura présentée, avec désignation de celle pour qui elle l'a faite; les titres remis avec les bordereaux; l'objet, c'est-à-dire si c'est pour inscription ou pour transcription; la personne contre qui doit se faire la formalité; la somme déposée soit pour le trésor, soit pour le conservateur.

Il y aura une colonne en blanc pour annoter la restitution des titres, la personne à qui elle aura été faite, et la date, ainsi que la somme qui aura été restituée, s'il avait été déposé de plus que les droits dus.

Aussitôt après la remise d'un titre, d'un acte, ou d'un bordereau, le conservateur en donnera reçu à celui qui l'aura présenté, sans autres frais que ceux du papier timbré. Ce reçu contiendra les indications prescrites pour le registre susdit.

2325. Les deux registres des inscriptions et des transcriptions, et le registre général ou d'ordre mentionnés dans l'article précédent, seront sur papier timbré, et devront être paraphés, sur chaque feuillet, par le Juge-mage ou par un Assesseur du Tribunal dans le ressort duquel est établi le bureau. On indiquera dans le verbal le nombre des feuillets et le jour où ils auront été paraphés.

Ces registres seront écrits de suite, sans laisser aucun espace en blanc, et sans interligne ni addition. Les mots rayés devront être approuvés par le conservateur à la fin de chaque feuillet; avec sa signature et l'indication du nombre de mots rayé. Ces registres seront clos et signés, à la fin de chaque jour, par le conservateur.

Il est également prohibé de faire aucune interversion de date ou de numéros des bordereaux ou actes.

2326. Les registres sus-énoncés ne pourront être transportés hors du bureau des hypothèques, si ce n'est en vertu d'un décret d'une Cour suprême, laquelle n'en permettra le déplacement que lorsqu'il sera reconnu indispensable, et moyennant les précautions qu'elle prescrira, au besoin.

2327. Les conservateurs sont tenus de se conformer, dans l'exercice de leurs fonctions, à toutes les dispositions du présent chapitre, ainsi qu'aux autres dispositions des lois et règlemens qui les concernent, sous peine d'une amende qui pourra être portée jusqu'à deux mille livres, et même, s'il en est le cas, de suspension ou de destitution.

Ces condamnations auront lieu sans préjudice des dommages-intérêts qui seront toujours censés réservés aux parties, et dont le payement se fera par préférence à l'amende, indépendamment des dispositions contenues dans les lois pénales.

TITRE XXIII.

DE L'EXPROPRIATION FORCÉE ET DES ORDRES ENTRE LES CRÉANCIERS.

CHAPITRE PREMIER.

DE L'EXPROPRIATION FORCÉE.

2328. Tant qu'un immeuble est possédé par le débiteur, le créancier peut, à son choix, se le faire adjuger, ou le faire subhaster pour être payé de sa créance.

2329. L'adjudication transfère à celui qui l'a obtenue, la propriété de l'immeuble et les droits que le débiteur avait sur cet immeuble, lequel demeure soumis aux priviléges et hypothèques dont il est grevé.

2330. L'adjudication aura lieu moyennant une juste évaluation de l'immeuble, et avec le bénéfice du quart en moins de la valeur à laquelle l'immeuble a été estimé.

Lorsque l'immeuble ne pourra être commodément divisé, il sera adjugé en entier au créancier, sans bénéfice cependant du quart en moins pour la portion excédant sa créance, et à la charge de payer, dans l'année, cet excédant avec les intérêts : le débiteur dépossédé aura, à cet égard, le privilége du vendeur.

Si la dette que l'adjudicataire contracte pour ce qui lui a été adjugé en sus de sa créance, est du tiers au moins de la valeur totale de l'immeuble, il pourra le faire subhaster dans l'année, pour être payé sur le prix, à la charge toutefois de supporter les frais de l'adjudication.

Il ne lui sera permis, dans aucun autre cas, de requérir que l'immeuble qui lui a été adjugé, soit vendu aux enchères.

2531. Dans l'année qui suivra l'adjudication, ou la notification qui en aura été faite, si elle a eu lieu en contumace, le débiteur aura la faculté de racheter l'immeuble adjugé, en payant le montant de la créance avec les accessoires et les frais; il pourra aussi le faire subhaster sur le prix de l'adjudication.

Tout créancier, même chirographaire, qui a obtenu jugement de condamnation contre le débiteur, a pareillement le droit de faire subhaster l'immeuble dans l'année.

2532. Passé ce terme sans que le fonds ait été racheté, ou que le manifeste pour la subhastation ait été notifié à l'adjudicataire, celui-ci en deviendra propriétaire incommutable à l'égard du débiteur, sauf les droits des créanciers ayant privilége ou hypothèque sur ce fonds. Dans ces droits seront compris ceux de l'adjudicataire, qui les retiendra éventuellement pour les exercer selon l'ordre de privilége ou d'hypothèque qui lui est attribué par les inscriptions dûment conservées.

Il pourra aussi, après ledit terme, purger l'immeuble de tout privilége ou hypothèque, en se conformant, à cet effet, à ce qui est prescrit à tout autre acquéreur, au chapitre X du titre précédent. En ce cas, l'adjudicataire devra, dans la notification requise par les art. 2306 et 2307, offrir le prix d'estimation de l'immeuble, sans déduction du quart.

2333. Celui qui n'est pas créancier de tous les copropriétaires ne peut poursuivre l'exécution, soit par adjudication, soit par subhastation, sur la part indivise de l'immeuble, avant qu'il ait été procédé à partage ou à licitation. Les créanciers peuvent eux-mêmes, s'ils le jugent convenable, provoquer ce partage ou cette licitation, ou y intervenir conformément à l'art. 1066.

2334. Le créancier qui veut procéder à exécution sur les immeubles qui lui ont été hypothéqués, n'est point tenu de discuter les meubles, ni les autres biens de son débiteur.

Si néanmoins celui-ci est mineur, ou sous l'administration d'une autre personne, le créancier, lorsque le tuteur ou l'administrateur le requerra, devra discuter les meubles qui se trouvent dans l'habitation du débiteur ou dans le ressort du même Tribunal, et il ne pourra faire procéder à exécution sur les immeubles qu'en cas d'insuffisance des meubles.

2335. La discussion du mobilier n'est pas requise avant l'exécution sur les immeubles possédés par indivis entre un majeur et un mineur ou interdit, si la dette leur est commune; ni dans le cas où les poursuites judiciaires ont été commencées contre un majeur, ou avant l'interdiction.

2336. Les actes d'exécution sur les biens dotaux doivent être dirigés contre le mari et la femme.

2337. Le créancier ne peut poursuivre l'exécution sur les immeubles qui ne lui sont pas hypothéqués, que dans le cas d'insuffisance des biens hypothéqués à sa créance, ou lorsque le débiteur y consent.

2338. Si le débiteur justifie, par des écrits authentiques, que le revenu net et libre de ses immeubles, pendant une année, suffit pour le payement de la dette en capital, intérêts et frais, et s'il en offre la délégation au créancier, la poursuite peut être suspendue par le Juge, sauf à être reprise s'il survient quelque opposition ou obstacle au payement.

2339. L'exécution sur les immeubles ne peut être poursuivie qu'en vertu d'un titre authentique et exécutoire, pour une dette certaine et liquide.

Si la dette est en espèces non liquidées, ou a pour objet une chose non estimée, la poursuite est valable; mais l'adjudication en faveur du créancier ou la vente sur enchères ne peut respectivement avoir lieu qu'après la liquidation ou l'appréciation.

2340. Le cessionnaire d'un titre exécutoire ne peut poursuivre l'exécution qu'après que la notification du transport a été faite au débiteur.

2341. L'expropriation peut avoir lieu en vertu d'un jugement provisoire ou définitif, exécutoire par provision, nonobstant appel; mais l'adjudication en faveur du créancier, ou celle sur enchères, ne peut se faire qu'après un jugement définitif en dernier ressort, ou passé en force de chose jugée.

2342. L'expropriation n'est pas nulle quoiqu'elle ait eu lieu pour une somme plus forte que celle qui est due, sauf le droit au remboursement de l'excédant.

2343. Toute poursuite en expropriation d'immeubles doit être précédée d'un commandement de payer fait, à la requête du créancier, à la personne du débiteur, ou à son domicile.

2344. L'ordonnance d'expropriation forcée devra être transcrite au bureau des hypothèques de chacun des arrondissemens où sont situés les biens qui doivent être subhastés : le conservateur en expédiera le certificat convenable au pied de l'ordonnance ou de l'acte qui lui sera présenté, et dont il retiendra une copie authentique.

Dès la date de cette transcription, le débiteur ne pourra plus disposer des immeubles qui y sont compris; il en demeurera en possession comme séquestre judiciaire, à moins que le Juge, sur la requête des créanciers et pour de graves motifs, ne croie convenable de nommer un autre séquestre.

2345. Si la demande pour la subhastation comprend des biens d'une valeur évidemment supérieure à celle qui est nécessaire pour le payement de ce qui est dû soit au créancier poursuivant, soit aux autres créanciers inscrits, le Tribunal, à la requête du débiteur pourra limiter la subhastation aux biens jugés suffisans, à moins qu'il ne s'agisse d'immeubles faisant partie d'une seule et même exploitation.

2346. Pareillement un créancier ne pourra, en vertu du même titre, poursuivre en même temps une instance en subhastation forcée sur des biens situés dans divers arrondissemens de bureaux des hypothèques, et qui ne font point partie, comme ci-dessus, d'une seule et même exploitation, si ce n'est dans le cas où les biens situés dans l'arrondissement du même bureau seraient insuffisans pour payer les créanciers inscrits et le requérant.

2347. Les formes du commandement, et celles des actes relatifs tant à l'adjudication qu'à la subhastation, sont réglées par les lois sur la procédure.

CHAPITRE II.

DE L'ORDRE ET DE LA DISTRIBUTION DU PRIX ENTRE LES CRÉANCIERS.

2348. La procédure d'ordre doit se poursuivre devant le Tribunal de judicature-mage de la situation des biens. Dans les cas où l'on a en même temps aliéné ou subhasté des biens situés dans divers ressorts, on procédera à l'ordre devant le Tribunal dans le ressort duquel la portion la plus considérable des biens se trouve située.

Il en sera de même, quoique la subhastation ait été poursuivie à l'instance de plusieurs créanciers d'un débiteur commun, si les hypothèques prises pour sûreté de leurs créances frappent les mêmes biens.

Si, en ce cas, il s'élève des contestations, le débiteur ou le créancier le plus diligent pourra recourir au Sénat, qui désignera le Tribunal devant lequel on devra introduire la procédure d'ordre.

2349. S'il s'agit de créances éventuelles, de cens, de rentes et de toutes créances non encore exigibles, le Tribunal donnera, dans le jugement d'ordre, les dispositions propres à concilier les droits de tous les intéressés, et à assurer en même temps, par les moyens convenables, les créances non encore exigibles, et qui seraient cependant en rang utile de collocation.

2350. S'il arrive qu'un créancier antérieur, ayant une hypothèque générale, obtienne le payement de sa créance sur un ou plusieurs fonds déterminés, affectés par hypothèque spéciale en faveur d'un autre créancier, celui-ci, s'il est en perte, sera, de droit, subrogé à l'hypothèque générale que le créancier désintéressé avait sur les autres immeubles du débiteur, à l'effet de pouvoir faire inscrire sa créance sur ces immeubles, et être colloqué sur leur prix, mais seulement à la date de l'inscription primitive qu'il avait prise pour sûreté de cette même créance.

Les créanciers perdans par suite de cette subrogation, auront le même droit sur les autres immeubles
du débiteur.

2351. Après la collocation des créanciers privilégiés ou hypothécaires, s'il reste encore une partie
du prix, il sera distribué aux créanciers non inscrits ou chirographaires qui auront comparu dans
l'ordre, sans distinction et au prorata de leurs créances,
et, à défaut, il sera versé entre les mains du débiteur lui-même, après que tous les créanciers auront
été désintéressés.

Si cependant il s'agit d'un tiers détenteur exproprié, le prix restant après la collocation des créanciers privilégiés ou hypothécaires inscrits sera payé
à ce tiers détenteur, et il en sera fait imputation
sur ses droits envers son auteur.

2352. En cas de vente extrajudiciaire, l'ordre ne
pourra être introduit, s'il n'y a plus de trois créanciers inscrits sur l'immeuble aliéné; s'ils ne sont pas
plus de trois et qu'ils ne puissent s'accorder, la
cause se poursuivra, dans les formes ordinaires,
devant le Tribunal de la situation des biens; et,
si ces biens sont situés dans divers ressorts, elle
sera portée devant le Tribunal dans le ressort duquel la partie la plus considérable des biens est située.

Si les créanciers sont en plus grand nombre, il
y a lieu à l'introduction de l'ordre.

Dans un cas comme dans l'autre, l'acquéreur sera
préféré sur le prix pour les frais des certificats d'ins-

cription, ainsi que pour ceux des notifications et de l'insertion dans la gazette.

2553. L'ordre et la distribution du prix des immeubles, et la manière d'y procéder, sont réglés par les lois sur la procédure civile.

TITRE XXIV.

DE LA PRESCRIPTION.

CHAPITRE PREMIER.

DISPOSITIONS GÉNÉRALES.

2554. La prescription est un moyen d'acquérir un droit, ou de se libérer d'une obligation par le laps de temps déterminé par la loi, et sous les conditions qu'elle a établies.

2555. On ne peut d'avance renoncer à la prescription : on peut renoncer à la prescription acquise.

2556. La renonciation à la prescription est expresse ou tacite : la renonciation tacite résulte d'un fait qui suppose l'abandon du droit acquis.

2557. Celui qui ne peut aliéner, ne peut renoncer à la prescription acquise.

2558. Les Juges ne peuvent pas suppléer d'office le moyen résultant de la prescription.

2559. La prescription peut être opposée en tout état de cause, même en instance d'appel; à moins que la partie qui avait le droit d'opposer le moyen de la prescription, n'y ait renoncé expressément ou tacitement.

2360. Les créanciers, ou toute autre personne ayant intérêt à ce que la prescription soit acquise, peuvent l'opposer, encore que le débiteur ou le propriétaire y renonce.

2361. On ne peut prescrire le domaine des choses qui ne sont point dans le commerce.

2362. L'État, par rapport aux droits et biens qui ne sont pas déclarés inaliénables par les dispositions du chapitre III, titre Ier du livre second, ou dont l'aliénation peut avoir lieu avec renonciation à la faculté du rachat, l'Eglise, les communes, les établissemens publics, les personnes et corps moraux, sans distinction, sont soumis aux mêmes prescriptions que les particuliers, et peuvent également les opposer.

CHAPITRE II.

DE LA POSSESSION.

2363. La possession est la détention ou la jouissance d'une chose ou d'un droit que nous tenons ou que nous exerçons par nous-mêmes, ou par un autre qui la tient ou qui l'exerce en notre nom.

2364. Pour pouvoir prescrire, il faut une possession continue et non interrompue, paisible, publique, non équivoque, et à titre de propriétaire.

2365. On est toujours présumé posséder pour soi et à titre de propriétaire, s'il n'est prouvé qu'on a commencé à posséder pour un autre.

2366. Quand on a commencé à posséder pour autrui, on est toujours présumé posséder au même titre, s'il n'y a preuve du contraire.

2367. Les actes de pure faculté et ceux de simple tolérance ne peuvent fonder ni possession ni prescription.

2368. Les actes de violence ne peuvent fonder non plus une possession capable d'opérer la prescription.

La possession utile ne commence que lorsque la violence a cessé.

2369. Le possesseur actuel qui prouve avoir possédé anciennement, est présumé avoir possédé dans le temps intermédiaire, sauf la preuve contraire.

2370. Pour compléter la prescription, on peut joindre à sa possession celle de son auteur, de quelque manière qu'on lui ait succédé, soit à titre universel ou particulier, soit à titre lucratif ou onéreux.

CHAPITRE III.

DES CAUSES QUI EMPÊCHENT LA PRESCRIPTION.

2371. Ceux qui possèdent pour autrui ne prescrivent jamais, par quelque laps de temps que ce soit.

Ainsi, le fermier, le dépositaire, l'usufruitier, et

tous autres qui détiennent précairement la chose du propriétaire, ne peuvent la prescrire.

2372. Les successeurs à titre universel de ceux qui tenaient la chose d'autrui à quelqu'un des titres désignés par l'article précédent, ne peuvent non plus prescrire.

2373. Néanmoins, les personnes énoncées dans les deux articles précédens peuvent prescrire, si le titre de leur possession se trouve interverti, soit par une cause venant d'un tiers, soit par la contradiction qu'elles ont opposée au droit du propriétaire.

2574. Ceux à qui les fermiers, dépositaires et autres détenteurs précaires ont transmis la chose par un titre translatif de propriété, peuvent la prescrire.

2575. On ne peut pas prescrire contre son titre, en ce sens que l'on ne peut point se changer à soi-même la cause et le principe de sa possession.

2576. On peut prescrire contre son titre, en ce sens que l'on prescrit la libération de l'obligation que l'on a contractée.

CHAPITRE IV.

DES CAUSES QUI INTERROMPENT OU QUI SUSPENDENT LE COURS DE LA PRESCRIPTION.

SECTION I.

Des Causes qui interrompent la prescription.

2377. La prescription peut être interrompue ou naturellement ou civilement.

2378. Il y a interruption naturelle, lorsque le possesseur est privé, pendant plus d'un an, de la jouissance de la chose, soit par l'ancien propriétaire, soit même par un tiers.

2379. Une citation en justice, un commandement ou une saisie, signifiés à celui qu'on veut empêcher de prescrire, forment l'interruption civile.

2380. La citation en justice, donnée même devant un Juge incompétent, interrompt la prescription.

2381. Si l'assignation est nulle par défaut de forme,

Si le demandeur se désiste de sa demande,

S'il laisse périmer l'instance,

Ou si sa demande est rejetée,

L'interruption est regardée comme non avenue.

2382. La prescription est interrompue par la reconnaissance que le débiteur ou le possesseur fait du droit de celui contre lequel il prescrivait.

2383. L'interpellation faite, conformément aux articles ci-dessus, à l'un des débiteurs solidaires, ou sa reconnaissance, interrompt la prescription contre tous les autres, même contre leurs héritiers.

L'interpellation faite à l'un des héritiers d'un débiteur solidaire, ou la reconnaissance de cet héritier n'interrompt pas la prescription à l'égard des autres cohéritiers, quand même la créance serait hypothécaire, si l'obligation n'est indivislble.

Cette interpellation ou cette reconnaissance n'interrompt la prescription, à l'égard des autres codébiteurs, que pour la part dont cet héritier est tenu.

Pour interrompre la prescription pour le tout, à l'égard des autres codébiteurs, il faut l'interpellation faite à tous les héritiers du débiteur décédé, ou la reconnaissance de tous ces héritiers.

2584. L'interpellation faite au débiteur principal, ou sa reconnaissance, interrompt la prescription contre la caution.

SECTION II.

Des Causes qui suspendent le cours de la prescription.

2385. La prescription court contre toutes personnes, à moins qu'elles ne soient dans quelque exception établie par une loi.

2386. La prescription ne court ni contre les mineurs et les interdits, ni contre ceux qui s'absentent des États pour cause du service civil ou militaire du Roi, ni contre les militaires qui sont en activité de service en temps de guerre, lors même qu'ils ne seraient pas absens des États; sauf ce qui est établi en l'art. 2410 relativement à quelques prescriptions particulières, et à l'exception des autres cas déterminés par la loi.

2387. Elle ne court point entre époux.

2388. La prescription ne court pas, pendant le mariage, à l'égard du fonds dotal dont la propriété appartient à la femme, sauf l'exception portée par l'art. 1544.

La prescription est pareillement suspendue, pendant le mariage, à l'égard du fonds spécialement hypothéqué pour la dot, et pour l'exécution des conventions matrimoniales.

2389. La prescription court contre la femme mariée, à l'égard de ses biens paraphernaux, lors même que le mari en aurait l'administration, sauf son recours contre ce dernier : toutefois, elle ne court point pendant le mariage, dans le cas où le mari, ayant aliéné les biens propres de la femme sans son consentement, est garant de la vente, et dans tous les autres cas où l'action de la femme réfléchirait contre le mari.

2390. La prescription ne court pas, à l'égard des biens soumis à un majorat ou à un fidéicommis, contre les personnes qui y sont ultérieurement appelées.

2391. La prescription ne court point,

A l'égard d'une créance qui dépend d'une condition, jusqu'à ce que la condition arrive ;

A l'égard d'une action en garantie, jusqu'à ce que l'éviction ait lieu ;

A l'égard d'une créance à jour fixe, jusqu'à ce que ce jour soit arrivé.

2392. La prescription ne court pas contre l'héritier bénéficiaire, à l'égard des créances qu'il a contre la succession.

Elle court contre une succession jacente, quoique non pourvue de curateur.

2393. La prescription court encore pendant les délais établis pour faire inventaire et pour délibérer.

2394. Les causes qui suspendent le cours de la prescription, conformément aux articles précédens, ne peuvent être opposées au tiers détenteur qui a possédé sans interruption pendant soixante ans.

CHAPITRE V.

DU TEMPS REQUIS POUR PRESCRIRE.

SECTION I.

Dispositions générales.

'2395. La prescription se compte par jours, et non par heures.

Dans les prescriptions qui s'accomplissent par mois, le mois est toujours composé de trente jours.

2396. La prescription est acquise lorsque le dernier jour du terme est accompli.

Si cependant le dernier jour est férié, la prescription ne s'accomplit que le jour qui suit immédiatement celui qui est férié.

SECTION II.

De la Prescription de trente ans.

2397. Toutes les actions, tant réelles que personnelles, sont prescrites par trente ans, sans que celui qui allégue cette prescription soit obligé d'en rapporter un titre, ou qu'on puisse lui opposer l'exception déduite de la mauvaise foi.

2398. Après vingt-huit ans dès la date du dernier titre, le débiteur d'une rente peut être contraint à fournir à ses frais un titre nouvel à son créancier ou à ses ayant cause.

SECTION III.

De quelques Prescriptions particulières.

2399. L'action des hôteliers et traiteurs, à raison du logement et de la nourriture qu'ils fournissent, se prescrit par six mois.

2400. Les actions des maîtres et instituteurs des sciences et arts, pour les leçons qu'ils donnent au mois ;

Celles des huissiers, pour le salaire des actes qu'ils signifient, et des commissions qu'ils exécutent;

Celles des marchands pour les marchandises qu'ils vendent aux particuliers non marchands;

Celles des maîtres de pension, pour le prix du logement et de la nourriture de leurs pensionnaires, et pour le prix de l'instruction de leurs élèves et apprentis;

Celles des domestiques qui se louent à l'année ou pour un moindre temps, ainsi que celles des ouvriers et des journaliers, pour le payement de leurs journées, fournitures et salaires;

Se prescrivent par un an.

2401. Les actions des maîtres et instituteurs des sciences et arts, dont le salaire est convenu pour plus d'un mois;

Celles des médecins, chirurgiens et apothicaires, pour leurs visites, opérations et médicamens;

Se prescrivent par deux ans.

Il en est de même des actions des avocats et procureurs, pour le payement de leurs frais et honoraires : les deux ans courent à compter du jugement des procès ou de la conciliation des parties, ou depuis la révocation des procureurs. A l'égard des affaires non terminées, ils ne peuvent former de demandes pour leurs frais et honoraires qui remonteraient à plus de cinq ans.

2402. L'action des notaires, pour le payement de leurs frais et honoraires, se prescrit par le laps de cinq ans, à compter de la date des actes qu'ils ont reçus.

2403. La prescription, dans les cas ci-dessus, a lieu, quoiqu'il y ait eu continuation de fournitures, services et travaux.

Elle ne cesse de courir que lorsqu'il y a eu compte arrêté, cédule ou obligation, ou citation en justice non périmée.

2404. Néanmoins, ceux auxquels ces prescriptions seront opposées, peuvent déférer le serment à ceux qui les opposent sur la question de savoir si la chose a été réellement payée. Le serment pourra être déféré à la veuve, si elle y a intérêt, et aux héritiers, ou aux tuteurs de ces derniers, s'ils sont mineurs, pour qu'ils aient à déclarer s'ils ne savent pas que la chose soit due.

2405. Les secrétaires et greffiers des Tribunaux, les avocats et procureurs sont déchargés de l'obligation de rendre compte des pièces relatives à un procès, cinq ans après qu'il a été jugé ou autrement terminé.

2406. Les huissiers, après deux ans depuis l'exécution de la commission, ou depuis la signification des actes dont ils étaient chargés, en sont pareillement déchargés.

2407. On pourra cependant déférer aussi le serment aux personnes désignées dans les deux articles précédens, pour qu'elles aient à déclarer si elles retiennent les actes et les pièces ci-dessus mentionnés, ou si elles savent où ils se trouvent.

2408. Les arrérages de rentes perpétuelles et viagères;

Ceux des pensions alimentaires;

Les loyers des maisons, et le prix de ferme des biens ruraux;

Les intérêts des sommes prêtées, et généralement tout ce qui est payable par année, ou à des termes périodiques plus courts;

Se prescrivent par cinq ans.

2409. Après dix ans, l'architecte et les entrepreneurs sont déchargés de la garantie des ouvrages qu'ils ont faits ou dirigés.

2410. Les prescriptions dont il s'agit dans les articles de la présente section, courent contre les mineurs et les interdits et contre les autres personnes mentionnées en l'art. 2386; sauf, quant aux mineurs et interdits, leur recours contre leurs tuteurs.

2411. En fait de meubles, la possession vaut titre en faveur des tiers.

Néanmoins, celui auquel il a été volé une chose, ou qui l'a perdue, si, en ce dernier cas, on n'a fait ni la consignation, ni les publications prescrites par les articles 686 et 687, peut la revendiquer pendant trois ans, à compter du jour du vol ou de la perte, contre celui dans les mains duquel il la trouve; sauf à ce dernier son recours contre la personne de laquelle il la tient.

2412. Si le possesseur actuel de la chose volée ou perdue l'a achetée dans une foire ou dans un marché ou dans une vente publique, ou d'un

40

marchand vendant des choses pareilles, le propriétaire originaire ne peut se la faire rendre qu'en
remboursant au possesseur le prix qu'elle lui a
coûté.

2413. Les règles auxquelles sont soumises les
prescriptions particulières au-dessous de trente ans,
concernant des objets autres que ceux indiqués dans
la présente section et dans la précédente, sont établies dans les autres titres du présent Code, ou par
des lois et règlemens spéciaux.

2414. Les prescriptions commencées à l'époque de
la mise en vigueur du présent Code seront réglées
conformément aux lois antérieures.

Néanmoins, les prescriptions alors commencées,
et pour lesquelles il faudrait encore, suivant les lois
antérieures, un temps excédant celui fixé par le
Code, seront accomplies par le laps de temps qu'il
requiert, à compter de sa mise en vigueur.

<hr>

DISPOSITION GÉNÉRALE.

2415. Les lois romaines et les statuts généraux
ou locaux cessent d'avoir force de loi dans toutes les
matières qui sont l'objet du présent Code.

Il en est de même des Constitutions Royales, des
Édits, Lettres-Patentes et autres déterminations Sou-

veraines, des règlemens, des usages, des coutumes et de toutes autres dispositions législatives, si ce n'est dans les cas où le présent Code s'y réfère.

CHARLES ALBERT.

V. DE PRALORMO.
V. GALLINA.
V. PENSA.

BARBAROUX.

LE SÉNAT DE SAVOIE,

A tous soit notoire et manifeste qu'ayant vu et lu l'Edit du vingt juin dernier, portant la sanction du Code Civil, ainsi que le même Code, l'un et l'autre signés Charles Albert, vu De Pralormo, vu Gallina, vu Pensa, scellés du grand sceau, contresignés Barbaroux ; vu de plus Nos Décréts de ce jour signés Pettiti Premier Président et Roze de l'avis du Sénat; les conclusions de l'Avocat Fiscal Général, aussi de ce jour, signées D'Alexandry, et tout ce qui était à voir, vu, lu et considéré, avons, en entérinant l'Edit et le Code Civil sus mentionnés, ordonne et ordonnons qu'ils seront portés aux registres de céans pour être observés suivant leur forme et teneur.

Fait à Chambery, au Sénat, le six juillet mil huit cent trente-sept.

BELLEMIN.

LA CHAMBRE ROYALE DES COMPTES,

A tous soit notoire et manifeste, qu'ayant vu et lu l'Édit Royal, donné à Turin le vingt juin dernier, signé Charles Albert, vu De Pralormo, vu Gallina, vu Pensa, scellé du grand sceau royal en placard, et contresigné Barbaroux, par lequel le Roi a sanctionné le Code des Lois Civiles, et ordonné qu'il aura force de loi à dater du premier janvier 1838;

Vu et lu ledit Code, signé Charles Albert, vu De Pralormo, vu Gallina, vu Pensa, scellé du grand sceau Royal en placard et contresigné Barbaroux;

Ouï, dans ses conclusions, le seigneur Président Commandeur Coller, Procureur Général du Roi, à qui l'Edit Royal et le Code précités ont été communiqués; le tout considéré, Nous avons entériné, et par le présent Nous entérinons l'Edit Royal et le Code sus-énoncés, et avons ordonné et ordonnons qu'ils soient portés aux registres de céans pour être observés suivant leur forme et teneur.

Donné à Turin, ce trois juillet mil huit cent trente-sept.

Par ladite

ROYALE CHAMBRE DES COMPTES,

CERRUTI, secrétaire.

TABLE DU CODE.

LIVRE TROISIÈME.

Des différentes manières dont on acquiert la propriété.

9 782012 531062